Haftung für Links

SCHRIFTEN ZUM WIRTSCHAFTS- UND MEDIENRECHT, STEUERRECHT UND ZIVILPROZEßRECHT

Herausgegeben von Jürgen Costede
und Gerald Spindler

Band 21

PETER LANG
Frankfurt am Main · Berlin · Bern · Bruxelles · New York · Oxford · Wien

Katharina Schmitz

Haftung für Links

Zur Verantwortlichkeit
des Hyperlinksetzers
und Suchmaschinenbetreibers
unter besonderer Berücksichtigung
von Verkehrs- und Garantenpflichten

PETER LANG
Europäischer Verlag der Wissenschaften

Bibliografische Information Der Deutschen Bibliothek
Die Deutsche Bibliothek verzeichnet diese Publikation in der Deutschen Nationalbibliografie; detaillierte bibliografische Daten sind im Internet über <http://dnb.ddb.de> abrufbar.

Zugl.: Göttingen, Univ., Diss., 2005

D 7
ISSN 1614-2071
ISBN 3-631-54453-7

www.peterlang.de

Meinen Eltern

Vorwort

Die Arbeit wurde im Wintersemester 2003/2004 als Dissertationsschrift bei der Juristischen Fakultät der Georg-August-Universität Göttingen eingereicht. Rechtsprechung und Literatur konnten bis April 2005 berücksichtigt werden. Mein ganz besonderer Dank gilt:

Meinen Eltern Brigitte und Dr. Hans Schmitz sowie meiner Tante El für die unermüdliche Unterstützung in allen nur denkbaren Belangen.

Meinem Doktorvater Herrn Prof. Dr. Gerald Spindler für die stets hilfreiche Begleitung dieser Arbeit.

Herrn Daniel Nagel-Heyer für seine fortwährende Unterstützung und seinen steten Rückhalt. Herrn Dr. Christian Volkmann für die vielen konstruktiven und aufmunternden Gespräche und kritischen Anmerkungen.

Herrn Prof. Dr. Hans-Martin Müller-Laube für die Erstellung des Zweitgutachtens.

Köln, im November 2005 Katharina Schmitz

Inhaltsübersicht

Inhaltsverzeichnis

Für die benutzten Abkürzungen verweise ich auf Kirchner, Hildebert/Butz, Cornelie, Abkürzungsverzeichnis der Rechtsprechung, 5. Auflage, Berlin 2003.

Einleitung

A. Gegenstand der Untersuchung

Mit der schnellen Entwicklung und wachsenden Popularität des Internets eröffnen sich immer mehr Rechtsfragen, die in ihrer Gänze bis heute noch nicht hinreichend beantwortet werden konnten. Durch das Medium des Internets bestand für jedermann die Möglichkeit, Inhalte in die Öffentlichkeit zu stellen. Damit einher gingen aber auch zahlreiche neue Rechtsprobleme, die gerade im Bereich des Haftungsrechts angesiedelt waren. Ansatzpunkt für die Haftung war unter anderem die Frage, welche Art von Service gegeben ist. So liegt es nahe, dass der Content Provider, der ein eigenes Angebot in das Netz stellt, selbst für die jeweiligen Inhalte haften sollte. Schwieriger gestaltete sich dagegen die Diskussion um den Service Provider/Host Provider, der zwar nicht selbst Urheber der Inhalte ist, diese Inhalte jedoch bereithält. Ebenso problematisch war die Frage für den Access Provider, welcher lediglich den Zugang zu den Inhalten vermittelt. Mit der Einführung des ersten Teledienstegesetzes 1997 (TDG) sowie dem Mediendienstestaatsvertrag 1997 (MDStV) wurden zumindest diese drei Bereiche einer expliziten gesetzlichen Regelung zugeführt, was im Ergebnis allerdings nicht bedeutete, dass hiermit nunmehr alle Streitfragen geklärt waren. Als äußerst brisant und von daher auch sehr umstritten erwies sich nach wie vor die rechtliche Beurteilung von Hyperlinks[1] (kurz Links) und Suchmaschinen. Diese wurden zwar im Laufe der Entwicklung mehr und mehr unabdingbarer Bestandteil des World Wide Web´s (WWW), fanden jedoch explizit im TDG/MDStV keine Regelung.

Nachdem in anderen Ländern seit längerer Zeit Linkstreitigkeiten zur Diskussion standen[2], mussten sich zunehmend auch deutsche Gerichte mit diesem Problem auseinandersetzen. Eine der ersten deutschen Entscheidungen im Linkrecht war im Jahre 1997 der strafrechtliche Fall der Bundestagsabgeordneten Angela Marquardt, den das AG Tiergarten mit einem Freispruch aburteilte[3]. Hier führten Links von der Homepage der Angeklagten zu Auszügen der Druckschrift Radikal, insbesondere zu zwei Artikeln, deren Inhalte sich mit Sabotageakten gegen die Deutsche Bahn beschäftigten und damit unter die Straftatbestände der §§ 316 b Abs. 1, 126 Abs. 1 Nr. 7 StGB fielen. Auffallend an dieser Entscheidung war, dass deutsche Behörden gegen den Linksetzer vorgingen, da die Übeltäter der rechtswidrigen Beiträge im Ausland oder aus anderen Gründen nicht greifbar waren. Dies ist mit ein Grund, weshalb der Bedeutung von Hyperlinks eine gewichtige Rolle zukommt.

---

[1] Hyperlinks ermöglichen es, auf das Angebot eines Dritten im Internet zu verweisen. Der Link stellt hierbei – wie der Namen schon sagt (link = Verbindung) – die Verknüpfung zwischen den einzelnen Dokumenten her.

[2] Vgl. die Sammlung von Hyperlink-Streitigkeiten bei *Schmidthäuser*, abzurufen unter www.i4j.at/link/link.htm (Stand: April 2005); sowie die Link Controversy Page von *Bechtold,* abzurufen unter http://www.jura.uni-tuebingen.de/bechtold/lcp.html (Stand:April 2005).

[3] AG Tiergarten, MMR 1998, 49f. mit Anm. *Hütig* = CR 1998, 111 mit Anm. *Vassilaki.*

Dieser Fall zeigt bereits einige der Probleme auf, die im Zusammenhang mit Links und Suchmaschinen bestehen: Sind Hyperlinksetzer oder Suchmaschinenbetreiber[4] für den Inhalt auf den Verweisseiten verantwortlich? Müssen Linksetzer die Inhalte der verwiesenen Seiten auch nach dem Setzen des Links noch kontrollieren? Sind die Regeln im Internet strenger als die Regelungen im vergleichbaren Offline-Bereich? Kann die E-Commerce-Richtlinie und das darauf beruhende neue TDG bzw. der MDStV möglicherweise die bestehenden Probleme lösen?

Die Bedeutung der vorliegenden Untersuchung zeigt sich über die zuvor erwähnten Fragestellungen hinaus vor allem an der Vielzahl aktueller gerichtlicher Entscheidungen zu Links. Prominente höchstrichterliche Beispiele hierfür sind vor allem das *„Paperboy-Urteil“*[5] des BGH vom 17.07.2003 sowie die *„Schöner Wetten“*-Entscheidung[6] vom 01.04.2004.

Hyperlinks sorgen gerade deshalb für Diskussionsstoff, weil sie zwischen einem inhaltlichen Angebot und einer rein telekommunikativen Tätigkeit stehen. Kaum ein Sachverhalt hat mehr Stellungnahmen provoziert und Unsicherheit erzeugt als die rechtliche Einordnung der Hyperlinks. Nachdem sich zum alten § 5 TDG und § 5 MDStV ein vorherrschender Meinungsstand herausgebildet hatte, hat der Gesetzgeber nunmehr weitere Regelungen getroffen. Mit Datum vom 04.05.2000 wurde die Richtlinie der Europäischen Union zum elektronischen Geschäftsverkehr (ECRL) angenommen und das TDG am 14.12.2001 in Umsetzung dieser Richtlinie fast wortgleich geändert. Etwas später wurde dann auch der MDStV durch den 6. Rundfunkänderungsstaatsvertrag vom 20.12.2001 angepasst, der am 1. Juli 2002 in Kraft trat. Nachdem der europäische Richtliniengeber die Hyperlinks bereits stiefmütterlich behandelte und außen vor ließ[7], folgte auch der deutsche Gesetzgeber – anders als andere Mitgliedsstaaten[8] – diesem Beispiel und traf keine explizite Regelung für Hyperlinks. Hier eröffnet sich daher die Frage, ob der alte Streit, der sich vor Einführung des TDG und MDStV schon in Ansätzen zeigte[9], wieder aufkommt oder ob neue Lösungen gefunden werden müssen.

Die vorliegende Abhandlung beleuchtet die Haftung für Hyperlinks und Suchmaschinen und zeigt auf, dass TDG und MDStV für beide keine Regelung enthalten. Stattdessen muss wieder auf die traditionellen Kriterien der Garanten- und Verkehrssicherungspflichten zurückgegriffen werden. Grob gesehen lässt sich dabei die rechtliche

---

[4] Vgl. dagegen zu der Frage, ob der jeweilige Anbieter einen Anspruch hat, in die Suchmaschine aufgenommen zu werden: *Hoeren*, MMR 1999, 649ff.

[5] BGH, NJW 2003, 3406, 3409.

[6] BGH, CR 2004, 613, 615.

[7] Siehe dazu Art. 21 II ECRL; *Spindler*, MMR Beilage 7/2000, S. 4, 20; *Freytag*, CR 2000, 600, 604; s. zum Haftungsrecht der E-Commerce-Richtlinie noch *Satzger*, CR 2001, 109 ff.; *Holznagel*, K&R 1999, 103, 106.

[8] So zum Beispiel Österreich, Spanien und Portugal.

[9] Vgl. dazu aus zivilrechtlicher Sicht: *Spindler*, ZUM 1996, 533, 554; aus strafrechtlicher Sicht: *Sieber*, JZ 1996, 429ff. sowie 494ff. - allerdings bezogen allein auf den Service Provider; *Vassilaki*, CR 1999, 85, 87.

Problematik in zwei Sachverhaltsvarianten einteilen. Ein Link kann entweder unzulässig sein, weil die Zielseite einen unzulässigen Inhalt enthält und der Linkende dafür verantwortlich gemacht werden soll (s.o. der Fall Marquardt), oder er kann trotz erlaubtem Inhalt der Zielseite unzulässig sein, weil das Setzen des Links selbst unzulässig ist, beispielsweise gegen Rechte Dritter verstößt. Dies ist etwa dann der Fall, wenn der Linksetzer fremde Inhalte als eigene darstellt oder den falschen Anschein geschäftlicher Kontakte erweckt, oder fremde Leistung oder ein fremder Ruf ausgebeutet wird. In der vorliegenden Bearbeitung sollen sowohl die eine als auch die andere Variante behandelt werden, wobei schwerpunktmäßig der Frage nachgegangen werden soll, ob für den Linksetzer möglicherweise eine Haftung für Gesetzesverstöße auf den verwiesenen Seiten besteht. Da die Problematik, ob und inwieweit durch das Setzen eines Links Verstöße gegen das Urheberrecht, das Markenrecht und das Gesetz gegen unlauteren Wettbewerb bestehen können, bereits anderweitig diskutiert wird[10], soll in der vorliegenden Arbeit nur ein Überblick hierüber gegeben werden.

Die Schnelllebigkeit dieser Thematik birgt allerdings auch die Gefahr, dass die vorliegende Arbeit nur einen kurzen Ausschnitt des Internetrechts zeigen kann. Dies wird schon daran deutlich, dass selbst die noch relativ junge Rechtsprechung und Literatur zu Hyperlinks (etwa aus den Jahren 2000/2001) bereits veraltet erscheint und zumindest nicht mehr vollständig den tatsächlichen Begebenheiten des Linkrechts entspricht.

B. Gang der Darstellung

Im ersten Teil der Arbeit soll ein kurzer Überblick über die technischen Grundlagen von Hyperlinks sowie deren unterschiedliche Darstellungsformen gegeben werden. Vor diesem Hintergrund lässt sich auch ihre rechtliche Einordnung darlegen. Im zweiten Teil der Arbeit wird zunächst der zum alten TDG/MDStV gewonnene Meinungsstand wiedergegeben, vor dessen Hintergrund manche Äußerung aus neuerer Zeit allein verständlich wird. Im Weiteren gilt es, die Anwendbarkeit des neuen TDG/MDStV auf Hyperlinks einer genaueren Analyse zu unterziehen. Wie zu zeigen sein wird, sperrt sich das neue TDG/MDStV gegenüber Hyperlinks und zwingt zur (Wieder-) Anwendung allgemeiner Grundsätze, welche dann ausführlich im dritten Teil der Arbeit behandelt werden sollen. Im vierten Teil der Arbeit soll ein kurzer Überblick über einige Spezifika der einzelnen Rechtsgebiete sowie die einschlägigen Beispiele aus der Rechtsprechung gegeben werden. Erst im fünften Teil soll dann auf die Problematik der Verletzung durch den Link selbst eingegangen werden, wobei hier insbesondere die speziellen Probleme in Bezug auf das Urheber- und Wettbewerbsrecht aufgezeigt werden.

---

[10] Vgl. nur *Börsch*, Sind Hyperlinks rechtmäßig?; *Worm*, Die Verletzung von Urheberrechten und gewerblichen Schutzrechten durch das Setzen von Hyperlinks, Inline-Frames und Meta-Tags.

Zentrales Thema der Untersuchung bleibt allerdings die Frage, wie Hyperlinksetzer nach den allgemeinen Haftungsregelungen verantwortlich sind bzw. was für Prüfungspflichten ihnen auferlegt werden können. Im sechsten Teil werden die Probleme von Suchmaschinen erörtert.

1. Teil: Funktionsweise und Bedeutung von Hyperlinks im Internet

A. Die technischen Grundlagen von Hyperlinks und deren Bedeutung für das Internet

I. Bedeutung der Links für das WWW

Nachdem die Grundsätze des Internets bereits in zahlreichen Abhandlungen ausführlich dargestellt wurden, soll an dieser Stelle darauf verzichtet und auf diese Ausführungen verwiesen werden[11]. Im Folgenden wird das Augenmerk vielmehr auf die technischen Grundlagen von Hyperlinks gelegt. Links sind ein wesentlicher Bestandteil des WWW, die die einzelnen Inhalte miteinander verbinden. Sie ermöglichen das, was man gemeinhin als „Internet-Surfen" bezeichnet, das bequeme Springen per Mausklick von einer Informationsquelle zur nächsten[12]. Erst durch sie wird das Internet wirklich weltweit verbunden. Wegen ihrer zentralen Bedeutung für das Funktionieren des Internets wurden Hyperlinks zutreffend als die Lebensadern des WWW[13] charakterisiert.

Wegen der wichtigen Funktion von Links im Netz kommt ihnen auch eine große wirtschaftliche Bedeutung zu. Ein Link ist letztlich ein Hilfsmittel, um einen Inhalt aus dem WWW auf bequeme Art zu erreichen[14]. Er bietet insofern dem Nutzer, aber auch dem Verbraucher erhebliche Vorteile. Für den Nutzer ist es im Regelfall sehr einfach, von Daten durch einen Link Kenntnis zu nehmen. Für den Anbieter von WWW-Inhalten selbst bieten Links ebenfalls einen Vorteil, da sie auf diese Art und Weise ihr eigenes Angebot erweitern, ohne dafür weiteren Speicherplatz zu benötigen[15].

Für Unternehmen besteht somit die Möglichkeit, durch das Integrieren von externen Links kostenfrei fremde Inhalte in ihre Webseite einzugliedern, die unter Umständen

---

[11] S. nur *Boese*, Strafrechtliche Verantwortlichkeit für Verweisungen durch Links im Internet, S. 25ff.; *Finke*, Die strafrechtliche Verantwortung von Internet-Providern, S. 2ff.; *Hoeren*, Rechtsfragen im Internet, § 3, Skriptum online abzurufen unter http://www.uni-muenster.de/Jura.itm/hoeren/material/Skript/skript.pdf. (Stand: April 2005).

[12] Vgl. hierzu auch *Schmidthäuser*, online abzurufen unter: www.internet4jurists.at/link/tour1.htm (Stand: April 2005).

[13] *Brunner*, Die Zulässigkeit von Hyperlinks nach schweizerischem Recht, S. 4.

[14] Dabei ist der Inhalt auch auf eine andere Art erreichbar – nämlich durch direkte Eingabe der URL (uniform ressource locator, die Internet-Adresse) in die Adressenzeile des Browsers, vgl. hierzu *Schmidthäuser*, „tour de link", abzurufen unter: www.i4j.at/link/tour2.htm (Stand: April 2005).

[15] S. *Boese*, Strafrechtliche Verantwortlichkeit für Verweisungen durch Links im Internet, S. 38.

zuvor mit einem hohen Kosten- und Arbeitsaufwand erstellt worden sind[16]. Diese Kosten- und Arbeitsersparnis stellt einen erheblichen Vorteil für den jeweiligen Linksetzer dar, da auf diese Art und Weise sein Angebot ohne großen Eigenaufwand vervollständigt wird. Jeder, der sich im Internet darstellen will, muss in der heutigen Zeit, um auf dem Markt wettbewerbsfähig zu sein, sein Angebot möglichst attraktiv gestalten, denn für viele Unternehmen ist gerade auch die Webseite ein Aushängeschild. Hyperlinks bieten hierfür eine gute Gestaltungsmöglichkeit.

II. Funktionsweise von Links

Grundsätzlich kann ein Link sowohl auf eine eigene als auch auf fremde Dateien verweisen. Soweit der Link mit Dateien verknüpft ist, die von dritter Seite ins Netz gestellt werden, müssen diese zunächst vom Server des Dritten an den Browser des Nutzers übermittelt werden. Dieser Vorgang wird dann meist durch Anzeige der URL (Uniform ressource locator[17]) des verknüpften Dokuments in der Adresszeile des Browsers angezeigt. Die Dokumente des Dritten werden dabei zu keinem Zeitpunkt auf den Rechner des Linkanbieters geladen.

Optisch stellen sich Links als Texte, die farblich abgehoben oder unterstrichen sind[18], sowie als Bilder oder Grafiken dar. Wenn man mit dem Cursor darüber geht, ändert sich dieser (der Mauszeiger der Standardbrowser[19] wird zu einer Hand) und man kann den Link aktivieren[20]. Nachdem der Link durch Mausklick aktiviert wurde, öffnet der Browser des Nutzers das Dokument, auf das verwiesen wurde, und zeigt es auf seinem Bildschirm an. Eine Ausnahme, auf die unten noch näher eingegangen werden soll, stellen in diesem Zusammenhang sogenannte Inline Links dar, da diese bereits ohne Anklicken auf dem Bildschirm sichtbar sind.

III. Technische Gestaltung von Links

Technisch möglich werden Links durch die Darstellung von Inhalten im HTML-Code. HTML (HypertextMarkupLanguage) ist eine Art Programmiersprache im Internet, die vom Browser gelesen und verarbeitet werden kann. Sie ermöglicht es nicht nur, Inhalte so anzubieten, dass sie von einem Browser dargestellt werden können, sondern sie kann auch Querverweise zu beliebigen anderen Dokumenten enthalten[21]. Alle Formatierungen werden durch HTML-Tags (HTML-Befehle) im Text erzeugt. Bestimmte HTML-Tags dienen dazu, verschiedene Seiten miteinander zu verknüpfen. Was davon am Bildschirm als Text oder Grafik angezeigt wird, ist der Hyperlink. Da-

---

[16] Vgl. zu den kommerziellen Aspekten von Hyperlinks: *Börsch*, Sind Hyperlinks rechtmäßig?, S. 48f.

[17] Adresse eines Dokumentes im Internet. Sie besteht aus der Protokollbezeichnung oder dem Domain-Namen des Zielservers und der Pfad- und Dateiangabe.

[18] Darüber hinaus besteht bei einigen Browsern die Möglichkeit, bereits benutzte Links durch unterschiedliche Farben kenntlich zu machen.

[19] Netscape und Microsoft Produkte.

[20] Bei Inline Links wird das verlinkte Dokument ausnahmsweise ohne Aktivieren sichtbar. Siehe hierzu unten B) III).

[21] *Brunner*, Die Zulässigkeit von Hyperlinks nach schweizerischem Recht, S. 4.

hinter verbirgt sich der Tag <a href>. Das „a“ steht für „anchor“ und zeichnet einen Text oder eine Grafik einer HTML-Seite als Link aus und bezeichnet zusammen mit dem HTML-Tag „href“, der für hypertext reference steht, die Stelle, zu der verwiesen werden soll. Dahinter wird die Adresse des Zieles angegeben[22]. So kann der Linksetzer jede beliebige Adresse aus dem WWW eingeben und somit auf jedes beliebige Dokument im Netz verweisen. Beispielsweise führt die HTML-Anweisung <ahref=“http://www.uni-goettingen.de> nach Aktivieren des Links zu der Website der Uni Göttingen. Auf der jeweiligen Verweisseite erscheint diese gesamte Zeile nur als unterstrichenes Wort: uni-göttingen. Wenn der Nutzer mit der Maus den unterstrichenen Text anklickt, wird eine Verbindung mit der Seite www.uni-goettingen.de aufgebaut und der Inhalt dieser Seite angezeigt.

Ziel einer Linkverweisung können aufgrund der Multimediafähigkeit von HTML sämtliche Inhalte sein, also Dateien mit Texten, Bildern, Musik, gesprochenem Wort und Videosequenzen[23]. Daneben können durch einen Link aber auch sonstige Dateien im Internet miteinander verknüpft werden, die nicht auf Grundlage des HTML-Codes basieren. Derartige Links kommen allerdings in der Praxis eher selten vor, so dass der Focus im Folgenden auf die Verweise zwischen HTML-Dokumenten gelenkt werden soll.

B. Die unterschiedlichen Linkformen/Begriffsbestimmungen

Zunächst ist zu differenzieren, ob ein Verweis innerhalb der eigenen Website des Linkanbieters oder auf fremde Seiten von Dritten vorliegt. Dabei sind die Verweise innerhalb der eigenen Seiten hier weniger interessant, da in diesen Fällen der Linksetzer bereits als Content Provider für seine eigenen Seiten bzw. Inhalte haftet. Letztlich wird dem Nutzer lediglich das Scrollen[24] innerhalb eines Angebotes erspart[25]. Demzufolge soll hier das Augenmerk ausschließlich auf Links zu Seiten von Dritten gerichtet werden. Bei Links bestehen unterschiedliche Ausgestaltungen.

Gemeinhin unterscheidet man zwischen einfachen bzw. Surface Links, Deep Links, Inline Links und dem Framing, wobei die Terminologie im Einzelnen nicht ganz einheitlich verwendet wird. Im Folgenden soll eine kurze Beschreibung der einzelnen Linkformen vorgenommen werden:

---

[22] Vgl. *Schmidthäuser*, „tour de link“, online abzurufen unter http://www.i4j.at/link/tour4.htm. (Stand: April 2005)

[23] Vgl. *Kochinke/Tröndle*, CR 1999, 190, 191.

[24] „scroll“ bedeutet auf englisch Schriftrolle. Im Internet versteht man hierunter das Hinauf- und Hinunterrollen einer Seite. Dies erfolgt zumeist mit Hilfe eines am rechten Bildschirmrand befindlichen Balkens.

[25] *Brunner*, Die Zulässigkeit von Hyperlinks nach schweizerischem Recht, S. 7.

I. Surface Link

Zum Einen gibt es den am häufigsten vorkommenden „einfachen“ Hyperlink (auch Surface Link genannt[26]), der die unterschiedlichen Dokumente miteinander verknüpft. Der jeweilige Nutzer gelangt durch einfaches Anklicken der Maus auf den unterstrichenen bzw. graphisch hervorgehobenen Text (dem Link) zu der jeweils verlinkten Seite. Bei der verlinkten Seite handelt es sich im Falle des Surface Links um die Startseite eines jeweiligen Webangebots[27]. Die neue Seite öffnet sich auf dem gesamten Bildschirmfenster des Nutzers und der Wechsel der Seite wird in der Adresszeile mit einer neuen URL gekennzeichnet.

II. Deep Link

Die meisten Internetauftritte bestehen nicht nur aus einer einzigen Seite, sondern stellen ihr Angebot üblicherweise durch statische Verknüpfung mehrerer tiefer gehender Seiten dar. Die Homepage bildet dabei zumeist die erste Seite des Auftritts, auf der das Angebot des Anbieters präsentiert wird. Zumeist gehen die Angebote vom Allgemeinen zum Konkreten.

Bei dem Deep Link handelt es sich um einen Link, der nicht auf die Homepage des fremden Dokuments verweist, sondern gezielt auf eine darunter liegende Seite[28]. Der jeweilige Verweisvorgang, insbesondere das Anklicken des Links und der Wechsel der Seite samt Änderung der URL, unterscheidet sich in technischer Hinsicht nicht von dem des normalen Links. Einziger Unterschied ist, dass der Nutzer bei dem Eintritt auf eine tiefer liegende Seite die jeweilige Homepage umgeht. Da die Tatsache, dass der Verweis auf die darunter liegende Seite führt, besondere wirtschaftliche und rechtliche Fragen aufwirft, werden Deep Links im Folgenden als eigenständiger Linktyp behandelt.

III. Inline Link

Weitaus mehr Differenzen zum Surface Link weist der Inline Link auf[29]. Hier bedarf es nicht mehr des – den Hyperlink kennzeichnenden – Mausklicks, sondern der jeweilige Content des Dritten wird automatisch – ohne Zutun des Nutzers – in der Ausgangsseite sichtbar. Aus Sicht des Nutzers wird die Verweisseite Bestandteil des verweisenden Angebots. Insofern erscheint die Frage berechtigt, ob man den Inline Link überhaupt noch als Link bezeichnen kann, da es doch an der eigentlichen „Verlinkung“ fehlt.

---

[26] *Plaß*, WRP 2000, 599, 600.

[27] *Plaß*, WRP 2000, 599, 600.

[28] Vgl. hierzu auch *Plaß*, WRP 2000, 599, 600; *Kochinke/Tröndle*, CR 1999, 190, 191, die allerdings anmerken, dass es sich letztlich um einen ganz normalen Link handelt, der lediglich andere urheber- und markenrechtliche Probleme mit sich bringe. Eine andere Begrifflichkeit für diese Art von Link zu wählen, stifte jedoch eher Verwirrung.

[29] Teilweise wird für den Inline Link auch der Begriff des IMG Link verwandt, vgl. hierzu *Kochinke/Tröndle*, CR 1999, 190, 191.

Bei Inline Links gestaltet sich die technische Vorgehensweise anders als oben beschrieben. Der Inline Link weist den Browser des Nutzers an, die Daten vom Rechner des Dritten selbständig neben den eigenen Daten auf den Rechner des Nutzers herunterzuladen und sie mit den eigenen Daten in eine Einheit zu bringen. Beispiele für solche Inline Links sind beispielsweise Graphiken, Bilder oder Sounds anderer Anbieter, die mittels IMG, EMBED oder Object Tags dargestellt werden[30]. Anders als der HREF Link bewirkt der IMG-Link nicht den Wechsel von einer Internetadresse zur anderen, sondern den Import von Bildmaterial[31]. Mittels HTML können zunächst lediglich Texte dargestellt werden. Möchte man aber in seine Seite auch Bildelemente einbeziehen, so ist es notwendig, auf eine Bilddatei zu verweisen und diese in das HTML-Dokument einzubinden[32]. Hierfür liegt die Verwendung von Inline Links nahe. Allerdings muss man sich bei der Integration von Bilddateien darüber im Klaren sein, dass ihnen auch ein anderer Befehlssatz als beim herkömmlichen Link zugrunde liegt. So lautet die nötige Befehlszeile für die Einbettung eines Bildes beispielsweise: <img src=“grafik.jpg“>, wobei anstelle „grafik.jpg“ der konkrete Name der Datei und der Pfad zur ihr anzugeben sind[33].

Wichtig für die rechtliche Betrachtung ist hierbei, dass bei dem Inline Link nicht – wie oben beschrieben – die URL des Dritten erscheint, sondern der Inhalt sich für den Nutzer wie ein eigener darstellt. Dennoch bleibt der Inhalt auf dem Rechner des Dritten gespeichert, so dass der Anbieter sich eigene Speicherkapazitäten erspart.

IV. Framing

Die Technik des Framings wird häufig missverstanden und als eine besondere Form des Linkings angesehen. Beim Framing handelt es sich indes nicht um eine andere Linktechnik, sondern um eine bestimmte Wiedergabeform der verwiesenen Seite. Sie stellen also keinen eigenen Linktypus dar, sondern liegen „quer“ zu den verschiedenen Linkformen[34]. Da beim Framing aber rechtlich gesehen ähnliche Fragen wie beim Linking aufkommen, insbesondere häufig eine Verbindung von Framing und Linking vorliegt, sollen diese mitbehandelt werden.

Das Framing ist eine Programmiertechnik für WWW-Seiten, die deren Unterteilung in mehrere voneinander unabhängige Rahmen, sogenannte Frames ermöglicht[35]. Hierdurch können Inhalte mehrerer Webseiten verschiedener Anbieter auf der eigenen Seite dargestellt werden[36]. Für den Nutzer erscheint die Seite aber zumeist – je nach Ausgestaltung der Rahmen – als einheitlich. Sinn und Zweck einer solchen Aufteilung kann es sein, in einen der Frames ein Navigationsmenü aufzunehmen, welches

---

[30] *Börsch,* Sind Hyperlinks rechtmäßig?, S. 40.
[31] *Gercke*, ZUM 2001, 34, 35.
[32] Vgl. *Stadler,* Haftung für Informationen im Internet, Rn. 151.
[33] Vgl. *Stadler*, Haftung für Informationen im Internet, Rn. 151; *Börsch*, Sind Hyperlinks rechtmäßig?, S. 38.
[34] *Ernst/Wiebe* in: Ernst/Vassilaki/Wiebe, hyperlinks, Rz. 7.
[35] *Gabel*, K&R 1998, 555.
[36] Vgl. *Kochinke/Tröndle,* CR 1999, 190, 192.

als Inhaltsverzeichnis bestehen bleibt, während sich der Inhalt des anderen Frames bei Anklicken eines Menüpunktes ändert. Inhalte von Frames können Texte, Graphiken oder andere HTML-Elemente sein. Häufig, und für die zugrunde liegende Abhandlung besonders interessant, befinden sich innerhalb eines Frames Verlinkungen, die es ermöglichen, die Verweisung zu den verlinkten Inhalten innerhalb eines Frames darzustellen. Dabei bleibt die URL der Ausgangsseite bestehen, lediglich der Inhalt innerhalb eines Rahmens ändert sich. Um das oben verwendete Beispiel heranzuziehen, bleibt das Navigationsmenü bestehen, wohingegen in dem Hauptrahmen, auf dem möglicherweise zunächst die Homepage zu sehen war, nunmehr der gelinkte Inhalt angezeigt wird. Hierbei werden die Drittinhalte durch den Nutzer direkt von dem Rechner des Dritten geladen. Eine Zwischenspeicherung auf dem Rechner des Betreibers des Frames findet nicht statt. Dies ist aber auch insofern nicht erstaunlich, als es sich innerhalb des Frames schließlich um eine ganz klassische Verlinkung handelt. Lediglich die Wiedergabeform stellt sich anders dar. Unter Framing versteht man allerdings nur das Einbeziehen in ein eigenes Frameset, nicht aber das Herauspicken eines fremden Frames aus dessen Umgebung, der dann als ganze Seite dargestellt wird.

2. Teil: Die Rechtslage von Hyperlinks nach dem neuen und alten TDG/MDStV

A. Haftung für Links nach dem TDG/MDStV a.F.

Vor Inkrafttreten des TDG/MDStV wurden die allgemeinen Haftungsgrundsätze zur Begründung einer Haftung herangezogen[37]. Dies änderte sich schlagartig – wenn auch nicht einheitlich – mit der Einführung der neuen Gesetze. Eine weitere Änderung vollzog sich nunmehr durch die Umsetzung der ECRL, bei der das TDG sowie der MDStV neu gefasst wurden. Da die bisherige Diskussion um die Einordnung von Hyperlinks aber für das Grundverständnis weiterhin bedeutsam ist, soll die Lage zum alten TDG/MDStV kurz dargestellt werden, damit vor diesem Hintergrund geprüft werden kann, ob eine solche Anwendbarkeit auch mit dem neuen TDG/MDStV noch möglich erscheint.

Sowohl der Bund als auch die Länder reagierten auf die technischen Entwicklungen des Internets und führten, wie eingangs beschrieben, auf Landesebene den MDStV und auf Bundesebene das Informations- und Kommunikationsdienstegesetz (IuKDG) ein, wobei das IuKDG[38] als Artikelgesetz drei „Untergesetze" beinhaltet[39]. Bestandteil sind – das hier vornehmlich interessante – TDG, das Teledienstedatenschutzgesetz (TDDSG) und das Signaturgesetz (SigG). Der haftungsrechtliche Focus wurde im TDG/MDStV a.F. auf § 5 gelegt. Mit dieser Norm hatte der Gesetzgeber eine differenzierte Regelung der Verantwortlichkeit für Diensteanbieter entwickelt. Problema-

---

[37] Vgl. hierzu nur *Spindler*, ZUM 1996, 533ff.; *Sieber*, JZ 1996, 429ff., 494ff.
[38] BGBl. I 1997, 1870ff.
[39] Vgl. zu diesen Gesetzen auch *Engel-Flechsig/Maennel/Tettenborn*, NJW 1997, 2981f.

tisch für die Einordnung von Hyperlinks war allerdings, dass für sie keine ausdrückliche Regelung enthalten war. Da sich § 5 TDG/MDStV jedoch zum Ziel setzte, umfassend Rechtsklarheit zu schaffen, galt es allgemein als unstreitig, dass Hyperlinks auch hierunter fielen. Streitigkeiten entstanden vielmehr aufgrund der Versuche, die Links in das System der Absätze 1 bis 3 des § 5 TDG/MDStV einzuordnen[40]:

I. Regelungsgefüge des § 5 Abs. 1 bis 3 TDG/MDStV

Die Haftung für die Inhalte im TDG/MDStV wurde – ähnlich wie jetzt im neuen TDG/MDStV – in drei Abstufungen geregelt. So waren Diensteanbieter/Anbieter nach Abs. 1 für eigene Inhalte nach den allgemeinen Regeln verantwortlich. Wurden dagegen fremde Inhalte zur Nutzung bereitgehalten, kam eine Verantwortlichkeit nach

---

[40] Ebenso streitig in diesem Zusammenhang waren die Fragen nach der Anwendbarkeit des TDG oder MDStV sowie die Einordnung dieser Norm in das bestehende Haftungsrecht. Da diese Fragen jedoch für die vorliegende Abhandlung nicht weiter relevant werden, sollen sie nur kurz dargestellt werden:
(1) Anwendbarkeit von TDG oder MDStV: Für die Einordnung von Hyperlinks musste zunächst geprüft werden, ob das TDG oder der MDStV angewandt werden sollte. Die Unterscheidung lag darin begründet, dass der MDStV – wie oben festgestellt – ein Landesgesetz, das TDG hingegen ein Bundesgesetz ist. Dieses Nebeneinander zweier Regelwerke ließ sich darauf zurückführen, dass sowohl der Bund als auch die Länder die Gesetzgebungszuständigkeit für diesen Bereich geltend machten, wobei der Bund sich auf die Bereiche der Wirtschaft und Telekommunikation und die Länder sich auf die Gesetzgebungskompetenz für massenkommunikative Dienste beriefen (Vgl. *Schmoll*, Die deliktische Haftung der Internet-Service-Provider, S. 29 m. w. Nachweisen). Inhaltlich fand der MDStV auf Mediendienste und das TDG auf Teledienste Anwendung. Eine eindeutige Zuordnung bestimmter multimedialer Erscheinungsformen in die Kategorien Teledienst/Mediendienst fiel jedoch schwer. Dies lag vornehmlich an der Unschärfe der Begrifflichkeiten, was wiederum durch die kompetenzrechtliche Auseinandersetzung zwischen Bund und Ländern bedingt war (*Flechsig/Gabel*, CR 1998, 351, 353; *Pichler*, MMR 1998, 79f.). Aufgrund der fast wortgleichen Fassung der beiden Gesetze wurde dieser Streit allerdings meist offen gelassen und die Einordnung allgemein für TDG/MDStV diskutiert (*Bettinger/Freytag*, CR 1998, 545, 547; *Marwitz*, K&R 1998, 369, 370; mit dieser Diskussion für Hyperlinks setzen sich hingegen *Flechsig/Gabel*, CR 1998, 351, 353 auseinander) oder ohne nähere Begründung einfach das TDG (Vgl. *Schack*, MMR 2001, 9, 15, der in aller Regel bei Websites von Telediensten ausgeht; *Koch*, K&R 2002, 120, 121, der für Suchmaschinen eine Einordnung unter das TDG vornimmt.) bzw. der MDStV angewandt (Vgl. zu der Abgrenzung allgemein: *v. Bonin/Köster*, ZUM 1997, 821f.; *Altenhain*, AfP 1998, 457ff.; *Vassilaki*, CR 1999, 85ff.; *Koch*, CR 1997, 193ff., *Marwitz*, K&R 1998, 369ff.).

(2) Einordnung des § 5 TDG/MDStV in das bestehende Haftungsrecht: Auch die dogmatische Einordnung des § 5 TDG in das System der allgemeinen Regeln verursachte Probleme. So prüften die einen den § 5 TDG im Wege einer Zwei-Stufen Prüfung außerhalb der jeweils einschlägigen materiellen Haftungstatbestände (So *Engel-Flechsig/Maennel/Tettenborn*, NJW 1997, 2981, 2984; *v. Bonin/Köster*, ZUM 1997, 821, 823; *Engels*, AfP 2000, 524, 526). Dabei musste der jeweils zugrunde liegende Sachverhalt erst die Kriterien des § 5 TDG durchlaufen, bevor man zu einer Prüfung des einschlägigen Rechtsgebietes kommen konnte. Andere legten den Verschuldensbegriff im Lichte des § 5 TDG/MDStV aus (Vgl. *Pichler*, MMR 1998, 79, 87; *Vassilaki*, MMR 1998, 630, 634). Nach einer dritten Ansicht griffen § 5 TDG/MDStV bereits auf Tatbestandsebene in die bestehenden Haftungsregelungen ein. Sie seien bei den Tatbeständen, wie etwa § 823 Abs. 1 BGB, § 97 Abs. 1 UrhG, als abschließende, positivrechtliche Regelung der die Conditio-sine-qua-non Formel ergänzende Erfolgszurechnung anzusehen (*Bettinger/Freytag*, CR 1998, 545, 548; *Freytag*, ZUM 1999, 185, 189f.; ähnlich auch *Waldenberger*, MMR 1998, 124, 126). Keiner der Vorschläge vermochte allerdings in seiner Gänze restlos zu überzeugen. Noch am plausibelsten und saubersten erschien es, § 5 TDG/MDStV als Filter aufzufassen. Dies wurde auch durch die Stellungnahme des Bundesrates zum Gesetzentwurf des IuKDG (BT-Drucks. 13/7385 S. 51) bestätigt, in dem es hieß „die Regelungen zur Verantwortlichkeit sind der straf- und zivilrechtlichen Lösung vorgelagert“.

Abs. 2 in Betracht, wenn die Anbieter von den Inhalten Kenntnis hatten und es ihnen technisch möglich und zumutbar war, deren Nutzung zu verhindern. Nach Abs. 3 bestand eine Haftungsfreistellung für Diensteanbieter, die lediglich den Zugang zur Nutzung von fremden Inhalten vermitteln. Daher kam es für die Einordnung von Links darauf an, ob das Einrichten und Aufrechterhalten eines Links eine Zugangsvermittlung oder ein Bereithalten eigener oder fremder Inhalte war.

II. Links als Bereithalten eigener Inhalte (§ 5 Abs. 1 TDG/MDStV)

Denjenigen, die § 5 Abs. 1 TDG/MDStV als alleinige Zuordnungsnorm annahmen[41], konnte nicht gefolgt werden, da sie eine zu pauschale Einordnung der gelinkten Inhalte vornahmen und so den vielen Facetten der Links nicht gerecht wurden. Das Argument, dass der Link kein Zufallsprodukt sei, sondern dieser von dem Verweisenden willentlich und gezielt in die Gestaltung seiner Website einbezogen sei und sich so der hinter dem Link stehende Inhalt selbst „inhaltlich oder technisch" angeeignet werde[42], vermochte nicht zu überzeugen. Zwar ist es möglich, dass der Linksetzende sich den Verweisinhalt in bestimmten Fällen „zu Eigen macht", eine pauschale Einordnung der Links als eigene verbietet sich jedoch. Der Inhalt, auf den verwiesen wird, ist zunächst einmal ein fremder und wird nicht durch die bloße Eingliederung zu einem eigenen.

III. Links als Zugangsvermittlung oder Bereithalten von Inhalten (§ 5 Abs. 2 oder 3 TDG/MDStV)

Auch den Autoren, die einem Link die Haftungsprivilegierung des § 5 Abs. 3 TDG zukommen lassen wollten[43], musste widersprochen werden. Unter den Begriff der Zugangsvermittlung konnten grundsätzlich nur die Access Provider oder ihnen vergleichbare Telekommunikationsdienstleistungen verstanden werden[44]. Zwar vermit-

---

[41] *Flechsig/Gabel*, CR 1998, 351, 354; *Bleisteiner*, Rechtliche Verantwortlichkeit im Internet, S. 174; *Pankoke*, Von der Presse- zur Providerhaftung S. 129.

[42] *Flechsig/Gabel*, CR 1998, 351, 354.

[43] *Koch*, CR 1997, 193, 200; *ders.*, Internet-Recht S. 228, 239; *Eichler/Helmers/Schneider*, K&R 1997, 23, 25, als Supplement zu der Zeitschrift BB 1997; *Kiethe*, WRP 2000, 616, 621. Der Begriff der Zugangsvermittlung im Sinne des Absatzes 3 dürfe nicht mit Access-Providern gleichgesetzt werden, vielmehr sei nach dem Wortlaut auf das Zugänglichmachen von Inhalten abzustellen. Die Norm umfasse daher sämtliche Formen der Zugangsvermittlung. Als Konsequenz müssen auch Links hierunter fallen. Gerade bei Hyperlinks werde zwar nicht der Zugang zum Internet als solcher, wohl aber der Zugang zu einem bestimmten System vermittelt (*Koch*, CR 1997, 193, 200, *ders.*, NJW-CoR 1998, 45, 48). Der Linksetzer öffne „den Weg zu fremden Inhalten", was auch nach der Begründung des TDG zu einer Anwendung des § 5 Abs. 3 TDG führe (*Eichler/Helmers/Schneider*, K&R 1997, 23, 25 als Supplement zu der Zeitschrift BB 1997). Zudem mache es keinen großen Unterschied, ob man einen Link setzt oder den Verweis wörtlich auf seine Homepage stellt. Ein Link könne mit einer Fußnote verglichen werden, für die man letztlich auch nicht hafte (vgl. *Vassilaki*, CR 1999, 85, 86).

[44] BT-Drucks. 13/7385, S. 20. Für ein technisches Verständnis spricht auch die Systematik der Norm. In § 5 Abs. 3 Satz 2 wird der technische Charakter deutlich, indem hier im Wege einer Fiktion proxy-cache Zwischenspeichersysteme in den Bereich der Zugangsvermittlung miteinbezogen werden. Dass es hier nicht klarstellend „ist auch", sondern "gilt" heißt, macht deutlich, dass das Proxy-Caching andernfalls gerade nicht unter S.1 zu fassen wäre. Eine plausible Erklärung hierfür kann darin gefunden werden, dass ein Proxy-Server nicht IP-Pakete, sondern vollständige Web-Seiten speichert und sich

telt derjenige, der einen Hyperlink im Internet anbietet, dem Nutzer gleichzeitig den Zugang zu einer unüberschaubaren Vielfalt von Inhalten. Sein Handeln beinhaltet jedoch mehr als „nur" den Zugang zur Nutzung eines Angebots. Er wählt aus mehreren Angeboten im Internet eines bewusst und gewollt aus. Aus demselben Grund vermochte auch die zwischen Absatz 1 und 3 differenzierende Ansicht nicht zu überzeugen[45]. So begrüßenswert eine differenzierte Einordnung in das System der Absätze 1 bis 3 war, scheiterte dieser Ansatz nach wie vor an der fehlenden Zugangsvermittlung. Auch die Rechtsprechung konnte zur Einordnung von Links nicht beitragen, da die Ansichten zwischen sämtlichen Varianten differenzierten[46] oder § 5 TDG/MDStV schlichtweg übersehen wurde[47].

Dennoch musste eine Einordnung nicht unterbleiben. Im Rahmen des alten § 5 TDG/MDStV ließen sich Links unter die Begrifflichkeiten des Bereithaltens von Inhalten fassen. Dabei konnte zwar der allein § 5 Abs. 2 TDG/MDStV befürwortenden Ansicht, die im Einzelnen zwischen einer direkten[48] oder nur analogen[49] Anwendung differenzierte, in ihrer Gänze nicht gefolgt werden. Denn sie vermochte der Vielseitigkeit der unterschiedlichen Verweisungen nicht gerecht zu werden, indem sie nur von einem Bereithalten fremder Inhalte ausging. Zuzustimmen war dieser Ansicht aber insofern, als sie ein Bereithalten von Inhalten annahm. Zwar erwies sich eine rein am Wortlaut orientierte Einordnung als schwierig. Der Begriff des Bereithaltens durfte aber nicht rein technisch gesehen werden, dergestalt das Bereithalten nur dann vorliegt, wenn der Inhalt auch technisch gesehen auf dem Speicher vorgehal-

---

hierbei des TCP Protokolls http bedient. Dennoch erfüllt das Proxy-Caching nur eine technische Funktion, nämlich die Entlastung des Netzes, während ein Hyperlink eine inhaltliche Beziehung zwischen zwei Web-Seiten herstellt – vgl. hierzu *Bettinger/Freytag*, CR 1998, 545, 549.

[45] So aber *Engel-Flechsig/Maennel/Tettenborn*, NJW 1997, 2981, 2985; *dies.*, Neue gesetzliche Rahmenbedingungen für Multimedia S. 19; ähnl. *Spindler*, NJW, 1997, 3193, 3198; *Vassilaki*, CR 1999, 85, 86; *Kiethe*, WRP 2000, 616, 620, der grundsätzlich Abs. 3 nehmen will – allerdings bei zu Eigen gemachten Inhalten doch Abs. 1 heranzieht. War der Link also lediglich die technische Abkürzung des Zugangs zu anderen Informationsinhalten, entfiel eine Verantwortlichkeit gemäß § 5 Abs. 3 TDG/MDStV. So lag beispielsweise bei Pauschalverzweigungen, z.B. auf das Angebot einer Universität, eine Zugangsvermittlung vor (*Spindler*, NJW 1997, 3193, 3198). War der Link dagegen in einem Kontext angesiedelt, der deutlich machte, dass der Verweisende sich den hinter dem Link liegenden Inhalt „zu Eigen macht" und in sein Angebot einbettet, sollte sich seine Verantwortlichkeit nach § 5 Abs. 1 TDG richten.

[46] Vgl. zu § 5 Abs. 1: LG Frankfurt, CR 1999, 45ff. m. Anm. *Kloos*; LG München I, MMR 2000, 566, 568; LG Lübeck, MMR 1999, 686, 686 = CR 1999, 650; für das österreichische Recht: ÖOGH, MMR 2001, 518, 519 m. Anm. *Schanda*; anders OLG Braunschweig, MMR 2001, 608, 609. Das OLG Braunschweig sieht diese Art der Verweisung auf im Internet vorhandene Programme als publizistische Information an, die vom Benutzer nur als Hinweis auf eine fremde Quelle zum kostenlosen Bezug verstanden wird. Es ordnete die Links daher im konkreten Fall unter Abs. 2 ein. Als Zugangsvermittler sieht das LG Frankenthal in MMR 2001, 401f. m. Anm. *Schütz/Attendorn* die Links, wenn sie lediglich die Rolle eines Türöffners erfüllen. LG Lübeck, CR 1999, 650, 650 differenziert zwischen Abs. 3 und 1; LG Potsdam CR 2000, 123, 124, die Links als Fall des § 5 Abs. 3 ansehen.

[47] LG Hamburg, MMR 1998, 547f. = NJW 1998, 3650f. = AfP 1998, 421; K&R 1998, 367f. m. Anm. *Gabel*.

[48] *Sieber*, Verantwortlichkeit im Internet, Rn. 326ff., der unmittelbar § 5 Abs. 2 TDG für einschlägig hält, allerdings eine Einschränkung für die zweite Linkebene vornehmen will.; *Altenhain*, AfP 1998, 457, 464.

[49] *Waldenberger*, MMR 1998, 124, 128; *ders.*, AfP 1998, 373, 374; *Koch*, MMR 1999, 704, 707; *Schütz/Attendorn*, MMR 2001, 401, 404; *Waldenberger*, MMR 1998, 124, 128.

ten werde, sondern konnte vielmehr auch inhaltlich verstanden werden. Das Internet zeichnet sich gerade dadurch aus, dass der physische Ort einer Information für die Nutzung irrelevant ist[50]. Nicht nur durch das technische Vorhalten fremder Inhalte auf einem Speichermedium, sondern gerade auch durch die Aufnahme fremder Inhalte durch Querverweis (Hyperlink) auf andere Adressen im WWW kann ein Anbieter fremde Inhalte zur Nutzung bereithalten[51]. Wenn also das Beherrschen der Einzeldaten und nicht das Speichern als entscheidendes Kriterium betrachtet wurde, konnte man zumindest für Links auf der ersten Verweisebene ein Bereithalten von Inhalten annehmen. Denn die den Link setzende Person konnte die Verweisung auf die einzelnen Daten vornehmen oder aufheben[52].

Wegen der unterschiedlichen Ausformungen der Verweise, lag es dann im Weiteren nahe, eine Unterscheidung nach eigenen und fremden Inhalten vorzunehmen und damit zwischen § 5 Abs. 1 und Abs. 2 TDG/MDStV zu differenzieren[53]. Dies führte im Ergebnis auch zu einer interessengerechten Lösung, die die unterschiedlichen Arten von Links einzuordnen vermochte. Die Differenzierung zwischen eigenen oder fremden Inhalten war dabei nach den für die Auslegung von § 5 TDG/MDStV geltenden Regeln zu bestimmen. Grundsätzlich lag ein eigener Inhalt auch dann vor, wenn sich der Linksetzer den fremden Inhalt „zu Eigen gemacht" hat[54], was im Folgenden als Exkurs dargestellt werden soll.

IV. Exkurs: zu Eigen gemachter – fremder Inhalt

Zu der Einordnung, wann ein Inhalt eigener bzw. „zu Eigen gemacht" ist, wurden und werden unterschiedliche Auffassungen vertreten. Diese sollen im Folgenden ausführlich dargestellt werden, da sie für die vorliegende Abhandlung immer wieder von Interesse sein werden und so darauf zurückgegriffen werden muss. Einig war man sich, dass in jedem Fall eine Einzelfallbeurteilung stattzufinden habe. Im Übrigen teilten sich jedoch die Meinungen. Herangezogen wurden zum Einen die Grundsätze der Presse- und der Rundfunkhaftung[55], zum Anderen die der urheberrechtlichen Veranstalterhaftung[56], bei der es auf das Interesse an der inhaltlichen Gestaltung der verlinkten Seite ankam oder es wurde allgemein auf inhaltliche Aspekte abgestellt[57].

---

[50] Vgl. *v. Bonin/Köster*, ZUM 1997, 821, 823.
[51] *V. Bonin/Köster*, ZUM 1997, 821, 823.
[52] So auch *Sieber*, Verantwortlichkeit im Internet, Rn. 326.
[53] So auch *Bettinger/Freytag*, CR 1998, 545, 550f.; *Boese*, Strafrechtliche Verantwortlichkeit für Verweisungen durch Links im Internet, S. 76; *v. Bonin/Köster*, ZUM 821, 823; *Worm*, Die Verletzung von Urheberrechten und gewerblichen Schutzrechten durch das Setzen von Hyperlinks, Inline-Frames und Meta-Tags, S. 197; *Gercke*, ZUM 2001, 34, 37f.
[54] Vgl. BT-Drucks. 13/7385 S. 19.
[55] *Müller-Terpitz*, in: Kröger/Gimmy, Handbuch zum Internetrecht, S. 193; *Boese*, Strafrechtliche Verantwortlichkeit für Verweisungen durch Links im Internet, S. 80.
[56] So *Freytag*, ZUM 1999, 185, 191, *ders.*, Haftung im Netz, S. 171; *Bettinger/Freytag*, CR 1998, 545, 550f.
[57] LG Hamburg, MMR 1998, 547f. = AfP 1998, 421 = NJW 1998, 3650f. = K&R 1998, 367f. m. Anm. *Gabel*; *Maennel*, in: Beck'scher IuKDG-Kommentar, 2001, § 5 TDG, Rn. 29; *dies.*, NJW 1997, 2981, 2985.

Die Heranziehung presserechtlicher Grundsätze bot sich aufgrund der Vergleichbarkeit der Sachverhalte an[58]. In Presse und Rundfunk werden auch nicht nur eigene Äußerungen wiedergegeben, vielmehr leben diese gerade von Aussagen Dritter. Ob sich der Verbreiter der Medien die Fremdäußerung „zu Eigen macht", richtet sich nach der nach außen erkennbaren Einstellung. Es hängt also davon ab, wie seine Darstellung auf den Durchschnittsadressaten wirkt und von ihm verstanden wird[59]. Bei Printmedien kann ein „zu Eigen machen" beispielsweise in der Wiedergabe ohne Quellenangabe, in der Platzierung in den Mittelpunkt eines Beitrages, in der Benutzung eines Zitats als Bestätigung der eigenen Auffassung oder einem namentlich gekennzeichneten Beitrag gesehen werden[60]. Auch bei Links wurde unter anderem darauf abgestellt, ob der fremde Inhalt deutlich als fremd gekennzeichnet wurde[61] oder ob sich der Linkende mit dem fremden Inhalt derart identifiziert hat, dass er erkennbar Verantwortung dafür übernehmen wollte[62]. Maßgeblich in diesem Zusammenhang war die Verkehrsauffassung. Nach ihr galt es zu bestimmen, ob der Verweisende den Eindruck erwecken wollte, die fremde Leistung als eigene darzustellen oder ob er ausreichende Distanz zu den fremden Inhalten hielt und diese trotz der hergestellten Verbindung nach wie vor als fremd erscheinen lassen wollte[63]. Für die Wirkung auf den durchschnittlichen Adressaten wurde unter anderem auch auf äußere Umstände, insbesondere auf das Erscheinungsbild des Links abgestellt. So nahm man in den Fällen von Frames und Inline Links einen „zu Eigen gemachten" Inhalt an[64]. Für die Vertreter der inhaltlichen Komponente[65], die letztlich allerdings auch dem Presserecht entsprang, spielte bei der Prüfung des „sich zu Eigen machens" der Gesichtspunkt des Distanzierens eine gewichtige Rolle[66], wobei auch dieser letztlich einer Einzelfallentscheidung bedurfte[67].

Die Verfechter der Veranstalterhaftung stellten hingegen darauf ab, ob der Linksetzer durch die inhaltliche Gestaltung oder Auswahl maßgeblichen Einfluss auf die Inhalte

[58] Kritisch hierzu *Stadler*, Haftung für Informationen im Internet, Rn. 166f., der die Vergleichbarkeit zur Pressehaftung in Zweifel zieht. Es sei das Wesen originär eigener Inhalte, dass man diese beliebig steuern, beherrschen und nach eigenem Willen umgestalten könne. Hieran fehle es dem Linksetzenden.
[59] *Burckhardt*, in: Wenzel/Burkhardt, Das Recht der Wort- und Bildberichterstattung, Kap. 4, Rz. 102.
[60] Vgl. *Burckhardt*, in: Wenzel/Burkhardt, Das Recht der Wort- und Bildberichterstattung, Kap. 4, Rz. 103 m.w.Nachw.
[61] *Engels*, K&R 2001, 338, 341.
[62] *Sieber*, Verantwortlichkeit im Internet, Rn. 309.
[63] Vgl. *Plaß*, WRP 2000, 599, 607.
[64] Vgl. *Sieber*, Verantwortlichkeit im Internet, Rn. 310f.; *Plaß*, WRP, 2000, 599, 608; im Ergebnis auch *Freytag*, Haftung im Netz, S. 232.
[65] LG Hamburg, MMR 1998, 547f. = AfP 1998, 421 = NJW 1998, 3650f. = K&R 1998, 367 m. Anm. *Gabel*; *Maennel*, in: Beck'scher IuKDG-Kommentar, § 5 TDG, Rn. 29.
[66] *Burckhardt*, in: Wenzel/Burkhardt, Das Recht der Wort- und Bildberichterstattung, Kap. 4, Rz. 110; BGH, NJW 1976, 1131, 1132; *Pelz*, ZUM 1998, 530, 532; *Spindler*, NJW 1997, 3193, 3196.
[67] Kritisch hierzu *Sieber*, MMR Beilage 2/1999, S. 1, 13, der anmerkt, dass diese Kriterien die Gefahr eines Zirkelschlusses bergen, dass sie leicht zu der Argumentation führen, dass derjenige, der für einen Inhalt dann haftet, wenn er Verantwortung übernehmen will, wenn nicht dann nicht.

ausübte[68] oder einen wirtschaftlichen Nutzen aus der Verbreitung zog[69]. Fehlte es an dem entsprechenden Einfluss, so sollte ein fremder Inhalt im Sinne von § 5 Abs. 2 TDG/MDStV vorliegen. Der verweisende Anbieter ersetze nämlich die inhaltliche Gestaltung seiner Seite durch die Übernahme der fremden Gestaltung in einer Weise, die für den Nutzer nicht erkennbar ist. Damit manifestierte der Linksetzer ein bestimmendes Interesse an der konkreten Ausgestaltung der fremden Seite und nicht nur an einem Hinweis auf sie[70]. Letztlich wurde aufgrund des systematischen Vergleichs zwischen § 5 Abs. 2 und Abs. 1 TDG/MDStV vorgeschlagen, einen eigenen Inhalt dann anzunehmen, wenn entweder der Inhalt selbst erstellt, der fremde Inhalt bewusst ausgewählt und in das eigene Angebot übernommen wurde oder der Linksetzer sich mit den fremden Inhalten erkennbar identifiziert und die Verantwortung für sie übernehmen wollte[71].

Für die Zukunft wird in jedem Einzelfall eine genaue Untersuchung anhand mehrerer Kriterien erfolgen müssen, um festzustellen, ob der verwiesene Inhalt „zu Eigen gemacht" wurde oder nicht. Dabei kommt der Heranziehung presserechtlicher Grundsätze eine herausragende Bedeutung zu.

B. Rechtslage von Hyperlinks nach dem neuen TDG/MDStV

I. Das neue TDG und der MDStV und ihre Voraussetzungen

Nachdem sich das TDG einigen Änderungen unterzogen hat, ist es in seiner neuen Fassung seit dem 14.12.2001 gültig. Als wesentliche Änderung, die zwar hier weniger relevant wird, aber von grundsätzlicher Bedeutung ist, kann die Regelung des Herkunftslandprinzips bezeichnet werden[72]. Aber auch in dem Abschnitt um die Verantwortung (§§ 8-11 TDG) lassen sich einige Änderungen verzeichnen:

§ 8 Abs. 1 TDG regelt die Verantwortlichkeit für eigene Informationen und ist im Wesentlichen mit dem alten § 5 Abs. 1 TDG/MDStV a.F. zu vergleichen. Neu ist hier nur der Begriff der Informationen, der anstelle von Inhalten eingefügt wurde. § 8 Abs. 2 TDG legt fest, dass keine Überwachungs- oder Nachforschungspflichten bestehen. In § 9 TDG wird die Durchleitung von Informationen geregelt, wobei nach Abs. 2 der reinen Durchleitung von Informationen die automatische kurzzeitige Zwischenspeicherung gleichsteht. Das neue TDG unterscheidet zwei Formen der Zwischenspeicherung: Einerseits die automatische kurzzeitige Zwischenspeicherung von Informationen nach § 9 Abs. 2 TDG und andererseits die Zwischenspeicherung zur be-

---

[68] *Freytag*, ZUM 1999, 185, 191; *ders.* Haftung im Netz, S. 171.

[69] *Bettinger/Freytag*, CR 1998, 545, 550f.

[70] *Bettinger/Freytag*, CR 1998, 545, 550f.

[71] *Sieber*, Verantwortlichkeit im Internet, Rn. 298; Konsequenz für Links war dabei, dass aufgrund des Kriteriums einer bewussten Auswahl und Kontrolle ein eigener Inhalt nur für die unmittelbar in Bezug genommene Linkebene in Betracht kam; vgl. *Sieber*, MMR-Beilage 2/1999, S. 1, 15.

[72] Zum Herkunftslandprinzip *Hoeren*, MMR 1999, 192ff.; *Säcker*, MMR Beilage 9/2001 S. 2, 4, *Spindler*, NJW 2002, 921, 925; *ders.*, RIW 2002, 183ff.

schleunigten Übermittlung von Informationen nach § 10 TDG[73]. Unter Zwischenspeicherung zur beschleunigten Übermittlung von Informationen nach § 10 TDG können beispielsweise Proxy-Caches verstanden werden, bei denen die vom Nutzer abgerufenen Seiten gespeichert werden[74]. In § 11 TDG findet sich die aus § 5 Abs. 2 TDG a.F. bekannte Speicherung von Informationen wieder, wobei auch hier die Begrifflichkeit der Inhalte in den umfassender zu verstehenden Begriff der Informationen umgetauscht wurde.

Der MDStV wurde etwas später durch den 6. Rundfunkänderungsstaatsvertrag vom 20.12.2001 angepasst, der am 1. Juli 2002 in Kraft trat. Auch durch die Neufassung des MDStV sollte der ECRL Rechnung getragen werden. Die Verantwortungsregeln werden durch die §§ 6-9 MDStV geregelt. Auch wenn der numerische Gleichlauf der Normen nicht mehr gegeben ist, so ist der MDStV vom Wortlaut her mit dem richtlinienkonformen TDG weitgehend identisch.

II. Anwendbarkeit von TDG/MDStV n.F. auch für Hyperlinks?

Die Frage, ob Hyperlinks von den Haftungsprivilegierungen des TDG/MDStV für Internetdienste erfasst werden können, stellt sich durch deren Abänderungen aufs Neue. Weder das neue TDG, der neue MDStV noch die Richtlinie enthalten eine ausdrückliche Regelung für Hyperlinks. Erwähnung finden diese vielmehr in Art. 21 Abs. 2 der Richtlinie. Dort wird die Kommission beauftragt, die Frage ggf. später zu prüfen. Wörtlich heißt es:

> *„Im Hinblick auf das etwaige Erfordernis einer Anpassung dieser Richtlinie wird in dem Bericht insbesondere untersucht, ob Vorschläge in Bezug auf die Haftung der Anbieter von Hyperlinks und von Instrumenten zur Lokalisierung von Informationen, Verfahren zur Meldung und Entfernung rechtswidriger Inhalte („notice and take down"- Verfahren) und eine Haftbarmachung im Anschluss an die Entfernung von Inhalten erforderlich sind."*

Bereits im Entstehungsprozess der Richtlinie wurde die Frage der Hyperlinks diskutiert. Und auch noch in ihrem ersten Entwurf wurde das Fehlen einer Regelung für Hyperlinks bemängelt[75]. Doch trotz aller Kritik an der Unvollständigkeit der Richtlinie wurde darauf verzichtet, eine entsprechende Regelung aufzunehmen. Dies bedeutete allerdings umgekehrt nicht, dass insofern auch die nationalen Gesetzgeber diesem Beispiel hätten folgen müssen. Da die Richtlinie nämlich von einer Vollharmonisierung Abstand genommen hat und auch ihr Schweigen nicht als negativer Umsetzungsbefehl interpretiert werden kann, wäre der deutsche Gesetzgeber nicht gehindert gewesen, die Verantwortlichkeit für Hyperlinks zu regeln[76]. Von dieser Möglich-

---

[73] Vgl. hierzu auch *Hoffmann*, MMR 2002, 284, 287.
[74] Vgl. *Hoffmann*, MMR 2002, 284, 287.
[75] Siehe dazu *Spindler*, MMR 1999,199, 204; *Freytag*, CR 2000, 600, 604.
[76] Vgl. *Spindler*, MMR 2002, 495, 497; *ders.*, MMR Beilage 7/2000, S. 4, 20; *ders.*, in: Gounalakis, Rechtshandbuch Elecronic Business, § 9, Rz. 205; *Freytag* , CR 2000, 600, 604.

keit hat beispielsweise Österreich Gebrauch gemacht. Explizit hat der deutsche Gesetzgeber jedoch keine Regelung getroffen. Ob eine Anwendung des TDG/MDStV auf die hier in Frage stehenden Hyperlinks dennoch möglich ist, muss anhand einer detaillierten Auslegung festgestellt werden. Naheliegend erscheint es, die alte Rechtslage fortzuschreiben[77] und lediglich nach neuen Anknüpfungspunkten in den §§ 8 – 11 TDG/6-9 MDStV zu suchen. Dies gilt insbesondere deshalb, weil der Telos der §§ 8 – 11 TDG/6-9 MDStV, die Art. 12 ff. der ECRL umsetzen[78], dafür spricht, die Begünstigungen für die Internet-Anbieter beizubehalten[79]. Andererseits ist in diesem Zusammenhang zu bedenken, dass die Problematik der Hyperlinks bei der Änderung des Gesetzes bekannt war und insofern „sehenden Auges" nicht geregelt wurde.

III. Zugrunde Legung der Auslegungsregeln auf das System der §§ 8 – 11 TDG/ 6 – 9 MDStV

Mithilfe der klassischen Auslegungsgrundsätze soll die Problematik der Anwendbarkeit des TDG/MDStV n.F. auf Hyperlinks einer Lösung zugeführt werden. Maßgebend für die Auslegung ist der im Gesetzeswortlaut objektivierte Wille des Gesetzgebers, die sogenannte objektive Theorie[80]. Dabei ist nach dem Rechtsgedanken des § 133 BGB nicht am buchstäblichen Ausdruck zu haften, sondern auch auf den Sinn der Norm abzustellen. Es ist davon auszugehen, dass das Gesetz eine zweckmäßige, vernünftige und gerechte Regelung treffen will. Bei der Auslegung einer Rechtsnorm sind insofern der Wortsinn ebenso wie der Bedeutungszusammenhang, die Entstehungsgeschichte und der Zweck der Norm zu beachten:

1. Wortlaut und Systematik/ sprachlich grammatikalische Auslegung

Eine Untersuchung des TDG/MDStV mittels einer sprachlich-grammatikalischen Auslegung führt für die Frage der Hyperlinks zu keinem positiven Ergebnis. Der Wortlaut des TDG/MDStV selbst sagt explizit nichts über eine Anwendung auf Hyperlinks aus. Dies verwundert allerdings insofern nicht, als die §§ 8-11 TDG/6-9 MDStV zu einem großen Teil aus dem alten § 5 TDG/MDStV hervorgegangen sind und bereits dort keine ausdrückliche Aussage über Hyperlinks getroffen wurde. Vielmehr hat die oben aufgeführte Diskussion zu § 5 TDG/MDStV a.F. deutlich gemacht, dass eine Einordnung der Links allein mit dem Gesetzeswortlaut Schwierigkeiten bereitet. Wie auch bei § 5 TDG/MDStV kommen als Anknüpfungspunkte für eine Einordnung von Hy-

---

[77] *Hörnle*, NJW 2002, 1008, 1010, jedoch ohne nähere Begründung; ebenso *Hoeren*, Rechtsfragen im Internet, S. 371, Skriptum online abzurufen unter http://www.uni-muenster.de/Jura.itm/hoeren/ material/Skript/skript.pdf. (Stand: Dezember 2003), der allerdings vorsichtshalber darauf verweist, dass die weitere Diskussion abzuwarten bleibe; noch zum EGG: *Hütig*, in: Moritz/Dreier, Rechtshandbuch zum E-CommerceR, Kap. D, Rn. 70 ff.; *Bär*, in: Hohl/Leible/Sosnitza, Domains, Frames und Links, S.200f., der allerdings ohne nähere Begründung die Grundsätze zum alten TDG auf das neue überträgt.
[78] Für die wiederum das alte TDG neben der DMCA (Digital Millennium Copyright Act of 1998) Modell stand. Vgl. hierzu Begr. z. RegE EGG BT-Drucks. 14/6098, S. 22; *Spindler*, MMR 1999, 199, 201, zum Vergleich mit dem DMCA s. *Freytag*, MMR 1999, 207, 211.
[79] Vgl. hierzu *Spindler*, MMR 2002, 495, 496.
[80] BVerfGE 1, 299, 312; BGHZ 46, 74, 76.

perlinks unter das neue Gesetz zum einen § 9 TDG/7 MDStV als Weiterleitung von Daten und zum anderen § 11 TDG/9 MDStV als das Speichern fremder Inhalte in Betracht[81].

a. Hyperlinks als Access Provider

§ 9 TDG/7 MDStV, der in seinem konzeptionellen Ansatz § 5 Abs. 3 TDG/MDStV a.F. entspricht, bestimmt, dass *„Diensteanbieter für fremde Informationen, die sie in einem Kommunikationsnetz übermitteln oder zu denen sie den Zugang zur Nutzung vermitteln, nicht verantwortlich sind, sofern sie die Übermittlung nicht veranlasst, den Adressaten der übermittelten Information nicht ausgewählt und die übermittelten Informationen nicht ausgewählt oder verändert haben“.* Wesentliches Element im Rahmen von § 9 TDG/7 MDStV sind also die „Übermittlung von Informationen in einem Kommunikationsnetz“ oder „die Zugangsvermittlung zu diesen“. Übermittlung bedeutet etwas zu überbringen. Unter Zugangsvermittlung muss man hingegen die Verschaffung des Zugangs verstehen, wobei dabei „Zugang“ als eine Art Eingang zu Informationen aufzufassen ist.

(1) Übermittlung von Informationen

Eine Übermittlung von Informationen in einem Kommunikationsnetz kann nicht ohne weiteres bejaht werden, da der Linksetzer keine Informationen in einem Kommunikationsnetz übermittelt, sondern vielmehr „nur“ die Verbindung zu anderen Informationen/Seiten herstellt. Eine direkte Übermittlung findet eben nicht statt. Man könnte die Aktivierung eines Links als „Übermittlung von Informationen“ ansehen, die der Nutzer durch Anklicken „eingegeben“ hat. Jedoch hat der Linksetzer selbst die Verknüpfungsinformation bereitgestellt und an den Nutzer übermittelt. Selbst wenn man die jeweilige Verweisseite als „vom Nutzer eingegebene Information“[82] ansehen will, erfolgt die Übermittlung selbst eben nicht durch den Link. Vielmehr stellt dieser nur die Zugangsinformationen bereit, mit deren Hilfe der Nutzer die Verweisseite aufruft[83]. Ein inhaltliches Verständnis der Norm, das im Rahmen des § 5 TDG/MDStV zumindest denkbar war, muss auf Grundlage des neuen TDG/MDStV ausscheiden. Nach der auf der Grundlage der ECRL erfolgten Änderung des TDG ist davon auszugehen, dass ein rein technischer Begriff der Übermittlung gewollt ist[84]. In den Erwägungsgründen 42 und 43 der Richtlinie ist von einer „Tätigkeit rein technischer, automatischer und passiver Art“ die Rede, bei der der Diensteanbieter „in keiner Weise mit der übermittelten Information in Verbindung steht“.

---

[81] Wobei die Dogmatik der neuen §§ 9 – 11 TDG von dem alten § 5 TDG zum Teil abweicht, s. dazu *Spindler*, NJW 2002, 921, 922.
[82] Vgl. zu der Wendung „von einem Nutzer eingegebene Informationen“ Art. 12 Abs. 1 ECRL.
[83] Vgl. auch *Wiebe*, in: Ernst/Vassilaki/Wiebe, hyperlinks, Rz. 137; für eingeschränkte Anwendung aber *Spindler*, in: Gounalakis, Rechtshandbuch Electronic Business, § 9 Rz. 205.
[84] So auch *Freytag*, CR 2000, 600, 604; *Schütz/Attendorn*, MMR 2001, 401, 405; *Wiebe*, in: Ernst/Vassilaki/Wiebe, hyperlinks, Rz. 135.

Betrachtet man darüber hinaus den Satzteil „Informationen übermitteln“ im Gesamtzusammenhang dieser Norm, muss man feststellen, dass § 9 TDG/7 MDStV im Gegensatz zu dem eher generell gehaltenen § 5 TDG a.F. ein viel detaillierteres Regelungswerk enthält. § 9 TDG/7 MDStV nennt unter anderem die Voraussetzungen, unter denen der Diensteanbieter nicht verantwortlich ist. War es für einige nach dem alten TDG noch möglich, Hyperlinks unter diese Norm zu fassen, scheitert dies nunmehr an deren Negativabgrenzung: Naheliegend erscheint es bereits, dass der Linksetzer die „Übermittlung“ im Sinne des § 9 Abs. 2 Nr. 1 TDG/7 Abs. 2 Nr. 1 MDStV veranlasst hat[85], da er aus der Vielzahl der WWW-Angebote eine bestimmte Seite auswählt. Diesem Ansatz könnte man allerdings noch mit dem Argument begegnen, dass letztlich der Nutzer derjenige ist, der die Übermittlung veranlasst. Denn erst durch seine Initiative, also sein Anklicken, wird er auf die betreffende Seite weitergeleitet. In jedem Fall kommt es aber zu einem Ausschluss nach § 9 Abs. 1 Nr. 3 TDG/7 Abs. 1 Nr. 3 MDStV. Die Haftungsprivilegierung versagt nämlich auch, wenn der Diensteanbieter in irgendeiner Weise die übermittelten Informationen ausgewählt oder verändert hat. Genau dies ist aber bei Hyperlinks der Fall: Der Linksetzende agiert gerade nicht wie ein reiner Access-Provider, der völlig neutral und nur abhängig von den Eingaben des Nutzers Daten zugänglich macht und übermittelt, vielmehr wählt er die zu übermittelnden Daten aus[86]. Zwar erfolgt die Übermittlung der Daten erst auf Veranlassung des Nutzers, der die Hyperlinks anklickt, jedoch hat der Linksetzer diesen Nutzungsakt durch seine Auswahl präformiert[87].

(2) Zugangsvermittlung zu Informationen

Alternativ könnte für Links eine Zugangsvermittlung zu Informationen im Sinne von § 9 Abs. 1 TDG/ 7 Abs. 1 MDStV angenommen werden, denn wörtlich genommen vermittelt ein Hyperlink den Zugang zu anderen Informationen, den jeweils verwiesenen Seiten. Dies wurde ja auch von der oben beschriebenen Ansicht vertreten, die § 5 Abs. 3 TDG/MDStV a. F. auf Hyperlinks mit der Begründung anwandte, dass die Anwendung dieser Vorschrift nicht nur auf Fälle der Vermittlung des nutzerseitigen Zugangs zum Internet beschränkt sei, da der Wortlaut eben nicht vom Zugang zu Netzen, sondern vom Zugang zu Inhalten spreche. Durch den Link werde der Zugriff vom System des Anbieters auf Inhalte fremder Systeme anderer Anbieter ermöglicht und erleichtert[88].

Richtig ist, dass der Linksetzer dem Nutzer den Weg zu der anderen Seite weist. Aber auch hier muss das Verständnis der „Zugangsvermittlung zu Informationen“ näher unter die Lupe genommen werden, um eine sachgerechte Wortlautauslegung vornehmen zu können. Rein grammatikalisch betrachtet, kann die Norm als Zugang

---

[85] So auch *Arndt/Köhler*, Recht des Internet, VII 6 a, der allerdings eine analoge Anwendung des § 9 TDG befürwortet.
[86] So auch *Spindler*, MMR 2002, 495, 496; *Wiebe*, in: Ernst/Vassilaki/Wiebe, hyperlinks, Rz. 138.
[87] *Spindler*, MMR 2002, 495, 496; *Holznagel*, K&R 1999, 103, 106.
[88] Vgl. hierzu *Koch*, CR 1997, 193, 200; *ders.*, NJW-CoR 1998, 45, 48.

zu Informationen verstanden werden, da das Wörtchen „diesen“ sich auf Informationen bezieht. Nach der Begründung des Regierungsentwurfes[89] und einem Blick auf Art. 12 Abs. 1 ECRL liegt es aber nahe, diese Wortverbindung als Zugangsvermittlung zu *einem Kommunikationsnetz* zu verstehen. Denn in beiden Fällen ist ausdrücklich von einem Zugang zu einem Kommunikationsnetz die Rede. Dies zugrunde legend lassen sich Hyperlinks auch nicht unter diesen Satzteil des § 9 Abs. 1 TDG/7MDStV fassen, da sie den Zugang zu anderen Websites vermitteln und eben nicht zu einem Kommunikationsnetz[90].

Hyperlinks sind folglich nicht mit dem Wortlaut des § 9 TDG/7 MDStV vereinbar[91]. Ihnen mangelt es an der rein technischen Komponente. Der inhaltlich-wertende Aspekt von Hyperlinks verhindert insofern die Anwendung von § 9 Abs. 1 TDG/7 MDStV. Die Inhalte der Verweise werden gezielt aus einer Vielzahl von Internetangeboten ausgewählt und stellen so mehr als ein bloß technisches Szenario dar.

(3) Links auf nachgelagerten Ebenen

Etwas anderes könnte sich für Links auf *„nachgelagerten Ebenen“*, also die Links, die erst von der verwiesenen Seite ausgehen, ergeben. Denn auf diese hat der Linksetzer keinen direkten Einfluss mehr, so dass allein dem Wortlaut nach die Voraussetzung des „Auswählens“ nicht mehr erfüllt wird. Sicherlich ist es ihm möglich, den Hyperlink auf der zweiten Ebene auszumachen und sogar zu unterlassen. Dies obliegt ihm aber nur „mittelbar“, indem er den ersten (seinen) Hyperlink selbst weglässt. Insofern würde eine Anwendung des § 9 TDG/7 MDStV sicherlich eher greifen als bei Links auf der ersten Ebene. Umgehungsstrategien könnten durch die Vorbehaltsklausel des § 9 Abs. 1 S. 2 TDG/7 Abs. 1 S. 2 MDStV erfasst werden[92]. Diese vom Wortlaut gedeckte Lösung wäre auch plausibel, denn der Linksetzer darf nicht für Weiterverzweigungen auf der jeweiligen Verweisseite haften. Da das gesamte Netz aus Verweisungen besteht, müsste sonst jeder für alles haftbar gemacht werden, was die Idee von Verweisungen im Netz ad absurdum führen würde. Die Frage ist aber, ob man mit viel gutem Willen Hyperlinks unter den Wortlaut des § 9 TDG/7 MDStV, insbesondere das „Übermitteln“, „pressen“ sollte, wenn man auch ohne das TDG/MDStV zu einem gerechten Ergebnis käme. Möglicherweise können die anderen Auslegungsmethoden über diese Frage Aufschluss geben.

b. Hyperlinks als Host Provider

Nachdem es für den klassischen Hyperlink bei einer Unvereinbarkeit mit § 9 TDG/7 MDStV bleibt, stellt sich die Frage, ob möglicherweise eine Beurteilung nach § 11 TDG/9 MDStV gerechtfertigt erscheint. Denn nach der hier vertretenen Auffassung konnten Links auch unter die „Vorgängernorm“ des § 5 Abs. 2 TDG/MDStV gefasst

---

[89] BT-Drucks. 14/6098, S. 23f.
[90] So auch *Wiebe*, in: Ernst/Vassilaki/Wiebe, hyperlinks, Rz. 137.
[91] *Spindler*, MMR 2002, 495, 496.
[92] So wohl auch *Hütig*, in: Moritz/Dreier, Rechtshandbuch zum E-CommerceR, Kap. D Rn. 80.

werden. Nach § 11 TDG/9 MDStV sind *„Diensteanbieter für fremde Informationen, die sie für einen Nutzer speichern, nicht verantwortlich, sofern sie keine Kenntnis von der rechtswidrigen Handlung oder der Information haben und ihnen im Falle von Schadensersatzansprüchen auch keine Tatsachen oder Umstände bekannt sind, aus denen die rechtswidrige Handlung oder die Information offensichtlich wird, oder sie unverzüglich tätig geworden sind, um die Information zu entfernen oder den Zugang zu ihr zu sperren, sobald sie diese Kenntnis erlangt haben"*. Problematisch im Zusammenhang mit Hyperlinks ist – wie auch schon beim alten TDG – das Merkmal des „Speicherns", da die Inhalte bei Hyperlinks – wie eingangs dargestellt – ja gerade nicht auf dem Server des Linkanbieters liegen und insofern keine Speicherung vorliegt[93]. Zum alten TDG hat sich jedoch eine Änderung dergestalt vollzogen, dass nunmehr nicht mehr von Bereithalten, sondern ausdrücklich von Speichern die Rede ist, was eine Einordnung schwieriger macht. Dennoch wird zum Teil die Auffassung vertreten, dass Hyperlinks außer in Fällen des „Sich-zu-Eigen-machens"[94] auch jetzt noch unter § 11 TDG/9 MDStV subsumiert werden könnten.

Dieses Ergebnis lässt sich allerdings nicht mit einer Beschränkung des Verständnisses des „für einen Nutzer speichern" auf den reinen Vorgang des Ablegens auf einem Server vereinbaren. Für die Vertreter dieser Ansicht würde ein solches Verständnis aber auch den Anwendungsbereich der Norm derartig verkürzen, dass sie weitgehend ins Leere laufen müsste. Denn das Speichern von Daten erfolgt naturgemäß ausschließlich zum Zwecke des Bereithaltens derselben für eine gewisse Dauer. Dabei beschreibe der Begriff des Speicherns lediglich einen Zeitpunkt – den des Speichervorgangs – nicht jedoch einen Zeitraum[95]. Allerdings argumentiert diese Ansicht nicht allein mit dem Wortlaut, vielmehr wird auch der Telos der Norm zu einem weitergehenden Verständnis herangezogen. Denn der Wortlaut des § 11 TDG/9 MDStV selbst lässt nur einen engen Spielraum zu[96]. Zweifel hinsichtlich einer allein am Wortlaut orientierten Einordnung sind insofern nicht unberechtigt. § 11 TDG/9 MDStV erfordert explizit – enger als § 5 Abs. 2 TDG/MDStV a.F. – die Speicherung beim Diensteanbieter. Ließ sich das Linking bei § 5 Abs. 2 TDG/MDStV a.F. aus dem Gesamtzusammenhang der Norm noch unter den Wortlaut des „Bereithaltens" fassen, muss eine Anwendbarkeit nunmehr versagt werden[97]. § 11 TDG/9 MDStV wurde auch gegenüber § 5 TDG/MDStV a.F. noch verschärft, indem eine Speicherung „für den Nutzer" vorausgesetzt wird. Der Inhalt, auf den per Hyperlink verwiesen wird, wird gerade nicht im Auftrage des Nutzers gespeichert, sondern

[93] So auch *Wiebe*, in: Ernst/Vassilaki/Wiebe, hyperlinks, Rz. 140.
[94] So noch für den Regierungsentwurf des neuen TDG: *Hütig*, in: Moritz/Dreier, Rechtshandbuch zum E-CommerceR, Kap., D Rn. 71.
[95] *Hütig*, in: Moritz/Dreier, Rechtshandbuch zum E-CommerceR, Kap. D, Rn. 76.
[96] *Hütig*, in: Moritz/Dreier, Rechtshandbuch zum E-CommerceR, Kap. D, Rn. 71; skeptisch auch *Freytag*, CR 2000, 600, 604.
[97] So auch *Schütz/Attendorn*, MMR 2001, 401, 405, die ihre Überlegungen allerdings noch zum TDG Entwurf darlegen.

von dem Linksetzer aus eigener Initiative aus einem großen Angebot ausgewählt[98]. Eine am Wortlaut orientierte Einordnung von Links unter das TDG/MDStV muss somit ausscheiden.

Darüber hinaus versagt auch hier Satz 2 die Anwendbarkeit des § 11 TDG/9 MDStV, da der Inhalt zumindest durch die in der Linksetzung liegende wertende Auswahl des Diensteanbieters „beaufsichtigt" wird, und daher eine Zurechnung des Inhaltes, auf den verwiesen wird, nahe liegt[99]. Dies lässt sich damit begründen, dass Links eher eine Zwitterstellung[100] einnehmen. Dadurch, dass sie einen bestimmten Inhalt aus dem gesamten Angebot des Internets auswählen, werden sie einerseits wertend tätig. Andererseits beschränkt sich ihre Funktion auf die bloße Zugangsvermittlung. Nachdem die Auslegung am Wortlaut der Norm für Hyperlinks nicht fruchtet, stellt sich also die Frage, ob anhand der anderen Auslegungsregeln – wie bislang bei § 5 TDG – eine Lösung gefunden werden kann.

2. Richtlinienkonforme Auslegung

Ein weiterer Schritt im Hinblick auf die Anwendbarkeit des TDG/MDStV auf Hyperlinks soll durch eine richtlinienkonforme Auslegung[101] unternommen werden. Bei mehreren vertretbaren Interpretationsmöglichkeiten niederrangigen Rechts gilt es stets, die dem höherrangigen Recht nähere zu wählen. Folglich geht es hier um die Frage, welcher Telos der ECRL selbst, insbesondere Art. 14 ECRL, zu entnehmen ist[102]. Möglicherweise vermag dieser eine Anwendung der Richtlinie auf Hyperlinks zu legitimieren, um diese dann richtlinienkonform auf die Umsetzungsnorm des § 11 TDG/9 MDStV zu übertragen.

So könnten Hyperlinks im Wege des „Erst–Recht–Schlusses" in den Genuss der Haftungsprivilegierung kommen. Dafür spricht zwar die starke Ähnlichkeit zum alten § 5 TDG/MDStV einerseits, bei dem eine solche Auslegung vertreten wurde. Andererseits ist aber auch der technische Einfluss durch die DMCA[103] nicht zu verkennen, der bei Art. 14 ECRL besonders deutlich wird. Klarer als § 11 TDG/9 MDStV spricht Art. 14 ECRL nämlich davon, dass *„im Fall eines Dienstes der Informationsgesellschaft, der in der Speicherung von durch einen Nutzer eingegebenen Informationen*

---

[98] *Schütz/Attendorn,* MMR 2001, 401, 405.

[99] *Spindler,* MMR 2002, 495, 497, nach dem auch keine Auslegung in dem Sinne in Betracht kommen kann, dass der Inhalt, auf den per Hyperlink verwiesen wird, quasi im Vorgriff auf ein vermutetes Interesse des Nutzers bereitgehalten werde und daher „für den Nutzer" gespeichert werde. Schon § 11 S. 2 TDG zeigt, dass es maßgeblich auf die Veranlassung der Speicherung und die Aufsicht über den Nutzer, der die Speicherung auslöst, ankommt. Es ist aber allein der Diensteanbieter, der über die Auswahl der Inhalte, auf die verwiesen wird, bestimmt.

[100] Vgl. *Spindler,* MMR 2002, 495, 496.

[101] EuGH, Rs. C 334/92 – Teodoro Wagner Miret/Fondode Garantia Solariat, NJW 1994, 921f.; BAG, NJW 1993, 1154f.; *Heinrichs,* in: Palandt, BGB, Einleitung Rn. 43.

[102] *Spindler,* MMR 2002, 495, 497.

[103] Digital Millennium Copyright Act of 1998 (hier sind für das amerikanische Recht neben allgemeinen urheberrechtlichen Bestimmungen auch Fragen im Internet, insbesondere auch für Hyperlinks geregelt).

besteht, der Diensteanbieter nicht für die im Auftrag eines Nutzers gespeicherten Informationen verantwortlich ist"[104]. Der Wortlaut ist eindeutig auf einen technischen Vorgang („im Auftrag des Nutzers") ausgerichtet und nicht auf die Kontrolle von Inhalten. Zusätzlich stellt Art. 14 Abs. 2 ECRL klar, dass die Haftungsprivilegierung nicht eingreift, wenn der Nutzer dem Diensteanbieter untersteht bzw. von diesem beaufsichtigt wird. Auch dies macht deutlich, dass die ECRL auf Vorgänge technischer Natur beschränkt ist, was bedeutet, dass der Anbieter der Informationsgesellschaft keine Kontrolle über die gespeicherten Inhalte besitzt[105]. Insofern wird das oben gefundene Ergebnis bestätigt. Ein weites Verständnis des § 11 TDG/9 MDStV lässt sich folglich nicht durch die Richtlinie rechtfertigen. Zusammen mit der explizit erklärten Abstinenz gegenüber der Regulierung von Hyperlinks kann der ECRL kein Telos entnommen werden, der einen entsprechenden Schluss auf nationaler Ebene rechtfertigen würde. Mit der richtlinienkonformen Auslegung lässt sich vielmehr eine klare Absage der Erfassung von Hyperlinks durch das TDG entnehmen.

3. Teleologische Auslegung

Nachdem der Richtlinie kein Telos für eine Anwendung für Hyperlinks entnommen werden konnte, kommt die Möglichkeit in Betracht, die Anwendbarkeit des TDG auf Hyperlinks mit Sinn und Zweck des nationalen Gesetzes selbst zu rechtfertigen und den Wortlaut insofern zu erweitern. Die teleologische Auslegung stellt sich dabei als wesentliches Kriterium im gesamten Auslegungsprozess dar und wurde in Ansätzen bereits oben für die Auslegung des Wortlautes berücksichtigt. Das Ziel der Haftungsprivilegierung des § 11 TDG/9 MDStV ist darauf gerichtet, rein technische Kommunikationsvorgänge zu privilegieren, einen für die Provider nicht leistbaren Kontrollaufwand zu vermeiden und Rechtssicherheit durch eine klare Befreiung von Verantwortlichkeiten zu schaffen[106]. Gemessen hieran erscheint es möglich, auch Hyperlinks – zumindest diejenigen, bei denen keine Umgehung bzw. ein „Sich-zu-Eigen-Machen" vorliegt – unter diese Norm zu fassen[107]. Sie müssten sogar nach dem Grundsatz de argumentum a majore ad minus „erst recht" der Regelung des § 11 TDG/9 MDStV unterfallen, da sie im Gegensatz zu einem Host Provider eine viel geringere Bindung zu den Inhalten haben. Der Linksetzer kann den Inhalt der Informationen nicht unmittelbar beeinflussen, sondern muss sich darauf beschränken, „nur" den Link zu löschen und somit die Verbindung zu den Informationen zu unterbrechen. Es wäre aber eine unverständliche Schlechterstellung des Linksetzenden, wenn der speichernde Diensteanbieter, der Host Provider, privilegiert würde, der den Inhalt insgesamt entfernen und *alle* Zugänge zu ihm sperren kann[108].

---

[104] Wohingegen § 11 TDG besagt, dass „Diensteanbieter für fremde Informationen, die sie für einen Nutzer speichern, nicht verantwortlich sind."
[105] *Freytag*, CR 2000, 600, 604; *Spindler*, MMR 2002, 495, 498.
[106] Vgl. Begr. RegE EGG zu § 8-11 TDG, BT-Drucks. 14/6098 S. 22 f.
[107] So *Hütig* in: Moritz/Dreier, Rechtshandbuch zum E-CommerceR, Kap. D Rn. 75.
[108] *Spindler*, MMR 2002, 495, 497.

Will man die gerade dargelegten Ausführungen zugrunde legen, müsste man aber unterstellen, dass der Gesetzgeber mit § 11 TDG/9 MDStV das Ziel verfolgt hat, die Herrschaft über die Inhalte, die gespeichert werden, zum alleinigen Kriterium zu erheben und so die zu § 5 Abs. 2 TDG a.F. entwickelte Dogmatik fortzusetzen[109]. Wie aber der richtlinienkonformen Auslegung bezogen auf Art. 14 ECRL zu entnehmen ist[110], kann der Richtlinie selbst kein Telos entnommen werden, der einen entsprechenden Schluss bei § 11 TDG/9 MDStV rechtfertigen würde. Da § 11 TDG/9 MDStV aber explizit der Umsetzung des Art. 14 ECRL in fast wortgetreuer Übernahme dient, erscheint eine entsprechende teleologische Ausdehnung nicht gerechtfertigt.

4. Möglichkeit einer Analogie

Auch eine Analogie vermag die bis hierher festgestellte Unvereinbarkeit von Links mit dem TDG/MDStV nicht zu überwinden. Voraussetzung einer Analogie ist immer das Vorliegen einer planwidrigen Regelungslücke. Eine solche kann vorliegend aber nicht angenommen werden[111]. Im Gegensatz zu den Schlussfolgerungen, die noch zu § 5 TDG/MDStV a.F. gezogen werden konnten, lassen die Aussagen des deutschen Gesetzgebers es nicht zu, von einem unbedachten Nichthandeln auszugehen. Vielmehr handelt es sich um eine völlig bewusste Abstinenz mit dem ausdrücklich erklärten Verweis auf die allgemeinen Haftungsgrundlagen[112]. Dagegen lässt sich auch nicht einwenden, dass durch die Aufforderung zur Formulierung geeigneter Lösungsvorschläge eine analoge Anwendung des TDG/MDStV gestattet sein muss[113]. Denn damit war nicht eine Einordnung unter das TDG/MDStV gemeint, vielmehr sollen Lösungsvorschläge nach den allgemeinen Regeln gefunden werden.

Letztlich fehlt es aber auch an der für eine Analogie notwendigen Vergleichbarkeit des Host Providers mit dem Linksetzer. Der Linksetzer nimmt bei der Auswahl von Inhalten zumeist auf die Nutzerwünsche Rücksicht, damit er möglichst viel „traffic" erzielen kann, ist aber in der Gestaltung seiner Website frei[114]. Dagegen liegt beim Host-Providing ein Auftrags- oder ein sonstiges Rechtsverhältnis mit einer individuellen Einflussmöglichkeit des Nutzers auf den Host Provider vor.

Auch die Annahme einer Analogie zu § 9 TDG/7 MDStV ist zu versagen. Die Vertreter dieser Ansicht[115] argumentieren damit, dass die ratio des § 9 TDG/7 MDStV auf den Hyperlinksetzer übertragbar sei. Auch er vermittele letztlich den Zugang zur Nut-

---

[109] Näher *Sieber*, Verantwortlichkeit im Internet, Rn. 322, 323.; *Freytag*, Haftung im Netz, S. 230; s. auch *Spindler*, in: Rossnagel, Recht der Multimedia-Dienste, § 5 TDG, Rn. 72 .

[110] S.o. B) III) 2).

[111] Vgl. *Freytag*, CR 2000, 600, 604.

[112] Vgl. hierzu BT-Drucks. 14/6098 S. 37.

[113] So aber *Gounalakis/Rhode*, Persönlichkeitsschutz im Internet, Rn. 303, nach ihnen führe das manuelle Setzen von Hyperlinks zwingend zu einer Unanwendbarkeit der § 9 TDG, § 7 MDStV-E. Vielmehr sei § 11 TDG, § 9 MDStV-E analog für Hyperlinks anwendbar, sofern der Linksetzer nicht zu erkennen gibt, dass er sich den Link zu Eigen mache.

[114] *Schütz/Attendorn*, MMR 2001, 401, 405.

[115] *Arndt/Köhler*, Recht des Internet, VII 6 a, die allerdings auch eine Ausnahme für zu Eigen gemachte Inhalte vornehmen wollen.

zung fremden Contents und habe keine Einwirkungsmöglichkeit auf diesen. Dem ist nicht zuzustimmen, da es an einer planwidrigen Regelungslücke fehlt. Das absichtliche Unterlassen einer Regelung durch den Gesetzgeber begründet eben keine planwidrige Regelungslücke[116], sondern verhindert umgekehrt eine solche. Eine Analogie muss nach der Neufassung des TDG/MDStV somit in jedem Fall ausscheiden.

5. Auslegung nach der Gesetzesgeschichte

Ein Blick auf die Stellungnahme des Bundestages bestätigt das bis hierher gefundene Ergebnis. Nachdem der Regierungsentwurf und die Begründung sich noch hinsichtlich einer Stellungnahme für die Hyperlink-Problematik zurückhielten, hielt der Bundesrat es für dringend erforderlich, im Hinblick auf die Strafbarkeit für die Verbreitung volksverhetzender Inhalte auch die Hyperlinks zu erfassen[117]. Diesem Petitum erteilte die Bundesregierung und mit ihr der Bundestag, der diese Frage nicht mehr debattierte[118], eine klare Absage[119]. Wörtlich heißt es in der Gegenäußerung der Bundesregierung zum Bundesrat:

> *„Die Richtlinie hat diese Fragen mit Blick auf die europäische Entwicklung bewusst nicht geregelt, sondern in die vorgesehene Evaluierung der Richtlinie einbezogen (Art. 21 II). Daher hat auch die Bundesregierung davon abgesehen, im Rahmen der Vollharmonisierung der Vorschriften über die Verantwortlichkeit (Art. 12 bis 15 der Richtlinie) Regelungen für Hyperlinks mit aufzunehmen. Im Hinblick auf die Komplexität der damit zusammenhängenden Fragen, die sich insbesondere aus den unterschiedlichen Verfahren und Handlungsformen (interne willentlich gesetzte oder externe programmgesteuerte Links wie Suchmaschinen) und den vielfältigen Fallgestaltungen ergeben, ist zunächst die weitere Entwicklung in Wissenschaft und Rechtsprechung zu verfolgen und eine generelle Regelung möglichst auf europäischer Ebene anzustreben. Ohne spezielle Beschränkungen der zivil- oder strafrechtlichen Verantwortlichkeit bleibt es für Hyperlinks bei der Haftung nach allgemeinen Vorschriften."*[120]

Insofern scheidet auch unter Heranziehung der Gesetzesbegründung eine Einbeziehung von Hyperlinks unter das TDG aus.

IV. Zwischenergebnis

Als Ergebnis lässt sich zusammenfassend festhalten, dass TDG/MDStV n.F. auf Hyperlinks weder explizit noch durch Auslegung Anwendung findet[121]. Auch wenn man

---

[116] So aber *Arndt/Köhler*, Recht des Internet, VII 6 a.
[117] Stellungnahme des Bundesrates zum RegE, BT-Drucks. 14/6098, S. 34.
[118] Noch in der Expertenanhörung des Bundestages wurde dieses Thema am Rande debattiert, ohne dass es ausdrücklich noch Eingang in die protokollierten Anträge und Stellungnahmen fand.
[119] *Spindler*, MMR 2002, 495, 498.
[120] BT-Drucks. 14/6098 S. 37.
[121] So auch BGH, CR 2004, 613, 615; *Volkmann*, GRUR 2005, 200; *Hoffmann*, MMR 2004, 532, 533; *Freytag*, CR 2000, 600, 604; *Spindler*, GRUR 2004, 724, 727; *ders.*, NJW 2002, 921, 924, *Müglich*, in: Hohl/Leible/Sosnitza, Domains, Frames und Links, S. 186; a.A. *Bär*, in: Hohl/Leible/Sosnitza, Do-

in Einzelfällen und für bestimmte Fallgruppen eine eingeschränkte Anwendung des TDG/MDStV noch vertreten könnte, ist letztlich doch der Wille des Gesetzgebers vorrangig, wonach Hyperlinks von den Verantwortlichkeitsregeln des TDG/MDStV nicht erfasst werden sollen. Konsequenterweise kommen also wieder die allgemeinen Haftungsregeln zum Zuge. Entgegen mancher Befürchtung[122] muss dies keinen Rückschritt bedeuten, da sich angesichts der vielfältigen Einsatzmöglichkeiten von Hyperlinks und ihrer verschiedenen Erscheinungsformen eine einheitliche Regelung verbietet und auch wenig Erfolgschancen bei den Gerichten haben dürfte[123]. Die Anwendung allgemeiner Haftungsregeln bedeutet keineswegs, dass die Augen vor der bisherigen Entwicklung der Literatur und Rechtsprechung zu § 5 TDG/MDStV zu verschließen wären. Wie sich zeigen wird, können die aus dem TDG/MDStV gewonnenen Wertungen in die Ausformung von Pflichten der Linksetzer einfließen. Dies wird auch bestätigt durch den ersten Bericht der Kommission über die Anwendung der Richtlinie vom 21.11.2003[124]. Dort wird eine positive Einschätzung abgegeben, dass sich die Mitgliedstaaten auch ohne gesetzliche Regelung der Bedeutung von Links bewusst sind[125]. Grundsätzlich stimme die Rechtsprechung in den Mitgliedstaaten mit den Zielen des Binnenmarktes, das Internet und den elektronischen Geschäftsverkehr durch Bereitstellung grundlegender Vermittlerdienste zu fördern, überein. Dennoch behält sie sich vor, nach wie vor zu prüfen, ob zusätzliche Beschränkungen der Verantwortlichkeit für Suchmaschinen und Hyperlinks erforderlich werden.

3. Teil: Die Haftung des Hyperlinksetzers für rechtswidrige Inhalte

A. Einleitung

Für Hyperlinks wird nunmehr – wie auch vor der Einführung des TDG a.F. – nach den allgemeinen Regeln gehaftet. Die Diskussion über die Verantwortlichkeit des Linksetzenden ist dabei in fast allen Rechtsgebieten gegenwärtig, sei es im Straf-,[126] Delikts-[127], Wettbewerbs[128]-, Urheber[129]- oder Markenrecht[130]. Die Haftung ist grund-

---

mains, Frames und Links, S. 200f., der allerdings ohne nähere Begründung, die Grundsätze zum alten TDG auf das neue überträgt; ebenfalls *Gounalakis/Rhode*, Persönlichkeitsschutz im Internet, Rn. 303.

[122] So etwa *Hütig*, in: Moritz/Dreier, Rechtshandbuch zum E-CommerceR, Kap. D Rn. 72.

[123] Das hat bereits die Entscheidungspraxis der Gerichte zu § 5 TDG a.F. gezeigt.

[124] Bericht der Kommission an das europäische Parlament, den Rat und den europäischen wirtschafts- und Sozialausschuss vom 21.11.2003. Erster Bericht über die Anwendung der Richtlinie 2000/31/EG, online abzurufen unter: http://www.eu-kommission.de/html/dokumentation/doku_00.asp#21.

[125] In diesem Zusammenhang wird insbesondere das Paperboy-Urteil des BGH angeführt (MMR 2003, 719ff.), auf das in dieser Arbeit im Rahmen des Urheberrechts näher im 5.Teil III) 2) f) 4.eingegangen werden soll.

[126] *Vassilaki*, CR 1999, 85ff.; *Sieber*, JZ 1996, 494ff.; *Sieber*, MMR Beilage 2/1999, 1, 17; *Flechsig/Gabel*, CR 1998, 351ff.; *Koch*, MMR 1999, 704ff.

[127] *Spindler*, ZUM 1996, 533, 554; *Bettinger/Freytag*, CR 1998, 545ff.

[128] *Plaß*, WRP 2000, 599ff.; *Börsch*, Sind Hyperlinks rechtmäßig?; *Worm*, Die Verletzung von Urheberrechten und gewerblichen Schutzrechten durch das Setzen von Hyperlinks, Inline-Frames und Meta-Tags.

sätzlich nach dem jeweiligen Rechtsbereich ausgestaltet und muss insofern auch den Spezifika dieser Gebiete Rechnung tragen. Die Funktionsweise der Hyperlinks zugrunde legend, lässt sich die Linkproblematik in die eingangs erwähnten Fallgruppen einteilen, welche einerseits die Haftung für den fremden Inhalt einer Verweisseite[131] und andererseits die Unzulässigkeit des Links selbst, also die Rechtswidrigkeit allein wegen der Verlinkung, umfassen. In diesem Abschnitt soll der erste Fall behandelt werden, dass ein Link unzulässig sein kann, weil die Zielseite einen unzulässigen, beispielsweise einen strafrechtlichen Inhalt hat. Hier muss untersucht werden, ob der Linkende für diesen fremden Inhalt haftbar gemacht werden kann. Dabei geht es stets um zwei grundlegende Fragen:
Kann der Linksetzende für Inhalte, auf die er lediglich verweist und somit keine unmittelbare Kontrolle ausübt zur Verantwortung gezogen werden, und wenn ja, unter welchen Bedingungen[132]?

I. Tun oder Unterlassen

Innerhalb dieses Abschnittes sind noch weitere Unterteilungen vorzunehmen. So lassen sich – der Dynamik des Internets folgend – einerseits die Fälle ausmachen, in denen die Verweisseite bereits zum Zeitpunkt der Linksetzung unzulässig war und andererseits solche, bei denen sich die Verweisseite erst später ins Unzulässige ändert. Anknüpfungspunkt für das in Frage stehende Verhalten kann sowohl ein aktives Tun als auch ein Unterlassen sein. Bei Anbietern im multimedialen Bereich finden sich viele solcher Konstellationen, wo der Anknüpfungspunkt einerseits in der Eröffnung der Kommunikationsverbindung bzw. der Zugangsvermittlung oder in der unterlassenen Kontrolle gesehen werden kann[133]. Die Frage einer Abgrenzung zwischen Tun und Unterlassen wird gerade im Hinblick auf mehrdeutige Verhaltensweisen nicht einheitlich behandelt. Im Strafrecht wird zur Abgrenzung zum Teil auf den jeweiligen Energieeinsatz[134], die Kausalität[135] oder den Schwerpunkt der Vorwerfbarkeit[136] abgestellt. Das Zivilrecht rückt hingegen die Gefahrerhöhung in den Mittel-

---

[129] *Schack*, MMR 2001, 9ff.; *Völker/Lühring*, K&R 2000, 20ff.; *Börsch*, Sind Hyperlinks rechtmäßig?; *Worm*, Die Verletzung von Urheberrechten und gewerblichen Schutzrechten durch das Setzen von Hyperlinks, Inline-Frames und Meta-Tags.
[130] *Marwitz*, K&R 1998, 369ff.; *Ernst*, NJW-CoR 1997, 224ff.; *Waldenberger*, ZUM 1997, 188ff.; *Engels/Köster*, MMR 1999, 522ff.; *Wiebe*, WRP 1999, 743ff.; *Plaß*, WRP 2000, 599ff.; *Kiethe*, WRP 2000, 616ff.
[131] Hiermit ist die Seite des Dritten gemeint, auf die durch den Linksetzer verwiesen wird.
[132] Auf die Störerhaftung soll in diesem Zusammenhang allerdings erst weiter unten eingegangen werden – vgl. 3. Teil D).
[133] *Barton*, Multimedia-Strafrecht, Rn. 241.
[134] *Kaufmann*, Die Dogmatik der Unterlassungsdelikte, S. 59; *Engisch*, Die Kausalität als Merkmal der strafrechtlichen Tatbestände, S. 29.
[135] *Jakobs*, Strafrecht Allgemeiner Teil, 6. Abschn., Rn. 28; *Jescheck*, in: Leipziger Kommentar, Vor § 13 Rn. 90.
[136] Vgl. zu dem Meinungsstand im Strafrecht BGHSt 6, 46, 59; NStZ 1999, 607; *Stree*, in: Schönke/Schröder, StGB, Vor §§ 13 ff. Rn. 158 ff; *Tröndle/Fischer*, StGB; Vor § 13 Rn. 12f.; *Kühl*, in: Lackner/Kühl, StGB, § 13, Rn. 3; *Stoffers*, Die Formel „Schwerpunkt der Vorwerfbarkeit bei der Abgrenzung von Tun und Unterlassen.

punkt. Derjenige, der sich dem fremden Rechtsgut gefährlich nähert, handelt; derjenige, der ohne die Gefahr durch sein Tun zu erhöhen, die Gefahr nicht abwendet, unterlässt[137].

Legt man mit der h.M. den Schwerpunkt der Vorwerfbarkeit zugrunde, führt dies dazu, dass in den Fällen, in denen die Verletzungshandlung nach Schaffung der rechtswidrigen Seite erfolgt, an ein aktives Tun des Linksetzers anzuknüpfen ist. Die konkrete Verweisseite existierte bereits zum Zeitpunkt des „Linksetzens" und der Linksetzende hat gezielt auf den rechtswidrigen Inhalt verwiesen, etwa bei bewusst gesetzten Links auf urheberrechtsverletzende Inhalte[138]. Hier liegt der Anknüpfungspunkt in der Eröffnung des Zugangs zu der fremden Seite, also einem aktiven Tun. Andererseits gibt es aber auch die – rechtlich sicherlich problematischere – Fallvariante, dass die in Frage stehende Seite erst später unzulässig wird. In diesen Fällen hat es der Linksetzer unterlassen, die auf der jeweiligen Verweisseite liegenden Inhalte auf ihre Rechtmäßigkeit hin zu überprüfen. Da der Linksetzer zumeist keine Kenntnis von den rechtswidrigen Inhalten hat, wirft dies die Folgefrage auf, ob er sich diese Kenntnis hätte verschaffen müssen. Weil in dem ursprünglichen Setzen des Links schließlich noch kein vorwerfbares Verhalten erblickt werden kann, liegt der Schwerpunkt der Vorwerfbarkeit in diesen Fällen eindeutig auf der unterlassenen Kontrolle der jeweiligen Seiten[139].

II. Verschuldensabhängige und verschuldensunabhängige Haftung

Darüber hinaus lässt sich die Inanspruchnahme des Linksetzers in eine verschuldensabhängige, bei der dem Linksetzer Beihilfe und Förderung eines fremden Deliktes gemäß § 830 Abs. 1, 2 BGB bzw. § 27 StGB, oder sogar Mittäter-, Täter- bzw. Nebentäterschaft vorgeworfen werden können und die verschuldensunabhängige Störerhaftung unterteilen, bei der für den Linksetzer insbesondere die Variante der Mitstörerhaftung relevant wird. Auf die Störerhaftung soll, nachdem die Frage der verschuldensabhängigen Inanspruchnahme geklärt wurde, erst am Ende dieses Kapitels eingegangen werden.

---

137 *J.Hager*, in: Staudinger, 1999, § 823, H 6 m.w.Nachw.

138 Vgl. *Weber*, in: Hilty, Information Highway, S. 531, 553; *Flechsig/Gabel*, CR 1998, 351, 356; insoweit auch *Ernst*, NJW-CoR 1997, 224, 227 für die Beteiligung an fremden Urheberrechtsverletzungen (auf fremden Web-Sites) mittels „einfacher" Hyperlinks; *Mann*, AfP 1998, 129, 132.

139 Vgl. vom Ergebnis auch *Sieber*, JZ 1996, 494, 499; *Conradi/Schlömer*, NStZ 1996, 472ff.; *Jäger/Collardin*, CR 1996, 236, 238; *Derksen*, NJW 1997, 1878, 1882; *Bär*, in: Hohl/Leible/Sosnitza, Domains, Frames und Links, S. 210.

B. Die verschuldensabhängige Haftung des Linksetzers bei rechtswidriger Seite im Zeitpunkt der Linksetzung

I. Einleitung

Im Rahmen der verschuldensabhängigen Inanspruchnahme kommt für das Zivilrecht eine deliktsrechtliche Haftung nach §§ 823 ff. BGB, im Urheberrecht eine Inanspruchnahme nach § 97 Abs. 1 UrhG, im Wettbewerbsrecht nach §§ 3,9 UWG und im Markenrecht eine Verantwortlichkeit nach § 14 Abs. 6 MarkenG in Betracht. Im Einzelnen können dabei die Ansprüche, beispielsweise die kennzeichenrechtlichen mit wettbewerblichen und bürgerlich rechtlichen Ersatzansprüchen konkurrieren[140]. Im Strafrecht lässt sich eine Strafbarkeit insbesondere auf dem Gebiet der Kommunikationsdelikte anführen.

Welches Rechtsgebiet im Einzelfall betroffen ist, richtet sich nach der Verletzung auf der jeweiligen Verweisseite. Da aber die Behandlung jedweder Rechtsverletzung das Ausmaß dieser Arbeit sprengen würde, soll im Folgenden eine Rechtswidrig- bzw. Strafbarkeit auf der Verweisseite unterstellt werden.

II. Mögliche Beteiligungsformen

Problematisch im Zusammenhang mit Hyperlinks ist die Frage, welche Art der Begehungsform durch das Verhalten des Linksetzers gegeben ist. Wenn ein Link auf eine fremde Seite gesetzt wird, welche zum Zeitpunkt des Setzens bereits einen rechtswidrigen Inhalt hatte, kommt grundsätzlich eine Verantwortlichkeit über die Figuren der Anstiftung, Beihilfe, Mittäter–, Täter- oder Nebentäterschaft in Frage. Auch wenn diese Begrifflichkeiten sicherlich am Geläufigsten auf dem Gebiet des Strafrechts sind, finden sie sich ebenfalls – in der ein oder anderen Variation – auf den Gebieten des allgemeinen Zivil-, Wettbewerbs- und Markenrechts wieder. So ist im Zivilrecht jeder Teilnehmer einer unerlaubten Handlung dem Geschädigten für den vollen Schaden verantwortlich, § 830 Abs. 1 S. 1, Abs. 2 BGB. Teilnehmer im Sinne dieser Vorschrift sind Mittäter, Anstifter und Gehilfen.

Im Rahmen der Zuordnung des Linkings zu einer möglichen Beteiligungsform können die Ausführungen für Zivil- und Strafrecht weitestgehend gemeinsam erfolgen, da sich diesbezüglich keine wesentlichen Unterschiede ergeben. Im Ergebnis wird die Zuordnung allerdings hauptsächlich für den Fall des Strafrechts relevant, da im Bereich der zivilrechtlichen Deliktshaftung der Gehilfe gleich einem Mittäter vollumfänglich für den Schaden verantwortlich ist, § 830 Abs. 2 BGB[141].

---

[140] *Fezer*, MarkenG, § 14, Rn. 513.

[141] Gleiches gilt auch für den Bereich der Marken- und Wettbewerbsverletzungen – *Ingerl/Rohnke*, Markengesetz, Vor §§ 14-19, Rn. 20.

1. Täterschaft

In Rechtsprechung und Literatur mehren sich die Stimmen, die im Zusammenhang mit Links eine Täter- bzw. Nebentäterschaft[142] annehmen wollen. Dies bietet sich insbesondere vor dem Hintergrund an, dass es eine fahrlässige Beihilfe nicht gibt und insofern die Figur der fahrlässigen Täter- bzw. Nebentäterschaft weiterhelfen könnte. Denn in der Praxis dürfte dem Linksetzer sehr viel einfacher ein fahrlässiges Verhalten vorgeworfen werden können als ein vorsätzliches. Voraussetzung der Nebentäterschaft ist aber zunächst die volle Verwirklichung des Tatbestands[143]. Insofern gilt es primär zu untersuchen, ob der Linksetzer alle Kriterien einer Täterschaft in sich vereint.

Für die Frage der Täterschaft wird zum Teil auf den Kontext abgestellt, in welchem der Link angesiedelt ist[144], zum Teil aber auch – gerade im Strafrecht – zwischen Verbreitungs- und Äußerungsdelikten differenziert[145].

Ob für den Linksetzer eine Verantwortlichkeit als Täter in Betracht kommt, erscheint deshalb zweifelhaft, weil er nicht der Primärverursacher ist. Die vollständige Verwirklichung des Tatbestandes wird schließlich durch den Inhaber der Verweisseite erfüllt. Um der Frage einer Täterschaft auf den Grund zu gehen hat eine Untersuchung anhand der allgemeinen Abgrenzungstheorien zu erfolgen. Sowohl aus strafrechtlicher Sicht, bei der es stark auf das Kriterium der Tatherrschaft ankommt[146], als auch im Zivilrecht, wo die adäquat kausale Verletzungshandlung durch den Täter selbst entscheidend ist, hat eine genaue Untersuchung für den Linkfall zu erfolgen. Da an dieser Stelle der Gleichlauf zwischen Zivil- und Strafrecht etwas auseinander geht, soll die Frage der Täterschaft für beide Bereiche getrennt behandelt werden:

a. Strafrechtliche Täterschaftskriterien

Nachdem im Strafrecht zunächst eine Meinungsvielfalt zur Abgrenzung von Täterschaft und Teilnahme vorherrschte, beschränkt sich die Diskussion mittlerweile im Wesentlichen auf die Tatherrschaftslehre des Schrifttums und der subjektiven Theorie der Rechtsprechung. Eine rein formal-objektive Betrachtungsweise[147], nach der derjenige Täter ist, der die im Tatbestand beschriebene Handlung selbst vornimmt, hatte sich für die Formen der mittelbaren Täterschaft oder der arbeitsteiligen Mittäterschaft als unzureichend erwiesen. Ebenso wenig vermochte die materiell-objektive

---

[142] *Spindler*, in: Hoeren/Sieber, Handbuch Multimedia-Recht, Kap. 29, Rn. 326; *Barton*, Multimedia-Strafrecht, Rn. 323.

[143] Vgl. *Tröndle/Fischer*, Strafgesetzbuch, § 25 Rn. 11; *Cramer/Heine*, in Schönke/Schröder, StGB, § 25, Rn. 100; *Fincke*, GA 75, 161ff.; für das Zivilrecht vgl. nur BGHZ 30, 203ff.; *Kreutziger*, Die Haftung von Mittätern, Anstiftern und Gehilfen im Zivilrecht, S. 133f.; *Schiemann*, in: Erman, BGB, § 840, Rn. 4; *Vieweg*, in: Staudinger, 2002, § 840, Rn. 3.

[144] Vgl. *Flechsig/Gabel*, CR 1998, 351, 355; *Barton*, Multimedia-Strafrecht, Rn. 323.

[145] *Boese*, Strafrechtliche Verantwortlichkeit für Verweisungen durch Links im Internet, S. 121.

[146] Vgl. *Cramer/Heine*, in Schönke/Schröder, StGB, Vor § 25 Rn. 62ff.

[147] Vgl. hierzu *Roxin*, Täterschaft und Tatherrschaft, S. 34ff.

Theorie, die versuchte, Täterschaft und Teilnahme nach der Gefährlichkeit des Tatbeitrages oder dem Gewicht der gesetzlichen Kausalfaktoren zu unterscheiden, zu überzeugen[148]. Letztlich wird auch die rein subjektive Theorie[149], die ausschließlich auf die psychische Anteilnahme der Tatbeteiligten am Tatgeschehen abstellte, in ihrer extremen Form nicht mehr angewandt. Denn im Ergebnis bedeutete sie, dass ohne Rücksicht auf die äußere Form und das Gewicht des Tatbeitrages allein subjektive Kriterien über die Tatbeteiligung entscheiden[150]. Ausschlaggebend war, ob der Handelnde einen Täterwillen (animus auctoris) oder Teilnehmerwillen (animus socii) hatte.

Nach der strafrechtlichen Tatherrschaftslehre[151], die nunmehr vorwiegend vom Schrifttum vertreten wird, müssen die Mitwirkungshandlungen in so enger Beziehung zur Tatausführung stehen, dass sie den Beteiligten die Tatherrschaft zuweisen. Tatherrschaft ist dabei das vom Vorsatz umfasste „in den Händen halten" des tatbestandsmäßigen Geschehensablaufs[152]. Aber auch nach der subjektiven Theorie der Rechtsprechung, welche maßgebend auf die Willensrichtung der Beteiligten abstellt, wird der Tatherrschaftsgedanke mehr und mehr übernommen[153], so dass beide Abgrenzungsformeln mittlerweile sehr nah beieinander liegen.

Gerade an diesem Tatherrschaftskriterium zeigt sich das Problem der Täterschaft des Linksetzers. So könnte man einerseits argumentieren, dass es dem Linksetzer an der Tatherrschaft fehlt, da er keinerlei Einfluss auf das Angebot des Dritten, welcher seine Seite beliebig verändern oder gar löschen kann, hat[154]. Andererseits gilt es zu bedenken, dass der maßgebliche Beitrag des Linksetzers in der Verlinkung selbst liegt. Über diese besitzt er sehr wohl die Herrschaft. Das Problem fokussiert sich also auf die Frage, an welches Verhalten anzuknüpfen ist. Maßgeblich ist, ob der erforderliche Tatbeitrag allein durch die Verlinkung begangen werden kann oder ob primär die Handlung auf der Verweisseite entscheidend ist.

---

[148] *Roxin*, Täterschaft und Tatherrschaft, S. 38ff.

[149] Vgl. RGZ 31, 80, 82; 44, 69, 71; 55, 60, 61; 64, 417, 421, diese rein subjektive Theorie wurde anfangs auch noch vom BGH übernommen: BGHZ 3, 349, 350; 8, 70, 73; 16, 12, 13; 13, 162, 166.

[150] Vgl. *Küpper*, GA 86, 437f.

[151] *Cramer/Heine*, in Schönke/Schröder, StGB, Vor § 25 Rn. 62f.

[152] Vgl. mit unterschiedlichen Nuancen *Herzberg*, Täterschaft und Teilnahme, § 2 II; *Kühl*, in: Lackner/Kühl, StGB, Vor § 25 Rn. 4; *Otto*, Jura 1987, 246, 248; *Roxin*, in Leipziger Kommentar, § 25 Rn 22, *ders.*, Täterschaft und Tatherrschaft, S. 90.

[153] BGHSt 28, 346, 348 f.; 36, 363, 367; BGH, NJW 1994, 670, 671.

[154] *Spindler*, in Hoeren/Sieber, Handbuch Multimedia-Recht, Kap. 29, Rn. 326; *Flechsig/Gabel*, CR 1998, 351, 355; vgl. hierzu auch *Vassilaki*, in: Ernst/Vassilaki/Wiebe, hyperlinks, Rz. 320; *dies.*, CR 1999,85, 86, die neben dem Verbreiten davon ausgeht, dass nur derjenige die Herrschaft über die einschlägige Tatbestandsverwirklichung trägt, der auch über die strafrechtlich interessante geistige Aussage gebieten kann. Gerade an dieser Herrschaft fehle es dem Linkanbieter.

b. Differenzierung zwischen Verbreitungs- und Äußerungsdelikten

(1) Täterschaft bei strafrechtlichen Verbreitungsdelikten?

Für die Frage der Täterschaft bietet es sich – vor allem im Strafrecht – an, eine Differenzierung zwischen Äußerungs-, Verbreitungsdelikten und übrigen Delikten vorzunehmen[155]. Verbreitungsdelikte sind beispielsweise §§ 86, 86a, 130 Abs. 2 Nr. 1, 130 a Abs. 2 Nr. 1; 184 StGB, § 106 UrhG[156], § 21 Abs. 1 Nr. 1 GjS. Bei ihnen liegt der Schwerpunkt des strafrechtlichen Verhaltens auf der strafbaren Handlung. Maßgeblich ist, dass durch diese strafbare Handlung rechtswidrige Inhalte verbreitet bzw. zugänglich gemacht werden. Äußerungsdelikte sind hingegen Delikte wie §§ 90a, 103, 111, 185 StGB. Für sie ist erforderlich, dass der Täter sich in irgendeiner Weise zum missbilligten Inhalt bekennt. Der Schwerpunkt der strafrechtlichen Handlung liegt auf der positiven Einstellung bzw. Billigung der verbreiteten Inhalte.

Im Falle der Verbreitungsdelikte ist eine Täterschaft des Linksetzers zu bejahen[157]. Dies lässt sich mit der besonderen Struktur dieser Delikte erklären, die gewisse „Hilfshandlungen" ausdrücklich in den Tatbestand mit einbeziehen und zur Täterschaft erheben. Daher kann die erforderliche Ausführungshandlung auch vom Linksetzer erfüllt werden[158]. Entscheidend für diesen Ansatz ist das Verständnis der „Hilfehandlungen", des Verbreitens bzw. Zugänglichmachens.

Ein Verbreiten liegt nach einer neueren BGH-Entscheidung[159] dann vor, wenn die Datei auf dem Rechner des Internetnutzers – sei es im flüchtigen Arbeitsspeicher oder auf einem permanenten Speichermedium – angekommen ist. Mit seiner Entscheidung hat der BGH die bisherige Rechtsprechung ausdrücklich aufgegeben, wonach der Begriff des Verbreitens nur erfüllt war, wenn die Schrift bzw. die ihr gleichgestellten Tonträger und Bildträger der Substanz nach und nicht nur inhaltlich an den Empfänger weitergegeben werden[160], und für den Fall von Publikationen im Internet und damit auch für den Fall des Hyperlinks klargestellt, dass die bisherige Rechtsprechung auf diese modernen Kommunikationsformen nicht übertragen werden kann. Vielmehr erfordert die Datenübertragung im Internet einen spezifischen Verbreitungsbegriff, der den Besonderheiten dieses Mediums Rechnung trägt.

Ein Verbreiten des verwiesenen Inhalts ist aber durch das „bloße" Setzen des Links noch nicht gegeben. Es könnte allenfalls noch für die Fälle der Inline Links angenommen werden, bei denen der Nutzer mit dem Besuch der Website gleichzeitig die

---

[155] *Boese*, Strafrechtliche Verantwortlichkeit für Verweisungen durch Links im Internet, S. 128, 115; *Koch*, MMR 1999, 704, 708f.
[156] Auf die Täterschaftsfrage für das Urheberrecht soll weiter unten im Rahmen des 5.Teil A III) eingegangen werden.
[157] *Boese*, Strafrechtliche Verantwortlichkeit für Verweisungen durch Links im Internet, S. 128, 115; *Koch*, MMR 1999, 704, 708f.
[158] *Boese*, Strafrechtliche Verantwortlichkeit für Verweisungen durch Links im Internet, S. 128, 115.
[159] BGH, MMR 2001, 676, 677 m. Anm. *Gercke*.
[160] So noch BayObLG, MMR 2000, 758ff. mit Anm. *Bär*.

Inhalte in seinem Rechner speichert[161]. Dies schließt allerdings eine Täterschaft von Deep oder Surface Linksetzern nicht direkt aus. Die in Rede stehenden Verbreitungsdelikte können auch dann begangen werden, wenn der jeweilige Inhalt anderen Personen zugänglich gemacht wird, wobei ein „Zugänglichmachen" dann gegeben ist, wenn die Möglichkeit eröffnet wird, von dem jeweiligen Inhalt Kenntnis zu nehmen[162].

Darüber, dass ein Zugänglichmachen seitens des Linksetzers vorliegt, bestehen keine Zweifel. Indem den Nutzern im Internet die Kenntnisnahme der verknüpften Inhalte ermöglicht wird, macht der Linksetzer die Inhalte zugänglich[163]. Maßgeblich ist vielmehr, ob darüber hinaus auch noch die Innehabung des inkriminierten Inhalts notwendig ist. Denn nur mit einem Verständnis, bei dem es nicht auf die Beherrschbarkeit der fremden Inhalte, sondern lediglich auf die Möglichkeit der Kenntniseröffnung ankommt, kann eine Täterschaft des Linksetzers angenommen werden[164]. Dafür spricht sicherlich die Tatsache, dass dann, wenn das Gesetz selbst den Tatbestand durch das Zugänglichmachen erfüllt sieht, kein Grund dafür besteht, ein weiteres Erfordernis (Beherrschbarkeit der rechtswidrigen Seite) zu verlangen. Andererseits muss man zugestehen, dass nur derjenige Beteiligte, der über den strafrechtlich interessanten Inhalt verfügt, die entsprechende Tatherrschaft über die Tatbestandsverwirklichung hat. Denn nur derjenige, der die Kontrolle über den verwiesenen Inhalt hat, entscheidet über das Ob und Wie der Tat und zwar nicht nur maßgebend, sondern ausschließlich[165].

Dennoch erscheint es überzeugender, darauf abzustellen, dass die erforderliche Tatbestandshandlung allein die Möglichkeit der Kenntniseröffnung ist[166], denn der Anknüpfungspunkt ist eben nicht die Innehabung der jeweiligen Inhalte, sondern vielmehr das Verbreiten bzw. Zugänglichmachen derselben. Die Statuierung zusätzlicher Voraussetzungen für die Verwirklichung von Verbreitungsdelikten, wie das „Vorliegen einer geistigen Aussage, die die Gefährdung des geschützten Rechtsguts

---

[161] So zumindest *Vassilaki*, in: Ernst/Vassilaki/Wiebe, hyperlinks, Rz. 308.

[162] BGH, NJW 1976, 1984, 1984; *Lenckner/Perron*, in Schönke/Schröder, StGB, § 184 Rn. 9; *Tröndle/Fischer*, StGB, § 184 Rn.12; *Kühl*, in: *Kühl*, in: Lackner/Kühl, StGB, § 184 Rn. 5.

[163] *Boese*, Strafrechtliche Verantwortlichkeit für Verweisungen durch Links im Internet, S. 128, 115; *Vassilaki*, in: Ernst/Vassilaki/Wiebe, hyperlinks, Rz. 309; *Stadler*, Haftung für Informationen im Internet, Rn. 182, der allerdings eine Einschränkung für die Links macht, die zunächst auf ein Oberverzeichnis verweisen. Nur die Verweisungen entsprächen auch einem zugänglich machen i.S.v. §§ 184 Abs. 1 Nr. 1, 130 Abs. 2 Nr. 1b, 86 Abs. 1 StGB, die direkt auf den inkriminierten Inhalt verweisen.

[164] So *Boese*, Strafrechtliche Verantwortlichkeit für Verweisungen durch Links im Internet, S. 131f.; vom Ergebnis auch *Koch*, MMR 1999, 704, 709; ebenso geht *v. Lackum*, MMR 1999, 697, 702 für Suchmaschinenbetreiber davon aus, dass diese Tatherrschaft innehaben und insofern Täter eines Verbreitungsdeliktes sein können; a.A. *Vassilaki*, CR 1999, 85, 86f.

[165] *Vassilaki*, in: Ernst/Vassilaki/Wiebe, hyperlinks, Rz. 319f.

[166] *Boese*, Strafrechtliche Verantwortlichkeit für Verweisungen durch Links im Internet, S. 128; a.A. *Vassilaki*, in: Ernst/Vassilaki/Wiebe, hyperlinks, Rz. 319; *Schreibauer*, Das Pornographieverbot des § 184 StGB, S. 341, der insofern nur eine Gehilfenhandlung des Linksetzers annehmen will.

verursacht"[167], schränkt hingegen den Tatbestand der betreffenden Norm entgegen dem gesetzgeberischen Willen unnötig ein[168].

Diese konkrete Tatbestandshandlung wird von dem Linksetzer beherrscht. Ihm obliegt es, die Verbindung zu der jeweiligen Seite zu löschen oder aufrechtzuerhalten. Der Linksetzer erfüllt somit den objektiven Tatbestand[169], so dass eine Täterschaft des Linksetzers im Rahmen der Verbreitungsdelikte möglich ist. Darüber hinaus muss der subjektive Tatbestand erfüllt sein, welcher allerdings für die Gruppe der Verbreitungsdelikte im Strafrecht eine vorsätzliche Begehungsform voraussetzt.

(2) Täterschaft im Hinblick auf Äußerungsdelikte

Anders stellt sich die Lage bei Äußerungsdelikten dar. Sie setzen eine in der Öffentlichkeit erfolgte, wie auch immer geartete Äußerung eines rechtlich missbilligten Inhalts voraus, welche durch einen Adressaten zur Kenntnis genommen wird[170]. Auf den ersten Blick wird die tatbestandliche Handlung, „das Äußern", durch den bloßen Verweis noch nicht erfüllt. Verallgemeinern kann man also eine Täterschaft wie bei den Verbreitungsdelikten nicht. Allerdings liegt eine solche bei „zu Eigen gemachten" Verweisinhalten vor[171]. Entscheidend sind nicht die allgemeinen Abgrenzungskriterien, sondern die Kundgabe eigener Missachtung[172]. Täter ist daher auch, wer sich mit fremden Äußerungen erkennbar identifiziert[173]. So sind beispielsweise die Rundfunk- und Fernsehmitarbeiter, die für eine Sendung zuständig sind, in der beleidigende Äußerungen Dritter fallen, nicht bereits deshalb Täter, weil sie sich von den fraglichen Äußerungen nicht distanzieren, sondern erst, wenn sie sich mit diesen für das Publikum erkennbar identifizieren[174].

Für den Linksetzer kann dieser Gedanke aufgegriffen werden. Wenn er sich beispielsweise eine Beleidigung durch die spezielle Art der Verlinkung und Integration zu Eigen macht, drückt er ebenfalls seine Missachtung aus. Insofern muss im jeweiligen Einzelfall geprüft werden, ob die Verweisseite zu Eigen gemacht wurde, um in diesen Fällen eine Täterschaft des Linksetzers annehmen zu können[175]. In den übrigen Fällen, die sich weder in der Form der Verbreitungs- noch der zu Eigen gemachten Äußerungsdelikte wiederfinden, muss es hingegen mangels Tatherrschaft bei der Annahme einer Beihilfe bleiben.

---

[167] So *Vassilaki*, CR 1999, 85, 87.
[168] *V. Lackum*, MMR 1999, 697, 702.
[169] Vgl. auch *Stadler*, Haftung für Informationen im Internet, Rn. 183.
[170] Vgl. *Lenckner*, in Schönke/Schröder, StGB, § 185 Rn. 8 für die Beleidigung.
[171] *Boese*, Strafrechtliche Verantwortlichkeit für Verweisungen durch Links im Internet, S. 131f.; auch zwischen fremden und zu Eigen gemachten Inhalten differenzierend: *Flechsig/Gabel*, CR 1998, 351, 355.
[172] *Roxin*, Täterschaft und Tatherrschaft, S. 390; *Herzberg*, Die Unterlassung im Strafrecht und das Garantenprinzip, S. 83f.
[173] *Roxin*, Täterschaft und Tatherrschaft, S. 390.
[174] *Lenckner*, in: Schönke/Schröder, StGB, § 185 Rn. 17 m.w.Nachw.
[175] So auch *Barton*, Multimedia-Strafrecht, Rn. 236.

c. Täterschaft aus zivilrechtlicher Sicht

Im Zivilrecht gibt es im Gegensatz zum Strafrecht keine Delikte, bei denen explizit an das Zugänglichmachen angeknüpft werden kann[176]. Die Verletzungshandlung im Deliktsrecht liegt beispielsweise in einer nachteiligen Beeinträchtigung eines der in § 823 Abs. 1 BGB genannten Rechte oder Rechtsgüter oder in der Erfüllung eines in einem Schutzgesetz normierten Tatbestandes. Der Linksetzer selbst beeinträchtigt allerdings die Rechtsgüter nicht, sondern fördert vielmehr den Beitrag des Beeinträchtigenden. In den meisten Fällen dürfte sich die Inanspruchnahme daher auf eine Gehilfenhandlung beschränken. Eine Besonderheit ergibt sich aber auch hier im Hinblick auf die äußerungsrechtlich geprägten Delikte, da hier die Verweisung selbst tatbestandlich sein kann.

(1) Betrachtung der Äußerungsdelikte unter besonderer Berücksichtigung zu Eigen gemachter Inhalte

Wie im Strafrecht bietet es sich an, auch im Zivilrecht eine täterschaftliche Verletzungshandlung anzunehmen, wenn im Rahmen eines Äußerungsdeliktes der jeweilige Inhalt zu Eigen gemacht wird. Dies hängt – ähnlich wie bei den Verbreitungsdelikten – mit der Struktur des Deliktes zusammen. Nur wenn eine Handlung in Frage steht, die allein durch die Verweisung tatbestandlich ist, kann man zu einer Täterschaft gelangen. Dies ist neben dem Zugänglichmachen bestimmter Inhalte auch bei Äußerungen möglich. Denn dort können Rechtsfolgen sowohl an das Behaupten als auch das Verbreiten geknüpft werden.

(a) Behaupten und Verbreiten

Der Unterscheidung zwischen beiden Fällen kommt eine erhebliche Bedeutung zu. Einerseits werden sowohl in § 824 BGB als auch in § 186 StGB die Rechtsfolgen insofern gleichgestellt, als der Verbreitende im Prinzip ebenso Störer ist wie der Behauptende. Andererseits wird von der Rechtsprechung differenziert[177]. Im Interesse der Nachrichtenübermittlung lässt sie das Verbreiten in erheblich weiterem Umfang zu als das Behaupten[178].

Ein Behaupten erfolgt durch eine gegenüber Dritten getätigte Aussage über einen oder mehrere Rechtsträger, wenn sie eine eigene Erkenntnis oder Mitteilung enthält. Es kann in versteckter Form, etwa als Frage, durch Äußerung eines Verdachtes oder zwischen den Zeilen erfolgen. Dabei kommt es auf den objektiven Sinn der Äußerung an[179]. Das Verbreiten ist hingegen die Äußerung einer fremden Ansicht, die der Äußernde sich nicht zu Eigen macht, sondern als Ansicht wiedergibt[180]. Das Verbrei-

---

[176] Auf die Frage des Urheberrechts, wo für eine Täterschaft ggf. an eine der öffentlichen Zugänglichmachung §§ 15 Abs. 2 Nr. 2, 19 a UrhG angeknüpft werden kann, soll unten im 5. Teil dieser Abhandlung eingegangen werden.
[177] *Burckhardt*, in: Wenzel/Burkhardt, Das Recht der Wort- und Bildberichterstattung, Kap. 4, Rz. 95.
[178] KG, AfP 2001, 65.
[179] *Löffler/Ricker*, Handbuch des Presserecht, Kap. 53, Rn. 14.
[180] *Wagner*, in: MünchKommBGB, § 824, Rn. 27.

ten kann sowohl als intellektuelles als auch als technisches Verbreiten erfolgen, wobei ersteres dann gegeben ist, wenn zu der verbreiteten Behauptung eine gedankliche Beziehung besteht[181].

(b) Verbreitung der Inhalte durch Hyperlinks

Diese Grundsätze lassen sich auch auf Links übertragen. In den meisten Fällen stellt der Linksetzer allerdings – bedingt durch die Verweisungstechnik – keine eigene Behauptung auf. Er verbreitet durch den Link fremde Behauptungen. Dies bedeutet aber nicht, dass eine Verantwortlichkeit ausscheidet. Indem sich der Linksetzer den jeweiligen Inhalt zu Eigen macht, trägt er die Verletzungshandlung selbst. Ein „bloßes" Verbreiten liegt in diesen Fällen nicht mehr vor[182]. Eine Tatsache kann eben auch dadurch behauptet und verbreitet werden, dass sich der Handelnde den Inhalt einer fremden Äußerung erkennbar zu Eigen macht[183]. Macht ein bestimmtes Medium sich beispielsweise den jeweiligen Inhalt eines Zitats zu Eigen, haftet es wie der Behauptende selbst[184].

In diesem Zusammenhang ist auch das – immer wieder im Falle des Distanzierungsvermerkes herangezogene – Urteil des LG Hamburg[185] angesiedelt. Dort urteilte das Gericht, dass der Linksetzer in den Fällen eines sich „zu Eigen machens" der Verweisinhalte durchaus selbst eine Persönlichkeitsrechtsverletzung begehen könne. Der BGH erkennt für den Bereich des Ehrenschutzes an, dass auch in der (bloßen) Wiedergabe der Aussage eines Dritten dann eine eigene Äußerung des Zitierenden vorliegen kann, wenn er sich den Inhalt der fremden Äußerung zu Eigen macht[186]. Eine Verlinkung stellt letztendlich nichts anderes als eine Wiedergabe einer fremden Äußerung dar, denn indem der Linksetzer den Nutzer auf die fremde Seite hinweist, macht er nichts anderes als die fremde Äußerung wiederzugeben. Es kommt nur der Zwischenschritt hinzu, dass der Nutzer die jeweilige Seite anklicken muss. Da diese Verknüpfung für den Nutzer so problemlos erfolgt, kommt es einer direkten Wiedergabe gleich. Für den Linksetzer lässt sich also in den Fällen, in denen der Link zu Eigen gemacht wird – ähnlich einem zu Eigen gemachten Zitat – eine täterschaftliche Begehung herleiten.

---

[181] Vgl. *Burckhardt*, in: Wenzel/Burkhardt, Das Recht der Wort- und Bildberichterstattung, Kap.4, Rz. 100.
[182] *Burckhardt*, in: Wenzel/Burkhardt, Das Recht der Wort- und Bildberichterstattung, Kap. 4, Rz. 100.
[183] Vgl. *J.Hager*, in: Staudinger, 1999, § 823, C 85 m.w.Nachw.
[184] *Burckhardt*, in: Wenzel/Burkhardt, Das Recht der Wort- und Bildberichterstattung, Kap. 10, Rz. 208.
[185] LG Hamburg, MMR 1998, 547f. = AfP 1998, 421 = NJW 1998, 3650f. = K&R 1998, 367 m. Anm. *Gabel*.
[186] BGH, NJW 1996, 1131, 1132 m.w.Nachw.

(c) Zu Eigen machen durch den Linksetzer

Wie bereits oben gesehen gehen die Ansichten bezüglich der Frage, wann ein „zu Eigen machen" vorliegt, auseinander[187]. Die Meinungsvielfalt wurde zwar noch zum Stand des alten TDG dargestellt.

Da diese Grundsätze jedoch allgemeinen Regelungen, wie beispielsweise dem Presserecht, entspringen, kann man hier im Rahmen der allgemeinen Haftung natürlich erst recht darauf zurückgreifen. Zum Teil wird zwar angedacht, ob nach der TDG-Novelle der von einigen vertretene Begriff des „zu Eigen machens" unter Einschluss der inhaltlichen Variante beibehalten werden kann[188]. Dem muss hier aber nicht weiter nachgegangen werden, da das TDG keine Anwendung mehr findet.

Nach der hier vertretenen Auffassung wurden – und werden aber auch weiterhin – die Kriterien des Presserechts herangezogen, welche unter anderem auf das Erscheinungsbild des Links abstellen. Demzufolge dürfte in Fällen von Frames und Inline Links[189] wohl ein „zu Eigen gemachter" Link vorliegen[190]. Zudem lässt sich aus dem Presserecht das Identifizierungskriterium anführen, welches die Möglichkeit beinhaltet, sich von dem jeweiligen Inhalt zu distanzieren. Missbräuchen wird dadurch begegnet, dass eine formelhafte Distanzierung nicht ausreicht, sondern vielmehr weitere Umstände hinzutreten müssen[191].

Ob darüber hinaus auch die unkommentierte Mitteilung, die bei einem Presseorgan ein „zu Eigen machen" begründen kann, auch als solches im Internet zu werten ist, erscheint fraglich. Bei Printmedien lässt sich ein „zu Eigen machen" tatsächlich darin erblicken, dass eine Zeitung eine in einem anderen Blatt aufgestellte Behauptung ohne Quellenangabe wiedergibt[192] oder die Erklärung eines Dritten in den Mittelpunkt des Berichts gestellt wird[193]. Bei Links stellt sich die Lage jedoch anders dar. Bei ih-

---

[187] Siehe oben im 2. Teil A III); nach dem OLG Braunschweig, MMR 2001, 608, 609 ist hierfür beispielsweise die Verkehrsauffassung entscheidend. Diese bestimmt, ob der Linksetzer bei den Nutzern den Eindruck erweckt, er wolle die fremde Leistung als eigene erbringen und demnach auch die Inhalte und Kennzeichen billigen und verantworten oder ob er zureichende Distanz zu dem fremden Dokument hält und diese trotz der hergestellten Verbindung nach wie vor als fremde Leistung erscheint.

[188] Dagegen *Spindler*, NJW 2002, 921, 923.

[189] Vgl. *Gounalakis/Rhode*, Persönlichkeitsschutz im Internet, Rn. 306; so auch das LG Lübeck, CR 1999, 650, 651, welchem ein Fall zur Entscheidung vorlag, bei dem auf der verwiesenen Seite unzulässige Werbung war. Der Werbetext enthielt Aussagen, zu deren Unterlassung sich der Linksetzer verpflichtet hatte. Das Gericht befand in dem konkreten Fall, dass der Linksetzer für die fremden Aussagen einzustehen habe, da es sich bei der verwiesenen Seite um zu Eigen gemachten Inhalt im Sinne von § 5 Abs. 1 TDG handelte. Bei dem in Frage stehenden Link handele es sich gerade eben nicht um einen Querverweis, sondern um eine Vervollständigung des auf den eigenen Seiten angebotenen Inhalts. Insbesondere der Umstand, dass es sich in dem zugrunde liegenden Fall um einen Inline Link handele, mache das zu Eigen machen deutlich, da dem Nutzer der Wechsel zu einem anderen Anbieter verschleiert werde.

[190] Im Ergebnis auch *Freytag*, Haftung im Netz, S. 232.

[191] *Pankoke*, Von der Presse- zur Providerhaftung, S. 101.

[192] Vgl. *Burckhardt*, in: Wenzel/Burkhardt, Das Recht der Wort- und Bildberichterstattung, Kap. 4, Rz. 103.

[193] OLG München, AfP 1972, 278, 280.

nen wird die Quellenangabe üblicherweise nicht mit angegeben bzw. ist allenfalls in der URL zu sehen. Allein daraus kann man noch nicht auf ein „zu Eigen machen" schließen. Einige differenzieren zwischen Generalverweisungen und statischen Angeboten und führen diesbezüglich an, dass bei sogenannten Generalverweisungen keinesfalls von einem „zu Eigen machen" ausgegangen werden könne, wohingegen bei Links auf „statische" Angebote ein solches viel eher in Betracht komme[194]. Auch könne man ein „zu Eigen machen" für die Fälle annehmen, in denen ausdrücklich oder zwischen den Zeilen zustimmend auf sie Bezug genommen wird[195]. Grundsätzlich ist diesem Ansatz zuzustimmen, wobei verkannt wird, dass die Differenzierung im Rahmen des Presserechts weitaus mehr Kriterien zur Verfügung stellt, als die bloße Distanzierung[196].

(2) Täterschaft bei Fremdinhalten?

Ob man darüber hinaus so weit gehen kann, auch die einfache Weitergabe fremder Inhalte als Persönlichkeitsrechtsverletzung aufzufassen, ist bedenklich. Zwar führte der BGH in seinen Entscheidungsgründen aus, dass selbst in dem Verbreiten dessen, was ein Dritter geäußert hat, eine Persönlichkeitsrechtsverletzung zu sehen sei. Allerdings gilt dies nur, wenn es an einer eigenen und ernsthaften Distanzierung fehlt[197]. Damit wird aber nichts anderes als eine Einordnung als zu Eigen gemachter Inhalt beschrieben. Wahrscheinlich wird man in diesem Zusammenhang soweit gehen müssen, nicht nur zwischen zu Eigen gemachten und fremden Inhalten zu differenzieren, sondern auch den Zwischenschritt eines nicht distanzierten Inhalts (der ja nicht zwangläufig auf ein zu Eigen machen schließen lässt) einzufügen, bei dem ebenfalls an eine täterschaftliche Verletzungshandlung anzuknüpfen ist. Letztlich hängt diese Einordnung von dem jeweiligen Verständnis des zu Eigen machens ab.

Darüber hinaus ist entscheidend, welcher Art einer Verbreiterhaftung man den Linktypus zuordnen kann. Grundsätzlich lässt sich eine Affinität zu der intellektuellen Verbreiterhaftung, beispielsweise einem Verleger, feststellen, da durch die bewusste Auswahl der Verweisseite eine gedankliche Beziehung bestehen kann. Andererseits kommt dem Linksetzer – zumindest bei fremden Inhalten – die Funktion eines technischen Verbreiters, ähnlich dem Drucker, Grossisten, Buchhändler usw. zu. Die Einordnung hat im jeweiligen Einzelfall zu erfolgen, da eine Pauschalierung der Vielfalt von Linkmodalitäten, die von einer riesigen Linkliste (eher technischer Verbreiter) bis zu einem einzelnen Link reicht, nicht gerecht würde.

Betrachtet man den Tatbeitrag als „bloß" technisches Verbreiten, so kommt diesem im Rahmen der verschuldensabhängigen Haftung eher eine Hilfeleistung als eine

---

[194] *Köster/Jürgens*, MMR 2002, 420, 423.
[195] *Köster/Jürgens*, MMR 2002, 420, 423.
[196] Vgl. hierzu auch *Baumbach/Hefermehl*, UWG, § 8, Rn. 2.27f.
[197] BGH, NJW 1996, 1131, 1132 m.w.Nachw.

täterschaftliche Verletzungshandlung zu[198], wobei dies im Ergebnis wegen § 830 Abs. 2 BGB keine weiteren Auswirkungen hat.

Letztlich wird die Inanspruchnahme des technischen Verbreiters auch eher im Hinblick auf die Störerhaftung relevant, da es ihm in Bezug auf einen Ersatzanspruch ausnahmslos an dem erforderlichen Verschulden fehlen dürfte[199]. Aber auch bei einem Vergleich zur intellektuellen Verbreiterhaftung der Presse kommt bei fremden Inhalten zumeist auch keine täterschaftliche Begehungsform in Betracht. Sowohl wenn ein Markt der Meinungen gegeben ist, als auch sich von einem Zitat oder Leserbrief distanziert wird, trifft die Presse keine volle Verantwortlichkeit[200].

In den nicht äußerungsrechtlich geprägten Fällen lässt sich eine über den Förderungsbeitrag hinausgehende eigene Verletzungshandlung nur schwer darstellen, da die Linksetzung lediglich den Beitrag des Dritten fördert und eben nicht alle Tatbestandsmerkmale erfüllt.

2. Mittäterschaft

In den Fällen, in denen der Linksetzer nicht selbst alle Tatbestandsmerkmale verwirklicht, könnte die Lösung über ein mittäterschaftliches Verhalten des Linksetzers im Sinne von § 25 Abs. 2 StGB, § 830 Abs. 1, 2 BGB gesucht werden. Dadurch würde dem Linksetzer das Verhalten des Inhabers der Verweisseite zugerechnet.

Merkmal einer Mittäterschaft ist gerade die gemeinschaftliche Begehung der Tat, wobei dieser Begriff sowohl im Zivilrecht als auch im Strafrecht gleich zu behandeln ist[201]. Liegt eine Mittäterschaft auf den ersten Blick noch nahe, kommen bei genauerer Betrachtung Zweifel auf. Es erscheint bereits fraglich, ob das Handeln des Linksetzers und das des Inhabers der rechtswidrigen Verweisseite überhaupt denselben Erfolg haben, also auf ein und dieselbe Tat gerichtet sind, oder ob die Handlung des Linksetzers möglicherweise als eine andere, eine bloße Verbreitungshandlung angesehen werden muss, die erst nach dem Eintritt des ursprünglichen Taterfolgs relevant wird. Letzteres könnte deshalb wichtig sein, da für die Herbeiführung des tatbestandlichen Erfolges alles Notwendige bereits getan worden ist, bevor der Linksetzer mit der Verweisung überhaupt auf dem Spielfeld erscheint.

Spätestens scheitert eine Mittäterschaft aber an dem erforderlichen subjektiven Element. Voraussetzung eines mittäterschaftlichen Handelns ist nämlich grundsätzlich, dass eine Kommunikationsbeziehung zwischen den Mittätern besteht, also ein bewusstes und gewolltes Zusammenwirken gefordert wird[202]. Dies dürfte für die meis-

---

[198] Vgl. *Löffler/Ricker*, Handbuch des Presserechts , Kap. 41, Rn. 21.

[199] Vgl. *Burkhardt*, in: Wenzel/Burkhardt, Das Recht der Wort- und Bildberichterstattung, Kap. 10, Rz. 221.

[200] *Burkhardt*, in: Wenzel/Burkhardt, Das Recht der Wort- und Bildberichterstattung, Kap. 10, Rz. 208ff.

[201] BGHZ 63, 124, 126; 89, 383, 389; BGH, VersR 1967, 471, 473.

[202] Vgl. *Jakobs*, Strafrecht Allgemeiner Teil, 21.Abschn., Rn. 40ff.; für das Zivilrecht vgl. BGH, NJW 1972, 40, 41; *Belling/Eberl-Borges*, in: Staudinger, 2001, § 830, Rn. 11.

ten der Linkfälle zu verneinen sein, da der Linksetzer den Link zumeist[203] ohne Wissen des Dritten auf die fremde Seite setzt. Eine „heimliche Mittäterschaft" gibt es jedoch im Gegensatz zur „heimlichen Beihilfe" nicht.

In jüngerer Zeit mehren sich – insbesondere im Strafrecht – Stimmen, die auch eine „fahrlässige Mittäterschaft" zulassen wollen[204]. Auch im Zivilrecht wird vereinzelt § 830 Abs. 1 S. 1 BGB auf die von mehreren zusammentreffenden fahrlässigen Handlungen angewandt[205]. Diese Konstruktion resultiert letztendlich aus dem Bedürfnis, in den Fällen nicht nachweisbarer Kausalität durch mittäterschaftliche wechselseitige Zurechnung von Tatbeiträgen zu einer einfachen und sicheren Begründung der Strafbarkeit zu gelangen. Grundsätzlich ist dabei zwischen zwei Typen fahrlässiger Mittäterschaft zu differenzieren. So ist einerseits die Mittäterschaft beim Fahrlässigkeitsdelikt, andererseits eine Fahrlässigkeit bezogen auf das sorgfaltswidrige Verhalten denkbar[206]. Allerdings wird die Konstellation des fahrlässigen Zusammenwirkens mehrerer in den Grenzen objektiver Zurechenbarkeit häufig auch als Nebentäterschaft erfasst, weil das Gesetz hier keine Differenzierung der Beteiligungsformen vorsieht[207].

Entscheidend ist letztlich, ob im Fahrlässigkeitsbereich eine gemeinschaftliche Verantwortlichkeit arbeitsteiligen Zusammenwirkens anzuerkennen ist[208]. Zwar mag eine solche Auffassung und die damit verbundene Akzeptanz der fahrlässigen Mittäterschaft in einigen Fällen kriminalpolitisch wünschenswert erscheinen; sie fällt jedoch nach der hier vertretenen Auffassung wegen Fehlens eines gemeinsamen Tatentschlusses nicht unter § 25 Abs. 2 StGB[209]. Die Bedenken an der Konstruktion der fahrlässigen Mittäterschaft konzentrieren sich auf die wesentliche Frage, ob überhaupt ein die Mittäterschaft kennzeichnender gemeinsamer Tatentschluss in Bezug auf die fahrlässige Folge angenommen werden kann. Ein solcher Tatentschluss setzt bereits begriffsnotwendig Vorsatz voraus, so dass insofern die Möglichkeit der fahrlässigen Mittäterschaft abgelehnt werden muss.

Darüber hinaus erscheint ein Bedürfnis nach der fahrlässigen Mittäterschaft auch eher im Bereich der sogenannten additiven Kausalität, d.h. wenn nicht feststellbar ist, welche von mehreren arbeitsteilig vorgenommenen Handlungen für den Erfolg ur-

---

[203] So sind grundsätzlich auch Fallkonstellationen denkbar, bei denen sich die Täter im Zusammenhang mit Verweisungen zusammentun, um gemeinschaftlich zur Verbreitung strafbarer Inhalte im Internet beizutragen. In diesen Fällen kann durchaus eine Mittäterschaft vorliegen.

[204] So *Kamm*, Die fahrlässige Mittäterschaft, S. 175ff; *Lesch*, JA 2000, 73, 78; *Küpper*, GA 98, 519, 526; *Wessels/Beulke*, Strafrecht AT, § 13 I 1, Rn. 507; *Roxin*, Strafrecht AT, Bd. II, § 25, Rn. 241.

[205] *Deutsch*, Allgemeines Haftungsrecht, Rn. 507; *ders*, JZ 1972, 105, 107; *Weckerle*, Die deliktische Verantwortlichkeit mehrerer, S. 69.

[206] Vgl. hierzu auch *Belling/Eberl-Borges*, in: Staudinger, 2001, § 830, Rn. 16.

[207] *Günther*, JuS 1988, 386, 386; *Kühl*, in: Lackner/Kühl, StGB § 25 Rn. 13 m.w.Nachw.

[208] Vgl. nur *Herzberg*, Täterschaft und Teilnahme, S. 73.

[209] So auch *Cramer/Heine*, in Schönke/Schröder, StGB, Vor § 25 Rn. 116; *Kühl*, in: Lackner/Kühl, StGB, Vor § 25 Rn. 2; a.A. *Weißer*, JZ 1998, 230ff.; *Renzikowski*, Restriktiver Täterbegriff und fahrlässige Beteiligung, S. 282ff.

sächlich war[210], gegeben zu sein. Soweit aber, wie im Falle der Links, die jeweiligen Tatbeiträge eindeutig sind, bedarf es einer solchen „Stütze" nicht. Aus zivilrechtlicher Sicht überspielt diese Ansicht zudem die Trennung von § 830 Abs. 1 S. 1 und S. 2 BGB, da bei Ungewissheit darüber, wer von mehreren einen Schaden verursacht hat, die Beteiligtenhaftung eingreift, mit der Möglichkeit für den vermeintlichen Schädiger, die mangelnde Kausalität seines Tuns nachzuweisen, während § 830 Abs. 1 S. 1 BGB ihm die Tatbeiträge anderer zurechnet[211]. Selbst die Vertreter, die selbständige Begründungen für eine Zurechnung als fahrlässige Mittäterschaft angeben, vermögen für den Linkfall nicht zu überzeugen. So genügt subjektiv zumeist ein gemeinsamer Handlungsentschluss[212] oder das Bewusstsein gemeinsam zu handeln[213] bzw. bewusstes Solidarverhalten[214]. Jedoch lässt sich trotz dieser Vorverlagerung des subjektiven Elementes eine Vereinbarung mit dem Fall der Hyperlinks nur schwerlich darstellen, da in diesen Fällen kein Kontakt besteht. Im Ergebnis scheidet daher eine mittäterschaftliche Verantwortlichkeit aus.

3. Mittelbare Täterschaft

Auch eine Anknüpfung an die Figur der mittelbaren Täterschaft ist für den Linksetzer nicht möglich. Sie wäre dann gegeben, wenn die Straftat durch einen anderen begangen wird. Dabei wird zum einen ein Defizit des Vordermanns und zum anderen eine überlegene, die Handlung des Tatmittlers steuernde Stellung vorausgesetzt[215]. Hier aber handelt der einzig als Vordermann in Betracht kommende Inhaber der Verweisseite voll verantwortlich. Zwar gibt es die Fälle des Täters hinter dem Täter, in denen – wie der Name schon sagt – auch ein vollverantwortlicher Vortäter ausreichend ist. Allerdings muss der Mangel der Vollverantwortlichkeit durch eine Organisationsherrschaft staatlicher, unternehmerischer oder geschäftlicher Art überwunden werden[216]. Die den typischen Fällen[217] der Täter hinter dem Täter zugrunde liegenden Strukturen lassen sich beim Linksetzer nicht finden. Weder besteht ein Machtgefälle noch eine Weisungsabhängigkeit, die eine Inanspruchnahme des Linksetzers über die Figur des Täters hinter dem Täter rechtfertigen könnte.

4. Anstiftung

Lässt sich keine Täterschaft begründen, vermag möglicherweise die Figur der Anstiftung dem Verhalten des Linksetzers gerecht zu werden. Anstifter ist sowohl im Zi-

---

210 Vgl. *Cramer/Heine*, in Schönke/Schröder, StGB, Vor. § 25 Rn. 115 m.w.Nachw .
211 *Spindler*, in: Bamberger/Roth, BGB, § 830, Rn. 8 m.w.Nachw.
212 *Dencker*, Gesamttat, S. 178f; *Renzkowski*, Restriktiver Täterbegriff und fahrlässige Beteiligung, S. 282ff.
213 *Kamm*, Die fahrlässige Mittäterschaft, S. 199ff.; *Weißer* JZ 1998, 230 238.
214 *Lampe*, ZStW 106, 683, 693.
215 *Tröndle /Fischer*, StGB, § 25 Rn. 3.
216 Vgl. *Tröndle /Fischer*, StGB, § 25, Rn. 3c m.w.Nachw.
217 Beispielsweise der Missbrauch staatlicher Machtbefugnisse der Mitglieder des Nationalen Verteidigungsrates der DDR.

vil[218] als auch Strafrecht, wer vorsätzlich einen anderen zu dessen vorsätzlich begangener rechtswidriger Tat bestimmt hat, § 26 StGB. Unter „Bestimmen" versteht man dabei die Verursachung des Tatentschlusses, gleichgültig durch welches Mittel[219]. Problematisch ist hier, auf wen sich die Anstiftungshandlung, das Bestimmen, beziehen muss. Anknüpfungspunkt kann zum einen der Inhaber der fremden Seite, zum anderen aber auch der Nutzer selbst sein. Eher schwierig dürfte es sein, ein Bestimmen in Bezug auf den Inhaber der fremden Seite anzunehmen, da diese in den hier zu untersuchenden Fällen bereits vor der Verlinkung bestand und die Linksetzung zumeist anonym, also ohne kommunikativen Kontakt, erfolgt.

Ebenso wenig überzeugend ist aber auch die Überlegung, dass der Linksetzer den Nutzer zu einer rechtswidrigen Tat anstiften könnte[220]. Bereits zweifelhaft erscheint in diesem Zusammenhang, ob der Nutzer durch das Anschauen oder Herunterladen der Seite überhaupt eine rechtswidrige Tat begeht[221]. Unhabhängig davon muss sich die Anstiftungshandlung aber auch an einen individuell bestimmten Personenkreis richten[222]. Den Normalfall der Links zugrunde legend, liegt ein individuell bestimmter Kreis von Nutzern gerade nicht vor. Der Link wendet sich eher an einen unüberschaubaren Personenkreis[223], bei dem der Linksetzer nicht in der Lage ist, die Besucher seiner Seite zu kontrollieren oder zu überschauen. Hiergegen wird eingewandt, dass gerade die kommerziellen Anbieter aufgrund der geschlossenen Teilnahme- und Nutzungsverträge ihre Kunden kennen und daher in diesen Fällen ein individualisierter Personenkreis i.d.R. vorliegt[224]. Dem ist nicht zuzustimmen. Zwar mag eine Ausnahme für die Seiten gemacht werden, bei denen ein Zugang nur über bestimmte Kennwörter möglich ist. Jedoch dürften diese Seiten im Zusammenhang mit Hyperlinks eher eine Seltenheit sein. Zudem kann es sich selbst in diesen Fällen um einen zu großen unüberschaubaren Personenkreis handeln, da trotz der Zugangsbestimmungen eine überaus große Zahl an Nutzern die Seiten besuchen wird. Insofern dürfte eine Anstiftungshandlung des Linksetzers in fast allen Fällen ausscheiden.

5. Beihilfe

Nachdem somit eine Anstiftungshandlung ausscheidet, verbleibt in den Fällen fehlender Täterschaft eine Verantwortlichkeit des Linksetzers als Gehilfe. Gehilfe ist, wer vorsätzlich einem anderen zu dessen vorsätzlich begangener rechtswidriger Tat

---

[218] Die Begriffsbestimmungen des Strafrechts gelten auch im Zivilrecht – vgl. BGHZ 8, 288, 292 = NJW 1953, 499, 500; BGHZ 70, 277, 285 = NJW 1978, 816, 819; BGHZ 89, 383, 389 = NJW 1984, 1226, 1228; BGH, VersR 1967, 471, 473.

[219] Vgl. BGHSt 2, 279ff.; 45, 373, 374; BGH, NStZ 2000, 421; *Tröndle/Fischer*, Strafgesetzbuch, § 26 Rn. 3; *Kühl*, in: Lackner/Kühl, StGB, § 26 Rn. 2.

[220] Vgl. hierzu *Flechsig/Gabel*, CR 1998, 351, 356.

[221] Etwas anderes gilt im Rahmen des Urheberrechts. Vgl. hierzu im 5. Teil A) III) 2) f) 1.

[222] *Tröndle/Fischer*, StGB, § 26 Rn. 3; *Kühl*, in: Lackner/Kühl, StGB, § 26 Rn. 5.

[223] So im Ergebnis auch *Flechsig/Gabel*, CR 1998, 351, 356; *Ernst*, NJW-CoR 1997, 224, 228; *Eichler/Helmers/Schneider*, K&R 1997, 23, 24 als Supplement zu der Zeitschrift BB 1997.

[224] *Spindler*, in: Hoeren/Sieber, Handbuch Multimedia-Recht, Kap. 29, Rn. 325 m.w.Nachw., der allerdings zugesteht, dass dies für Homepages, die sich an jedermann richten, anders sein mag.

Hilfe leistet, § 27 StGB. Unter Hilfeleisten versteht man – sowohl im Zivil- als auch im Strafrecht – jede psychische oder physische Förderung der Haupttat durch risikoerhöhende Tatbeiträge, die auch noch bis zur Beendigung der Haupttat geleistet werden können[225].

Anknüpfungspunkt für die Beihilfe ist die rechtswidrige Tat des Dritten (des Inhabers der rechtswidrigen Seite), zu der der Linksetzer Hilfe leisten müsste. Zu der eigentlichen Tat, dem Einstellen des rechtswidrigen Inhaltes, leistet der Linksetzer noch keine Hilfe, da es dem Wesen des Links immanent ist, dass dieser erst nach oder zumindest gleichzeitig mit Entstehen der Verweisseite auf die konkrete Seite verweisen kann. Die Hilfeleistung, also die Förderung des fremden Delikts, kann aber darin liegen, dass durch den Verweis die Zahl der Besucher wesentlich erhöht und insofern die Aufrechterhaltung der Rechtsverletzung unterstützt wird. Denn die Hilfeleistung lässt sich grundsätzlich auch in der Intensivierung der Verschlechterung erblicken, sofern diese im Hinblick auf das geschützte Rechtsgut noch ins Gewicht fällt[226]. Ausreichend ist insofern, dass die Förderungshandlung den Rechtsgutangriff steigert[227]. Dadurch, dass mit dem Link mehr Nutzern die Möglichkeit eröffnet wird, die jeweilige Seite zu betrachten, wird dem jeweils Verletzten ein erheblich größerer Schaden zugefügt. Hierin ist eine eigenständige Verschlechterung zu erblicken. Im Zweifelsfall hilft der Linksetzer sogar nicht nur dem suchenden Nutzer, er macht vielmehr auch den Nutzer, der zunächst nicht nach der Seite sucht, auf diese aufmerksam[228]. Hierdurch wird die rechtswidrige Tat des Dritten gefördert, insbesondere steigt durch den Link die Wahrscheinlichkeit, dass Dritte auf die betreffende Seite zugreifen. Die Tatsache, dass der Inhaber der dritten Seite keine Kenntnis von dem Link hat, schadet dabei nicht, denn die Beihilfe setzt nicht voraus, dass der Haupttäter die Hilfeleistung erkennt. Aus objektiver Sicht lässt sich somit eine Beihilfehandlung bejahen[229]. Eine Beihilfe wurde jüngst auch vom LG München[230] für Hyperlinks bestätigt. In dem zugrunde liegenden Fall hatte der Heise Zeitschriften-Verlag einen Link auf eine Seite gesetzt, auf der die neueste Version von unzulässiger Software zum Kopieren von DVDs angeboten wurde.

Nach Ansicht des LG München hat „heise online" durch das Setzen des Links vorsätzlich Beihilfe zu einer unerlaubten Handlung geleistet und haftet so als Gehilfe gemäß § 830 BGB wie der Hersteller selbst. Maßgeblich sei, dass der Leser der Meldung über den Link direkt auf den Internetauftritt geführt werde. Durch das Set-

---

[225] Vgl. *Kühl*, in: Lackner/Kühl, StGB, § 27 Rn. 2; *Tröndle/Fischer*, StGB, § 27 Rn. 2, 6; *Belling/Eberl-Borges*, in: Staudinger, 2001, § 830 Rn. 39.

[226] *Lenckner*, in: Schönke/Schröder, StGB, Vor § 13 Rn. 79.

[227] *Blei*, Strafrecht AT, § 80 II 3, *Jakobs*, Strafrecht Allgemeiner Teil, 22. Abschn., Rn. 42.

[228] So auch *Ernst*, NJW-CoR 1997, 224, 228.

[229] So auch *Vassilaki*, in: Ernst/Vassilaki/Wiebe, hyperlinks, Rz. 321, 324; *Spindler*, in: Hoeren/Sieber, Handbuch Multimedia-Recht, Kap. 29, Rn. 321, 324ff., je mit weiteren Nachweisen.

[230] Vgl. http://www.affiliateundrecht.de/lg-muenchen-21-O-3220-05-haftung-fuer-links.html (Stand: April 2005).

zen des Links werde das Auffinden „um ein Vielfaches bequemer gemacht“ und die Gefahr von Rechtsgutverletzungen erheblich erhöht.

Etwas anderes muss sich hingegen für die Haftung des Linksetzers ergeben, wenn die rechtswidrige Seite erst auf einer weiter nachgelagerten Ebene liegt. Hier erscheint es zweifelhaft, ob der objektive Tatbestand der Beihilfe, der Gehilfenbeitrag, erfüllt ist[231]. Befindet sich die fragliche Information auf anderen Seiten, auf die der Nutzer erst durch Anklicken weiterer Links gelangt, kann nicht mehr von einer wirklichen Hilfeleistung gesprochen werden. Der Nutzer muss nunmehr selber suchen, um auf die jeweilige Seite zu gelangen. Würde man solche Konstellationen noch allgemein als Förderung einer fremden Tat betrachten, würde die Haftung des Linksetzers ins Uferlose ausgeweitet. Letztlich ist beinahe das gesamte WWW durch weiterführende Links verbunden, so dass jeder für alles verantwortlich würde.

Ein anderer Aspekt im Zusammenhang mit einer Beihilfehandlung kommt dann in Betracht, wenn der Blickwinkel in Richtung Nutzer gelenkt wird. Kann der Linksetzer möglicherweise auch zu einer rechtswidrigen Handlung des Internetnutzers Hilfe leisten? Hier ist zunächst relevant, ob der Nutzer überhaupt eine rechtswidrige Handlung begeht, um dann zu prüfen, ob der Linksetzer zu dieser Handlung Beihilfe leistet. Diskutiert wird diese Variante im Zusammenhang mit Urheberrechtsverletzungen, welche der Nutzer durch das Herunterladen bestimmter Dateien begehen könnte. Da es im vorliegenden Teil aber primär um die Haftung für Rechtsverletzungen auf anderen Seiten geht, wird dieser Bereich hier außen vor gelassen werden und später in einem gesonderten Kapitel behandelt[232].

6. Nebentäterschaft als zusätzlicher Anknüpfungspunkt im Rahmen einer verantwortlichen Inanspruchnahme ?

Bei Annahme einer vollen Verantwortlichkeit des Linksetzers kommt die Figur der Nebentäterschaft ins Spiel, wobei bezweifelt werden darf, dass diese überhaupt eine über die Täterschaft bzw. Beihilfe hinausgehende Bedeutung erlangt. Sie zeichnet sich dadurch aus, dass zwar alle Tatbestandsmerkmale durch die jeweils Handelnden selber verwirklicht werden, ihnen aber die der Mittäterschaft typische subjektive Seite fehlt. Nebentäterschaft wird definiert als die Verletzung des gleichen Rechtsgutes durch mehrere, die dabei in keinem Beteiligungsverhältnis zueinander stehen[233]. Dies dürfte typischerweise im Falle des Linksetzers gegeben sein, da dieser zumeist ohne Wissen des Dritten den jeweiligen Link setzt.

Die Institution der Nebentäterschaft ist allerdings nicht ganz unumstritten. Zumindest wird ihre Existenzberechtigung gerade im Strafrecht häufig in Frage gestellt. Kritikpunkt ist insbesondere die über die Abgrenzung zur Mittäterschaft hinausgehende

---

231 Dies verneinend *Stadler,* Haftung für Informationen im Internet, Rn. 186.
232 Siehe unten im 5. Teil A) III) 2) f).
233 Vgl. *Fincke*, GA 75, 161.

rechtliche Bedeutung, die dieser Figur zu- oder eben nicht zukommt[234]. Insofern wird der Nebentäterschaft überwiegend die konstitutive Relevanz abgesprochen[235]. Anders hingegen stellt sich die Lage im Zivilrecht, wo die Nebentäterschaft als eigene Rechtsfigur im Deliktsrecht angenommen wird[236]. Diskutiert wird sie insbesondere im Rahmen des § 840 BGB, wo sie unter anderem für die unterschiedlichen Schadensquoten relevant wird[237]. Im objektiven Bereich gibt es für die Nebentäterschaft drei Anwendungsbereiche. Zum einen können mehrere Nebentäter durch gleichzeitiges Handeln, aber unabhängig voneinander, additiv kausal oder kumulativ kausal einen Schaden bewirken. Zum anderen können mehrere Nebentäter auch bewusst und gewollt zusammenwirken, wenn sich das Zusammenwirken nur auf die Handlung, nicht aber auf den Erfolg bezieht. Letztendlich besteht die Möglichkeit, dass die Beteiligten nicht gleichzeitig handeln, die Kausalketten vielmehr hintereinander geschaltet sind bzw. nacheinander wirken[238]. So bezieht sich die Nebentäterschaft nicht nur auf die Fälle, in denen ein einheitlicher Schaden durch zwei nebeneinanderliegende Handlungen verursacht worden ist, sondern auch auf Fälle, in denen die Kausalketten hintereinander liegen. Da für den Linksetzer eine verantwortliche Inanspruchnahme möglich ist, liegt die Annahme einer Nebentäterschaft in diesen Fällen nahe. Interessant ist dabei die Figur der fahrlässigen Nebentäterschaft. So sind Konstellationen möglich, in denen eine Beteiligung an einer fahrlässigen Tat oder eine fahrlässige Beteiligung vorliegen. Fahrlässiges Zusammenwirken mehrerer wird in den Grenzen objektiver Zurechenbarkeit als Nebentäterschaft erfasst[239]. Gerade weil die Fälle der fahrlässigen Beihilfe nicht denkbar sind, könnte sich durch diese Konstellation eine Möglichkeit eröffnen, bestehende Lücken im Linkrecht zu füllen. Denn nicht immer wird ein vorsätzliches Verhalten des Linksetzers anzunehmen sein. Wenn also keine bewusste Kenntnis des Linksetzers vorliegt, ließe sich überdenken, für ihn eine fahrlässige Nebentäterschaft herzuleiten[240].

III. Kausalität

Nachdem die grundsätzliche Möglichkeit einer Tatbestandsverwirklichung durch den Linksetzer gegeben ist, muss diesem sowohl im Rahmen einer Täterschaft als auch einer Gehilfenhandlung der tatbestandliche Erfolg zugerechnet werden.

---

234 *Fincke*, GA, 75, 161, 162, 171; *Tröndle/Fischer*, StGB, § 25 Rn. 11.
235 Vgl. *Roxin*, Strafrecht AT, Bd. II, § 25 Rn. 265; *Jescheck*, Strafrecht AT, S. 613; *Blei*, Strafrecht AT, § 78 II, S. 277.
236 BGHZ 30, 203, 206.
237 *Vieweg*, in: Staudinger, 2002, § 840 Rn. 33f.
238 Vgl. *Kreutziger*, Die Haftung von Mittätern, Anstiftern und Gehilfen im Zivilrecht, S. 135, 136.
239 Vgl. *Kühl*, in: Lackner/Kühl, StGB, § 25 Rn. 13.
240 Vgl. auch *Spindler*, in Hoeren/Sieber, Handbuch Multimedia-Recht, Kap. 29, Rn. 326.

1. Täterschaft

Nach der strafrechtlichen *Äquivalenztheorie* darf die Handlung nicht hinweggedacht werden, ohne dass der Erfolg in seiner konkreten Gestalt entfiele[241]. Auch im Zivilrecht muss das jeweilige Verhalten notwendige Bedingung für die Rechtsverletzung und den Schaden sein[242].

Zwar wird dem Nutzer die Kenntnisnahme der Angebote durch den Linksetzer ermöglicht, dagegen kann jedoch eingewandt werden, dass der Nutzer auch über die URL direkt oder über andere Links auf die rechtswidrige Seite gelangen würde. Auf den ersten Blick entfällt daher die Rechtsverletzung bei Wegdenken des Links nicht, da die verletzende Seite im Netz weiter existiert. Allerdings ist im Rahmen der Äquivalenztheorie auf den Erfolg in seiner konkreten Gestalt abzustellen. Vor diesem Hintergrund lässt sich eine Kausalität bejahen, denn der konkrete Erfolg, das Zugänglichmachen der Inhalte über diesen bestimmten Link, würde entfallen, nähme man diesen von der eigenen Seite. Der Link beinhaltet eine weitere Möglichkeit zur Auffindung der Inhalte. In dieser konkreten Art der Weiterverbreitung bzw. Intensivierung liegt ja gerade der Tatbeitrag des Linksetzers. Der dadurch verursachte Erfolg wäre ohne den Link nicht eingetreten. Darüber hinaus existieren Seiten im Netz, die der Nutzer ohne einen Link nie gefunden hätte, sei es weil sie eine allgemein unbekannte URL haben oder versteckt hinter mehreren Seiten liegen. In solchen Fällen ermöglicht der Linksetzer geradezu das Auffinden der jeweiligen Seite und somit die Rechtsverletzung. Stellt man also auf den konkreten Link ab, ist die Handlung in jedem Fall conditio sine qua non für den Erfolg.

Um eine Haftungsausuferung ins Unendliche zu verhindern, wird die Äquivalenztheorie eingeschränkt. Zum Teil erfolgt dies durch die *Adäquanztheorie*[243]; verbreiteter im Strafrecht dürfte jedoch mittlerweile die Theorie der *objektiven Zurechnung* sein. Objektiv zurechenbar ist ein durch menschliches Verhalten verursachter Erfolg dann, wenn das Verhalten eine rechtlich missbilligte Gefahr geschaffen und gerade diese Gefahr sich im tatbestandsmäßigen Erfolg verwirklicht hat[244]. So scheiden hiernach unter anderem ganz entfernte und atypische Kausalverläufe aus. In den meisten Fällen der direkten Verweisung dürfte eine objektive Zurechnung gegeben sein, da durch den Link eine Gefahr geschaffen wird, die sich dann realisiert, wenn der Nutzer den Link anklickt und somit auf die rechtswidrige Seite gelangt. Hierdurch wird auch kein atypischer Kausalverlauf in Gang gesetzt.

---

[241] BGHSt 1, 332, 333; 7, 112, 114; *Lenckner*, in: Schönke/Schröder, StGB, Vor § 13 Rn. 73; kritisch hierzu *Jakobs*, Strafrecht Allgemeiner Teil, 7. Abschn., Rn. 8.

[242] *Schiemann*, in: Staudinger, 1998, § 249, Rn. 8.

[243] Vgl. hierzu *Jakobs*, Strafrecht Allgemeiner Teil, 7. Abschn., Rn. 30ff.; *Lenckner*, in Schönke/Schröder, StGB, Vor § 13 Rn. 87.

[244] *Tröndle/Fischer*, StGB, Vor § 13 Rn. 17.

Im Zivilrecht wird die Adäquanztheorie favorisiert[245], mit der ebenfalls gänzlich unwahrscheinliche Kausalverläufe ausscheiden sollen. Wie gesehen erscheint es nicht gänzlich unwahrscheinlich, dass im Falle eines Verweises auf eine andere Seite die Verbreitung rechtswidriger Inhalte gefördert wird. Etwas anderes kann sich nur für Inhalte auf weiter nachgelagerten Ebenen ergeben, da die in Frage stehende Seite hier erst über weitere Links besucht werden kann[246]. Darüber hinaus bedarf es im Zivilrecht noch der Prüfung des *Schutzzweckzusammenhangs*, nach der eine Schadensersatzpflicht nur dann besteht, wenn sich die Gefahr verwirklicht hat, deren Verhinderung Zweck der Norm ist[247]. Es muss sich also um Nachteile handeln, die aus dem Bereich der Gefahren stammen, zu deren Abwendung die verletzte Norm erlassen worden ist[248]. Hier hat im jeweiligen Einzelfall eine genaue Untersuchung stattzufinden.

2. Beihilfe

Auch im Rahmen der Beihilfe bedarf die Hilfeleistung immer noch einer bestimmten Verbindung zur Haupttat, wobei die Ausgestaltung sowohl im Zivil- als auch Strafrecht streitig ist. Eine Kausalität dergestalt, dass die Hilfeleistung conditio sine qua non für den Erfolg ist, wird für die Beihilfe aber nicht gefordert[249]. Es reicht schon aus, dass die Haupttat ermöglicht, erleichtert oder die vom Täter begangene Rechtsgutsverletzung verstärkt wird[250]. Viel weiter geht sogar das Zivilrecht, für das der Umfang der Beteiligung gleichgültig ist, eine dem Haupttäter gewährte Unterstützung sogar dann Beihilfe sein kann, wenn sie für den Erfolg nicht ursächlich ist[251]. Da die Linksetzung für die rechtsverletzende Verbreitung sogar ursächlich ist, bedarf es keiner Streitentscheidung.

IV. Subjektiver Tatbestand/Verschulden

Sowohl im Rahmen einer Beihilfe als auch bei einer Täterschaft darf der subjektive Unrechtstatbestand bzw. der Verschuldensmaßstab nicht unbeachtet bleiben. Im Gegensatz zu der verschuldensunabhängigen Störerhaftung wird von dem Verant-

---

[245] Vgl. hierzu RGZ 50, 219, 222; 152, 397, 401; 158, 34, 38; BGHZ 3, 261, 266; 7, 198, 204; 57, 245, 255.

[246] Vgl. hierzu *Boese*, Strafrechtliche Verantwortlichkeit für Verweisungen durch Links im Internet, S. 145f.

[247] Vgl. *Schiemann*, in Staudinger, 1998, § 249, Rn. 27.

[248] Vgl. *Heinrichs*, in: Palandt, BGB, Vor § 249, Rn. 62f. m.w.Nachw.

[249] So zumindest BGH, NStZ 1985, 318; *Herzberg*, GA 1971, 1, 7; *Roxin*, Strafrecht AT, Bd. II, § 26 Rn. 184; *ders.*, in Leipziger Kommentar, § 27 Rn. 2f., die zum Teil allerdings fordern, dass ein Gehilfenbeitrag vorliegt, der die Tatbestandsverwirklichung ermöglicht, erleichtert intensiviert oder absichert..

[250] Vgl. *Cramer/Heine*, in Schönke/Schröder, StGB, § 27 Rn. 8 m.w.Nachw.; a.A. Vgl. *Rogat*, Die Zurechnung bei der Beihilfe, S. 36, der an dem Erfordernis der Kausalität festhält.

[251] BGHZ 63, 124, 130; 70, 277, 285; 89, 383, 395; OLG Celle, NJW-RR 1999, 102; a.A. *Spindler*, in: Bamberger/Roth, BGB, § 830, Rn. 11, *Belling/Eberl-Borges*, in: Staudinger, 2001, § 830, Rn. 43, die an dem Kausalitätserfordernis festhalten, allerdings jede Hilfe, die die Rechtsgutsverletzung objektiv fördert, als ausreichend erachten.

wortlichen im Schadensersatz- und Strafrecht ein Verschulden bzw. der subjektive Tatbestand verlangt.

Da es sich im Strafrecht bei den im Zusammenhang mit Links in Frage kommenden Verbreitungsdelikten ausschließlich um Vorsatzdelikte handelt[252] und im Rahmen der Beihilfe auch nur eine vorsätzliche Begehungsform in Betracht kommt, konkretisiert sich das subjektive Element zunächst auf die Frage des Vorsatzes, welcher im Rahmen der Beihilfe sogar in Form des doppelten Vorsatzes[253] vorhanden sein muss. Die Figur der fahrlässigen Beihilfe gibt es nicht[254]. Ebenso wenig ist die vorsätzliche Förderung einer Fahrlässigkeitstat möglich[255].

Anders liegt die Situation lediglich in den zivilrechtlichen Fällen, in denen im Rahmen äußerungsrechtlicher Delikthaftung eine Täterschaft im Hinblick auf „zu Eigen gemachte“ Inhalte begründet wird. Da kommt ausnahmsweise auch eine fahrlässige Inanspruchnahme in Betracht.

1. Vorsatz

a. Kenntnis der Inhalte

Unter Vorsatz wird im Strafrecht der Wille zur Verwirklichung eines Tatbestandes in Kenntnis aller seiner objektiven Tatumstände, also das Wissen und Wollen der Tatbestandsverwirklichung verstanden[256]. Auch im Zivilrecht herrscht eine ähnliche Definition, bei der das Wissen und Wollen des rechtswidrigen Erfolges maßgeblich für die Bestimmung des Vorsatzes ist[257]. In der Praxis dürfte es nicht ganz unproblematisch sein, dem Linksetzer einen entsprechenden Vorsatz, insbesondere die tatsächliche Kenntnis der Rechtswidrigkeit der Inhalte (nicht der Tat), nachzuweisen. Im Gegensatz zu der weiter unten zu diskutierenden Fallgruppe, bei der die Seite erst nachträglich rechtswidrig wird, besteht hier allerdings eine höhere Wahrscheinlichkeit, dass der Linkanbieter zumindest die Inhalte der fremden Seite kennt[258]. Schließlich wird er sich unter normalen Umständen vor dem Setzen des Links die Seite, auf welche er verweisen möchte, genau anschauen. Insbesondere in den Fällen, in de-

---

[252] *Boese*, Strafrechtliche Verantwortlichkeit für Verweisungen durch Links im Internet, S. 190, der allerdings eine Ausnahme für Verweise auf jugendgefährdende Schriften aufzeigt, bei denen nach § 21 Abs. 3 GjS auch die fahrlässige Verbreitung strafbar ist.

[253] Einerseits im Hinblick auf die zu fördernde Haupttat und andererseits im Hinblick auf den eigenen Gehilfenbeitrag – vgl. hierzu auch *Kühl*, in: Lackner/Kühl, StGB, § 27 Rn. 7; *Cramer/Heine*, in Schönke/Schröder, StGB, § 27 Rn. 19.

[254] Allerdings könnte insofern eine fahrlässige Nebentäterschaft in Betracht kommen, da das Gesetz insofern keine Differenzierung der Beteiligungsformen vornimmt.

[255] *Belling/Eberl-Borges*, in: Staudinger, 2001, § 830 Rn. 46; *Wagner*, in: MünchKommBGB, § 830, Rn. 23; *Spindler*, in: Bamberger/Roth, BGB, § 830 Rn. 12.

[256] BGHSt 19, 295, 298; *Cramer/Sternberg-Lieben*, in: Schönke/Schröder, StGB § 15 Rn. 9f.; *Wessels/Beulke*, Strafrecht Allgemeiner Teil, § 7 I 1, Rn. 202f.

[257] *Heinrichs*, in: Palandt, BGB, § 276, Rn. 10; *Löwisch*, in: Staudinger, 2001, § 276 Rn. 17.

[258] Vgl. auch *Mann*, AfP 1998, 129, 132; *Spindler*, in Hoeren/Sieber, Handbuch Multimedia-Recht, Kap. 29, Rn. 326.

nen er qualifizierte Hinweise auf deren Inhalt gibt, dürfte eine solche Kenntnis anzunehmen sein[259].

In diesem Zusammenhang bietet es sich an, zwischen den unterschiedlichen Links zu differenzieren[260]. So dürfte bei einem Inline Link, bei dem das jeweilige Angebot in die Seite des Linksetzers integriert wird, der jeweilige Verweisinhalt bekannt sein, da dieser ständig auf der Seite des Linksetzers erscheint. Auch im Falle von Deep Links spricht vieles dafür, dass der Linksetzer die Seite gezielt ausgewählt hat und insofern den jeweiligen Inhalt kennt. Schließlich wird der Verweis nicht pauschal zur Homepage, sondern zu einem bestimmten, zur eigenen Seite passenden Inhalt, gesetzt. Hierfür muss aber eine konkrete Auswahl vorausgegangen sein, da ansonsten der inhaltliche Zusammenhang fehlen und die Funktion des Deep Links keinen Sinn machen würde.

Darüber hinaus dürfte sich der Linksetzer in diesen Fällen seines (zumindest für die Frage der Beihilfe notwendigen) Gehilfenbeitrages bewusst sein, insbesondere, dass er durch den Verweis auf die jeweilige Seite zu deren Bekanntheitsgrad und Verbreitung mit beiträgt und somit den Tatbeitrag des Seiteninhabers fördert.

b. Wissen um die Rechtswidrigkeit der Verweisseite

Liegt demnach die Kenntnis des Linksetzers im Hinblick auf die jeweiligen Inhalte und den Förderungsbeitrag noch nahe, stellt sich die Frage um das Wissen der Rechtswidrigkeit der fremden Seite erheblich schwieriger dar.

Dem durchschnittlichen Linksetzer kann im Einzelfall nicht unterstellt werden, dass er die – teilweise selbst für Juristen schwierigen – Konstellationen durchschaut und sich deren Rechtswidrigkeit bewusst ist. Hier wird darauf abzustellen sein, um was für eine Art von Rechtsverletzung es sich handelt und wie offensichtlich diese auf der Seite zum Ausdruck kommt. So dürfte für den durchschnittlichen Betrachter eine Beleidigung eher erkennbar sein als eine Markenrechtsverletzung. Auch spielt die Aufmachung der jeweiligen Seite eine Rolle, denn bei einem umfangreichen Angebot liegt es nicht unbedingt auf der Hand, dass der Linksetzer jedes Detail erkennt. Letztlich reicht im Rahmen des subjektiven Tatbestandes aber bereits bedingter Vorsatz aus, für den der für möglich gehaltene Erfolg „lediglich“ billigend in Kauf genommen werden muss[261]. In diesem Zusammenhang kann u.a. das Umfeld der jeweiligen Verweisseite eine Rolle spielen, da bei seriösen Angeboten eine Rechtsverletzung nur selten für möglich gehalten werden muss. Anders als im Strafrecht verlangt die h. M. im Zivilrecht darüber hinaus für den Vorsatz regelmäßig auch das Bewusstsein der Rechtswidrigkeit[262].

---

[259] Vgl. auch *Spindler*, in: Hoeren/Sieber, Handbuch Multimedia-Recht, Kap. 29, Rn. 326.
[260] So zu recht *Vassilaki*, in: Ernst/Vassilaki/Wiebe, hyperlinks, Rz. 334.
[261] *Heinrichs*, in: Palandt, BGB, § 276, Rn. 10; *Löwisch*, in: Staudinger, 2001, § 276, Rn. 18.
[262] *Löwisch*, in: Staudinger, 2001, § 276, Rn. 21 m.w.Nachw.

c. Einfluss eines Distanzierungsvermerks

Ob auch auf subjektiver Ebene Distanzierungsvermerke, auf die weiter unten[263] noch ausführlich eingegangen werden soll, eine Rolle spielen, muss eher zurückhaltend beantwortet werden. Zwar mag ein solcher Vermerk ein Indiz dafür abgeben, dass bei dem Linksetzer kein Vorsatz vorliegt[264], jedoch kann dies nicht dazu führen, dass ein bestehender Vorsatz ausgeschlossen wird. Vielmehr könnte man sogar umgekehrt argumentieren, dass der Linksetzer, der einen solchen Vermerk setzt, gerade um seinen Förderungsbeitrag weiß und diesen irgendwie verschleiern will. Denn, wenn man die Möglichkeit einer Rechtsverletzung nicht in Kauf nehmen würde, bräuchte man einen solchen Vermerk nicht zu setzen. In jedem Fall muss ein Vorsatzausschluss aufgrund des Distanzierungsvermerkes dann ausscheiden, wenn deutlich wird, dass dieser nur zum Schein gesetzt wurde[265].

d. Nachgelagerte Ebenen

Eine vorsätzliche Handlung scheidet allerdings in den meisten Fällen für nachgelagerte Ebenen aus. Weiter oben wurde bereits angedeutet, dass zumindest die objektive Gehilfenhandlung in diesen Fällen zweifelhaft ist. Auch ein Zugänglichmachen im Rahmen eines Verbreitungsdeliktes lässt sich nicht ohne weiteres herleiten. In jedem Fall muss aber der Vorsatz entfallen[266]. Mit rechtswidrigen Inhalten auf nachgelagerten Seiten muss der Linksetzer nicht mehr rechnen, zumindest dürfte ihm ein Vorsatz schlecht nachzuweisen sein[267]. Mit einer zunehmenden Verzweigung wird sich der Linksetzer der verwiesenen Inhalte immer weniger bewusst sein. Zu beachten ist allerdings stets, ob der Ersteller des Verweises nicht aus Umgehungszwecken auf eine andere – für sich rechtmäßige – Seite verweist, um einer Haftung zu entgehen.

2. Fahrlässigkeit

Darüber hinaus kommt für den Verschuldensmaßstab im Zivilrecht grundsätzlich ein fahrlässiges Handeln in Betracht, worunter man das Außerachtlassen der im Verkehr erforderlichen Sorgfalt versteht (§ 276 Abs. 1 S. 2 BGB). Dies gilt zumindest für die Fälle, in denen der Linksetzer sich eine fremde Äußerung „zu Eigen macht". Der pflichtwidrige Erfolg muss vorhersehbar und vermeidbar sein[268]. Fahrlässiges Handeln setzt zugleich auch die Zumutbarkeit normgemäßen Verhaltens voraus[269]. Welche Sorgfaltspflichten „erforderlich" sind, also vom Linksetzer beachtet werden müssen, damit ihn nicht der Vorwurf fahrlässigen Verhaltens trifft, muss anhand unserer Werteordnung bestimmt werden, die eine gewisse Gefährdung individueller Rechts-

---

263 Siehe unten 3.Teil, C) VI).
264 *Barton*, Multimedia-Strafrecht, Rn. 326.
265 So dann auch wieder *Barton*, Multimedia-Strafrecht, Rn. 326.
266 Für die Beihilfe so auch *Mann*, AfP, 1998, 129, 132.
267 Vgl. auch *Flechsig/Gabel*, CR 1998, 351, 356 m. w. Nachweisen.
268 *Hanau*, in: MünchKommBGB, § 276 Rn. 75; *Heinrichs*, in: Palandt, BGB, § 276 Rn. 20 f.
269 BGH, VersR 1976, 776, 778; BGH, VersR 1978, 561, 562.

güter gestattet, wenn damit gesellschaftliche oder wirtschaftliche Vorteile für die Allgemeinheit verbunden sind. So ist unter der „im Verkehr erforderlichen Sorgfalt" ein sachgemäßes Verhalten zu verstehen, durch das fremde Rechtsgüter so weit wie möglich geschont werden[270]. Es ist jedoch nicht erforderlich, dass jede denkbare Gefahr für fremde Rechtsgüter sicher vermieden wird.

a. Sorgfaltspflichten des Linksetzers

Zu den Sorgfaltspflichten des Linksetzers gehört in jedem Fall ein gründliches Untersuchen der Verweisseite auf rechtswidrige Inhalte. In welchem Umfang diese Überprüfung anzustellen ist, hängt von der Schwere der Rechtsverletzung und dem Inhalt der jeweiligen Verweisseite ab. Die Anforderungen, die die Rechtsprechung[271] teilweise aufstellt, nämlich dass alle dem Schuldner zur Verfügung stehenden Möglichkeiten auszunutzen sind, ist dabei aber missverständlich. Denn insoweit kommt das Zumutbarkeitserfordernis nicht richtig zum Ausdruck. Die Zumutbarkeit pflichtgemäßen Verhaltens ist aber immer noch unerlässliche Voraussetzung. Von einem Linksetzer können sicherlich keine juristischen Rechtmäßigkeitsprüfungen verlangt werden. So mag eine beleidigende Äußerung eindeutiger zu erkennen sein, als ein urheberrechtlicher Verstoß.

b. Parallele zum Presserecht

Der Sorgfaltsmaßstab des Linksetzers lässt sich wegen der Vergleichbarkeit der Sachverhalte durch eine Parallele zum Presserecht noch weiter konkretisieren. Die besondere Förderung der presserechtlichen Arbeit zeigt sich an ihrem grundrechtlichen Schutz in unserer Rechtsordnung. Durch Art. 5 Abs. 1 S. 2 GG wird der Presse ein besonderer, über die allgemeine Handlungsfreiheit des Art. 2 GG hinausreichender Betätigungsfreiraum gewährt. Diese Betätigungsfreiheit muss auch bei der Konkretisierung der Sorgfaltspflichten beachtet werden. Der Autor haftet grundsätzlich uneingeschränkt für rechtswidrige Inhalte[272]. Insofern hat er die eigenen Beiträge im Rahmen seiner journalistischen Sorgfaltspflicht mit der im Einzelfall gebotenen Sorgfalt auf Wahrheit, Inhalt und Herkunft zu überprüfen. Insbesondere weil er für seinen Beitrag auf fremde Informationen zurückgreifen muss, obliegt es ihm, diese zu hinterfragen. So sind die jeweiligen Informationen auf ihre Zuverlässigkeit und Vollständigkeit hin zu untersuchen[273], wobei im Einzelnen sicherlich anzuerkennen ist, dass man auf Nachrichten von einer als seriös bekannt und bewährten Agentur[274] vertrauen kann, ohne dass eine genaue Nachprüfung erfolgen muss[275]. Ähnliches gilt für

---

[270] Vgl. auch *Deutsch*, JZ 1971, 65, 65; *Schmidt*, in Soergel, BGB, § 276, Rn. 14; *Löwisch*, in: Staudinger, 2001, § 276, Rn. 25ff.
[271] OLG Düsseldorf, WRP 1985, 30, 31.
[272] Vgl. zur Autorenhaftung auch *Pankoke*, Von der Presse- zur Providerhaftung, S. 63.
[273] BGH, NJW 1970, 187, 189, 190; BGH, NJW 1977, 1288, 1289.
[274] Hierzu zählen beispielsweise dpa, ap oder upi.
[275] LG München, AfP 1975, 758, 758; *Damm/Rehbock*, Widerruf, Unterlassung und Schadenersatz in Presse und Rundfunk, Rn. 520.

Informationen der Polizei oder Behörden[276]. Der Journalist muss sich darauf verlassen können, dass gerade die Strafverfolgungsbehörden die ihnen zur Verfügung stehenden Mittel zur Aufklärung eines Sachverhaltes vollständig ausschöpfen[277]. Umgekehrt obliegt es ihnen natürlich, Informationen dubioser Herkunft besonders gründlich zu überprüfen. Der Journalist muss sich vor einer Veröffentlichung sorgfältig vergewissern, ob die jeweiligen Tatsachen wahr sind. Dabei ist die Recherchierungspflicht umso strenger je schwerer die Behauptung den Betroffenen belastet[278].

c. Übertragung der presserechtlichen Grundsätze auf den Linksetzer

Eine Vergleichbarkeit von Presse und Links ist insofern naheliegend, da der Linksetzer ebenfalls auf fremde Informationen zurückgreift, die er in sein eigenes Angebot quasi einfügt. Diese „Fremdinformationen" sind daher – abhängig von ihrem Inhalt und der jeweiligen Herkunft – genau auf ihre Rechtmäßigkeit zu prüfen. Bei Seiten, die von vornherein eine erhöhte Gefahrentendenz aufweisen, wird man daher eine eingehendere Prüfung der Inhalte verlangen können. So dürfte beispielsweise bei Verweisen auf pornographische Seiten eine genauere Kontrolle angezeigt sein als bei solchen, die in ein seriöses Angebot eingebettet sind.

Aus Gründen der Zumutbarkeit muss die Sorgfaltspflicht allerdings auf leicht erkennbare Verstöße beschränkt bleiben. Wann eine besonders auffällige oder leicht erkennbare Rechtsverletzung vorliegt, wird sich allerdings nicht abstrakt beantworten lassen. Die Grenze dürfte da zu erblicken sein, wo eine Rechtsverletzung ohne juristischen Rat nicht mehr erkennbar ist. Denn die Einholung juristischen Rates dürfte den Interessen der Allgemeinheit widersprechen, da als Konsequenz kaum noch Links gesetzt würden und insofern eine effiziente Nutzung des Internets nicht mehr möglich wäre. In den schwierigeren Fällen, die insbesondere im Rahmen des Marken-, Urheber- und Wettbewerbsrechts vorkommen dürften, kann daher zumeist nicht von einem fahrlässigen Verhalten des Linksetzers die Rede sein. Im Gegensatz zum Verleger, der sich im Rahmen der ihn konfrontierenden Rechtsprobleme (z.B. die Rechtmäßigkeit von personenbezogenen Presseveröffentlichungen) gewisse Fachkenntnisse aneignen sollte, obliegt dem Linksetzer eine solche „Berufspflicht" nicht. Bei der Bandbreite der möglicherweise auftretenden Rechtsprobleme kann dem Linksetzer eine umfassende rechtliche Prüfung bis ins letzte Detail nicht zugemutet werden.

V. Zwischenergebnis

Wie die vorhergehenden Ausführungen zeigen, kommt es für die Inanspruchnahme des Linksetzers neben der Frage eines zu Eigen gemachten oder fremden Inhalts

---

[276] OLG Hamburg, AfP 1977, 351, 353 m.w.Nachw.
[277] Vgl. *Damm/Rehbock*, Widerruf, Unterlassung und Schadenersatz in Presse und Rundfunk, Rn. 520; *Steffen*, in: Löffler/Wenzel/Sedelmeier, Presserecht, § 6 LPG, Rn. 169.
[278] *Helle*, in: Hoeren/Sieber, Handbuch Multimedia-Recht, Kap. 8.1, Rn. 108.

entscheidend auf die Qualität des jeweiligen Delikts an. Maßgeblich ist, ob an die bloße Verbreitung von Inhalten straf- bzw. haftungsrechtliche Konsequenzen geknüpft werden können. Dabei zeigt sich deutlich, dass einer Anknüpfung an äußerungsrechtliche bzw. Verbreitungsdelikte für Links eine besondere Bedeutung zukommt.

Im Ergebnis lässt sich festhalten, dass in den Fällen, in denen die rechtswidrige Seite zum Zeitpunkt des Linksetzens vorlag, bei Annahme eines Vorsatzes zumindest eine Verantwortlichkeit über die Grundsätze der Beihilfe zu einer rechtswidrigen Tat nach §§ 27 StGB, 830 Abs. 1, 2 BGB gegeben ist.

Darüber hinaus lässt sich vereinzelt eine Täterschaft des Linksetzers bejahen. Insofern muss im jeweiligen Einzelfall geprüft werden, ob der erforderliche Tatbeitrag erfüllt ist. Dies dürfte im Strafrecht nur für die Fälle, in denen ein „zugänglich machen" gefordert wird bzw. ein „zu Eigen machen" vorliegt, gegeben sein. Auch im Zivilrecht zeichnet sich eine Täterschaft äußerungsrechtlich relevanter Delikte im Falle eines „zu Eigen machens" ab. Im Hinblick auf das subjektive Element wird eine Entscheidung im Einzelfall zu fällen sein. Jedoch kann von einem durchschnittlichen Linksetzer erwartet werden, dass er vor der Installation des Links die Verweisseite näher untersucht und somit zumindest Kenntnis von den Inhalten hat. Ob er sich darüber hinaus deren Rechtswidrigkeit bewusst ist, muss im jeweiligen Einzelfall geklärt werden.

C. Verantwortlichkeit bei nachträglicher Änderung der Verweisseite

I. Einleitung

Den größeren, problematischeren und daher hier ausführlicher zu behandelnden Teil der Diskussion nimmt jedoch die Debatte um das Bestehen und die Ausformung von Kontroll- bzw. Prüfungspflichten im Hinblick auf ein Unterlassen ein. Viel häufiger als einen Verstoß gegen spezielle Verhaltensnormen wird man dem Linksetzer nämlich vorwerfen können, dass er nicht alle notwendigen Vorsichtsmaßnahmen zur Schadensverhütung beachtet hat. In diesen Fällen kennt der Linksetzende den fremden rechtswidrigen Inhalt zumeist nicht, weil er zeitlich gesehen erst nach der Linksetzung entstanden ist. Die Frage ist nun, ob der Linksetzer hierfür ebenfalls in Anspruch genommen werden kann.

1. Anknüpfungspunkt für den Linksetzer

Eine Inanspruchnahme des Linksetzers ist dann möglich, wenn er gegen Verkehrs- bzw. Garantenpflichten verstoßen hat, die ihm auferlegen, den Inhalt zu kontrollieren. Voraussetzung dafür ist, dass Verkehrs- bzw. Garantenpflichten des Linksetzers existieren. Dies wird zunächst zu klären sein, bevor es dann im Weiteren darauf ankommt, ob der Linksetzer als Täter oder Teilnehmer in Anspruch genommen werden kann.

Konkret stellen sich bezogen auf die Verkehrssicherungs-/Garantenpflicht zwei Fragen: Einerseits, ob der Linksetzer die Inhalte hätte kennen müssen, also ob er Kontrollpflichten hat, andererseits, was dem Linksetzer bei Kenntnis der Inhalte für Prüfungspflichten obliegen, also inwiefern er die Inhalte auf ihre Rechtswidrigkeit überprüfen muss. Für das Verständnis ist die Unterscheidung beider Begrifflichkeiten (Kontroll-/Prüfungspflichten) von erheblicher Bedeutung. Dennoch wird sie in der Literatur immer wieder vermengt.

Bislang konnte man für die Frage der Prüfungs- und Kontrollpflichten auf § 5 Abs. 2 TDG a.F. verweisen und mangels Kenntnis der Inhalte eine Verantwortlichkeit des Linksetzenden verneinen oder sogar über § 5 Abs. 3 TDG a.F. eine Haftung für Links vollends ausschließen.

2. Notwendigkeit von Verkehrs- und Garantenpflichten – Verhältnis zueinander

Anders stellt sich die Situation nach der Einführung des neuen TDG dar. Grundlegend ist jetzt – wie oben bereits angeführt – an eine Verantwortlichkeit nach den allgemeinen Haftungsregeln anzuknüpfen. Sowohl im Straf- als auch im Zivilrecht müssen spezielle Pflichten bestehen, die ein Handeln des Linksetzers begründen. Dabei lässt sich im Strafrecht die Begrifflichkeit der Garanten-, im Zivilrecht die der Verkehrspflichten ausmachen, wobei beide auf ähnlichen Grundideen beruhen und daher zusammen behandelt werden können. So zeigt die Bestimmung der strafrechtlichen Garantenpflicht aus Ingerenz und der zur Sicherung oder Überwachung einer Gefahrenquelle Parallelen zur Begründung zivilrechtlicher Verkehrspflichten. Die theoretische Grundlage für die Herleitung der Pflichten stimmt in beiden Rechtsgebieten weitgehend überein. Auch wenn in manchen Entscheidungen die Frage, ob eine zivilrechtliche Verkehrspflicht zur Begründung einer strafrechtlichen Garantenpflicht herangezogen werden kann, offen gelassen wurde[279], kann dennoch auf die jeweiligen Grundgedanken aufgebaut werden[280]. Daher muss nunmehr geprüft werden, ob für den Linkanbieter Verkehrs- oder Garantenpflichten bestehen.

II. Die Begründung von Verkehrs- und Garantenpflichten – das „Ob“ der Haftung

1. Grundlagen der Verkehrs- und Garantenpflichten

Die Haftung aufgrund der Verletzung von Verkehrspflichten zeichnet sich durch eine starke Ähnlichkeit zu der Gefährdungshaftung aus[281]. Verkehrspflichten dienen so-

---

279 Vgl. BGHSt 37, 106, 114 – *Lederspray*.
280 Vgl. hierzu auch *Grünwald*, Zivilrechtlich begründete Garantenpflichten im Strafrecht, S. 35 m.w.Nachw.
281 *V. Bar*, Verkehrspflichten, S. 102.

wohl dazu, die Haftung bei unterlassenen Handlungen zu begründen[282], als auch die sonst ausufernde Haftung bei mittelbaren Rechtsgutverletzungen zu beschränken[283]. Ihre dogmatische[284], aber auch systematische Einordnung wird nicht einheitlich betrachtet[285], die Begrifflichkeit ebenfalls nicht. Auch wenn der Begriff der Verkehrssicherungspflicht im Allgemeingebrauch geläufiger ist, soll im Folgenden von der Verkehrspflicht gesprochen werden, da diese Begrifflichkeit weiter zu verstehen ist. Verkehrspflicht und Verkehrssicherungspflicht werden heute oft nicht mehr scharf unterschieden[286]. Soweit allerdings eine Differenzierung vorgenommen wird, besteht Einigkeit, dass Verkehrssicherungspflichten als Unterfall der Verkehrspflichten[287] bzw. als Verkehrspflichten im engeren Sinne[288] zu betrachten sind, wobei die Grenzen im Einzelnen unterschiedlich weit gezogen werden.

Verkehrspflichten setzen die Verantwortlichkeit des Pflichtigen für eine bestimmte Gefahrenquelle voraus[289]. Die wesentliche Frage ist aber, aus welchem Grund eine solche Pflicht zur Schadensabwendung besteht, denn eine allgemeine Rechtspflicht, andere vor Schäden zu bewahren, stellt die Rechtsordnung nicht auf[290]. Auch wenn die dogmatischen Einordnungen für die Verkehrspflichten differenzieren[291]; sie werden allgemein als richterliche Rechtsfortbildung im Bereich des Deliktsrechts und als Gewohnheitsrecht anerkannt, um der drohenden Haftungsausuferung zu begegnen[292]. Insbesondere die Entstehungsgründe der Verkehrspflichten werden unterschiedlich gesehen. So wird einerseits eine starke Ähnlichkeit mit der Gefährdungshaftung angenommen[293], wobei vor allem die Gefahrerhöhung, der Vertrauensschutz und die Beherrschbarkeit der Gefahr Berücksichtigung finden[294]. Andererseits wird argumentiert, dass derjenige Verkehrspflichten begründet, der einen Verkehr tatsächlich eröffnet, andauern lässt oder an ihm teilnimmt, der eine Sache beherrscht und der in der Öffentlichkeit eine Tätigkeit ausübt, die besondere Sachkunde oder

---

[282] A. A. *J.Hager*, in: Staudinger, 1999, § 823, H 5ff., der im Hinblick auf Unterlassen nicht an Verkehrspflichten, sondern allgemein an eine Rechtspflicht zum Handeln, eine Garantenpflicht anknüpft.
[283] Grundlegend *v. Bar*, Verkehrspflichten, S. 102 ff.; *Spindler*, in: Bamberger/Roth, BGB, § 823, Rn 225.
[284] Vgl. *Deckert*, Jura 1996, 348, 349.
[285] *Spindler/Volkmann*, WRP 2003, 1, 6 jeweils mit weiteren Nachweisen, die eine Einordnung sowohl auf der Ebene der Rechtswidrigkeit, des Verschuldens, der Zurechnung als auch bei der Bestimmung der Rechtsfolge gemäß § 242 BGB aufzeigen.
[286] *J.Hager*, in: Staudinger, 1999, § 823, E 11.
[287] Vgl. nur *Mertens*, VersR 1980, 397; *Deckert*, Jura 1996, 348, 349.
[288] *V. Bar*, Verkehrspflichten, S. 45.
[289] Vgl. *Spindler*, in: Bamberger/Roth, BGB, § 823, Rn. 225; *v. Bar*, Verkehrspflichten, S. 113.
[290] Allg. Meinung vgl. nur *Wagner*, in: MünchKommBGB, § 823, Rn. 223f.; *J.Hager*, in: Staudinger, 1999, § 823, E 25; *Larenz/Canaris*, SchuldR, Bd. II/2, § 76 III 4a.
[291] Vgl. zur Entwicklung der Verkehrspflichten jeweils mit unterschiedlichen dogmatischen Ansätzen Soergel/*Zeuner*, § 823, Rn. 208ff.; *Larenz/Canaris*, SchuldR, Bd. II/2, § 76 III 2; *v. Bar*, Verkehrspflichten, S. 6ff; 25; *ders.*, JZ 1979, 332, 333; *J.Hager*, in: Staudinger, 1999, § 823, E 1.
[292] Vgl. *Mertens*, VersR, 1980, 397, 399; *J.Hager*, in: Staudinger, 1999, § 823, E 3; *v. Bar*, JZ 1979, 332, 333; *Deckert*, Jura 1996, 348ff.
[293] *V. Bar*, Verkehrspflichten, S. 112.
[294] *V. Bar*, Verkehrspflichten, S. 125.

Vorsorge erfordert[295]. Letztlich fokussiert sich die Begründung der Verkehrspflicht auf drei Gefahrengruppen: die Bereichshaftung, die Haftung aus vorangegangenem Tun und die Übernahmehaftung[296].

Trotz der Vielfältigkeit der unterschiedlichen Entstehungsgründe bzw. Terminologien lässt sich ein gemeinsamer Nenner insofern finden, als sich bei allen Verkehrspflichten der Gedanke der Verantwortlichkeit für Schäden durch eigene Sachen oder Tätigkeiten wiederfindet. Schon das Reichsgericht sprach in einer grundsätzlichen Entscheidung vom 30.10.1902[297] davon, dass ein jeder für Beschädigungen durch seine Sachen insoweit aufkommen soll, als er dieselbe bei billiger Rücksichtnahme auf die Interessen des anderen hätte verhüten müssen. Dieser Gesichtpunkt taucht – wenn auch etwas abgeändert – in der späteren Rechtsprechung immer wieder auf. So urteilte der BGH[298] später, dass die Quelle der Verkehrspflicht der durch die Zulassung des öffentlichen Verkehrs geschaffene Zustand sei, durch den für andere eine Gefahr entstehen kann. Zwar ist die ursprüngliche sachenrechtliche Auffassung des Reichsgerichts nicht der richtige Ansatzpunkt für das Linkrecht, dennoch lässt sich allgemein der Rechtsgedanke entnehmen, dass jemand, der im Verkehr eine Gefahrenquelle schafft oder aufrecht erhält, alle nach der Sachlage erforderlichen Sicherungsmaßnahmen ergreifen muss, damit andere nicht zu Schaden kommen[299]. Die Rechtsprechung und das Schrifttum haben in diesem Rahmen Eckpunkte herausgebildet, die grob in die Übernahme einer Pflicht und die Schaffung und Unterhaltung einer Gefahrenquelle eingeteilt werden können. Darüber hinaus kann man die Eröffnung des Verkehrs[300] und die Haftung aus vorangegangenem gefährlichen Handeln[301] als besondere Konstellationen nennen, ohne dass damit inhaltlich wesentlich anderes als über die Schaffung einer Gefahrenquelle gesagt würde. Allerdings muss das allgemeine Lebensrisiko gerade infolge der eröffneten Gefahrenquelle erhöht werden[302].

Auch hinsichtlich der Ausgestaltung der Verkehrspflichten lassen sich bei der Vielzahl der möglichen Lebenssituationen nur schwer konkrete Fallgruppen festlegen, wie die jeweilige Pflicht ausgestaltet sein sollte. Vielmehr hat jeweils eine Einzelfallbetrachtung anhand einiger für Verkehrspflichten herausgebildeter Kriterien stattzufinden. Die Ableitung der konkreten Verantwortlichkeit und des geforderten Umfangs der Verkehrspflicht, auf die noch weiter unten einzugehen sein wird, hat sich an mehreren, durch Interessenabwägung in ein Gleichgewicht zu bringende Kriterien zu orientieren: die Gefahreröffnung, die Beherrschbarkeit der Gefahren einschließlich der

---

295 *Esser/Weyers*, Schuldrecht Band 2, Teilband 2, § 55 V 2.
296 *Larenz/Canaris*, Schuldrecht Bd. II/2, § 76 III 3; *J.Hager*, in: Staudinger, 1999, § 823, E 12ff.
297 RGZ 52, 373, 379.
298 BGHZ 14, 83, 85.
299 BGH, VersR 1966, 542ff; BGH, VersR 1972, 149ff; *Sprau*, in: Palandt, BGB, § 823 Rn. 45f.
300 *Wagner*, in: MünchKommBGB, § 823, Rn 232; *J.Hager*, in: Staudinger, 1999, § 823, E 19.
301 *Larenz/Canaris*, SchuldR, Bd. II/2, § 76 III 3; *J.Hager*, in: Staudinger, 1999, § 823, E 12.
302 Vgl. *Larenz/Canaris*, SchuldR, Bd. II/2, § 76 III 3c.

Abwägung zu den Möglichkeiten des Selbstschutzes der Dritten, die Vorteilsziehung des Pflichtigen aus bestimmten Aktivitäten, die berechtigten Sicherheitserwartungen der betroffenen Verkehrskreise[303], die wirtschaftliche Zumutbarkeit[304] für den Pflichtigen, die Vorhersehbarkeit der Risiken[305], Art und Umfang der drohenden Gefahren und die betroffenen Rechtsgüter[306].

Im Strafrecht lassen sich hinsichtlich der Begründung einer Garantenpflicht ähnliche Kriterien wie im Zivilrecht ausmachen: Hier wurde früher zur Begründung der Garantenstellung an Gesetz, Vertrag oder eigenes gefährliches Tun angeknüpft[307]. In letzter Zeit hat jedoch immer mehr die Ansicht an Boden gewonnen, die die Garantenstellung auf zwei grundlegende Prinzipien zurückführt. Die Garanten werden in Hüter- und Überwachergaranten eingeteilt, wobei im ersten Fall die Pflicht dahin geht, das Rechtsgut gegen Gefahren aus allen Richtungen zu schützen und im zweiten Fall alle Rechtsgüter gegenüber Gefährdungen zu schützen, die aus einer Gefahrenquelle stammen, für die verantwortlich ist[308].

2. Verkehrs- und Garantenpflichten aus Obhutspflichten?

Abweichend von der gerade aufgezeigten Terminologie, aber im Grunde ähnlich, lassen sich Verkehrs- und Garantenpflichten in Obhuts- und Sicherungspflichten einteilen. Obhutspflichten können sich aus bestimmten Rechtssätzen, aus einer engen Lebens- oder Gefahrengemeinschaft, aus der freiwilligen Übernahme von Schutz- und Beistandspflichten und aus der Stellung der Verantwortlichen als Amtsträger, die einen besonderen Pflichtenkreis zu betreuen haben, ergeben. Eine solche Obhutspflicht scheidet aber für den Linksetzer aus[309]. Weder sind besondere gesetzliche Grundlagen oder andere gemeinschaftliche Verhältnisse, aus denen sich bestimmte Schutzpflichten des Linksetzers gegenüber den Nutzern entnehmen lassen, zu begründen. Es besteht kein Grund, weshalb der Linksetzer den jeweiligen Nutzer vor allen möglichen Gefahren beschützen sollte. Auch die Fallgruppe der „freiwilligen Übernahme" scheidet aus.

Wesentlich gegen die Annahme einer Pflichtenbegründung aus Obhutspflichten spricht, dass es zwischen dem Linksetzer und seinen Nutzern an einem Verhältnis fehlt, das mit dem Vertrauensverhältnis in den Sachverhalten vergleichbar wäre, die von der Rechtsprechung und Literatur in diesem Zusammenhang diskutiert wer-

---

[303] BGH, NJW 1985, 1076; 1986, 1863, 1864; 1990, 906, 907; 1994, 3348f.; *Wagner*, in: MünchKommBGB, § 823, Rn. 251; *J.Hager*, in: Staudinger, 1999, § 823, E 27.

[304] *Wagner*, in: MünchKommBGB, § 823, Rn. 249f.; *J.Hager*, in: Staudinger, 1999, § 823, E 31.

[305] BGH, JZ 1989, 249, 250 m Anmerkung *v. Bar*; KG, VersR 1983, 1162, 1163; OLG Karlsruhe, VersR 1989, 82; OLG Köln, VersR 1993, 1494.

[306] Vgl. BGHZ 58, 149, 156; *Larenz/Canaris*, SchuldR, Bd. II/2, § 76 III 4b; Rn. 216; *J.Hager*, in: Staudinger, 1999, § 823, E 27; *v.Bar*, Verkehrspflichten, S.114.

[307] *Stree*, in: Schönke/Schröder, StGB, § 13 Rn. 8; RGZ 63, 394f.

[308] Vgl. dazu *Kaufmann*, Die Dogmatik der Unterlassungsdelikte, S. 283 ff; *Stree*, in: Schönke/Schröder, StGB, § 13 Rn. 9f; *Jakobs*, Strafrecht Allgemeiner Teil, 29. Abschn. Rn.27;

[309] So auch *Bär*, in: Hohl/Leible/Sosnitza, Domains, Frames und Links, S. 214.

den[310], wie beispielsweise die Übernahme einer ärztlichen Behandlung oder das Babysitting.

Naheliegender erscheint die Annahme einer Verkehrspflicht/Garantenstellung des Linksetzers, die auf Sicherungspflichten beruht, bei der es also nicht um den Schutz von Rechtsgütern vor jeglichen Gefahren, sondern vielmehr um die Verantwortlichkeit für eine bestimmte Gefahrenquelle geht.

3. Verkehrs- und Garantenpflichten aus Sicherungspflichten?

Während die erste Gruppe, die aus einem „Näheverhältnis“ entstehenden Pflichten beschreibt, beruht diese Fallvariante auf einer Sachverantwortlichkeit und könnte daher im Rahmen der Linkhaftung für die Begründung von Verkehrs- und Garantenpflichten heranzuziehen sein. Der Link selber kann eine solche gefahrschaffende „Sache“ darstellen. Der Linksetzer hat die durch den Link geschaffenen Gefahren zu verhindern und insofern andere Rechtsgüter vor ihnen zu schützen. Die sich aus dieser Verantwortung ergebende Sicherungspflicht wäre also darauf gerichtet, fremde Rechtsgüter vor Schäden zu bewahren.

Damit allein, dass, abstrakt gesprochen, eine Einordnung unter die Sicherungspflichten möglich erscheint, ist allerdings noch nicht gesagt, ob sich nun tatsächlich eine Verkehrspflicht des Linksetzers begründen lässt. Dies hätte die Konsequenz, dass der Linksetzer zu Kontrollen der verlinkten Seiten verpflichtet werden kann. Insofern hat eine detaillierte Auseinandersetzung stattzufinden, bei der als Unterfälle der Sicherungspflichten insbesondere die Figuren der Ingerenz oder der Beherrschung einer Gefahrenquelle in Betracht kommen:

a. Verkehrs- und Garantenpflichten aus Ingerenz?

Die erste Gruppe der Ingerenz beruht auf vorausgegangenem gefahrbegründendem Tun. Damit sich für den Linksetzer eine Verkehrs- bzw. Garantenpflicht ergeben könnte, müsste schon das Linksetzen selbst als ein gefährliches Vorverhalten verstanden werden, das das Risiko einer strafbaren Rechtsgutsverletzung oder Gefährdung wesentlich erhöht hat. Angesprochen, aber im Ergebnis nicht weiter verfolgt, wurde diese Rechtsfigur in den Ausführungen des bereits eingangs erwähnten Urteils des Amtsgerichts Berlin Tiergarten[311].

Vor allem im Strafrecht ist bei der Figur der Ingerenz umstritten, welche Qualität das Vorverhalten, also das Linksetzen, besitzen muss. Nach der h.M. ist für die Ingerenz ein pflichtwidriges Vorverhalten notwendig[312]. Unproblematisch wären danach die

---

[310] *Vassilaki*, in: Ernst/Vassilaki/Wiebe, hyperlinks, Rz. 343f.

[311] AG Tiergarten, MMR 1998, 49f. mit Anm. *Hütig* = CR 1998, 111 mit Anm. *Vassilaki*.

[312] So die h.M.: vgl. *Rudolphi*, Die Gleichstellungsproblematik der unechten Unterlassungsdelikte und der Gedanke der Ingerenz, 157 ff.; *Stree*, in: Schönke/Schröder, StGB, § 13 Rn. 35 ff.; *Welzel*, Das Deutsche Strafrecht, 28 A I 4a; *Wessels/Beulke*, Strafrecht, Allgemeiner Teil, § 16 II 5 b, Rn. 725f.; *Jeschek*, in: Leipziger Kommentar, § 13 Rn. 33.

Linkfälle, in denen schon bei Setzen des Links eine rechtswidrige Verweisseite vorlag, denn hier würde sich der Linksetzer an dem jeweiligen Tatbestand beteiligen und somit pflichtwidrig handeln. In diesen Fällen bedarf es allerdings keines Rückgriffes auf eine Garantenstellung, da man hier bereits an ein aktives Tun anknüpfen kann.

Anders stellt sich für die Begründung einer Pflichtwidrigkeit die diesem Abschnitt zugrunde liegende Situation einer späteren Änderung der Verweisseite dar. Das bloße Einrichten eines elektronischen Verweises kann nicht per se als ein pflichtwidriges Vorverhalten gewertet werden[313]. Denn das Setzen eines Links stellt grundsätzlich kein rechtswidriges, sondern vielmehr sogar ein gewünschtes Verhalten dar. Die Technik des Linkens bietet Vorteile für alle Parteien. Dem Nutzer erleichtert es das Auffinden von Seiten, für den Anbieter der fremden Seite hat es den Vorteil, dass seine Seite damit zwangsläufig populärer wird und letztlich gewinnt der Linkanbieter selbst dadurch, dass das Angebot auf seiner Seite vergrößert wird, ohne dass es mehr an Speicherplatz bedarf. Es kann also zunächst nicht darauf geschlossen werden, dass das Setzen eines Links von vornherein pflichtwidrig ist[314].

Auch wenn den Vertretern des pflichtwidrigen Vorverhaltens sicherlich der Vorzug zu geben ist, sollen der Vollständigkeit halber die weiteren Ansichten zur Anforderung an die Ingerenz dargestellt werden. Ein Teil der Lehre bejaht eine Garantenstellung auch bei rechtmäßigem Vorverhalten, wenn dieses eine erlaubte Risikohandlung darstellt. Ausschlaggebend ist, dass jemand den ihm sozialadäquat zustehenden Verhaltensspielraum auf Kosten anderer erweitert, so dass das verkehrsgerechte Verhalten Gefahren über den üblichen Rahmen hinaus hervorruft[315]. Hiernach scheidet eine Garantenpflicht aus Ingerenz ebenfalls aus, da das Einrichten eines Links noch im Handlungsspielraum des Linkanbieters liegt[316]. Die technische Möglichkeit, nur auf einen kleinen, von ihm beherrschbaren elektronischen Raum einwirken zu können, sprechen nicht für eine Erweiterung des Handlungsspielraums; zumindest nicht dergestalt, dass von einem Missbrauch aufgrund der Erweiterung des üblichen Tätigkeitsrahmens im WWW die Rede sein kann.

Eine weitere Ansicht setzt wiederum für die Einräumung der Ingerenz voraus, dass ein gegenüber dem alltäglichen Handeln höheres Risiko vorliege[317]. Es wird ein Sonderrisiko verlangt, wobei als Indiz dafür auch die zivilrechtliche Gefährdungshaf-

---

313 Ebenso *Vassilaki*, CR 1999, 85, 88; *dies.*, MMR 1998,630ff.; *Hütig*, MMR 1998, 50, 51; *Sieber*, JZ 1996, 494, 501 allerdings für den Service Provider und *Barton*, Multimedia-Strafrecht, Rn. 263 für den Host- und Access Provider; diff. *Boese*, Strafrechtliche Verantwortlichkeit für Verweisung durch Links im Internet, S. 157 f., der zwischen „erwünschten" und „unerwünschten" unterscheidet, aber einräumt, dass diese Differenzierungen schwer nachzuvollziehen sind.

314 So auch *Vassilaki*, in: Ernst/Vassilaki/Wiebe, hyperlinks, Rz. 347f.; *Bär*, in: Hohl/Leible/Sosnitza, Domains, Frames und Links, S. 215.

315 *Geilen*, JZ 1965, 469 ff.; *Kühl*, in: Lackner/Kühl, StGB, § 13 Rn. 13; *Otto*, Grundkurs Strafrecht, § 9 Rn. 81, *Ranft*, JZ 1987, 859, 864.

316 So *Vassilaki*, CR 1999, 85, 88.

317 *Freund*, Erfolgsdelikt und Unterlassen, S. 180 ff.; *Jakobs*, Strafrecht Allgemeiner Teil, 29. Abschn., Rn. 39 ff.; *Meier*, NJW 1992, 3193, 3196.

tung und Pflichtversicherung dienen kann[318]. Zwar trifft es zu, dass das Setzen eines Links die Gefahr der Verbreitung von Informationen mit rechtswidrigem Inhalt steigert. Denn trotz Kontrolle der verwiesenen Inhalte besteht die Möglichkeit, dass sich die Inhalte jede Sekunde verändern. Ob allerdings das Gefährdungspotential so hoch ist, dass von einem Sonderrisiko die Rede sein kann, ist zweifelhaft[319]. Das Problem der Sozialadäquanz stellt sich aber eher bei der Frage des Bestehens einer Verkehrs- bzw. Garantenpflicht aus Gefahrbeherrschung, so dass diese Thematik später dort zu diskutieren ist. Die Annahme einer Ingerenz ist für den Linksetzer vielmehr nur nach der reinen Verursachungstheorie zu bejahen. Nach dieser Ansicht ist es unwesentlich, ob die Vorhandlung rechtmäßig ist oder nicht. Entscheidend ist allein, ob die mit ihr begründete Gefahr durch handelnde Nichtaktivität zu einer Rechtsgutbeeinträchtigung führt[320]. Dieser Theorie soll jedoch nicht gefolgt werden, da sie zu einer uferlosen Ausdehnung der Garantenstellung führen würde. Eine Begründung der strafrechtlichen Garantenpflicht scheidet daher für den Linksetzer über die Figur der Ingerenz aus[321].

Auch dem Zivilrecht ist eine Verkehrspflicht aus vorangegangenem Tun nicht fremd. Zwar ist in diesem Zusammenhang nicht maßgebend, ob das vorangegangene Verhalten rechtswidrig war, jedoch werden auch hier bestimmte Anforderungen an eine Pflichtenbegründung gestellt. In erster Linie sind die Kriterien der Gefahrsetzung und –beherrschung heranzuziehen, weshalb insofern auf unten verwiesen werden soll[322]. Eine Pflicht liegt beispielsweise dann vor, wenn die durch die Gefahrsetzung hervorgerufene Gefahr besonders groß ist[323]. Ob dies für Links angenommen werden kann, lässt sich nicht pauschal beantworten. Auf den ersten Blick ist der Link zumindest selbst dem Internet als Kommunikationsmittel immanent und macht einen wesentlichen Bestandteil des Potentials des Internets aus[324]. Im Einzelnen soll auf die Frage einer bestehenden Gefahr im Rahmen der Gefahrbeherrschung eingegangen werden.

b. Verkehrs- und Garantenpflichten wegen der Beherrschung einer Gefahrenquelle ?

(1) Herrschaft über die Gefahrenquelle „Hyperlink“

Weiterhin lässt sich an eine Garantenstellung aus der Verantwortung für eine bestimmte Gefahrenquelle anknüpfen. Gleiches gilt im Zivilrecht für die Begründung

---

[318] *Jakobs*, Strafrecht Allgemeiner Teil, 29. Abschn., Rn. 42.

[319] Dagegen *Vassilaki*, CR 1999, 85, 88; *dies.*, MMR 1998, 630, 637; *dies.*, in: Ernst/Vassilaki/Wiebe, hyperlinks, Rz. 351.

[320] *Arzt*, JA 1980, 712ff.; *Herzberg*, Die Unterlassung im Strafrecht und das Garantenprinzip, S. 294 ff.

[321] So auch im Ergebnis *Sieber*, JZ 1996, 494, 500f.; *Conradi/Schlömer*, NStZ 1996, 472, 474; *Derksen*, NJW 1997, 1878, 1883; Generalbundesanwalt, MMR 1998, 93, 94 für den Access Provider.

[322] Vgl. hierzu b) Verkehrs- und Garantenpflichten wegen der Beherrschung einer Gefahrenquelle.

[323] *Larenz/Canaris*, Lehrbuch des Schuldrechts, Bd. II/2, § 76 III 3 c.

[324] *Spindler*, MMR 2002, 495, 500.

einer Verkehrspflicht[325]. Grundgedanke dieser Fallgruppe ist, dass der Inhaber der Sachherrschaft einer möglichen Gefahrenquelle die von ihr ausgehenden Gefahren zu kontrollieren und zu verhindern hat, dass aus ihnen Schädigungen fremder Rechtsgüter entstehen[326]. Diese Fallgruppe unterscheidet sich insofern von der Ingerenz, dass die Gefahrenquelle zwar nicht von dem Verantwortlichen geschaffen sein muss, aber in seinem Verantwortungs- und Beherrschungsbereich liegt[327]. Erforderlich für eine solche Garantenpflicht ist die tatsächliche Herrschaft über die Gefahrenquelle[328]. Ebenso ist im Zivilrecht die Schaffung oder Unterhaltung einer Gefahrenquelle mit einer Verfügungsgewalt verbunden, durch die der Verkehrspflichtige befähigt wird, die zur Sicherung des Verkehrs notwendigen Maßnahmen zu ergreifen und auszuführen[329]. Ein wichtiges Beispiel für die Fälle der Bereichshaftung in diesem Zusammenhang ist die Produzentenhaftung, zu der weiter unten noch eine Parallele gezogen werden soll.

Der Linksetzer hat die Herrschaft über den „Hyperlink". Er kann selbst entscheiden, ob er den jeweiligen Link setzen oder herunternehmen möchte[330]. Die Frage ist, ob die eigentliche Gefahrenquelle der Link selbst oder vielleicht „nur" der Inhalt auf der Website ist, auf die der Link verweist. Denn über diese besitzt der Linksetzer keine Herrschaft mehr (vgl. oben die Thematik der Tatherrschaft[331]). Auf die jeweilige Verweisseite abzustellen würde jedoch vernachlässigen, dass die Wahrscheinlichkeit der Verbreitung des rechtswidrigen Inhalts durch den Hyperlink gesteigert wird, somit auch die hier in Frage stehende „Gefahr" der Rechtsgutsverletzung von diesem ausgeht. Denn die hier zu untersuchende Gefahr spiegelt sich gerade in der gesteigerten Verbreitung der Inhalte wieder[332]. Als gefährlich erweist sich vor allem der Umstand, dass mit der Verlinkung auf einen rechtswidrigen Inhalt faktisch dessen weltweite Verbreitung erheblich gesteigert wird. Beispielsweise bei Persönlichkeitsrechtsverletzungen spielt die Größe des Rezipientenkreises eine entscheidende Rolle. Die Fragestellung ist letztlich nicht, ob der verwiesene Inhalt rechtswidrig ist, sondern viel-

---

325 Vgl. zur Gefahrbeherrschung im Zivilrecht *v. Bar*, Verkehrspflichten, S. 113f., *Larenz/Canaris*, Lehrbuch des Schuldrechts, Bd. II/2, § 76 III 3a.
326 Grundlegend BGHSt 27, 10, 12; 30, 391, 395; BGH, NJW 1966, 1763, 1763; *Stree*, in: Schönke/Schröder, StGB, § 13 Rn. 43; *Tenckoff*, JuS 1978, 308 ff.
327 *Vassilaki*, in: Ernst/Vassilaki/Wiebe, hyperlinks, Rz. 354.
328 *Sieber*, JZ, 1996, 494, 501.
329 BGHZ 9, 373, 387; 14, 83, 85; 16, 95, 98.
330 So auch *Vassilaki*, CR 1999, 85, 89; *dies.*, in: Ernst/Vassilaki/Wiebe, hyperlinks, Rz. 356; *Barton*, Multimedia-Strafrecht, S. 213; verneinend für Access Provider *Satzger*, CR 2001, 109, 110, das bloße Eröffnen des Zugriffs auf rechtswidrige Inhalte, die auf einem x-beliebigen Server im Internet abgespeichert sind, dürfe allerdings allein noch nicht ausreichen, um eine entsprechende Garantenstellung anzunehmen, da der Zugangsprovider selbst eben gerade keinerlei Kontrolle über die Inhalte hat und dies vernünftigerweise von ihm auch nicht erwartet werden kann. Unabhängig davon sei es dem Access Provider technisch nicht möglich, unbekannte rechtswidrige Inhalte, die er übermittelt, ausfindig zu machen und entsprechende Daten zu löschen.
331 Siehe oben 3.Teil, B) II) 1).
332 Zum Host-Provider s. *Spindler*, ZUM 1996, 533, 554; eingehender *ders.*, in; Hoeren/Sieber, Handbuch Multimedia-Recht, Kap. 29, Rn. 244; *Pichler*, MMR 1998, 79, 84 f.; zust. auch *Waldenberger*, ZUM 1997, 178, 182.

mehr, ob die Verbreitungshandlung durch den Link diese Rechtswidrigkeit fördert. Insofern lässt sich an den Link selbst als Gefahrenquelle anknüpfen. Die große Verbreitungswirkung durch den Link führt dazu, dass sich die Rechtsverletzung für den Betroffenen als besonders gravierend auswirkt und eine Rehabilitation besonders schwierig und kostspielig ist. Einer der entscheidenden Unterschiede im Vergleich zur Telekommunikation bzw. zum Access-Provider[333] ist, dass dieser im Prinzip nur die Punkt-zu-Punkt-Kommunikationsbeziehung herstellt, aber keinerlei wertende Auswahl trifft[334]. Denn dort handelt es sich gerade um Individualkommunikation und eben nicht Verbreitung[335].

Zum Teil wird die tatsächliche Herrschaft für die Fälle verneint[336], in denen der Linkanbieter seine Seite so gestaltet, dass Dritte ihre Links in sein Angebot einfügen können, ohne dass sie den Anbieter darüber informieren müssen[337]. Diese Fallgestaltung kommt beispielsweise häufig bei extern eingestellter Werbung auf Seiten des Anbieters vor, auf die der Dritte ohne Information des Seitenanbieters seinen Inhalt einfügt. Hier ist jedoch zu beachten, dass zwar der „Seitenanbieter" keine tatsächliche Herrschaft hat, jedoch der Linkanbieter selbst, welcher auch Anbieter der eingestellten Werbung ist (hier also der Dritte), tatsächliche Sachherrschaft ausübt[338]. Letztlich handelt es sich um nichts anderes als um eine Verschiebung der Ebenen. Der eigentliche Linksetzer bleibt also auch der Beherrscher der Gefahrenquelle. An der Verbreitungswirkung und der Gefahrenquelle ändert sich nichts[339].

Zur Bejahung einer Verkehrs- bzw. Garantenpflicht müssen jedoch weitere Anforderungen erfüllt sein, welche als Korrektiv des ansonsten zu weit verstandenen Verkehrs-/Garantenbegriffs notwendig sind. Als solche Korrektive lassen sich für den vorliegenden Fall ein bestehendes Vertrauen bzw. das Vorliegen einer gesteigerten Gefahr anführen:

(2) „Vertrauen" in die Website als notwendiges Element der Verkehrs-/Garantenpflicht aus Gefahrbeherrschung

Vor allem im Strafrecht wird zum Teil ein Vertrauenselement gefordert, um eine Garantenstellung zu begründen[340]. Aber auch im Zivilrecht wird das berechtigte Vertrauen des Verkehrs in Sicherungsmaßnahmen des Verkehrspflichtigen geschützt,

---

[333] *Koch*, CR 1997, 193, 201; *Conradi/Schlömer*, NStZ 1996, 472, 474.

[334] Vgl. zur strafrechtlichen Verantwortlichkeit der Access-Provider statt vieler: *Satzger*, CR 2001, 109, 110; *Sieber*, Verantwortlichkeit im Internet, Rn. 363 f, sowie die zahlreichen Besprechungen des CompuServe-Urteils des AG München, MMR 1998, 429f.; sowie des LG München, NJW 2000, 1051f.; *Barton*, K&R 2000, 195.

[335] *Spindler*, in: Hoeren/Sieber, Handbuch Multimedia-Recht, Kap. 29, Rn. 244.

[336] Vgl. *Vassilaki*, CR 1999, 85, 89; *dies.*, MMR 1998, 630, 637.

[337] Vgl. *Vassilaki*, CR 1999, 85, 89; *dies.*, MMR 1998, 630, 637.

[338] So auch *Boese*, Strafrechtliche Verantwortlichkeit für Verweisungen durch Links im Internet, S. 160.

[339] So auch *Boese*, Strafrechtliche Verantwortlichkeit für Verweisungen durch Links im Internet, S. 160.

[340] BGHSt 27, 10, 13; 37, 106, 116; *Herzberg*, Die Unterlassung im Strafrecht und das Garantenprinzip, S. 332 ff.; *Otto/Brammsen*, Jura 1985, 646ff; *Jeschek/Weigend*, Lehrbuch des Strafrechts, § 59 IV 4a, S. 627; *Kühl*, in: Lackner/Kühl, StGB, § 13 Rn. 15; *Schünemann*, Grund und Grenzen der unechten Unterlassungsdelikte, S. 344f.

was auch in der Produkthaftung deutlich wird[341]. Die Enttäuschung schutzwürdiger Erwartungshaltungen ist eines der zentralen Kriterien für die Entstehung von Verkehrspflichten, für die Ermittlung des Pflichtenträgers und für Art und Ausmaß der Pflicht[342]. Verkehrspflichten entstehen dort, wo der Verkehr auf die Abwesenheit einer besonderen Gefahr vertraut oder vertrauen darf und zwar unabhängig von der Tatsache, ob die Gefahr von einer beweglichen oder unbeweglichen Sache oder von einem Menschen ausgeht und wie sie entstanden ist[343].

Man könnte in diesem Zusammenhang eine Differenzierung der unterschiedlichen Links vornehmen[344]. Das würde bedeuten, dass man die sozialen Erwartungen von der konkreten Webseite sowie der Tatsache, dass sich das Angebot in einem bestimmten Bereich des Netzes befindet, ableitet, so dass etwa bei Lernprogrammen für Kinder keine Links auf pornographische Bilder erwartet werden[345]. Andererseits ergeben sich aber auch bezüglich dieser Ansicht Bedenken: Wären etwa Websites, denen man von vornherein kein besonderes „Vertrauen" entgegenbringt, etwa Hacker-Seiten, von der Verantwortlichkeit ausgenommen, wenn sie Links auf rechtswidrige Angebote setzen[346]?
Betrachtet man das Internet in seiner Gesamtheit, lässt sich die Existenz eines Vertrauenselementes in Frage stellen[347]. So darf bezweifelt werden, dass sich in der Öffentlichkeit eine allgemeine Erwartungshaltung herausgebildet hat[348]. Tatsächlich liegt die Versagung eines Vertrauenselementes auf den ersten Blick nahe, denn der durchschnittliche Nutzer macht sich regelmäßig keine Gedanken, bevor er eine Seite besucht. Anknüpfungspunkt für eine Lösung ist das Verständnis des „Vertrauens" im Zusammenhang mit den Verkehrs- bzw. Garantenpflichten. Vertrauen ist die Annahme über die Verlässlichkeit gewisser Eigenschaften einer Person oder Sache[349].

---

[341] St.Rspr., siehe nur BGH, NJW 1990, 906, 907, 1994, 3348, 3349; *J.Hager*, in: Staudinger, 1999, § 823 E Rn. 27; *v. Bar*, Produktverantwortung und Risikoakzeptanz, S. 29, 30 ff.; *Spindler*, in: Bamberger/Roth, BGB, § 823, Rn. 238 ff.
[342] *V. Bar*, Verkehrspflichten, S. 117.
[343] BGH, JZ 1971, 63, 64; OLG Celle, VersR 1979, 1154, 1155.
[344] *Vassilaki*, CR 1999, 85, 89; *dies.*, MMR 1998, 630, 638. Für die Garantenpflicht komme es auf die Rolle an, die der Linkanbieter mittels seines Angebots auf seiner Web-Homepage übernommen habe; ebenso *Boese*, Strafrechtliche Verantwortlichkeit für Verweisungen durch Links im Internet, S. 161, der darlegt, dass es gerade nicht um die "Gefahrenquelle Internet" gehe, sondern um den konkreten Anbieter.
[345] *Vassilaki*, CR 1999, 85, 89; *dies.*, MMR 1998, 630, 638; *dies.*, in: Ernst/Vassilaki/Wiebe, hyperlinks, Rz. 358f.
[346] *Spindler*, MMR 2002, 495, 501.
[347] Vgl. *Sieber*, JZ 1996, 494, 501, der ein Vertrauenselement verneint.
[348] *Sieber*, JZ 1996, 494, 501 obwohl er selbst zugesteht, dass es fraglich, sei, ob das Fehlen einer solchen Erwartung alleine damit soziologisch-faktisch begründet werden kann, dass sich bei den neuartigen Problemen des Internets ein solches Vertrauen bisher noch nicht ausgebildet hat. Im Ergebnis auch *Hütig*, MMR 1998, 50, 51, der allerdings für die Zukunft ein solches Vertrauen nicht ausschließt. Ebenso *Hörnle*, NJW 2002, 1008, 1010 das Bestehen einer strafrechtlichen Überwachungspflicht und *Heghmanns*, ZUM 2000, 463, 464 der anführt, dass die Gesellschaft wegen der geringen tatsächlichen und rechtlichen Eingriffsmöglichkeiten der Netzwerkbetreiber kein Vertrauen haben könne.
[349] Vgl. *Vassilaki*, CR 2002, 742, 742.

Maßgeblich sind die berechtigten Sicherheitserwartungen des Verkehrs[350]. Wer einen Verkehr eröffnet, spiegelt Risikofreiheit vor. Dadurch vermindert er die eigenverantwortliche Vorsorge des betroffenen Personenkreises, denn dieser stellt sich darauf ein, sich in einer gefahrfreien Zone zu bewegen[351]. Bei dem Vertrauenselement handelt es sich nicht um eine rein empirisch festzustellende Tatsache, die dem Beweis zugänglich ist; maßgeblich ist, was einem sachkundigen Beobachter vorausschauend als mögliche Verletzung von Rechtsgütern anderer Personen erscheint[352].

Was erwartet also der Nutzer im Internet? Die Entwicklung des Internets schreitet immer weiter fort; das Bestehen von Rechtsverletzungen und Straftaten im Internet erlangt mehr und mehr die Aufmerksamkeit der Öffentlichkeit. Nicht zuletzt durch die stetige Presseberichterstattung wird das Bewusstsein der Nutzer sensibilisiert. Zwar können diese Aussagen sicherlich nur bedingt zu einer Pflichtenstellung der Hyperlinksetzer beitragen[353], dennoch lässt sich, einen normativen Vertrauensbegriff zugrunde legend, eine Erwartungshaltung der Allgemeinheit nicht pauschal verneinen[354]. Hinzu kommt, dass nicht das Vertrauen in das Internet allgemein, sondern konkret in die Nutzung von Hyperlinks in Frage steht. So sehr die Allgemeinheit Angst vor der Teilnahme am elektronischen Geschäftsverkehr[355], Skepsis im Hinblick auf die Einhaltung des Datenschutzes und somit kein Vertrauen in das Sicherheitssystem des Internets hat, so muss doch umgekehrt hier das Augenmerk auf die konkrete Frage für Hyperlinks gelenkt werden. In diesem Zusammenhang kann allerdings nicht davon ausgegangen werden, dass die Internetnutzer kein Vertrauen in deren Nutzung haben. Nicht umsonst mehren sich die Zahlen von Hyperlinks, was zeigt, dass die Nutzer – im Gegensatz zum elektronischen Geschäftsverkehr – den Links zunächst ein gewisses Vertrauen entgegenbringen[356].

Darüber hinaus stellt sich die Situation von Hyperlinks anders als in den klassischen Fällen der Vertrauenshaftung dar. Insbesondere greift das Vertrauensargument nicht im Hinblick auf die von den Inhalten betroffenen Dritten, die im Zweifel sogar nichts mit dem Internet zu tun haben müssen (sog. Bystander); hier offenbart sich das Vertrauensargument letztlich als wertungsoffen, indem abstrakt-typisierende Wertungen in einen vermeintlich empirischen Begriff hineingetragen werden[357]. Ein pauschaler Lösungsansatz verbietet sich von daher.

---

350 *Spindler*, in: Bamberger/Roth, BGB, § 823, Rn.231; BGH, NJW 1990, 906, 907; 1994, 3348, 3349.
351 *V. Bar*, Verkehrspflichten, S. 118.
352 BGH, NJW 1990, 1236, 1237.
353 Vgl. hierzu *Spindler*, MMR 2002, 495, 501.
354 So auch *Barton*, Multimedia-Strafrecht, S. 180 Rn. 166, er begründet eine Garantenstellung wohl damit, dass das öffentliche Bewusstsein, dass die neuen Kommunikationstechniken eine Plattform für Straftäter bildet, durchaus wachse und so der Weg zu einer Erwartungshaltung, zur Vermeidung von Straftaten beizutragen, beschritten sei. Auch *Römer*, Verbreitungs- und Äußerungsdelikte im Netz, S. 237, geht davon aus, dass ein breites Bewusstsein in der Öffentlichkeit für die Problemstellung der Strafbarkeit im Netz bestehe.
355 Vgl. *Vassilaki*, CR 2002, 742, 743.
356 *Bär*, in: Hohl/Leible/Sosnitza, Domains, Frames und Links, S. 217.
357 *Spindler*, MMR 2002, 495, 501.

Die Frage des Vertrauens darf letztlich auch nicht überbewertet werden. Der Umstand, dass Vertrauen geweckt wurde, bildet für die Begründung der Haftung nicht den tragenden Grund, sondern erfüllt nur eine Hilfsfunktion. Das für den Eintritt der Verantwortlichkeit entscheidende Moment ist die Schaffung oder Unterhaltung einer Gefahrenlage. Bei der Verletzung von Verkehrspflichten handelt es sich schließlich nicht um eine bloße Vertrauenshaftung.

(3) Gesteigerte Gefährlichkeit als Voraussetzung für die Verkehrs-/Garantenpflicht aus Gefahrbeherrschung in Abgrenzung zu sozial adäquatem Verhalten

Andere wiederum knüpfen anstelle des Vertrauenselementes als Zusatzvoraussetzung für die Garantenpflicht an das Vorliegen einer „besonderen" Gefahrenquelle an[358]. Verlangt wird eine gesteigerte Gefährlichkeit. Diese Frage wurde häufig für Provider diskutiert, dort allerdings zum Teil verneint[359], da die Provider keine „besondere Gefahrenquelle" im strafrechtlichen Sinne eröffnen. Vielmehr stellen diese Möglichkeiten zur Versendung strafbarer Inhalte die allgemeinen Missbrauchsmöglichkeiten jeder modernen computergestützten Kommunikation dar[360]. Ob das Vorliegen einer besonderen Gefahrenquelle pauschal abgelehnt werden kann, ist zweifelhaft. Denn als „Herr der Mailbox"[361] eröffnet der Provider eine Gefahrenquelle, über die durch Dritte weltweit rechtswidriges Material verbreitet werden kann[362]. Erst durch die Existenz und Nutzung dieses Speichermediums wird eine elementare Voraussetzung für das Vorliegen unerlaubter Veröffentlichungen geschaffen[363].

Kein großer Unterschied lässt sich zu der Linksituation aufzeigen. Auch hier wird die Gefahr der Weiterverbreitung rechtswidriger Seiten durch die Eröffnung des Links erheblich vergrößert. Die Wahrscheinlichkeit, dass auf direktem Wege (durch Eingabe der URL) ähnlich viele Nutzer die rechtswidrigen Seiten auffinden, ist gering. Die Gefahr der größeren Verbreitung wird im Falle der Hyperlinks durch gezielte Auswahl

---

[358] *Tröndle/Fischer*, Strafgesetzbuch, § 13 Rdnr.12; *Jäger/Collardin*, CR 1996, 236, 238; *v. Lackum*, MMR 1999, 697, 703; *Jeschek/Weigend*, Lehrbuch des Strafrechts, § 59 IV 4a, S. 627; *Stree*, in: Schönke/Schröder, StGB, § 13 Rn. 43.

[359] *Sieber*, JZ 1996, 494, 502; *ders.*, Verantwortlichkeit im Internet, Rn. 314 – dort allerdings eine Garantenstellung für Sachherrschaft mangels Vorsatz verneinend.

[360] *Sieber*, JZ 1996, 494, 502; ebenso *Boese*, Strafrechtliche Verantwortlichkeit für Verweisungen durch Links im Internet, S.163; auch *Jäger/Collardin*, CR 1996, 235, 238 gehen davon aus, dass besondere gefahrerhöhende Umstände zu der Sachherrschaft hinzutreten müssen und folgern daraus, dass übertragen auf Online-Dienste keine generelle Überwachungs- und Überprüfungspflicht angenommen werden könne. Nur dann, wenn zu der bloßen Unterhaltung eines Forums besondere Umstände hinzukommen, kann eine Überprüfungspflicht hinsichtlich des auf „Schwarzen Brettern" gespeicherten Materials bestehen. Z.B. wenn bereits die äußere Gestaltung des Forums, etwa sein Name, dazu anregt, bestimmte strafbare Inhalte dort zu veröffentlichen. Ebenso verneint *Derksen*, NJW 1997, 1878, 1883 eine Gefahrenquelle grundsätzlich und nimmt eine derartige Gefahr allenfalls für Server mit unkontrollierten Up- und Download Funktion oder für solche Dienste, die auf strafbare Inhalte hinweisen oder den Zugriff unterstützen an.

[361] so *Spindler*, ZUM 1996, 533, 554.

[362] Vgl. *Spindler*, ZUM 1996, 533, 554; *ders.*, in: Hoeren/Sieber, Handbuch Multimedia-Recht, Kap. 29, Rn. 244; *Pichler*, MMR 1998, 79, 84f.; *Waldenberger*, ZUM 1997, 176, 182.

[363] *Waldenberger*, ZUM 1997, 176, 184.

der einzelnen Links bewusst geschaffen. Die Tatsache, dass der Nutzer auch durch direkte Eingabe der URL auf die jeweils rechtswidrige Seite gelangt, ändert daran nichts. Denn gerade durch die schnelle Weiterverzweigung, die der Nutzung von Links wesensimmanent ist, steigt die Gefahr für das WWW. Ebenso existieren – absichtlich oder unabsichtlich – schwer auffindbare Seiten, deren URL nicht für jedermann bekannt ist. Gerade hier übernehmen Links eine gewichtige Rolle, da sie über den Verbreitungseffekt hinaus das Auffinden ermöglichen[364].

Wichtig in diesem Zusammenhang ist die Abgrenzung zum sozialadäquaten Verhalten. Die bereits oben bei der Ingerenz aufgeworfene Frage soll nun einer Lösung zugeführt werden. Entsprechend seinem Charakter als übliches Kommunikationsmittel im Internet könnte das Setzen eines Hyperlinks auch als sozialadäquates Verhalten zu qualifizieren sein und damit eine Garantenstellung und eine Verkehrspflicht grundsätzlich entfallen[365]. Die Rechtsordnung kennt zahlreiche Fälle, in denen trotz grundsätzlicher Annahme einer Gefahrenquelle das Verhalten als sozial üblich und toleriert eingestuft wird, etwa beim Getränkeausschank einer Gastwirtschaft[366]. Die Übertragung auf Hyperlinks liegt nahe[367], stellen sie sich zwar auch als „gefährlich", aber dennoch überwiegend als nützlich dar. Die Sozialadäquanz einer Handlung bzw. eines Unterlassens impliziert jedoch, dass die Tätigkeit allgemein trotz ihrer Gefährlichkeit gebilligt wird – ökonomisch gesprochen, dass der Nutzen von Hyperlinks infolge der verbesserten Kommunikationstechnik die mit ihnen einhergehende Steigerung einer Rechtsgutsgefährdung mehr als ausgleicht[368]. Für Hyperlinks verbietet sich allerdings aufgrund ihrer vielen Facetten eine pauschale Einordnung, vielmehr soll eine differenzierte Betrachtungsweise vorgenommen werden. Dies wird auch durch einen Vergleich zu dem immer wieder – wenn auch häufig sehr einseitig – zitierten Beispiel des Gastwirtes deutlich, für das sich mehr als nur eine Situation abzeichnet: So wenig wie dieser aus seinen Pflichten entlassen wird, wenn ein Gast infolge Trunkenheit erkennbaren Gefahren für Leib und Leben ausgesetzt ist[369] oder erkennbar eine unmittelbar bedrohliche Lage entsteht[370], so wenig können Hyperlinks über einen Kamm geschoren werden. Eine generelle Freistellung von Verkehrssicherungs- und Garantenpflichten würde an der inhaltlich-wertenden Komponente des Links vorbeigehen, die gerade eine Auswahl unter der Vielzahl von Inhalten im

---

[364] A.A. *Bär*, in: Hohl/Leible/Sosnitza, Domains, Frames und Links, S. 217.
[365] *Spindler*, MMR 2002, 495, 501.
[366] Vgl. *Spindler*, MMR 2002, 495, 501.
[367] *Sieber*, JZ 1996, 494, 502; *ders.*, Verantwortlichkeit im Internet, Rn. 314, dort allerdings eine Garantenstellung für Sachherrschaft mangels Vorsatz verneinend; ebenso *Boese*, Strafrechtliche Verantwortlichkeit für Verweisungen durch Links im Internet, S.163; *Jäger/Collardin*, CR 1996, 236, 238 (allgemein für Überprüfungspflichten); ähnlich *Derksen*, NJW 1997, 1878, 1883 nur bei Server mit unkontrollierten Up- und Download oder bei solchen Diensten, die auf strafbare Inhalte hinweisen oder den Zugriff unterstützen.
[368] *Spindler*, MMR 2002, 495, 501.
[369] BGHSt 19, 152, 155; BGHSt 26, 35, 38 = DAR 1975, 130, 131; zur zivilrechtlichen Garantenstellung: OLG Saarbrücken, NJW-RR 1995, 986, 988.
[370] Vgl. OLG München, NJW 1966, 1165, 1166, in concreto abgelehnt (mit Messer bewaffneter, angetrunkener Gast verlässt Gaststätte).

Internet trifft und damit dem Nutzer quasi eine Empfehlung an die Hand gibt. Zieht man die Parallelen zum Pressewesen[371], insbesondere zum Redakteur[372], so trifft denjenigen, der fremde Inhalte auswählt und deren Verbreitung steigert trotz allgemein akzeptierter Nützlichkeit der Kommunikation als einem wesentlichen Bestandteil unserer demokratischen Grundordnung dennoch eine Pflicht zur Beachtung der Rechtspositionen Dritter[373].

Auch wenn für eine Verkehrs-/Garantenpflicht daher anstelle des Vertrauenselementes das Vorliegen einer besonderen Gefahrenquelle oder einer gesteigerten Gefährlichkeit gefordert würde[374], könnte man eine Garantenstellung zumindest nicht pauschal ablehnen, da eine abstrakte – vom Fall losgelöste – Annahme einer Sozialadäquanz für Hyperlinks nicht möglich erscheint bzw. teilweise auch nicht vorliegt. Der Hyperlink kann folglich als besondere Gefahrenquelle angesehen werden[375], so dass eine Verkehrspflicht und Garantenpflicht vom Grundsatz her anzunehmen ist[376]. Gerade zum Schutz des Einzelnen und der Allgemeinheit vor vermeidbaren Schädigungen ist es erforderlich, dass mit dem Recht zur Herstellung und Verbreitung von Webseiten die Pflicht zur Beobachtung verbunden wird, damit nicht unrichtige und rechtsverletzende Webseiten in den Verkehr gelangen.

c. Ausschluss der Verkehrs- und Garantenpflicht wegen eigenverantwortlichen Handelns Dritter?

Nachdem bis hierher also grundsätzlich eine Garantenpflicht des Linksetzers angenommen werden könnte, stellt sich weiterhin das Problem des eigenverantwortlichen Handelns Dritter. In der Regel entfällt die Garantenpflicht bei eigenverantwortlichem Verhalten Dritter[377]. Es entsteht keine Rechtspflicht zum Handeln, wenn jemand nur mittelbar zu einer Gefahr beiträgt, die ein anderer verantwortlich Handelnder unmittelbar herbeiführt[378]. Auf den ersten Blick erscheint dieser Ausschluss für Hyperlinks

---

[371] Vgl. *Pankoke*, Von der Presse- zur Providerhaftung, S. 59f., 75f.

[372] Vgl. BGH, NJW 1977, 626, 627; KG, NJW 1991, 1490, 1491; *Löffler/Ricker*, Handbuch Presserecht, Kap. 41, Rn. 22f.; *Uebbert*, Die strafrechtliche Haftung des verantwortlichen Redakteurs bei der Veröffentlichung strafbarer Inhalte, S. 84.

[373] *Spindler*, MMR 2002, 495, 501.

[374] *Tröndle/Fischer*, Strafgesetzbuch, § 13 Rn. 12; *Jäger/Collardin*, CR 1996, 236, 238; *v. Lackum*, MMR 1999, 697, 703; *Jeschek/Weigend*, Lehrbuch des Strafrechts, § 59 IV 4a, S. 627; *Stree*, in: Schönke/Schröder, StGB, Rn. 43.

[375] Anders hingegen *Dippelhofer*, JurPC, Web-Dok. 304/2002 Abs. 1, 19, online abzurufen unter http://www.jurpc.de/aufsatz/20020304.htm (Stand: April 2005), der eine besondere Gefahrenquelle verneint. Auch wenn die Presse etwas anderes suggerieren mag, so seien die meisten Angebote im Internet legal. Ein Linkautor müsse daher grundsätzlich nicht damit rechnen, dass nachträglich illegale Inhalte eingefügt werden. Für eine Verkehrspflicht fehle es daher an einer Gefahrenquelle.

[376] Zur Bejahung der Garantenstellung so auch *Jäger/Collardin*, CR 1996, 236, 238; *Derksen*, NJW 1997, 1878, 1885; *v. Lackum*, MMR 1999, 697, 703; a.A. *Heghmanns*, ZUM 2000, 463ff.

[377] *Jakobs*, Strafrecht Allgemeiner Teil, 29. Abschn., Rn. 30; *Stree*, in: Schönke/Schröder, StGB, § 13 Rn. 44.

[378] Vgl. OLG Karlsruhe, MDR 93, 266, 267; *Stree*, in: Schönke/Schröder, StGB, § 13 Rn 39 – im konkreten Fall meint dagegen *Hütig*, MMR 1998, 50, 51 für die Garantenstellung aus Gefahrbeherrschung entfalle die Haftung nicht. Anders als bei der Ingerenz könne auf das Wesen der Beihilfe verwiesen

einschlägig, da abstrakt gesehen ein Dritter, nämlich der Inhaber der fremden Website, eigenverantwortlich handelt.

Trotz eigenverantwortlichen Handelns eines Dritten ist aber in Ausnahmefällen eine Garantenpflicht möglich. Notwendig ist das Vorliegen eines besonderen Grundes, durch den der eigene Organisationskreis mit dem des anderen verknüpft wird[379]. Als besondere Verbundenheit kommen die eigene gefährliche Handlung, gefährliche Sachen und Situationen, die Gewalt über die andere Person selbst und die Rückwirkung des Verhaltens des anderen auf den eigenen Organisationskreis in Betracht[380]. Ersteres ist dann der Fall, wenn der Unterlassende sich in rechtswidriger Weise am Verhalten des Dritten durch Anstiftung, Beihilfe oder Mittäterschaft beteiligt, was bereits oben im Rahmen des aktiven Tuns ausführlich diskutiert wurde[381].

Anders als im Strafrecht entfällt eine zivilrechtliche Haftung nicht bereits wegen des vorsätzlichen und eigenverantwortlichen Handelns Dritter, sofern es herausgefordert wurde und keine ungewollte Reaktion darstellt[382]. Für den Linksetzer kommt das Argument zum Tragen, dass er durch die Auswahl der Inhalte zu deren Verbreitung beiträgt, mithin die Gefahr vergrößert. Denn sowohl im Presserecht als auch bei der Veranstaltung etwa im Urheberrecht[383] ist anerkannt[384], dass für das Bestehen von Verkehrspflichten allein der kausale Beitrag zu einer Gefahrvergrößerung ausreichend ist. Dies gilt auch dann, wenn der eigentliche Verstoß von einem Dritten herrührt[385]. Letztlich dürfen auch hier die Anknüpfungspunkte nicht vermischt werden. Die Gefahr, an die für den Linksetzer angeknüpft wird, ist die Gefahr der Weiterverbreitung bzw. Verstärkung des rechtswidrigen Zustandes. Diese Gefahr wird aber gerade nicht durch einen Dritten eigenständig verursacht. Insofern verbietet es sich hier, an den klassischen Fallbeispielen festzukleben. Während in diesen Fällen nämlich der Dritte die Gefahrenquelle bewusst für seine eigene deliktische Handlung nutzt bzw. missbraucht, benötigt der Anbieter des Zielangebots den Link nicht für die Aufnahme von kriminellen Inhalten in sein Angebot; vielmehr hat der Dritte im Zweifel von der Existenz des Links regelmäßig keine Kenntnis. Vorliegend zeichnet sich eine Situation ab, bei der beide unabhängig voneinander handeln und eben nicht das deliktische Verhalten des Dritten auf dem des Linksetzers aufbaut[386].

---

werden. Sie bezieht sich notwendigerweise auf die Tat eines Dritten, dessen Handlung unterstützt werden soll.

379 *Jakobs*, Strafrecht Allgemeiner Teil, 29. Abschn. Rn. 32.

380 *Jakobs*, Strafrecht Allgemeiner Teil, 29. Abschn. Rn. 32.

381 Siehe 3. Teil B I).

382 So bereits *Spindler*, ZUM 1996, 533, 537.

383 St.Rspr. für den Veranstalter: BGHZ 42, 118, 124; OLG Hamburg, ZUM 1996, 687, 688; für den Vermieter: BGH, NJW 1956, 1553, 1553 f.; s. jüngst auch LG München I,NJW-RR 2001, 1053f.; für die Störerhaftung BGHZ 49, 340, 347 f.; ähnlich BGHZ 95, 307, 308; siehe dazu *Schack*, Urheber- und Urhebervertragsrecht, Rn. 682.

384 Eingehend *Freytag*, Haftung im Netz, S. 61f.

385 Vgl. hierzu auch *Spindler*, MMR 2002, 495, 502.

386 Vgl. auch *Boese*, Strafrechtliche Verantwortlichkeit für Verweisungen durch Links im Internet, S. 169; so auch *Hörnle*, NJW 2002, 1008, 1011, der die Situation bei dem Host Provider als nicht vergleichbar ansieht. Dieser habe ein wirtschaftliches Interesse an Handlungen, die seinen Kunden-

III. Zwischenergebnis

Als Ergebnis lässt sich festhalten, dass für den Linksetzer grundsätzlich eine Verkehrspflicht bzw. eine Garantenpflicht zur Überprüfung der jeweiligen Inhalte begründet werden kann[387]. Zumindest kann eine solche nicht pauschal abgelehnt werden, da der Linksetzende die Verbreitung des Inhalts, auf den verwiesen wird, erheblich fördert und damit die Wahrscheinlichkeit einer Rechtsgutsverletzung bzw. -gefährdung deutlich erhöht. Damit ist keineswegs entschieden, welchen Pflichten der Linksetzende unterfällt und wie die Verkehrspflicht des Linksetzers inhaltlich ausgestaltet ist. Der Inhalt der jeweiligen Pflichten lässt sich erst anhand der der Tätigkeit eigentümlichen Gefahren und der zu ihrer Eindämmung zweckmäßigen und erforderlichen Maßnahmen entwickeln. Hierzu hat eine umfassende Interessenabwägung stattzufinden.

Dieses Ergebnis wird auch bestätigt durch die jüngst vom BGH ergangene Entscheidung *„Schöner Wetten“* [388]. Hierin hat sich der BGH – wenn auch im Rahmen der Störerhaftung - mit dem Bestehen von Prüfungspflichten beim manuellen Setzen von Hyperlinks auseinandergesetzt. In dieser Entscheidung vom 01.04.2004[389] hat der BGH hierzu (allerdings recht vage[390]) ausgeführt, dass dem Hyperlinksetzer Prüfungspflichten auferlegt werden können.

IV. Die Ausgestaltung der Verkehrs- und Garantenpflichten – das „Wie“ der Haftung

1. Gestaltung der Verkehrs- und Garantenpflicht im Allgemeinen

Nachdem das Bestehen der Verkehrs- bzw. Garantenpflicht für den Hyperlinksetzer festgestellt wurde, gilt es nunmehr zu klären, wie weit ihr Umfang reicht bzw. wie sie ausgestaltet sind. Die konkreten Anforderungen an den Verkehrspflichtigen für Gefahrenquellen lassen sich kaum losgelöst vom Einzelfall festlegen. Denn welchen konkreten Inhalt eine Verkehrspflicht hat, kann nur mit Blick auf die jeweilige gefahrenträchtige Situation geklärt werden. Dennoch erlauben die hier zu untersuchenden typischen Fallkonstellationen, auch über die allgemeinen Grundsätze hinausgehende

---

stamm erweitern; ihm komme so eine besondere Verantwortung für die Beseitigung netzspezifischer Gefahren zu.

[387] So auch das OLG München, MMR 2002, 625, 625, – Das Gericht bejahte eine Haftung des Homepagebetreibers für den verlinkten Inhalt, auch wenn sich die Seiten nach Linksetzen geändert haben. Der Linkautor übernehme mit seinem Verweis eine Art „Internet-Verkehrspflicht“ – a.A. *Hütig*, in: Moritz/Dreier, Rechtshandbuch zum E-CommerceR, Kap. D Rn. 67, (mangels Garantenpflicht); ebenso *Dippelhofer*, JurPC Web-Dok. 304, 2002, Abs. 1, 21, online abzurufen unter http://www.jurpc.de/ aufsatz/20020304.htm (Stand: Dezember 2003), der eine Verkehrspflicht verneint. Er argumentiert u.a. mit den Folgen, die eine solche Verkehrspflicht mit sich bringen würde. Diese seien für den Linksetzer nicht zumutbar. Hier wird allerdings von ihm verkannt, dass die Frage der Zumutbarkeit immer noch auf der zweiten Ebene, nämlich der Ebene des „Wie`s“ in den Griff zu kriegen ist.

[388] BGH, NJW 2004, 2158, 2160.

[389] BGH, NJW 2004, 2158, 2160.

[390] Diese Kritik äußert *Dietlein*, CR 2004, 613, 616.

haftungsrechtliche Aussagen zu treffen, die dann für den Einzelfall Orientierung und somit größere Rechtssicherheit gewähren können.

Grundsätzlich resultieren aus der Verkehrspflicht zahlreiche verschiedene Verhaltensmöglichkeiten. Schon längst beschränkt sich der Gedanke der Verkehrspflichten nicht mehr nur auf den räumlich gegenständlichen Bereich, innerhalb dessen ein Verkehr im Sinne des sich körperlichen Bewegens stattfindet[391]. Die Rechtsprechung hat vielmehr in allen Lebensbereichen Verkehrspflichten statuiert, deren Nichteinhaltung eine Schadensersatzpflicht auslösen kann. Beispiele für Handlungsgebote finden sich im Abwasserrecht[392], im Arztrecht[393], beim Umweltschutzrecht[394] sowie bei der Produkthaftung[395]. Eine allgemeine Aufsichtspflicht entsteht beispielsweise für denjenigen, der die zur Verkehrssicherung erforderlichen Maßnahmen einem Dritten überlässt[396]. Der Eigentümer eines Gebäudes hat z.B. dafür zu sorgen, dass keine schädigenden Auswirkungen von seinem Grundstück für die Personen ausgehen, die bestimmungsgemäß mit dem Gebäude in Berührung kommen[397], der Reiseveranstalter hat die Pflicht zur sorgfältigen Vorbereitung und Durchführung der Reise[398] und für Straßen, Wege und Plätze besteht eine Verkehrspflicht, die sich auf die Instandhaltung des Belages oder Pflasters, Anbringung von Geländern, die Beleuchtung, Streupflicht bei Glätte und das Freihalten des Luftraums über den Straßen vor hereinragenden Ästen[399] erstreckt[400]. Die Liste würde sich beliebig fortsetzen lassen, die Verhaltensmuster sind zahlreich. Bei der Vielzahl der möglichen, untereinander verschiedenen Anwendungsfälle lässt sich eine präzise allgemeingültige Umfangsbestimmung daher nur schwerlich vornehmen.

Will man dennoch die Verkehrspflichten näher konkretisieren, müssen im Rahmen eines umfassenden Abwägungsprozesses Leitlinien mittlerer Abstraktionshöhe gefunden werden[401]. In den Abwägungsprozess sind vor allem aus den eingangs genannten Kriterien die soziale Nützlichkeit der gefährlichen Tätigkeit, insbesondere im Hinblick auf ihren Grundrechtsschutz (Art. 5 Abs. 1 GG), sowie der Rang der bedrohten Rechtsgüter und das Ausmaß ihrer Gefährdung heranzuziehen. Hieraus wird die dem Linksetzenden abzuverlangende Pflicht abzuleiten sein. Daneben ist jedoch auch zu beachten, dass eine Vorsorge gegen alle theoretisch möglichen Gefahren von dem Pflichtigen nicht verlangt werden kann. In der Rechtsprechung ist daher anerkannt, dass Sorgfaltspflichten nur im Rahmen des Zumutbaren bestehen und auch

---

391 Vgl. RGZ 54, 53ff.
392 BGH, MDR 1968, 395, 395.
393 BGH, NJW 1987, 1479f.; OLG Hamm, VersR 1983, 43f.
394 OLG Frankfurt, VersR 1981, 1084f.
395 BGHZ 104, 323f. – *Limonadenflasche*; BGHZ 51, 91f – *Hühnerpest*; BGH, NJW 1993, 528f. – *Mineralwasserflasche I*; BGHZ 129, 353f. – *Mineralwasserflasche II*; BGH, NJW 1990, 906.
396 BGH, DB 1987, 1838, 1838.
397 BGHZ 24, 124, 126.
398 BGHZ, 103, 298, 304.
399 OLG Zweibrücken, VersR 1995, 111, 112, OLG Brandenburg, VersR 1995, 1051ff.
400 Vgl. hierzu auch *Sprau*, in: Palandt, BGB, § 823 Rn. 219ff.
401 *Mertens*, VersR 1980, 397ff.

nur dann, wenn ein verständiger und umsichtiger, in vernünftigen Grenzen vorsichtiger Mensch sie für notwendig und ausreichend hält, um andere vor Schäden zu bewahren[402]. Erforderlich ist zudem eine naheliegende Möglichkeit bzw. ein nicht außerhalb aller Wahrscheinlichkeit liegen der Rechtsverletzung. Die jeweiligen Sicherungspflichten werden je nach dem Grad der Gefahr und der Schadensneigung intensiviert[403].

2. Konkretisierung der möglichen Verkehrs- und Garantenpflicht für Hyperlinks

Bevor jedoch tiefer in die Abwägung eingestiegen wird, soll zunächst die Verkehrspflicht des Hyperlinksetzers auf ein typisches Verhaltensmuster seiner Pflichten reduziert werden. Denn trotz der Vielfältigkeit der Verhaltensmuster lässt sich ein „kleiner gemeinsamer Nenner" erblicken, der es ermöglicht, die Pflichten etwas näher einzugrenzen. Bereits oben wurde der Linksetzer in die Gruppe der „Sicherungspflichtigen" eingeordnet. Das allein besagt aber noch nicht, welche Pflichten für den Hyperlinksetzer daraus resultieren.

Größere Klarheit über den Inhalt der Verkehrspflichten gewinnt man, wenn zusätzlich der Versuch einer Systematisierung nach ihrem Typ unternommen wird, wie dies erstmals durch *v. Bar*[404] eingehend erfolgt ist. Dabei zeigt sich eine Zweiteilung nach der jeweiligen Zielrichtung der Pflichten: Auf der einen Seite kann dem potentiell Bedrohten ein selbstverantwortlicher Umgang mit der Gefahr ermöglicht werden, auf der anderen Seite erfolgt eine unmittelbare Einwirkung auf die Gefahrenursache selbst. Im ersten Fall unterscheidet man zwischen Warn-, Verbots- und Instruktionspflichten, die also den Selbstschutz vor einer Gefahr ermöglichen. Bloße Warnungen reichen aus, wenn sie die Gefahr tatsächlich beseitigen können. Sie stellen regelmäßig die schwächste Form der Sicherung dar; dürften jedoch im Zweifel für eine Gefahrverhinderung nicht ausreichend sein[405]. In jedem Fall muss die Warnung wirksam sein, d: h. sie muss mit hinreichender Deutlichkeit auf die konkrete Gefahr in einer Weise aufmerksam machen, dass sich der zu Warnende entsprechend einstellen kann[406]. Den Warnpflichten verwandt sind die Verbotspflichten. Durch sie soll die Gefahr nicht durch Aufklärung, sondern durch Fernhalten vom Gefahrenherd gebannt werden. Als Beispiel lassen sich hier Verbotsschilder nennen[407], deren Inhalt dahin geht, dem Publikum eine Annäherung an den Gefahrenherd zu verbieten. Letztlich stellt die mangelhafte Gebrauchsbelehrung einen in der Produzentenhaftung anerkannten Fehlertyp dar, dem durch die Instruktionspflicht zu begegnen ist[408].

---

[402] BGH, NJW 1990, 1236, 1237.
[403] Vgl. *v. Bar*, Verkehrspflichten, S. 114 m. w. Nachw.
[404] Verkehrspflichten, S. 83ff.
[405] Vgl. *v. Bar*, Verkehrspflichten, S. 85.
[406] Vgl. BGH, NJW 1967, 154, 154.
[407] BGH, NJW 1957, 499f.; BGH, VersR 1963, 532f.
[408] *V. Bar*, Verkehrspflichten, S. 89 m. w. Nachw.

In der zweiten Fallgruppe lassen sich die Gefahrenverhütungs-, Gefahrenvermeidungs- und Gefahrbeseitigungspflichten nennen[409], wobei auch hier der Schwerpunkt eher in der vorbereitenden Maßnahme liegen dürfte. Die einzelnen Komplexe können noch weiter unterteilt werden. So kann man zwischen Gefahrenkontrollpflichten, welche vor allem dem Aufspüren verborgener Mängel dienen[410], Auswahl- und Aufsichtspflichten, Organisationspflichten, Erkundigungs- sowie Benachrichtigungspflichten unterscheiden. Dabei versteht man unter Auswahl- und Aufsichtpflichten nicht die in § 831 BGB konkretisierten, sondern die direkt aus § 823 BGB abzuleitenden weitergehenden Pflichten. Hingegen spricht man von Organisationspflichten, wenn es einem obliegt, die eigene Sphäre so zu organisieren, dass Dritte nicht geschädigt werden. Benachrichtigungspflichten treffen denjenigen, der rechtlich oder tatsächlich nicht in der Lage ist, selbst einer drohenden Gefahr ausreichend zu begegnen[411]. Obhutspflichten beinhalten die sorgsame Aufbewahrung fremder Sachen oder eigener gefährlicher Geräte und Fürsorgepflichten sollen schließlich Personen innerhalb der eigenen Einflusszone vor Verletzungen durch Dritte schützen[412].

Im Rahmen der Gefahrenbeseitigungspflichten sind beispielsweise Räumungs- oder Straßensicherungspflichten nach Unfällen bekannt, die in ihrer konkreten Form allerdings für den vorliegenden Fall denknotwendig ausscheiden, da sie nicht auf das Medium Internet übertragen werden können. Aber auch abstrakt gesehen, dürfte die Fallgruppe der Gefahrbeseitigung für Hyperlinks nicht das primäre Ziel sein. Die gänzliche Löschung des Hyperlinks darf erst als ultima ratio die entsprechende Konsequenz der Verkehrspflichten sein. Umgekehrt scheidet aber auch die bloße Warnung (aus dem ersten Komplex), die wohl als das billigste, aber auch schwächste Mittel der Gefahrbegegnung angesehen werden muss, aus, da sie nicht ausreichen dürfte, den aus dem Link resultierenden Gefahren zu begegnen.

Um die Fallgruppe der Hyperlinks einer Lösung zuzuführen ist vielmehr zu schauen, wie den Gefahren, die aus ihrer Verkehrseröffnung resultieren, am besten, aber auch am mildesten Herr zu werden ist. Will man den Grundsatz der Gefahrbeherrschung aufgreifen, so muss daran angeknüpft werden, welche Gefahr überhaupt vom Linksetzer beherrscht wird. Oben wurde bereits festgestellt, dass gerade aus der Verweisung durch einen Link auf rechtswidrige Seiten weitreichende Gefahren resultieren können, für die der Hyperlinksetzer aufgrund seiner Verkehrs- bzw. Garantenpflicht verantwortlich ist. Anknüpfungspunkt ist also die Verweisung selbst. In gewisser Weise lässt sich die Linksituation mit der Situation der Produkthaftung vergleichen, auf die auch weiter unten noch eingegangen werden soll[413]. Denn auch dort wird durch das Inverkehrbringen eines gefährlichen Produktes eine Gefahr geschaffen,

---

409 *V. Bar*, Verkehrspflichten, S. 84 ff.
410 BGH, VersR 1963, 1144, 1145; BGH, NJW 1977, 1392, 1393.
411 OLG Celle, NJW 1957, 1637, 1638.
412 So hat beispielsweise der Gastwirt im Interesse der übrigen Gäste gegen Alkoholisierte und Randalierer im Notfall ein Lokalverbot auszusprechen – OLG Hamm, VersR 1979, 191, 192.
413 Siehe hierzu 4) a) 8.

der zu begegnen ist. Will man unter Inverkehrbringen das erstmalige Begeben der Herrschaftsgewalt des Produktes verstehen[414], so ist dies für den Linksetzer zu verneinen. Allerdings wird durch Links das inverkehrgebrachte gefährliche Produkt weiter verbreitet, so dass insofern eine Anlehnung an den Lieferanten nahe liegt. Zwar haftet dieser im Rahmen der Produkthaftung[415] grundsätzlich nur, wenn aus besonderen Gründen Anlass hierfür besteht, weil bereits Schadensfälle bekannt geworden sind oder die Umstände des Falles dies nahe legen[416]. Allerdings werden, wenn dann eine Haftung besteht, erhebliche Gefahrvermeidungspflichten, die sich insbesondere in Kontrollpflichten widerspiegeln, aufgestellt. Solche Kontroll- bzw. Prüfungspflichten sind auch für Hyperlinks durchaus geeignet, der Gefahr Herr zu werden, da sie effektiver als bloße Warnpflichten, aber auch milder als direkte Gefahrbeseitigungspflichten sind. Allerdings ist zu bedenken, dass man im Falle des Auffindens rechtswidriger Seiten eine Beseitigung verlangen muss und insofern um eine Löschung des entsprechenden Verweises nicht herumkommen wird. Durch die Verpflichtung des Linksetzers, die jeweiligen Verweisseiten auf ihre Rechtmäßigkeit hin zu prüfen und dann – im Fall ihrer Rechtswidrigkeit – den Link zu löschen, würde die Verbreitung rechtswidriger Inhalte verhindert.

Insofern umfasst die Verpflichtung des Linksetzers zwei Handlungsschritte. Zum einen, die Verpflichtung zur Prüfung und Kontrolle. Zum anderen – bei Vorliegen rechtswidriger Inhalte – die Verpflichtung, die Verlinkung dieses Inhaltes zu verhindern. Im Folgenden gilt das primäre Interesse der Prüfungs- und Kontrollpflicht, da sich bei der anschließenden Frage der Löschung kaum Probleme ergeben dürften. Denn dass man nach sachgemäßer Gefahrenkontrolle den gefundenen Gefahrenherd auch beseitigen muss, ist eindeutig[417].

3. Aus der Verkehrs- bzw. Garantenpflicht resultierende Prüfungs- und Kontrollpflichten und deren Ausgestaltung

Nachdem nun geklärt ist, dass sich für den Hyperlinksetzer die Verkehrspflichten in der Form von Prüfungs- bzw. ggf. Kontrollpflichten verfestigen, stellt sich die Folgefrage, wie diese Pflichten im Einzelnen ausgestaltet sein müssen. Konkret sind hier zwei Fragen zu unterscheiden: Einerseits, wie die Prüfungspflicht, also das Wissen um die Rechtswidrigkeit, definiert sein muss und andererseits, ob bzw. inwiefern der Linksetzer die verwiesenen Seiten überwachen, sich also Kenntnis von den Inhalten verschaffen muss[418]. Denn die Pflicht zur Prüfung der Rechtswidrigkeit der Inhalte ist nicht mit einer Pflicht zur Kontrolle, ob solche Inhalte überhaupt existieren, gleichzustellen. Auch die vom BGH für die Mitstörerhaftung geprägte Prüfungspflicht stellt

---

[414] *Sprau*, in: Palandt, ProdHaftG, § 1 Rn. 14.

[415] Im Rahmen der Produzentenhaftung kommt eine Inanspruchnahme dann in Betracht, wenn der Hersteller des Produktes nicht festgestellt werden kann (§ 4 ProdHaftG).

[416] *Sprau*, in: Palandt, BGB, § 823, Rn. 180.

[417] BGH, VersR 1960, 32, 33.

[418] Vgl. zu dieser Unterscheidung auch *Pichler*, MMR 1998, 79ff.

eben nicht auf die Kenntnis, sondern nur auf die Erkennbarkeit der Rechtswidrigkeit ab, denn die Inanspruchgenommenen hatten in den dort zugrunde liegenden Fällen stets positive Kenntnis[419].

Für die Untersuchung der Frage, wie die einzelnen Pflichten im Konkreten ausgestaltet sein müssen, bieten sich mehrere Vorgehensweisen an. Einerseits besteht die Möglichkeit, zwischen den unterschiedlichen Links zu differenzieren, andererseits können – wie bereits mehrfach angeführt – die Grundsätze aus dem Pressewesen[420] herangezogen werden. Letztlich führen beide Ansätze zu ähnlichen Ergebnissen, da der eine den anderen nicht ausschließt und schlussendlich die Unterscheidung im Ergebnis nur marginal ist. Nach der hier vertretenen Ansicht erscheint für die Frage der Prüfungspflichten mittels einer medienorientierten Auslegung ein Vergleich zu der klassischen Pressehaftung naheliegend. Bevor sich diese Arbeit daher einem umfangreichen Abwägungsprozess widmet, sollen, insbesondere für die Frage der Prüfungspflichten, die presserechtlichen Grundsätze näher untersucht werden, um zu prüfen, ob sich diese auf den Sachverhalt der Hyperlinks übertragen lassen. Aber auch innerhalb dieser Untersuchung wird eine Differenzierung der unterschiedlichen Links unentbehrlich sein.

a. Exkurs: Ausgestaltung der presserechtlichen Haftungsgrundsätze – insbesondere Prüfungspflichten

Die Haftung der Presse für Form und Inhalt ihrer Publikationen beruht auf einer wenig übersichtlichen Regelung, bei der infolge des Fehlens einer einheitlichen Gesetzesordnung das Richterrecht dominiert[421]. Die Rechtsprechung befindet sich dabei stets in einem Zwiespalt. Einerseits muss der Verletzte angemessen entschädigt werden, andererseits dürfen zu starke Anforderungen an die Pressehaftung nicht dazu führen, dass die Pressetätigkeit zu stark behindert wird und so das durch Art. 5 GG geschützte öffentliche Interesse an einer aktuellen Berichterstattung beeinträchtigt wird[422]. Grundsätzlich haftet die Presse zivil- und strafrechtlich für den gesamten Inhalt der Druckschrift einschließlich des Anzeigenteils[423], ebenso wie für Prospekte und Beilagen[424]. Für den jeweiligen Sorgfaltsmaßstab hat eine Einzelfallbetrachtung stattzufinden. Je schwerer der Eingriff in fremde Rechte ist, um so höhere Anforde-

---

[419] Vgl. *Pichler*, MMR 1998, 79, 83, 85; eine Kontrolle auf Existenz von Inhalten ist beispielsweise bei der Presse traditioneller Art nicht erforderlich, da die Zeitung zwangsläufig von dem Inhalt Kenntnis nimmt.

[420] So auch *Köster/Jürgens*, MMR 2002, 420, 422, die in ihrem Beitrag zwar nicht explizit die Pressehaftung heranziehen, letztlich aber auch abstrakt anhand der klassischen drei Informationsvermittlern, nämlich der Autorenhaftung und den technischen und intellektuellen Verbreitern differenzieren.

[421] *Löffler/Ricker*, Handbuch des Presserechts, Kap. 41, Rn.1.

[422] *Pankoke*, Von der Presse- zur Providerhaftung, S. 76.

[423] Vgl. BGH, AfP 1990, 202, 203; BGH, AfP 1997, 547, 549; BGH, NJW 1972, 2302, 2303; OLG Frankfurt, AfP 1990, 440f.; OLG Hamm, AfP 1984, 160, 160.

[424] Vgl. *Burkhardt*, in: Wenzel/Burkhardt, Das Recht der Wort- und Bildberichterstattung, Kap. 10, Rz. 213.

rungen sind an die publizistische Sorgfaltspflicht zu stellen[425]. Darüber hinaus muss man aber auch zwischen den unterschiedlichen Funktionen innerhalb der Presse sowie zwischen eigenen/zu Eigen gemachten und fremden Inhalten unterscheiden. Die Vielschichtigkeit der Pressemitglieder gebietet es, eine Differenzierung vorzunehmen, denn die jeweilige Verantwortlichkeit der Presseangehörigen ist je nach ihrer Stellung unterschiedlich. Die Mitverantwortlichen für die Verbreitung der Inhalte lassen sich in drei Kategorien einteilen: Es gibt die Autoren, die intellektuellen Verbreiter und die technischen Verbreiter[426], wobei damit zugleich auch eine Aufteilung zwischen eigenen (für den Autor) und fremden Inhalten geschaffen wird[427].

(1) Autoren

Die Autoren haften grundsätzlich uneingeschränkt für rechtswidrige Inhalte[428]. Sie haben ihre eigenen Beiträge im Rahmen ihrer journalistischen Sorgfaltspflicht mit der im Einzelfall gebotenen Sorgfalt auf Wahrheit, Inhalt und Herkunft zu überprüfen. Soweit sie auf fremde Informationen zurückgreifen müssen, obliegt es ihnen, diese genau zu überprüfen[429].

(2) Intellektuelle Verbreiter

Spannender gestaltet sich dagegen die Frage der intellektuellen Verbreiter. Zu ihnen gehören insbesondere diejenigen, die die streitige Behauptung zitieren. Ebenso aber auch der Verleger, der Herausgeber, der Chefredakteur und der verantwortliche Redakteur[430]. Innerhalb der Gruppierung der intellektuellen Verbreiter ist die Haftung nicht einheitlich:

(a) Verleger

Der Verleger ist ein Unternehmer, der das Erscheinen und Verbreiten von Druckwerken bewirkt[431]. Seine Haftung ist rechtlich und vor allem praktisch sehr bedeutsam, denn in aller Regel wird sich der Verletzte zunächst an ihn halten, da er zumeist das finanzstärkste Mitglied eines Verlages darstellt. Wichtig hinsichtlich seiner Haftung ist es, nach der Art und Weise des jeweiligen Textes zu differenzieren. So kann für die Verantwortlichkeit im Zusammenhang mit dem redaktionellen Teil (eigener Inhalt) einer Zeitung verlangt werden, dass in gewissem Rahmen Prüfungspflichten bestehen. Hat der Verleger bei der Veröffentlichung selbst mitgewirkt, so haftet er je nach dem konkreten Maß seiner Beteiligung als Anstifter, Mittäter oder Gehilfe. Ist die beanstandete Veröffentlichung dagegen ohne Wissen des Verlegers herausgekommen,

---

[425] BGH, GRUR 1969, 147, 151 – *Korruptionsvorwurf.*
[426] Vgl. *Burckhardt*, in: Wenzel/Burkhardt, Das Recht der Wort- und Bildberichterstattung, Kap. 4, Rz. 99 ff.; *ders,* AfP 1979, 276, 280.
[427] Vgl. auch *Köster/Jürgens*, MMR 2002, 420, 422.
[428] Vgl. zur Autorenhaftung auch *Pankoke*, Von der Presse- zur Providerhaftung, S. 63.
[429] Vgl. hierzu oben B) IV) 2) b).
[430] *Burkhardt,* in: Wenzel/Burkhardt, Das Recht der Wort- und Bildberichterstattung, Kap. 12, Rz. 60.
[431] OLG Düsseldorf, NJW 1980, 71, 71.

so kommt seine Schadenshaftung zwar nicht unter dem Gesichtspunkt von Prüfungspflichten, jedoch über die Schaffung von Organisationspflichten in Betracht. Diese beziehen sich sowohl auf die Überprüfung und Unterweisung des Publikationsstoffes, als auch auf die Auswahl, Überwachung und Unterweisung des Personals[432]. Dennoch prüft die Rechtsprechung auch hier stets, ob die Verkehrspflichten nicht zu einer Überspannung der an den Verleger zu stellenden Sorgfaltsanforderungen führen[433], was letztlich nichts anderes als eine Verhältnismäßigkeitsprüfung darstellt[434].

Eine andere Sichtweise ergibt sich hingegen bei Nachrichten Dritter, die beispielsweise bei Anzeigen, Inseraten oder Leserbriefen vorliegen. So werden dem Verleger für die Haftung im Anzeigenteil nur eingeschränkte Prüfungspflichten abverlangt[435]. Hier fordert die Rechtsprechung nicht das gleiche Maß an sorgfältiger Prüfung wie bei redaktionellen Beiträgen. Denn bei der Frage der Anforderungen an die Prüfungspflichten ist den Gegebenheiten des Anzeigengeschäfts, das in den Bereich des Art. 5 Abs. 1 GG fällt[436], Rechnung zu tragen. Bei der Entgegennahme von Anzeigenaufträgen herrscht regelmäßig Zeitdruck und bei einer umgehenden Überprüfung sämtlicher Anzeigen auf Gesetzesverstöße würde die Arbeit über Gebühr belastet[437]. Angesichts der Vielzahl der eingehenden Anzeigen wäre es unmöglich, die gleichen Kriterien wie bei redaktionellen Beiträgen anzulegen. Um die Funktion der Meinungsfreiheit nicht zu gefährden[438], werden daher für den Verleger (ebenso wie für den Redakteur) die Pflichten durch Zumutbarkeitserwägungen im Rahmen der pressetypischen Sorgfalt begrenzt[439]. Grundsätzlich ist der Verleger, insbesondere bei Anzeigen und Leserbriefen, zwar verpflichtet zu prüfen, ob deren Inhalt rechtswidrig ist oder nicht[440]. Es genügt aber eine Überprüfung auf grobe Gesetzesverstöße bzw. eine Überprüfung bei Erkennbarkeit der Rechtsverletzung, Auffälligkeit der Anzeige oder Kundgabe eines besonders einschneidenden Umstandes für den Betroffenen[441]. Diese Haftungserleichterung im Anzeigengeschäft beruht unter anderem auf der als sozial nützlich erachteten Praxis des Anzeigengeschäfts, die sicher-

---

[432] *Löffler/Ricker,* Handbuch des Presserechts, Kap. 41, Rn. 25.
[433] Vgl. BGH, NJW 1972, 1658, 1659; OLG Saarbrücken, NJW 1978, 2395, 2396.
[434] *Pankoke,* Von der Presse- zur Providerhaftung, S. 77.
[435] OLG München, AfP 2001, 510, 512.
[436] BVerfGE 21, 271, 278.
[437] OLG München, AfP 2001, 510, 512.
[438] BGHZ 132, 13, 24 m. w. Nachw.; zum Verhältnis der Meinungs- zur Pressefreiheit s. BVerfGE 85, 1, 12f.
[439] *Steffen,* in: Löffler/Wenzel/Sedelmeier, Presserecht, § 6 LPG, Rn. 167; BGH, NJW 1996, 1121, 1122.
[440] BGH, NJW 1972, 1658, 1659.
[441] BGH, NJW 1972, 1658, 1659; BGH, GRUR 1990, 1012, 1013 – *Pressehaftung I*; BGH, GRUR 1992, 618, 619 –*Pressehaftung II*; BGH, GRUR 1994, 454, 455f. – *Schlankheitswerbung*; BGH, WRP 1995, 302, 303; BGH, GRUR 1993, 53, 54f – *Ausländischer Inserent*; *Pichler,* MMR 1998, 79, 85; so auch *Marwitz,* K&R 1998, 369, 370, die die beschränkte Pressehaftung von Anzeigen annimmt.

lich zum Erliegen käme, wenn man die gleichen Sorgfaltsanforderungen wie für den redaktionellen Teil stellen würde[442].

Für den Abdruck von Äußerungen Dritter gilt hingegen, dass eine Haftung der Presse nur entfällt, sofern (kumulativ) an der Mitteilung einer von dritter Seite aufgestellten Äußerung ein Informationsinteresse besteht und wenn sich die Presse von der verbreiteten Äußerung erkennbar distanziert[443]. Ähnlich wird im Rahmen der presserechtlichen (Mit-)Störerhaftung geurteilt, bei der durch die Einführung von Prüfungspflichten eine ausufernde Inanspruchnahme der Mitstörer verhindert werden sollte. Eine Prüfung wurde auch hier nur im Falle grober, unschwer zu erkennender Verstöße für die Veröffentlichung wettbewerbswidriger Anzeigen verlangt[444]. Hintergrund dieser Einschränkungen war weniger die Erkenntnis, dass die Haftung des mittelbaren Störers generell eingeschränkt werden müsse, als vielmehr der besondere in Art. 5 Abs. 1 S. 2 GG grundrechtlich verbürgte Schutz der Presse[445], deren Arbeit durch die Störerhaftung nicht über Gebühr erschwert und deren Verantwortliche nicht überfordert werden sollten.

(b) Redakteur

Für den Begriff des Redakteurs enthält das Presserecht selbst keine Definition. Als charakteristisch für den Redakteur ist jedoch das „Redigieren" zu bezeichnen, d.h. das Sammeln, Sichten und Ordnen des zur Veröffentlichung in der Presse bestimmten Stoffes. Wichtig ist, dass er eine gewisse Entscheidungsbefugnis über die Auswahl des zu publizierenden Stoffes innehat[446]. Er haftet nach den allgemeinen Vorschriften, wobei für seinen Sachbereich die pressemäßige Sorgfalt zu beachten ist[447]. Der Chefredakteur hat im Gegensatz zum Redakteur einen größeren Verantwortungsbereich. Er haftet, wenn er entweder persönlich mitgewirkt hat, so wie der Redakteur auch für seine eigenen Beiträge als Täter haftet[448] oder wenn er die notwendige Überwachung pflichtwidrig unterlassen hat[449].

---

442 *Pankoke*, Von der Presse- zur Providerhaftung, S. 80.

443 BGH, AfP 1997, 700, 702; BGH, NJW 1996, 1131, 1132; BGH, NJW 1970, 187, 189; NJW 1977, 1288, 1289; OLG Hamburg, AfP 1983, 412, 412.

444 BGH, GRUR 1973, 203, 204 – *Badische Rundschau*; BGH, GRUR 1990, 1012, 1014 – *Pressehaftung I*; BGH, GRUR 1993, 53, 54 – *Ausländischer Inserent*; BGH, GRUR 1994, 454, 455 f. – *Schlankheitswerbung*; BGH, GRUR 1995, 751, 752 – *WSV-Werbung für Möbel*; OLG München, NJW-RR 2001, 1716 ff.; vgl. zum Umfang der Kontrollpflichten für den Anzeigen-Teil von Zeitungen auch BGH, GRUR 1999, 418, 420 – *Möbelklassiker*; BGH, GRUR 1992, 618, 619 – *Pressehaftung II*; BGH, WRP 1995, 302, 303 – *Schlussverkaufswerbung II*; BGH, AfP 1995, 600, 601 – *Kinderarbeit;* BGH, WRP 2001, 531, 533 = GRUR 2001, 529, 531 – *Herz-Kreislauf-Studie*; OLG Köln, AfP 2001, 145, 146; OLG München, ZUM 2001, 529, 532 f.

445 So deutlich BVerfGE 21, 271, 278; BGH, GRUR 1999, 418, 420 – *Möbelklassiker*; OLG Hamburg, AfP 1990, 318, 319; *Engels*, K&R 2001, 338, 343.

446 *Löffler/Ricker*, Handbuch des Presserechts, Kap. 13, Rn 20.

447 Vgl. *Steffen*, in: Löffler/Wenzel/Sedelmeier, Presserecht, § 6 LPG, Rn. 225.

448 OLG Köln, GRUR 1967, 319, 320 – *Killer*.

449 Vgl. *Löffler/Ricker*, Handbuch des Presserechts, Kap. 41, Rn. 22.

(c) Herausgeber

Der Herausgeber eines periodischen oder nichtperiodischen Druckwerks hat bei dessen Erscheinen die publizistische Oberleitung inne und ist für die Anordnung und Zusammenstellung einer meist aus verschiedenen fremdverfassten Texten bestehenden Publikation verantwortlich[450]. Seine Haftung entspricht im Wesentlichen der des Chefredakteurs, wobei zu berücksichtigen ist, dass den Herausgeber nur dann eine Haftung trifft, wenn er selbst an den Beiträgen mitgewirkt hat oder wenn er sonst als „Herr" des Druckwerks angesehen werden kann[451]. Im Übrigen besteht keine Haftung, da er – anders als der Verleger – in der Regel kaum Einfluss auf den konkreten Inhalt der Druckschriften ausübt[452].

(3) Technische Verbreiter

Zu den technischen Verbreitern gehören alle, die mit der Herstellung oder dem Vertrieb einer Druckschrift befasst sind[453]. Drucker, Setzer und Verkäufer kommen – wie gesehen – in der Regel nur als Gehilfen einer unerlaubten Handlung in Frage, sofern sie überhaupt mitverantwortlich gemacht werden können. Eine Prüfungspflicht wird man ihnen nur dort aufbürden können, wo von vornherein Anlass zu Bedenken bestand, wenn also Rechtsverstöße auch für den technischen Verbreiter leicht erkennbar sind. Beispielsweise kann dies bei Pornographie der Fall sein[454]. Anders ist die Rechtslage, wenn sie nicht auf Schadensersatz, wohl aber auf Unterlassung der Verbreitung einer Druckschrift in Anspruch genommen werden. Hier kommt es nicht auf Verschulden, sondern nur auf die Mitwirkung einer objektiv widerrechtlichen Veröffentlichung an[455]. Insofern kommt zwar vordergründig eine Inanspruchnahme eher in Betracht; allerdings werden auch hier im Rahmen der Mitstörerhaftung Prüfungspflichten verlangt.

b. Ausgestaltung der Prüfungspflichten? Übertragung der presserechtlichen Grundsätze auf Hyperlinks ?

(1) Hyperlinks allgemein

Fraglich ist nunmehr, wie die presserechtlichen Grundsätze auf die Haftung im Internet, insbesondere auf die hier in Frage stehenden Links, übertragen werden können. Eine Parallele zur Autorenhaftung scheidet für den Linksetzer offensichtlich aus, da er nicht selbst die rechtswidrige Seite erstellt. Überlegen könnte man hingegen, die Grundsätze über die technischen Verbreiter heranzuziehen, und somit den Hyper-

---

[450] *Löffler/Ricker,* Handbuch des Presserechts, Kap. 13, Rn.19.
[451] OLG Frankfurt a.M., ZUM 1992, 361, 364; OLG Köln, ZUM 1993, 34, 35.
[452] *Sieber,* JZ 1996, 429, 435.
[453] *Wenzel,* AfP 1979, 276, 280.
[454] Vgl. hierzu auch *Pankoke* , Von der Presse- zur Providerhaftung, S. 95.
[455] BGH, WRP 1976, 240f.
[456] BGH, NJW 1972, 1658, 1659.

linksetzer nur in Extremfällen in Anspruch zu nehmen. Diese Annahme würde allerdings die inhaltlich wertende Komponente von Hyperlinks missachten. Denn schließlich wird ein Angebot bewusst aus dem WWW ausgewählt, so dass die Grenze zu einer bloß technischen Verbreitung überschritten wird.
Naheliegender erscheint es, eine entsprechende Anwendung der Grundsätze zur Verlegerhaftung von Presseunternehmen für Fremdinhalte vorzunehmen, denn die Interessenlage bei Verweisen von Links ist ähnlich zu der bei Anzeigen. Hier wie da geht es um die Vermittlung von Äußerungen/Informationen Dritter gegenüber den Nutzern/Lesern. Wie gesehen, fordert die Rechtsprechung für den Anzeigenteil zwar grundsätzlich eine Prüfung dahingehend, ob der Inhalt der Anzeige rechtswidrig ist oder nicht[456]. Es genügt aber eine Überprüfung auf grobe Gesetzesverstöße. Zur Begründung verweist die Judikatur darauf, dass selbst bei Gefährdungen hochrangiger Rechtsgüter die Prüfung von Inseraten im Hinblick auf die Vielzahl von Anzeigen unter dem Gebot der raschen Entscheidung stehe und von Verlegern und Redakteuren nicht verlangt werden könne, jede Anzeige einer genauen inhaltlichen Analyse zu unterziehen, um die Arbeit der Presse im Hinblick auf die grundrechtlich geschützte Pressefreiheit nicht unzumutbar zu erschweren[457]. Ausnahmsweise wird eine strengere Kontrolle verlangt, wenn aufgrund besonderer Umstände Anlass zu einer weitergehenden Überprüfung besteht. Das ist zum Beispiel bei einem ungewöhnlichen Inhalt der Anzeige der Fall, der im Fall der Unwahrheit einen erheblichen Schaden verursachen kann oder wenn eine erschwerte Rechtsverfolgung vorliegt[458]. Darüber hinaus hält die Rechtsprechung den Verleger an, sogenannte „heiße Eisen" grundsätzlich persönlich zu überprüfen[459].

Nichts anderes kann vom Grundgedanken her für den vergleichbaren Fall der Hyperlinks gelten, bei denen die Interessenlage ähnlich ausgestaltet ist. Neben der Parallele zum Anzeigenrecht, bei dem – ähnlich wie bei vielen Links – aufgrund der Vielzahl der Anzeigen eine genaue Überprüfung quantitativ unzumutbar ist, kann zudem auch qualitativ keine vollständige Überprüfung auf die Rechtswidrigkeit des Inhalts verlangt werden. Der durchschnittliche Linksetzer vermag ohne Hilfe regelmäßig nicht zu beurteilen, ob die jeweilige Seite rechtswidrig ist, wenn es sich eben nicht um einen offensichtlichen Verstoß handelt. Qualifizierten Rechtsrat für jeden gesetzten Link hinzuzuziehen würde hingegen ein sowohl zeitliches als auch finanzielles Ausmaß erlangen, das weit über den Grenzen des Zumutbaren liegt.

Dieser Richtung folgt im Ergebnis auch der BGH in seiner „*Schöner Wetten*"[460] Entscheidung. Zwar werden dort die Prüfungspflichten im Rahmen der Störerhaftung thematisiert, da diese jedoch dogmatisch im Rahmen der Verkehrspflichten anzusie-

---

[457] So BGH, GRUR 1994, 454, 455f. – *Schlankheitswerbung*; BGH GRUR 1993, 53, 54 – *Ausländischer Inserent*; BGH, GRUR 1992, 619, 619 – *Pressehaftung I*; BGH GRUR 1990, 1012, 1014 – *Pressehaftung II*.
[458] Vgl. hierzu *Pankoke*, Von der Presse- zur Providerhaftung, S. 79ff.
[459] *Steffen*, in: Löffler/Wenzel/Sedelmeier, Presserecht, § 6 LPG, Rn. 166, 223.
[460] BGH, NJW 2004, 2158, 2160.

deln sind, können die dort entwickelten Gedanken auch innerhalb dieser Prüfung Anwendung finden: Bei der Berücksichtigung der Prüfungspflichten sei insbesondere auf den Gesamtzusammenhang[461] abzustellen, in dem der Hyperlink verwendet werde, den Zweck des Hyperlinks sowie darauf, welche Kenntnis der Hyperlinksetzende von den Umständen habe, die dafür sprechen, dass die Webseite oder der Internetauftritt, auf die der Hyperlink verweist, einem rechtswidrigem Handeln dienen, und schließlich welche Möglichkeiten er habe, die Rechtswidrigkeit dieses Handelns in zumutbarer Weise zu erkennen[462]. Vor allem dürften an die nach den Umständen erforderliche Prüfung keine zu strengen Anforderungen gestellt werden. Maßgeblich verweist der BGH auf den Nutzen, den Links für das WWW haben. Die sinnvolle Nutzung der unübersehbaren Informationsfülle im „World Wide Web" wäre ohne den Einsatz von Hyperlinks zur Verknüpfung der dort zugänglichen Dateien praktisch ausgeschlossen[463]. Auch wenn Art und Umfang der nach Auffassung des BGH nur „eingeschränkten Prüfungspflicht" eher vage bleiben[464], ist das Urteil äußerst erfreulich. Vor dem Hintergrund der Bedeutung von Links erscheint nur sachgerecht, die Prüfungspflichten des Linksetzers auf ein Mindestmaß herabzuschrauben und auf die Prüfung offensichtlicher Rechtswidrigkeit zu beschränken.

Dem BGH kann dabei auch kein Vorwurf gemacht werden, keine pauschale Richtlinie aufgestellt zu haben, da es bei der Vielfalt der verschiedenen Linkmöglichkeiten bzw. –ausgestaltungen nicht möglich ist, eine generelle Aussage für Prüfungspflichten oder auch Kontrollpflichten (s.u.) zu geben. Anhand der aufgezeigten Anhaltspunkte, muss in jedem Fall eine Einzelfallentscheidung getroffen werden.

(2) Ergebniskorrektur für zu Eigen gemachte Inhalte

Eine andere Sichtweise kommt möglicherweise für „zu Eigen gemachte" Inhalte in Betracht[465]. Die aus dem Presserecht bekannte Differenzierung zwischen „zu Eigen gemachten" und fremden Inhalten soll auch in die zugrunde liegenden allgemeinen Überlegungen Eingang finden. Zwar handelt es sich bei den Seiten, auf die durch Links verwiesen wird, per se immer erst einmal um fremde Inhalte; aus dem Presserecht ist aber die Möglichkeit des „sich zu Eigen machens" fremder Äußerungen bekannt. So entfällt beispielsweise die Haftung für den Abdruck von Äußerungen Dritter, sofern an der Mitteilung einer von dritter Seite aufgestellten Äußerung ein Informationsinteresse besteht und die Presse sich von der verbreiteten Äußerung erkennbar distanziert[466] – also sich den Inhalt eben nicht „zu Eigen macht". Umgekehrt

[461] *Spindler*, GRUR 2004, 724,728, ist der Ansicht, dass das vom BGH aufgestellte Merkmal des Gesamtzusammenhangs als Hinweis auf die Rechtsprechung zum Kriterium des „Sich-zu-Eigen-Machens" interpretiert werden kann.
[462] So BGH, NJW 2004, 2158, 2160.
[463] BGH, CR 2004, 613, 615.
[464] Vgl. *Dietlein*, CR 2004, 616.
[465] So im Ansatz ja auch BGH, CR 2004, 613, 616.
[466] BGH, NJW 1970, 187, 189; BGH, NJW 1977, 1288, 1289; OLG Hamburg, AfP 1983, 412, 412.

gelten für die „zu Eigen gemachten“ Inhalte besonders strenge Sorgfaltsanforderungen.

Dass für „zu Eigen gemachte“ Inhalte – wie im Presserecht – eine andere Einordnung im Hinblick auf die Prüfungspflichten zu erfolgen hat, ist naheliegend. Denn die Ausgangslage stellt sich hier anders dar: Im Gegensatz zu fremden Inhalten besteht eine engere Bindung des Linksetzers zu den jeweiligen Inhalten, da er diese bewusst in sein Angebot eingliedert und dabei einen eigenen Inhalt erspart. Er erweckt den Eindruck, es handele sich um sein eigenes Angebot. Daher hat er auch dafür Sorge zu tragen, dass von dem Inhalt keine Gefahr ausgeht. Für seinen eigenen Inhalt trüge er schließlich auch die volle Verantwortung. Man kann also durchaus zu dem Ergebnis kommen, dass eine aus der Verkehrspflicht resultierende Prüfungspflicht hier nicht nur auf die presserechtlichen Grundsätze der Haftung für grobe Gesetzesverstöße beschränkt werden sollte, sondern aufgrund der engeren Bindung eine Überprüfung sämtlicher Verstöße verlangt werden muss. Die oben aufgezeigte Parallele zur eingeschränkten Prüfungspflicht der Presse greift hier nicht. Zwar entspringt diese Beschränkung dem Presserecht, dort jedoch konkret dem Anzeigenrecht. Anzeigen sind aber klassischerweise eher als Fremdinhalte einzustufen, die nur selten „zu Eigen gemacht“ werden. Auch dem Verleger werden strengere Prüfungspflichten auferlegt, wenn es sich nicht um Anzeigen, sondern beispielsweise redaktionelle Beiträge handelt oder er sich von Äußerungen Dritter nicht distanziert[467]. Insofern überwiegt in diesem Zusammenhang die starke Bindung zu den Verweisseiten, die den Inhalt als eigenen erscheinen lässt und als Folge dem Linksetzer ein Mehr an Prüfung abverlangen kann.

Andererseits darf auch in diesem Zusammenhang das Merkmal der Zumutbarkeit von Prüfungspflichten nicht überreizt werden. Denn schließlich bleiben ja – trotz der Wertung als „zu Eigen gemachter“ Inhalt – die technischen Grundlagen und Schwierigkeiten, die jeweilige Rechtswidrigkeit zu erkennen, die gleichen. Plausibel erscheint ein Ansatz, der innerhalb der „zu Eigen gemachten“ Inhalte, noch einmal unterteilt[468]. Ähnlich wie bei der Autorenhaftung, die bei der Nutzung fremder Nachrichten zwischen seriösen und eher zweifelhaften Informationsquellen differenziert, muss auch für den Linksetzer die jeweilige Verweisseite betrachtet werden. Entscheidend ist, ob der Linksetzer sich auf seine „Quelle“ als „seriös“ verlassen kann oder ob diese eher eine gewisse Nähe zu verbotenen Inhalten aufweist. So kann man sicherlich bei einem Großteil der Internetangebote darauf vertrauen, dass diese „seriös“ sind und keine strafbaren Inhalte verbreiten. Dies ergibt sich schon aus der Tatsache, dass das Internet in erster Linie zu legitimen kommerziellen und privaten Zwecken genutzt wird. Dagegen ist die Anzahl der Links, die auf „kriminelle“ Angebote verweisen, eher als gering einzustufen[469]. Hier bleibt es daher bei einer Prüfungspflicht auf

[467] Vgl. oben a) 2. zur Pressehaftung.
[468] Vgl. *Boese*, Strafrechtliche Verantwortlichkeit für Verweisungen durch Links im Internet, S. 187.
[469] *Boese*, Strafrechtliche Verantwortlichkeit für Verweisungen durch Links im Internet, S. 187.

evidente Rechtsverstöße. Sobald allerdings Hinweise auf strafbare Inhalte vorliegen, besteht auch die Pflicht, eine gründliche Prüfung vorzunehmen. Umgekehrt müssen von Anfang an gründliche Untersuchungen für solche Verweisseiten vorgenommen werden, die eine Nähe zu rechtswidrigen Inhalten aufweisen. Dies ist beispielsweise bei erotischen Angeboten oder einer Homepage von rechts- oder linksradikalen Gruppierungen der Fall[470]. Hier besteht eine latente Gefahr, dass die Grenze zu strafbaren Inhalten, etwa durch die Aufnahme von pornographischen Schriften i.S.d. § 184 StGB, Schriften mit Gewaltdarstellungen i.S.d. § 131 StGB, ehrenrührigen Äußerungen etc. überschritten wird.

Ob eine so klare Grenzziehung zwischen seriösen und delinquenznahen Angeboten möglich ist, wird sich in der Praxis zeigen. Gerade im Internet lässt sich eine Einteilung in schwarz und weiß nur schwerlich realisieren, die Übergänge sind fließend. Dennoch, der Grundgedanke dieser Einteilung ist begrüßenswert. Zunächst sollte in solchen Fällen von dem Grundsatz ausgegangen werden, dass die Setzer von „zu Eigen gemachten" Links die Verweisseiten vollständig auf deren Rechtswidrigkeit überprüfen müssen[471]. Ob der Linksetzer dann möglicherweise auf eine bestimmte Seite vertrauen konnte oder eher umgekehrt Anlass zur übergenauen Prüfung hatte, wird dem jeweiligen Einzelfall vorbehalten bleiben.

4. Bestimmung der Kontrollpflichten

Mit der Zuordnung von Hyperlinks zu einer bestimmten Form von Prüfungspflichten ist allerdings noch nicht die Frage geklärt, von welchen Inhalten überhaupt Kenntnis genommen werden muss. Denn zwangsläufig kann auch nur derjenige Inhalt überprüft werden, von dem man Kenntnis hat. So stellt sich vorweg (auf der ersten Stufe) die Frage der Kontrollpflichten, also hinsichtlich welcher Inhalte eine Überprüfung vorgenommen werden muss oder anders ausgedrückt, wie aktiv bzw. mit welcher Häufigkeit sich der Linksetzer Kenntnis von diesen Inhalten verschaffen muss. Geht die oben festgestellte Verkehrs- bzw. Garantenpflicht möglicherweise so weit, dass die Kenntnis der Inhalte unterstellt werden muss? Diese Frage soll im Folgenden untersucht werden.

Vor der Einführung des alten TDG wurde bereits für den Service Provider die Überlegung angestellt, dass es zwar einerseits konsequent sei, den Regeln der Verlegerhaftung folgend, eine Haftung nur dann anzunehmen, wenn man die Beeinträchtigung des Dritten kenne oder hätte erkennen können[472] (die Kontrollpflicht also auf Mindestmaß heruntergeschraubt werde) – andererseits aber auch eingewandt, dass eine derartige Begrenzung der Kontrollpflichten durch das Merkmal der Zumutbarkeit aus deliktsrechtlicher Sicht nicht selbstverständlich sei[473]. Man müsse sich vielmehr

---

[470] *Boese*, Strafrechtliche Verantwortlichkeit für Verweisungen durch Links im Internet, S. 187.
[471] So auch *Köster/Jürgens*, MMR 2002, 420, 423.
[472] So LG Stuttgart, JurPC 1992, 1714, 1716.
[473] *Spindler*, ZUM 1996, 533, 536.

fragen, ob es deliktsrechtlich überhaupt zulässig sei, eine solche Gefahrenquelle ohne Sicherungsmaßnahmen zu eröffnen[474]. Dies würde umgekehrt bedeuten, dass bei Eröffnung einer Gefahrenquelle auch eine ständige Kontrolle notwendig wäre bzw. die Kenntnis jeglicher Inhalte unterstellt werden könnte. Andere verneinten eine proaktive Kontrollpflicht für den Service Provider. Die Annahme einer solchen Pflicht würde auf ein faktisches Verbot des Betreibens allgemein zugänglicher Server hinauslaufen. Eine allumfassende und jeglichen Schadensfall ausschließende Verkehrssicherung sei nicht erreichbar. Die Verkehrspflicht beschränke sich auf das Ergreifen solcher Maßnahmen, die nach den Gesamtumständen zumutbar seien und die ein verständiger und umsichtiger, in vernünftigen Grenzen vorsichtiger Mensch für notwendig und ausreichend halte, um andere vor Schäden zu bewahren. Es müsse eine Abwägung der Interessen des Sachinhabers mit den berechtigten Erwartungen des Verkehrs stattfinden[475]. Dem ist zuzustimmen. Für die Provider, die dem TDG n. F. unterstellt sind, hat sich die zugrunde liegende Frage im Rahmen der Verantwortlichkeit ohnehin erledigt, da der Gesetzgeber in § 8 Abs. 2 S. 1 TDG/ § 6 Abs. 2 S. 1 MDStV nunmehr eindeutig geregelt hat, dass für die Diensteanbieter keinerlei Verpflichtung besteht, die von ihnen übermittelten oder gespeicherten Informationen zu überwachen[476].

Zwar liegt die Lage bei Links mangels gesetzlicher Regelung anders, aber auch für sie können die oben angeführten Gedanken fruchtbar gemacht werden. So dürfen Kontrollpflichten sicherlich nicht unbeschränkt verlangt werden. Damit ist jedoch noch nicht gesagt, in welchem Ausmaß diese bestehen.

Hierfür müssen Leitlinien mittlerer Abstraktionshöhe gefunden werden, um die Verkehrspflichten zu konkretisieren[477]. In den Abwägungsprozess sind vor allem die Wertungen des TDG, die Zumutbarkeit mit den Bestandteilen der Erkennbarkeit und Vorhersehbarkeit[478] der Gefahren, die soziale Nützlichkeit der Tätigkeit, der Grundrechtsschutz des Art. 5 GG, der Rang der bedrohten Rechtsgüter und das Ausmaß der Gefährdung, die ein Link auf einer mehr oder weniger stark frequentierten Webseite verursachen kann sowie der Stand der Technik, die Rechtswidrigkeit der durch den Link bezeichneten Inhalte automatisiert festzustellen, einzubeziehen[479]. Ein Ausgleich dieser Interessen soll im Folgenden unternommen werden.

---

[474] *Spindler,* in: Hoeren/Sieber, Handbuch Multimedia-Recht, Kap. 29, Rn. 234.
[475] *Waldenberger,* ZUM 1997, 176, 185; ähnlich *Rütter,* JurPC, 1992, 1812, 1821, der eine völlige Freistellung von der Verantwortung verlangt.
[476] Vgl. hinsichtlich der Störerhaftung *Spindler/Volkmann*, WRP 2003, 1ff.
[477] *Mertens*, VersR 1980, 397ff.
[478] Vgl. nur *Spindler/Volkmann*, WRP 2003, 1, 8.
[479] Vgl. *Pankoke*, Von der Presse- zur Providerhaftung, S. 130f.

a. Abwägungskriterien

(1) Wertungen des TDG/MDStV

Auch wenn das TDG die Frage der Hyperlinks nicht regelt, sollen seine Wertungen dennoch in den Abwägungsprozess mit einbezogen werden. Denn trotz der Unanwendbarkeit des Gesetzes auf Hyperlinks verbietet es sich umgekehrt nicht, von seinen Leitideen zu zehren. Zudem liegen die Sachverhalte auch nicht allzu weit auseinander, wie die frühere Anwendung des TDG a.F. zeigt. Eine der entscheidenden Leitideen dieses Gesetzes ist sicherlich in § 8 Abs. 2 S. 1 TDG/ § 6 Abs. 2 S. 1 MDStV verfestigt und stellt das Verbot auf, allgemeine Überwachungspflichten zu statuieren. Überwachungspflichten sind in dieser Norm dahingehend zu verstehen, dass mit ihnen die jeweilige Kontrolle von Inhalten (im Gegensatz zu der oben beschriebenen Kontrolle der Rechtswidrigkeit) gemeint ist. Wendet man diesen Gedanken auf Hyperlinks an, dürften auch dem Linksetzer keine Kontrollpflichten im Netz auferlegt werden. Er bräuchte die Inhalte der jeweiligen Verweisseiten demnach nicht weiter zu verfolgen. Eine vollständige Übernahme des § 8 Abs. 2 S. 1 TDG/ § 6 Abs. 2 S. 1 MDStV mit der Konsequenz eines Verbotes von Kontrollpflichten lässt sich jedoch mit den allgemeinen Verkehrs-/Garantenpflichten nicht rechtfertigen. Im Unterschied zu den Diensteanbietern im TDG/MDStV gilt es zu bedenken, dass der Linksetzer mit seiner inhaltlich wertenden Komponente bewusst die gelinkte Seite auswählt und somit eine nähere Bindung zu den Seiten hat als beispielsweise der Service- oder gar der Access Provider. Auch wenn der Inhalt ein fremder bleibt, wird er dennoch von ihm eingebaut. Dieser sicherlich sehr wesentliche Unterschied hindert jedoch nicht in Anlehnung an das TDG die Kontrollpflichten in Maßen zu halten und keine allzu hohen Anforderungen an den Linksetzer zu stellen.

(2) Rang der bedrohten Rechtsgüter

Entscheidend für die Beurteilung von Kontrollpflichten ist weiterhin der Rang der bedrohten Rechtsgüter. Zwar handelt es sich hierbei jeweils um eine Einzelfallentscheidung, welche bei der abstrakten Diskussion von Kontrollpflichten nicht überbewertet werden darf[480], doch lassen sich auch hier Gedanken allgemeiner Natur ableiten. Zunächst sind die jeweils betroffenen Rechtsgüter zu ermitteln, welche dann im Verhältnis zu den durch die Maßnahme tangierten Rechtsgütern des Linksetzers zu sehen sind. Welche Rechtsgüter bei der Verlinkung betroffen sind, ist von dem jeweiligen Inhalt abhängig, welcher auf der Verweisseite eingestellt wird. So ist beispielsweise bei pornographischen Schriften im Sinne von § 184 StGB der Jugendschutz[481], bei Gewaltdarstellungen der Schutz der Allgemeinheit vor sozialschädlichen Aggressionen[482] oder bei ehrverletzenden Äußerungen das Persönlichkeitsrecht betroffen.

---

[480] Interessant wird dieser Gesichtspunkt dann später bei der konkreten Frage im Einzelfall, wenn es darum geht, mit welcher Häufigkeit ein bestimmter Linksetzer die Verweisseite kontrollieren sollte.
[481] *Lenckner/Perron*, in Schönke/Schröder, StGB, § 184 Rn. 3.
[482] *Stamberg-Lieben*, in Schönke/Schröder, StGB, § 131 Rn. 1.

Dass Gefahren für hochrangige Rechtsgüter unter bestimmten Voraussetzungen erkannt und beseitigt werden, ist eine berechtigte Sicherheitserwartung des Rechtsverkehrs[483]. Je höherrangiger die bedrohten Rechtsgüter sind, wie beispielsweise Leib und Leben[484], und je schwerwiegender der drohende Schaden ist, um so höhere Anforderungen werden auch an die Verkehrspflichtigen gestellt[485]. Übertragen auf den Linksetzer bedeutet das: Je höherrangiger die zu verletzenden Rechtsgüter sind, desto stärkere Kontrollen der Verweisseiten obliegen dem Linksetzer. So ist ein Link, der auf Anleitungen zu terroristischen Attentaten verweist, anders zu beurteilen, als ein Link zu urheberrechtsverletzenden Angeboten[486]. Umgekehrt schließt das natürlich eine Kontrollpflicht des Hyperlinksetzers für die Verletzung von im Rang niedrigeren Rechtsgütern nicht aus. Hier kommt der Aspekt der Kenntnis bzw. des „Kennen müssens" ins Spiel. Sicherlich gebietet es die im Verkehr erforderliche Sorgfalt, die jeweiligen Verweisseiten eigeninitiativ aufzuspüren und nach Verletzungen hochrangiger Rechtsgüter zu durchforsten. Aber die gleiche Kontrollpflicht besteht natürlich auch bei im Rang geringeren Rechtsgütern, wenn der Hyperlinksetzer durch einen Hinweis auf die mögliche Rechtswidrigkeit einer Verweisseite hingewiesen wird. Ab diesem Zeitpunkt haben – wie dies aus dem Deliktsrecht bereits für den Fall einer vormals nicht ohne weiteres erkennbaren Gefahrensituation anerkannt ist – die Sicherheitsaufwendungen, hier konkret die Kontrollmaßnahmen, in einem angemessenen Verhältnis zur Schadensverhütung zu stehen.

(3) Schadenswahrscheinlichkeit/Grad und Ausmaß der Gefährlickeit / Beseitigungsaufwand

Zudem spielt auch die Wahrscheinlichkeit, mit der ein Schaden auftreten kann und der Grad seiner Gefährlichkeit eine gewichtige Rolle im Rahmen der Kontrollpflichten. Nach einem wichtigen Grundsatz der Verkehrspflichten werden die Gefahrabwendungspflichten je nach dem Grad der Gefahr und der Schadensneigung intensiviert[487]. Je drohender die Gefahr ist, desto häufiger haben Kontrollen stattzufinden.

Einerseits dürfte, abstrakt gesehen, die Wahrscheinlichkeit, mit der ein Link auf ein rechtswidriges Angebot verweist, im Verhältnis zu den Verweisen auf rechtmäßige Angebote relativ gering sein. Andererseits ist auch hier auf den Einzelfall abzustellen. Typischen Gefahrenquellen mit schweren Schadensfolgen ist auch dann zu begegnen, wenn sie selten eintreten[488]. Die Schadenswahrscheinlichkeit von Hyperlinks hängt auch von der Art der Verweisseite ab. So ist beispielsweise die Gefahr bei Seiten mit einer Nähe zu rechtswidrigen Inhalten, wie beispielsweise bei Seiten von rechtsradikalen Gruppierungen, wahrscheinlicher, als wenn der Link auf die Seite

---

[483] Vgl. *Spindler/Volkmann*, WRP 2003, 1, 8.
[484] BGHZ 58, 149, 156 = NJW 1972, 724, 726; *Steffen*, VersR 1980, 409, 411.
[485] BGH, GRUR 1972, 722, 723 – *Geschäftsaufgabe*; BGH, NJW 1990, 906, 907; BGH, NJW-RR 1990, 789, 790; *Larenz/Canaris*, Schuldrecht II/2, § 76 III 4b.
[486] Vgl. hier auch *Spindler*, MMR 2002, 495, 503.
[487] BGHZ 58, 40, 43.
[488] BGH, NJW 1990, 906, 907.

einer Hochschule verweist. Der BGH deutete im Rahmen seiner *Kommafehler-Entscheidung*[489], in der es um Verkehrspflichten der Presse ging, ebenfalls ansatzweise eine Differenzierung – in diesem Fall der Druckwerke – nach ihrer Zweckbestimmung an. So sprach er einerseits von „normalen Druckwerken" und andererseits von solchen, deren Inhalt und Zweckbestimmung es nötig machen, dass Druckfehler durch besondere, unter Umständen auch aufwendige Maßnahmen mit Sicherheit vermieden werden müssten[490]. Dies sei beispielsweise bei mathematischen und technischen Tabellen, baustatischen Arbeitsanleitungen und im medizinischen Bereich bei Anweisungen für die Dosierung gefährlicher Medikamente der Fall. Allerdings lässt sich aus diesem Bezugspunkt weder für den Bereich der Presse noch für Hyperlinks ein fester Maßstab ablesen. Die Wahrscheinlichkeit einer Gefahr kann man nämlich nur schwerlich aufgrund einer generalisierenden Betrachtungsweise ermitteln, indem die Seiten einzelnen Zweckbestimmungen zugeordnet werden. Dennoch spiegelt sich hierdurch eine Tendenz wieder.

Damit eng zusammen hängt die Frage, welches Ausmaß ein drohender Schaden annehmen kann[491]. Wenn der Schaden groß und der Beseitigungsaufwand gering ist, z.B. beim Wegsperren von gefährlichen Gegenständen, sind die entsprechenden Maßnahmen von dem Pflichtigen in jedem Fall zu verlangen. Je verletzungsanfälliger der Personenkreis ist, der sich rechtmäßig in der Gefahrenquelle aufhält, desto stärkere Sicherheitsvorkehrungen sind zu treffen. Für Links kann der Beseitigungsaufwand, das Löschen, sicherlich als relativ gering eingeordnet werden – andererseits ist die Vorstufe, nämlich das Auffinden der rechtswidrigen Seite im Einzelfall mit einem hohen Aufwand verbunden. So kann dies durchaus einen erheblichen zeitlichen Aufwand bedeuten, wenn jeder abgehende Link ständig kontrolliert werden muss. Aber auch aus finanzieller Sicht lässt sich ein solcher nicht leugnen. Denn bei einer großen Vielzahl von Verweisungen muss ein Linksetzer möglicherweise zusätzliches Personal einsetzen, um sämtliche Verweisseiten zu kontrollieren.

Wie also deutlich wird, hat im jeweiligen Einzelfall ein Zusammenspiel aus den Elementen der Wahrscheinlichkeit der Gefahr und seines Ausmaßes stattzufinden, wobei bei Fehlen des einen die Anforderungen an die Kontrollpflicht durch das andere Element ausgeglichen werden können.

(4) Mittelbarer Nutzen aus der Linksetzung/ Interessen des Linksetzers

Ebenso ist zu berücksichtigen, ob sich der Linksetzende den fremden Inhalt zu Nutze macht[492]. Dieser Idee liegt der Gedanke zugrunde, dass derjenige, der die Vorteile eines Unternehmens genießt, auch für die Schäden aufzukommen hat, die für Dritte daraus resultieren. So hat beispielsweise ein Veranstalter von Spielen oder der Betreiber von Anlagen aufgrund seiner wirtschaftlichen Vorteile auch erhöhte Sicher-

---

489 BGH, NJW 1970, 1963ff.
490 BGH, NJW 1970, 1963, 1964.
491 *Larenz/Canaris*, Schuldrecht II/2, § 76 III 4b.
492 Ähnlich *Freytag*, Haftung im Netz, S. 232.

heitspflichten, z.B. die Errichtung von Fangzäunen zum Schutz vor herumfliegenden Pucks bei einem Eishockeyspiel[493], einzuhalten. Gleiches gilt im Rahmen der Produzentenhaftung[494]. Auch dem Linksetzer, der Vorteile aus der Verweisung erlangt, sind stärkere Kontrollpflichten abzuverlangen. Schließlich betreibt er die gefährliche Tätigkeit gerade, weil er daraus die Vorteile ziehen möchte. Wer den Nutzen aus der Gefahr hat, muss sie auch unter Kontrolle halten. Dass den Linksetzenden stärkere Pflichten bei wirtschaftlicher Nähe treffen, setzt sich langsam als allgemeiner Gedanke für Hyperlinks auch in anderen Gebieten durch[495].

Der bestehende Nutzen kann dabei verschiedenst ausgeprägt sein. Er kann sowohl eigenen wirtschaftlichen als auch ideellen Vorteil beinhalten, aber auch in der Form gemeinschaftlicher Nützlichkeit, ästhetische oder erzieherische Momente aktivieren, wenn man etwa an die künstlerische Gestaltung von Gebäuden denkt[496]. Als zentraler Gesichtspunkt ist aber die wirtschaftliche Nutzziehung zu sehen. Gerade wirtschaftliche Erwägungen haben immer wieder dazu geführt, dass Verkehrspflichten begründet werden. Aus dem wirtschaftlichen Aspekt heraus rechtfertigt sich auch eine Ungleichbehandlung der Verkehrspflichten von Privat- und Hoheitspersonen. Eine Privatperson eröffnet dem allgemeinen Verkehr Grundflächen in der Regel zur Verfolgung eigener wirtschaftlicher Zwecke und Interessen[497]. Andererseits ist aber zu bedenken, dass auch bei völliger Unentgeltlichkeit gewisse Mindeststandards der Sicherheit einzuhalten sind[498], die sich maßgeblich danach richten, in welchem Maß sich die Dritten selbst vor Gefahren schützen können.

Für den Linksetzer ist entscheidend, welche Vorteile für ihn aus der Verlinkung erwachsen. Primär dürfte der wirtschaftliche Vorteil im Vordergrund stehen, der sich daraus ergibt, dass die jeweilige Seite populärer und insofern auch anders bewertet wird. Gerade an der Frequenz einer Seite bemisst sich der jeweilige Wert, der beispielsweise für Werbebanner interessant ist. Aber auch der Ruf, der sich aus einer Verlinkung ergeben kann, darf nicht unbeachtet bleiben, da (wenn auch manchmal zu Unrecht) je nach Ausprägung der einzelnen Verweise auch eine Verbindung zwischen den jeweiligen Seiten und dem dahinter stehenden Geschäftspartner vermutet wird. Letztlich erspart der Linksetzer sich in einigen Fällen die Erstellung einer weiteren eigenen Seite, da er die Inhalte der anderen übernehmen kann. Insofern erscheint es nur gerecht, dass ihm in einem bestimmten Umfang Kontrollen der fremden Seiten aufgebürdet werden. Für seine eigenen Inhalte hätte er schließlich auch voll gehaftet.

---

[493] BGH, NJW 1984, 801, 802.
[494] *Spindler*, in: Bamberger/Roth, BGB, § 823, Rn. 240.
[495] Etwa der Zurechnung von Angeboten und deren Überprüfung im Kapitalmarktrecht – vgl. *Spindler*, MMR 2002, 495, 503 m. w. Nachw.
[496] Vgl. *v. Bar*, Verkehrspflichten, S. 125.
[497] Vgl. *v. Bar*, Verkehrspflichten, S. 126.
[498] Vgl. *J.Hager*, in: Staudinger, 1999, E Rn. 31.

Umgekehrt muss aber auch gesehen werden, dass durch das Auferlegen von Kontrollpflichten erheblich in die Interessen des Linksetzers eingegriffen wird. So wird dieser beispielsweise mit zusätzlichen Kosten belastet. Wie bereits vorher erwähnt existiert keine Möglichkeit, die Verweisseiten maschinell auf ihre Rechtswidrigkeit zu überprüfen. Vielmehr muss der Linksetzer selbst oder sein Personal die jeweiligen Inhalte kontrollieren. Diese hierdurch entstehenden Kosten müssen mit den in Frage stehenden Rechtsgütern abgewogen werden.

(5) Soziale Nützlichkeit von Hyperlinks

Ebenfalls entscheidend für die Klärung der Kontrollpflichten ist die Frage, welche Rolle Hyperlinks für die Allgemeinheit spielen. So stellen Hyperlinks einen wesentlichen Bestandteil des WWW dar. Sie ermöglichen es, einfach von einer Seite zur anderen zu surfen und so von vielen verschiedenen Seiten Kenntnis zu erlangen. Ohne sie wäre die Vielfältigkeit und Grenzenlosigkeit des Internets nicht denkbar. Hyperlinks sind insofern als von den Nutzern und damit als von der Allgemeinheit erwünscht zu betrachten. Diese anzuerkennende soziale Nützlichkeit des Kommunikationswerkzeugs Hyperlink führt dazu, dass dem Linksetzenden nicht die ständige Kontrolle aller Inhalte, auf die verwiesen wird, auferlegt werden kann, da ansonsten der Schutz der potenziell bedrohten Kommunikation ausgedehnt würde[499]. Das Auferlegen ständiger Kontrollen würde die Funktionsfähigkeit des Internets erheblich beeinträchtigen. Vor lauter Angst, auf einen rechtswidrigen Inhalt zu verweisen und möglicherweise schadenersatzpflichtig zu werden, würde der durchschnittliche Internetanbieter lieber auf das Setzen eines Hyperlinks verzichten.

Wie wichtig dieser Gesichtspunkt im Rahmen haftungsrechtlicher Fragestellungen ist, wird vor allem durch die jüngst durch den BGH gefällten Entscheidungen *„Paperboy*[500]*"* und *„Schöner Wetten*[501]*"* deutlich. Zwar lassen sich beide Urteile nicht dogmatisch an dieser Stelle der Prüfung einordnen, wesentlich ist jedoch der Grundgedanke, der beiden Entscheidungen zu entnehmen ist, nämlich, dass ohne den Einsatz von Links (gerade auch in der Form von Deep Links) die sinnvolle Nutzung der unüberschaubaren Informationsfülle im World Wide Web praktisch ausgeschlossen sei. Stets werden der „hohe Nutzen" von Links und die Bedeutung der „Funktionsfähigkeit des Internets" als entscheidendes Kriterium in den Vordergrund gestellt und sollten daher auch im Rahmen der Abwägung als Leitlinie für deren haftungsrechtliche Beurteilung herangezogen werden.

(6) Selbstschutz des Dritten

Ebenso in die Abwägung mit einzubeziehen ist die Frage, inwiefern für den Verletzten die Möglichkeit des Selbstschutzes besteht. Grundsätzlich wird dieses Merkmal von der Rechtsprechung auf der Ebene des § 254 BGB beachtet, es kann jedoch

---

[499] *Spindler*, MMR 2002, 495, 502.
[500] BGH, CR 2003, 920ff.
[501] BGH, CR 2004, 613ff.

auch dazu führen, dass bereits auf Tatbestandsebene die Anforderungen an die Verkehrspflicht reduziert werden. Die Anforderungen, die an die jeweilige Verkehrspflicht zu stellen sind, stehen nämlich in einem engen Zusammenhang mit den Möglichkeiten, die dem Dritten selbst zur Verfügung stehen und auch von diesem verlangt werden können. Wenn der Dritte beispielsweise einfacher und mit geringerem Aufwand einen Schaden verhindern kann, dann können aufwendige Maßnahmen seitens des Linksetzers nicht verlangt werden. Die Rechtsprechung hat in diesem Zusammenhang anerkannt, dass der Pflichtige darauf vertrauen kann, dass der Dritte eine Gefahr, die mit Händen zu greifen ist und der ohne weiteres ausgewichen werden kann, erkennt und sich selbst schützt[502].

Allerdings ist diese Rechtsprechung nicht auf das Linkrecht übertragbar. Hier besteht nicht die klassische Konstellation, dass auf der einen Seite eine Gefahr droht und auf der anderen Seite ein klassischer Verletzter steht. Die Frage des Verletzten variiert für jedes Rechtsgebiet. Zudem kommen hier die Nutzer hinzu, die ebenfalls in ihrem Vertrauen geschützt werden sollen – aber eben nicht immer die Verletzten sind. Die Möglichkeit des Verletzten, sich selber zu schützen, muss insofern als relativ gering eingestuft werden.

(7) Sicherheitserwartungen der Nutzer

Für die Sicherheitserwartungen der Nutzer kommt es darauf an, was ein verständiger Benutzer des konkreten Produktes objektiv an Sicherheit erwartet[503]. Je höher die berechtigte Erwartung des Nutzers einer Information ist, desto erforderlicher wird die konkrete Gefahrabwendungsmaßnahme nach Art und Umfang. Abzustellen ist hier unter anderem auf den jeweiligen Benutzerkreis, die äußere Darstellung des jeweiligen Hyperlinks und letztlich den Inhalt selbst. Denn das Maß einer berechtigten Sicherheitserwartung ist zunächst von dem angesprochenen Kreis der Nutzer des Internets abhängig. Letztlich ist die Sicherheitserwartung des Verkehrs auch durch die Formulierung und die Darstellungsform der inhaltlichen Aussagen steuerbar. So dürfte grundsätzlich eine Bezugnahme auf Informationsquellen von Dritten eine Darstellungsform aufweisen, die bei dem Nutzer eine gewisse Distanz zu der inhaltlichen Aussage aufbaut. In diesem Zusammenhang fällt die unterschiedliche Ausgestaltung der Links ins Gewicht, so dass für den Fall von normalen Links sicherlich geringere Sicherheitserwartungen bestehen als im Falle von Inline Links, bei denen sich die Inhalte als eigene darstellen. Während bei normalen oder Deep Links deutlich wird, dass man sich auf einer anderen Seite befindet, wird dem Nutzer bei Inline Links und Frames nicht immer vor Augen geführt, dass er sich auf einer anderen Seite befindet. Insofern dürfte er in diesen Fällen auch größere Sicherheitserwartungen haben, da er sich vermeintlich auf der Ausgangsseite befindet.

---

[502] BGHZ 104, 323, 328 = NJW 1988, 2611, 2612; BGH, NJW-RR 1989, 219, 220; OLG Köln, VersR 1993, 1494, 1495.
[503] Vgl. BGH, NJW 1990, 906, 907.

(8) Grundsätze der Produkthaftung

Als weiterer Gesichtspunkt im Rahmen des anzustellenden Abwägungsprozesses soll versucht werden, eine Parallele zu den Grundsätzen der Produkthaftung zu ziehen[504], wobei hier im Einzelnen zwischen der verschuldensunabhängigen Haftung nach dem Produkthaftungsgesetz (der Produzentenhaftung) und der verschuldensabhängigen Haftung nach § 823 BGB (der Produkthaftung) zu differenzieren ist. Ob das Produkthaftungsgesetz direkt auf Internetsachverhalte Anwendung findet, lässt sich nicht ohne weiteres beantworten[505], insbesondere ergeben sich Schwierigkeiten hinsichtlich der Anforderungen an den Produktbegriff, dessen erforderliche Verkörperung sowie dem Erfordernis des dauerhaften Verlassens des Herrschaftsbereichs des Herstellers. Anders stellt sich die Frage hingegen bei der verschuldensabhängigen Produkthaftung, bei der es nicht auf eine Abgrenzung des Produktbegriffs, sondern auf die zur Beherrschung einer Gefahrenquelle erforderliche Verkehrspflicht ankommt[506]. Verkehrspflichten gelten schließlich auch im Internet. Letztlich muss die Diskussion um das Produkthaftungsgesetz in dieser Abhandlung nicht en detail geklärt werden. Für den hier vorzunehmenden Abwägungsprozess soll nur von den Leitideen des Gesetzes ausgegangen werden. Um von dessen Gedanken zu zehren, reicht aber zunächst eine Vergleichbarkeit der Sachverhalte aus, welche angenommen werden kann. Hier wie dort wird ein „Produkt" der Öffentlichkeit zugänglich gemacht und weiter verbreitet. Die Inverkehrgabe eines gefährlichen Produktes löst ähnliche Pflichten wie die einer Verkehrseröffnung aus.

In der verschuldensabhängigen Produkthaftung nach § 823 BGB haben sich im Laufe der Zeit verschiedene Pflichten herauskristallisiert, welche im Einzelfall variieren. Klassisch wird für den Hersteller zwischen Organisations-, Instruktions-, Produktbeobachtungs- und Rückrufpflichten differenziert[507], wobei die Produktbeobachtungspflicht am ehesten mit der hier in Frage stehenden Kontrollpflicht zu vergleichen ist. Ab dem Inverkehrbringen hat der Hersteller seine und solche fremden Produkte, die als Zubehör für die eigenen Erzeugnisse in Betracht kommen, auf noch unbekannt gebliebene schädliche Eigenschaften und sonstige, eine Gefahrenlage schaffende Verwendungsfolgen zu beobachten[508]. Diese Pflichten machen deutlich, dass die aus der Produkthaftung bekannten Fehlerarten ihre Wurzeln in allgemeinen Verkehrspflichten haben, um die es letztendlich hier geht. Maßgeblich für die Bestimmung der

---

[504] Ansatzpunkte aus der Produkthaftung heranziehend bereits: *Spindler*, ZUM 1996, 533, 537, 544ff.

[505] Vgl. nur *Spindler*, ZUM 1996, 533, 552, der bei der Haftung für im Internet übermittelten Informationen und Online benutzter Software differenziert, ob die Information und Software dem Teilnehmer lediglich zeitweise während der Benutzung der Dienste ermöglicht wird oder er diese dauerhaft verwenden kann. Hingegen liegt bei der Haftung für vom Kunden gespeicherten Informationen, dem Download, grundsätzlich ein Produkt durch verkörperte Information oder Software vor.

[506] *Spindler*, ZUM 1996, 533, 545.

[507] Vgl. *Sprau*, in: Palandt, BGB, § 823, Rn. 169ff.

[508] BGHZ 80, 199, 202.

Sicherheitsvorkehrungen sind die Sicherheitserwartungen der typischen Benutzerkreise sowie die Art und Intensität der von der Tätigkeit ausgehenden Gefahren[509].

Um einen Vergleich zu der Produktbeobachtungspflicht aufzuzeigen, müsste der Linksetzer allerdings mit dem Hersteller eines Produktes vergleichbar sein. Dieser Vergleich fällt schwer, da der Linksetzer selbst die gefährliche Seite nicht erstellt, sondern vielmehr von anderen übernimmt. Aber auch eine Parallele zum „Quasi-Hersteller" versagt, wenn der Linksetzer nicht als „Hersteller" auftritt. Dies dürfte aber in den Fällen, bei denen es um fremde Inhalte geht, regelmäßig zu verneinen sein. Auch eine Einordnung als Importeur, dem in einem gewissen Rahmen Stichproben zugemutet werden können, dürfte für den Linkfall scheitern, da der Linksetzer eher eine Vermittlungs- als eine Vertriebsfunktion erfüllt. Im Gegensatz zum Fall des Importeurs besteht für den Nutzer hier die Möglichkeit, die jeweiligen Seiten selbst aufzusuchen, wenn er die dahinterstehende URL kennt. Ein Vergleich lässt sich noch am ehesten zum Lieferanten/Vertriebshändler ziehen. Ausreichend hierfür ist das (wenn auch nur weitere) Inverkehrbringen[510], was der Hyperlinksetzer durch die Verbindung mit der gelinkten Seite erfüllt. Für Lieferanten kommt eine Haftung nach dem ProdHG immer dann in Betracht, wenn sie den Hersteller einer Information nicht benennen können. Nach der deliktsrechtlichen Verschuldenshaftung haften die Lieferanten als solche grundsätzlich nicht, weil sie nicht Hersteller sind. Insbesondere wenn es infolge eines Fabrikations- oder Konstruktionsfehlers zur Schädigung eines Abnehmers oder eines sonstigen Dritten gekommen ist, kann der Händler nicht in Anspruch genommen werden, da er das Produkt weder konstruiert noch gefertigt hat und ihm insofern auch keine Sorgfaltspflichten obliegen. Allerdings hat er – je nach Sachkunde, der Art des Produkts und der Funktion, die er im Rahmen der Vertriebskette wahrnimmt – Maßnahmen zur Abwehr von Gefahren zu treffen, die sich aus der Fehlerhaftigkeit der Produkte ergeben können[511]. So kann ihn deliktsrechtlich eine Pflicht zur Überprüfung der Ware auf gefahrgeneigte Beschaffenheit treffen, wenn dazu Anlass besteht oder die Umstände des Falles eine Überprüfung nahe legen[512].

Der Vertriebshändler ist zwar grundsätzlich auch nur dazu verpflichtet, seine Waren vor ihrer Auslieferung an den Kunden auf offensichtliche Mängel und Fehler zu prüfen. Aber unter bestimmten Umständen kann er zu einer genauen Ablieferungsinspektion oder zur Warnung seiner Kunden verpflichtet sein, so etwa dann, wenn er aufgrund von Reklamationen, die ihm oder dem Hersteller zugegangen sind, weiß oder wissen muss, dass bestimmte Fehler häufig vorkommen[513]. Würde man diese Grundsätze zugrunde legen, käme der Linksetzer gut davon und müsste nur in Ausnahmefällen eine Kontrolle auf sich nehmen. Allerdings darf nicht unbeachtet blei-

---

509 BGH, NJW 1970, 1963, 1964 – *Kommafehler*; *Höckelmann*, Die Produkthaftung für Verlagserzeugnisse, S. 87f.
510 Vgl. *Frietsch*, in: Taschner/Frietsch, § 4 ProdHaftG Rn. 71ff.
511 *Kötz/Wagner*, Deliktsrecht, Rn. 469.
512 *Sprau*, in: Palandt, BGB, § 823, Rn. 180.
513 *Kötz/Wagner*, Deliktsrecht, Rn. 470.

ben, dass der Händler – ähnlich wie die Presse – zwangsläufig mit dem Produkt in Berührung kommt und für ihn insofern primär die Prüfungspflicht von Interesse ist. Daher lassen sich die Sachverhalte nicht ganz vergleichen, da es in diesem Zusammenhang beim Linksetzer neben der sowieso eingeschränkten Prüfungspflicht um die Frage der Kontrollpflichten geht. Diese sind für den Händler nicht interessant. Darüber hinaus hat der Linksetzer wesentlich mehr Einfluss als der Lieferant. Er wählt die Angebote aus dem WWW aus, wird also inhaltlich tätig. Insofern erscheint bei Links erst recht eine Kontrolle angezeigt, wenn Anhaltspunkte hierfür vorliegen. Denn das „Mehr" an inhaltlicher Tätigkeit muss auch ein „Mehr" an Kontrolle bedeuten.

(9) Kommunikationsgrundrechte und ihre Anwendbarkeit auf Hyperlinks

Einen weiteren Gesichtspunkt im Rahmen des Abwägungsprozesses könnte das Kommunikationsgrundrecht des Art. 5 GG darstellen. Zwar sind Grundrechte grundsätzlich als Abwehrrechte gegenüber dem Staat zu betrachten, mit der Konsequenz, dass sie im Rahmen dieser Abwägung nicht weiter beachtlich wären. Nachdem allerdings das BVerfG in seiner *Lüth-Entscheidung*[514] die mittelbare Drittwirkung der Grundrechte verfestigt hat, werden diese für den folgenden Abwägungsprozess durchaus bedeutsam. Die Grundrechte sind zwar in erster Linie dazu bestimmt, die Freiheitssphäre des Einzelnen vor Eingriffen der öffentlichen Gewalt zu sichern. Andererseits will das Grundgesetz aber auch keine wertneutrale Ordnung darstellen. Durch den Grundrechtsabschnitt ist eine objektive Werteordnung errichtet worden, die Ausstrahlungen nicht nur auf das öffentliche, sondern auch auf das gesamte Recht, mithin auch auf das bürgerliche Recht hat. Dieses ist daher im Geiste der Grundrechte auszulegen und anzuwenden[515].

Insofern erscheint es nicht von vornherein ausgeschlossen, bei der Konkretisierung der Kontrollpflichten des Linksetzers das Grundrecht des Art. 5 GG einzubeziehen. Gerade wegen der oben aufgezeigten Parallele zum Presserecht, dessen inhaltliche Haftung stark durch dieses Grundrecht geprägt ist, muss die Frage aufgeworfen werden, ob die Schutzwirkung des Art. 5 GG auch auf die Ebene des Internets, insbesondere auf Hyperlinks, transferiert werden kann. Dies hätte die Konsequenz, dass die Kontrollpflichten im Lichte des Kommunikationsgrundrechtes auszulegen und auf ein Mindestmaß herunterzuschrauben wären. Der grundrechtlich verbürgte Schutz der Meinungs-, Presse- und Rundfunkfreiheit lässt sich allerdings nicht ohne weiteres auf die Mechanismen des Internets übertragen. In diesem Zusammenhang wird hauptsächlich zwischen einer Einordnung unter die Presse- oder Rundfunkfreiheit gestritten[516]. Ob überhaupt ein Grundrechtstatbestand und wenn, welcher für

---

[514] BverfG, NJW 1958, 257f. – *Lüth*.

[515] Vgl. *Burkhardt*, in: Wenzel/Burkhardt, Das Recht der Wort- und Bildberichterstattung, Kap. 2, Rz. 4f.

[516] Für eine Einordnung unter die Rundfunkfreiheit *Starck*, in: v. Mangold/Klein/Starck, GG, Art. 5 Rn. 97 nach dem Informationen aus dem Internet, was die Methode ihrer Verbreitung für die Allgemeinheit anbelangt, unter den Rundfunkbegriff passen. Allerdings räumt er ebenfalls, ein, dass das Internet,

Hyperlinks Anwendung findet, bedarf einer genauen Untersuchung. Vorab soll ein kurzer Überblick über die Tatbestände der Meinungs-, Presse- und Rundfunkfreiheit im Zusammenhang mit dem Internet gegeben werden.

(a) Meinungsfreiheit

Grundsätzlich müsste die gewünschte Kommunikationsfreiheit, die ihre grundrechtliche Verbürgung in Art 5 Abs. 1 GG findet, auch für den Hyperlink als den Verweis auf andere Meinungen und Inhalte im Grundsatz anwendbar sein[517], wenngleich im Einzelfall nicht immer Meinungen hinter den Links stehen mögen[518]. In den Schutzbereich von Art. 5 Abs. 1 Satz 1 GG bezieht das BVerfG nicht nur Meinungsäußerungen im eigentlichen Sinne, sondern auch Tatsachenbehauptungen ein, sofern sie nur für die Meinungsbildung von Bedeutung sind[519]. Nur bewusst unwahre und erwiesen unwahre Tatsachenbehauptungen nehmen nicht am Grundrechtsschutz aus Art. 5 Abs. 1 S. 1 GG teil[520]. Keine Rolle spielt dabei, welche Themen berührt werden; die Meinungsfreiheit schützt die Kommunikation in allen Bereichen[521]. So kommt es nicht darauf an, ob die Meinung öffentliche oder private Angelegenheiten betrifft[522]. Der Schutzbereich des Grundrechts reicht vom Äußern bis zum Verbreiten der Meinung[523]. Während dabei das „Äußern" mehr den Aspekt des Sich-nach-außen-Wendens des Grundrechtsträgers im Sinne der vernehm- und sichtbaren Artikulierung der Meinung betont, steht beim „Verbreiten" stärker der Aspekt der Kontaktherstellung mit dem oder den Adressaten der Meinungskundgabe im Vordergrund[524].

Eine Meinungsäußerung durch den Link selbst dürfte grundsätzlich ausscheiden, da die Vermittlungsfunktion im Vordergrund steht und keine eigenständige Meinung durch den Link geäußert wird. Ausnahmen mögen sich da verzeichnen lassen, wo entweder der dem Link zugrunde liegende Text selbst eine Meinungsäußerung enthält oder ggf. bei „zu Eigen gemachten" Links, bei denen eine Äußerung übernommen wird. Die Verweisung könnte als ein Verbreiten der Verweisseite, und damit einer Meinung, angesehen werden. Konsequenterweise muss in diesem Zusammenhang auf die jeweilige Verweisseite abgestellt und geprüft werden, welchen Inhalt diese hat. Für die Links, die in einen meinungs- oder wissenschaftsrelevanten Kon-

---

trotz der dem Rundfunkbegriff unterfallenden Verbreitungsart von seiner Nutzung her nicht die Spezies von Rundfunk ist, die der Rechtsprechung des BVerfG unterfällt.

517 So auch *Pankoke*, von der Presse- zur Providerhaftung, S. 130.

518 *Spindler*, MMR 2002, 495, 502.

519 Vgl. BVerfGE 94, 1, 7; 61, 1, 8; 65, 1, 41- *Volkszählung*; *Pieroth/Schlink*, Staatsrecht II, Rn. 605.

520 BVerfGE 90, 1, 15; 90, 241, 254; 85, 1, 15 – *Kritische Bayer-Aktionäre*.

521 *Jarass*, in: Jarass/Pieroth, GG, Art. 5 Rn. 3.

522 *Pieroth/Schlink*, Staatsrecht II, Rn. 550; *Starck*, in: v. Mangold/Klein/Starck, GG, Art. 5, Rn. 23; *Schulze-Fielitz*, in: H. Dreier, GG, Art. 5, Rn. 44. *Wendt*, in: v. Münch/Kunig, GG, Art. 5 Rn. 8; *Jarass*, in: Jarass/Pieroth, GG, Art. 5, Rn. 29.

523 *Jarass*, in: Jarass/Pieroth, GG, Art. 5 Rn. 6; *Starck*, in Mangoldt/Klein/Starck, GG, Art. 5, Rn. 32; *Wendt*, in v. Münch/Kunig, GG, Art. 5, Rn. 17f.; *Herzog*, in: Maunz/Dürig/Herzog, GG, Art. 5, Rn. 49.

524 *Wendt*, in v. Münch/Kunig, GG, Art. 5, Rn. 17.

text eingebettet sind, kann demnach die Bedeutung von Art. 5 GG Berücksichtigung finden[525]. Denn dann, wenn auch tatsächlich meinungsbildende Inhalte verbreitet werden, kann der Linksetzer in den Genuss der grundrechtlich verbürgten Freiheiten kommen.

Damit, dass in bestimmten Fällen Art. 5 Abs. 1 S. 1 GG Anwendung findet, ist allerdings noch nicht gesagt, dass die Verweisungen auch ohne weiteres statthaft sind, insbesondere keine Kontrollen erfolgen müssen. Einige Aussagen diesbezüglich werden bereits durch das Gesetz selbst getroffen. So ist der Verweis auf inkriminierte Inhalte im Rahmen eines wissenschaftlichen Werkes von Art. 5 GG gedeckt[526]. Diese Vorgabe des Art. 5 GG wird beispielsweise im Strafrecht dadurch konkretisiert, dass es in §§ 86 Abs. 3, 86a Abs. 3 und 130 Abs. 5 StGB bereits auf Tatbestandsebene eine Verantwortlichkeit verneint, sofern das Propagandamittel der staatsbürgerlichen Aufklärung, der Kunst, Wissenschaft, Forschung, Lehre, Berichterstattung über Vorgänge des Zeitgeschehens sowie weiterer anerkennenswerter Zwecke dient. Diesen Wertungen kann man also entnehmen, dass, sofern das Verbreiten einem anerkennenswerten Zweck dient, dieses auch statthaft ist[527]. Wenn also mittels eines Links auf volksverhetzende Inhalte verwiesen wird, müsste auch dies möglich sein, wenn sich feststellen ließe, dass das Angebot der staatsbürgerlichen Aufklärung, der Kunst oder der Wissenschaft, der Forschung oder Lehre, der Berichterstattung über Vorgänge des Zeitgeschehens, Geschichte oder ähnlichen Zwecken dient[528]. Eine Übertragung dieser Grundsätze auf alle Rechtsgebiete ist jedoch nicht möglich. Letztlich können die Kommunikationsgrundrechte aus Art. 5 Abs. 1 GG zwar zu einer Einschränkung der Pflichten führen, nicht jedoch zur Aufhebung jeglicher Kontrollpflicht[529]. Denn schließlich unterliegt auch der Hyperlinksetzer den Schranken der allgemeinen Gesetze nach Art. 5 Abs. 2 GG, insbesondere dem Schutz des Persönlichkeitsrechts.

(b) Pressefreiheit

Etwas anders stellt sich die Pressefreiheit dar. Nach anfänglichen Ungenauigkeiten innerhalb des Art. 5 Abs. 1 GG unterscheidet das BVerfG jetzt präzise zwischen der Meinungsäußerungsfreiheit des Art. 5 Abs. 1 S. 1 GG und der Pressefreiheit Art. 5 Abs. 1 S. 2 GG. Während die Freiheiten des Art. 5 Abs. 1 S. 1 GG die Individualkommunikation betreffen, geht es in den Freiheiten des Art. 5 Abs. 1 S. 2 GG ausschließlich um Vorgänge der Massenkommunikation[530]. Der Umfang der Äußerungsfreiheit ist grundsätzlich unabhängig von dem Medium, das für die Verbreitung von Äußerungen benutzt wird. Wie der BGH mit Recht hervorgehoben hat, können sich

---

[525] *Stadler*, Haftung für Informationen im Internet, Rn. 174.
[526] *Eichler/Helmers/Schneider*, Supplement K&R zu BB Beilage 48/97, S. 23ff.
[527] *Tröndle/Fischer*, StGB, § 86 Rn. 11f.
[528] Vgl. *Stadler*, Haftung für Informationen im Internet, Rn. 176.
[529] Vgl. *Spindler*, in: Hoeren/Sieber, Handbuch Multimedia-Recht, Kap. 29, Rn. 252 m. w. Nachw.
[530] Vgl. etwa *Pieper/Wiechmann*, ZUM 1995, 82, 87.

aber die „Presse“ oder der „Rundfunk“ nicht äußern, sondern immer nur die in diesen Institutionen tätigen Menschen[531].

Der Begriff der Pressefreiheit ist nach ständiger Rechtsprechung weit und formal auszulegen[532]. Unter den Schutzbereich der Presse fallen alle zur Verbreitung an die Allgemeinheit geeigneten und bestimmten Druckerzeugnisse[533], wobei der Inhalt im Einzelnen weniger eine Rolle spielt[534]. In diese klassische Definition sind grundsätzlich verkörperte Gegenstände einbezogen; geschützt sind nicht nur Zeitungen und Zeitschriften jeder Art, sondern beispielsweise auch Bücher, Plakate Bilder, Flugblätter, Broschüren, Kassetten, Handzettel usw.[535]. Die Pressefreiheit kommt – was gerade im Linkrecht interessant sein könnte – unter anderem auch dem Anzeigenteil zugute[536], wobei der Schutz im Einzelnen nicht so weit gehen muss wie beim redaktionellen Teil[537]. Unter die Begriffsbestimmung der Presse sind Internet-Inhalte, und damit auch Verweise, nur schwer subsumierbar, da die im Netz abrufbare Information nicht verkörpert ist. Sie kann grundsätzlich erst dann zu einem Druckerzeugnis werden, wenn sie mit einem Informationsträger in Verbindung gerät; also wenn sie etwa auf Papier ausgedruckt oder auf Diskette gespeichert wird. Ob dieses Verständnis aber so beibehalten werden kann ist fraglich, denn hiernach wäre auch beispielsweise der Internet-Auftritt einer Zeitung nicht von der Pressefreiheit geschützt. Die Lösung könnte in der Aufgabe des Erfordernisses der Verkörperung gesucht werden[538]. Konsequenz dieses Weges wäre allerdings nicht nur der Effekt eines über die Meinungsfreiheit hinausgehenden Grundrechtsschutzes für Informationen im Netz, sondern auch der Nebeneffekt, dass dann ausnahmslos jeder Inhalt im Netz Presse wäre.

Unabhängig davon kommt der Linktechnik aber auch eher eine unterstützende als eine tragende Funktion zu, da die Inhalte „lediglich“ weiterverbreitet werden. Dies dürfte allerdings insofern gleichgültig sein, als von der Pressefreiheit grundsätzlich alle wesensmäßig mit der Pressearbeit zusammenhängenden Tätigkeiten „von der Beschaffung der Information bis zur Verbreitung der Nachricht und Meinung“ erfasst werden[539]. Grundrechtsträger sind dabei alle Personen und Unternehmen, die in enger organisatorischer Bindung zu den geschützten Tätigkeiten stehen. So werden

---

[531] BGHSt 18, 182 – *Callgirl*.
[532] *Burckhardt*, in: Wenzel/Burkhardt, Das Recht der Wort- und Bildberichtersattung, Kap. 1, Rz. 30.
[533] BVerfGE 95, 28, 35 – *Werkszeitung; Starck*, in: v. Mangold/Klein/Starck, GG, Art. 5, Rn. 59. *Schulze-Fielitz*, in: H. Dreier, GG, Art. 5, Rn. 68. *Wendt*, in v. Münch/Kunig, GG, Art. 5, Rn. 30.
[534] Vgl. *Starck*, in: v. Mangold/Klein/Starck, GG, Art. 5, Rn. 59.
[535] Vgl. *Jarass*, in Jarass/Pieroth, GG, Art. 5, Rn. 25; *Wendt*, in: v. Münch/Kunig, GG, Art. 5 Rn. 30.
[536] BverfGE 21, 271, 278; 64, 108, 114, AfP 1983, 287ff.; BFH, NJW 1974, 1157f.; *Starck*, in: v. Mangold/Klein/Starck, GG, Art. 5, Rn. 61; a.A. OLG München, NJW 1958, 1298, 1302.
[537] BVerfGE 64, 108, 118f.
[538] Bezweifelnd *Starck*, in: v. Mangold/Klein/Starck, GG, Art. 5, Rn. 98; ebenso in Bezug auf den Begriff der Presse *Jarass*, Online-Dienste und Funktionsbereich des Zweiten Deutschen Fernsehens, S. 17; anders *Gersdorf*, Der verfassungsrechtliche Rundfunkbegriff im Lichte der Digitalisierung der Telekommunikation, S. 144 ff.; *Hoffmann-Riem*, Kommunikationsfreiheiten, Rn. 150; *Fiedler*, Meinungsfreiheit in einer vernetzten Welt, S. 29 f.
[539] BVerfGE 20, 162, 176.

neben den Verlagen auch Herausgeber, Redakteure und sonstige Verlagsmitarbeiter, Buchhändler und Grossisten sowie Presseagenturen geschützt[540]. Art. 5 Abs. 1 S. 2 GG umfasst sogar sog. presseredaktionelle Hilfsunternehmen[541], nicht jedoch presseexterne Hilfstätigkeiten. Voraussetzung für die Einbeziehung bloßer Hilfstätigkeiten unter den Schutz der Pressefreiheit ist aber, dass die Tätigkeit typischerweise pressebezogen ist, in enger organisatorischer Bindung an die Presse erfolgt und die staatliche Regelung zugleich einschränkend auf die Meinungsverbreitung wirkt[542].

Der Hyperlinksetzer ermöglicht aber nicht nur die Verbindung zu den fremden Inhalten, sondern er sucht diese vielmehr auch willentlich aus der Menge des Internets heraus. Insofern deutet sein Verhalten auf einen engen organisatorischen und funktionalen Bezug zu den Verweisseiten hin. Wesentliche Voraussetzung in diesem Zusammenhang ist allerdings, dass nicht jeder Link diesen Pressebezug aufweist, sondern immer auf den jeweiligen Verweisinhalt abzustellen ist.

(c) Rundfunkfreiheit

Der Schutzbereich der Rundfunkfreiheit umfasst die Veranstaltung und Verbreitung von Darbietungen aller Art für einen unbestimmten Personenkreis mit Hilfe elektrischer Schwingungen[543], wobei dieses Verständnis durch den länderrechtlichen Rundfunkbegriff geprägt ist. Das Bundesverfassungsgericht sieht die Einordnung des Rundfunks etwas anders, hat allerdings bis heute keine präzise Definition des Rundfunkbegriffs abgegeben. Zumindest bewertet es die Übertragung mittels elektromagnetischer Schwingungen, die der einfachgesetzliche Rundfunkbegriff zum konstitutiven Merkmal erhebt, als nicht entscheidend. Dies hat die Konsequenz, dass nicht alles, was mittels elektromagnetischer Schwingungen übertragen wird, deshalb bereits Rundfunk ist[544]. Wesentlicher Unterschied zur Pressefreiheit ist der elektronische Verbreitungsweg. Die Rundfunkfreiheit dient der Gewährleistung freier, individueller und öffentlicher Meinungsbildung[545] und ist von fundamentaler Bedeutung[546]. Wie bei der Pressefreiheit fallen auch hier alle wesensmäßig mit der Veranstaltung von Rundfunk zusammenhängenden Tätigkeiten von der Beschaffung der Informationen und der Produktion der Sendung bis hin zu ihrer Verbreitung unter den Schutzbereich der Norm[547].

Hyperlinks können dann unter den Schutzbereich der Rundfunkfreiheit fallen, wenn sie dem klassischen Rundfunk in seiner Aktualität, Breitenwirkung und Suggestivkraft nahe kommen. Darüber hinaus müssten sie geeignet sein, die öffentliche Meinung

---

540 *Jarass,* in Jarass/Pieroth, GG, Art. 5, Rn. 28.
541 *Wendt*, in: v. Münch/Kunig, Art. 5, Rn. 33.
542 BVerfGE 64, 108, 114; BVerfGE 66, 116, 133f.; BVerfGE 77, 346, 354; *Jarass*, in: Jarass/Pieroth, GG, Art. 5 Rn. 27.
543 OVG NW, DÖV, 78, 519f.
544 BVerfGE 12, 205, 227f.
545 BVerfGE 57, 295, 319; 59, 231, 257; 74, 297, 322.
546 BVerfGE 13, 54, 80; 35, 202, 222f.; 77, 65, 74.
547 BVerfGE 77, 65, 74; 91, 125, 135; BGHZ 110, 371, 375.

einseitig zu beeinflussen. Geht man von den aufgeführten Kriterien aus, erscheint es nicht ganz unbedenklich, dem Hyperlink, gerade im Hinblick auf die öffentliche Meinungsbildung, einen ähnlichen Einfluss wie dem Hörfunk zuzubilligen. Andererseits liegt die dem Rundfunk immanente Vermittlungsfunktion durchaus vor. Dem Rundfunk wesensimmanent ist, dass er die ständig neu entstehenden Meinungen, Informationen und Ereignisse für den Konsumenten aufbereitet. Zwar stellt sich der Nutzer im Falle der Links sein „Programm" selber aus der Fülle der Linkangebote zusammen. Letztlich hat der jeweilige Linksetzer jedoch bereits vorher den entsprechenden Verweis eigenhändig ausgewählt und insofern eine inhaltliche Vorauswahl getroffen. In dieser Entscheidung über die Aufnahme bestimmter Inhalte, mag man die redaktionelle Arbeit des Linksetzers sehen. Kritisch gesehen kommt diese allerdings etwas kurz, da man auch von einem bloßen Zusammenstellen der Informationen sprechen könnte. Bloße Zusammenstellungen thematisch eng begrenzter Informationen, wie sie bei einem Produktkatalog vorliegen, werden allerdings nicht mehr von Art. 5 Abs. 1 S. 2 GG erfasst[548]. In jedem Fall dürfte das Erfordernis der Adressierung an die Allgemeinheit gegeben sein. Anders als beispielsweise beim Telebanking, der Email oder passwortgeschützten Diensten[549] richtet sich die Benutzung des Links an einen unbestimmten Personenkreis.

(d) Anwendbarkeit auf Hyperlinks

Wie sich zeigt, lässt sich der zugrunde liegende Sachverhalt nicht zufriedenstellend unter die Schutzbereiche des Art. 5 Abs. 1 S. 2 GG subsumieren. Ob Hyperlinks nunmehr unter den einen oder anderen Schutzbereich fallen, lässt sich nicht eindeutig klären. Nach welchem Grundrecht die Schutzwirkung erfolgt, ist dabei aber gleichgültig. Denn umgangssprachlich kann der Output des multimedialen Internets Meinung, Zeitung, Rundfunk oder Film sein. Art. 5 Abs. 1 S. 2 GG regelt allgemein gesprochen die instrumentelle Meinungsverbreitung im Sinne eines Schutzes für Medien der Massenkommunikation für die allgemeine Öffentlichkeit durch besonders nachhaltig wirksame publizistische Verbreitungsformen[550]. Dem Internet als neue Informationsplattform, wie sie sukzessive die traditionelle Printpresse oder den althergebrachten Rundfunk ersetzt[551], kann dieser Schutz nicht von vornherein entzogen werden. Zwar knüpft der sachliche Schutzbereich des Art. 5 Abs. 1 S. 2 GG an die herkömmlichen Erscheinungsbilder von Presse, Rundfunk und Film an. Sein Schutz wächst aber mit neuen technischen Entwicklungen mit, soweit die neuen Kommunikationsmittel die gleiche Funktion erfüllen wie die herkömmlichen[552]. Insofern ist es richtig, gerade in Bezug auf das Internet, von der die einzelnen Grundrechte des Art. 5 Abs. 1 S. 2 GG zusammenfassenden Kommunikationsfreiheit zu spre-

---

[548] Vgl. BVerfG, DVBl. 1998, 469, 470.
[549] Vgl. *Jarass*, AfP 1998, 133, 139.
[550] *Schulze-Fielitz*, in: H. Dreier, GG, Art. 5, Rn. 65.
[551] So auch *Hoffmann-Riem*, Kommunikationsfreiheiten, Rn. 100.
[552] *Germann*, Gefahrenabwehr und Strafverfolgung im Internet, S. 226; *Schulze-Fielitz*, in: H. Dreier, GG, Art. 5 Rn. 67.

chen und in dessen Schutzbereich grundsätzlich auch die Anbieter im Internet einzubeziehen.

Allerdings ist die Anwendbarkeit wegen der im Internet vorherrschenden zunehmenden bloßen Transportfunktion bzw. dem technischen Verbreitungscharakter und abnehmenden unmittelbaren Kommunikationsbezug nicht unproblematisch. Während für den Host Provider noch eine Anwendbarkeit des Art. 5 Abs. 1 S. 2 GG angenommen wird, wenn der konkret in Frage stehende Inhalt durch ein Kommunikationsgrundrecht geschützt ist[553], muss eine solche beispielsweise für den Access Provider versagt werden[554]. Die Tätigkeit des Access Providers ist gerade nicht auf kommunikative Inhalte bezogen und weist keinen engen organisatorischen und funktionalen Pressebezug auf. Die Access Provider haben als bloße Übermittler von Daten kein eigenes Interesse an den übermittelten Daten[555].

Wo sich nunmehr Hyperlinks in diesem Kontext ansiedeln, lässt sich nicht ohne weiteres beantworten. Zwar bezieht sich auch der BGH in seiner jüngst ergangenen „*Schöner-Wetten*"-Entscheidung im Rahmen der Prüfungspflichten auf den Schutzgedanken der Meinungs- und Pressefreiheit, er lässt jedoch eine klare Zuordnung zu dem einen oder anderen Schutzbereich offen[556].

Wie bereits oben gesehen, lassen sich Hyperlinks nur schwerlich der einen (Host Provider) oder der anderen (Access Provider) Gruppe zuweisen, nehmen sie doch eher eine Zwitterstellung ein. Durch die ihnen anhaftende inhaltlich wertende Komponente beinhalten sie regelmäßig ein „inhaltliches Mehr" als das Access Providing. Umgekehrt werden die Inhalte aber auch nicht im Sinne des Host Providings bereitgehalten. Da es für die Frage der Grundrechte jedoch nicht auf das Bereithalten, sondern auf die Bereitstellung der Inhalte für die Öffentlichkeit ankommt, liegt in diesem Fall eine Anlehnung der Links an die Einordnung der Host Provider nahe.

Umgekehrt bestehen im Hinblick auf die Kommunikationsfreiheit des Art. 5 Abs. 1 S. 2 GG auch Differenzen. Bei Rundfunk und Presse steht die meinungsbildende Funktion im Vordergrund. Bei Hyperlinks hingegen sind die für die Presse typischen redaktionellen Arbeiten oder gar Moderationen abstrakt gesehen sicher nicht zu finden. Wenn im konkreten Fall selbst der Inhalt der Verweisseite nicht als Presse oder Rundfunk einzuordnen ist und so den Grundrechtsschutz des Art. 5 Abs. 1 S. 2 GG nicht für sich beanspruchen kann, kann auch nichts anderes für den auf diesen Inhalt verweisenden Linksetzer gelten. Der Blickwinkel ist somit von dem den Inhalt verbreitenden Medium, hier dem Hyperlink, auf die Inhalte selber zu lenken. Es kann bei deren Verbreitung daher nur um einen auf die jeweilige Funktion und Inhaltsverbreitung bezogenen Schutz gehen[557]. Gerade im Internet zeigt sich, dass weg von den

---

[553] Vgl. hierzu *Spindler/Volkmann*, WRP 2003, 1, 9, 12.
[554] Vgl. hierzu *Spindler/Volkmann*, WRP 2003, 1, 9, 13.
[555] Vgl. *Engel*, Kabelfernsehen, S. 27f.
[556] BGH, CR 2004 613, 615 – „*Schöner Wetten*".
[557] *Spindler/Volkmann*, WRP 2003, 1, 12 – dort allerdings für den Host Provider.

tradierten Verbreitungsformen Presse, Rundfunk oder Film und damit weg von einem bloßen Abstellen auf das Medium der Verbreitung eine Besinnung auf die einzelnen und konkreten Inhalte erforderlich ist. Insofern kann für Hyperlinks durchaus der Schutz des Art. 5 GG eine Rolle spielen, soweit der verwiesene Inhalt dem Schutzbereich dieses Grundrechts unterfällt[558]. Abschließend gilt es allerdings festzuhalten, dass das Grundrecht des Art. 5 GG nur in den Grenzen des Abs. 2 gewährt wird und daher den allgemeinen Gesetzen untersteht. Von daher können Kontrollpflichten zwar auf ein Mindestmaß heruntergeschraubt, im Endeffekt aber nicht ganz vernachlässigt werden.

(10) Zumutbarkeit

Grenze aller Kontrollen ist deren Zumutbarkeit, welche als wesentliches Element Eingang in den Abwägungsprozess erhalten muss. Dieses Merkmal ist als Haftungsvoraussetzung geradezu ein Leitmotiv der Rechtsprechung zur Verantwortlichkeit für mittelbare Rechtsverletzungen[559]. Der Verkehrspflichtige muss nur solche Maßnahmen ergreifen, die objektiv erforderlich und zumutbar sind. Auch dem Strafrecht ist das Kriterium der Zumutbarkeit im Zusammenhang mit Garantenpflichten nicht unbekannt[560] und immer dann gegeben, wenn das Gewicht der Interessen, die preiszugeben wären, dem Gewicht des drohenden Erfolges entspricht[561]. Anknüpfungspunkt sollten in diesem Zusammenhang in erster Linie die Kontrollpflichten sein, denn sie sind der notwendige Zwischenschritt, bevor überhaupt über eine Entfernung des Links nachgedacht werden kann. Sie sind aber auch diejenigen Pflichten, die weitaus einschneidender sind als die bloße Beseitigung. Würde man dem Hyperlinksetzer eine uneingeschränkte Kontrollpflicht auferlegen, nähme dies ein Ausmaß an, das praktisch und wirtschaftlich nicht zu bewältigen wäre[562].

Die Frage der Zumutbarkeit lässt sich allerdings nicht abstrakt beantworten, vielmehr ist die Abwägung im jeweiligen Einzelfall entscheidend. Hierbei handelt es sich um eine Abwägung im engeren Sinne. Da die Zumutbarkeit als solche keine inhaltlichen Maßstäbe vorgibt, erscheint eine Interessenabwägung erneut geboten, bei der neben dem bereits oben geprüften Rang der tangierten Rechtsgüter und den Gefährdungschancen[563] auch die in Betracht kommenden Rettungschancen zu berücksichtigen sind[564]. Vom Pflichtigen können nur solche Maßnahmen verlangt werden, die in einem vernünftigen und zumutbaren Verhältnis zum drohenden Schaden an einem Rechtsgut stehen. Darüber hinaus ist die Höhe des Aufwandes zu beachten, die zur

---

[558] So auch *Spindler*, GRUR 2004, 724, 728, der eine Anwendung des Art. 5 Abs. 1 GG nur für meinungsbildende Inhalte in Anspruch nimmt.

[559] BGH, GRUR 1997, 313 – *Architektenwettbewerb*; BGH, GRUR 1999, 418 – *Möbelklassiker*; BGH, CR 2001, 850 – *ambiente.de*; vgl. auch *Pankoke*, Von der Presse- zur Providerhaftung, S. 182.

[560] Wobei die dogmatische Einordnung der Zumutbarkeit im Rahmen der Unterlassungsdelikte zum Teil unterschiedlich gesehen wird – vgl. *Lenckner*, in Schönke/Schröder, StGB, Vor § 13 Rn. 155.

[561] Vgl. *Kühl*, in: Lackner/Kühl, StGB, § 13 Rn. 5.

[562] So auch *Boese*, Strafrechtliche Verantwortlichkeit für Verweisungen durch Links im Internet, S. 180.

[563] BGHSt , 20, 23; 6, 46, 57.

[564] Vgl. hierzu allgemein *Sieber*, CR 1997, 581, 585.

Beseitigung der Gefahr aufgewandt werden muss, wobei insofern nicht auf die individuelle Leistungsfähigkeit abgestellt, sondern vielmehr ein objektiver Maßstab zugrunde gelegt wird[565]. Der Verkehr kann sich nicht auf die unbekannte Finanzsituation des Pflichtigen und die dadurch bedingte Absenkung eines Sicherheitsstandards einstellen. Er muss vielmehr auf die Einhaltung eines Mindeststandards vertrauen dürfen[566]. Hinsichtlich des Aufwandes gilt: Je gefährlicher ein Gegenstand für Leib und Leben ist, um so mehr treten die Kostengesichtspunkte in den Hintergrund[567].

Der eigentliche Beseitigungsaufwand für den Linksetzer ist zwar sehr gering, da er „nur" den Hyperlink von seiner Seite entfernen muss, was weder mit hohen Kosten noch erheblichem Personal- oder Zeitaufwand verbunden ist. Allerdings können die Kontrollen von fremden Angeboten, auf die per Link verwiesen wird, im Einzelnen zu einem hohen Aufwand führen. In erster Linie hängt dies damit zusammen, dass es technisch nicht möglich ist, Angebote im Internet mittels eines automatisierten Verfahrens bezüglich ihrer Inhalte zu kontrollieren[568]. Es müssten Mitarbeiter abgestellt werden, welche ständig mit der Kontrolle fremder Seiten beschäftigt sind. Umgekehrt kann dieser Aufwand aber auch durch entsprechende Einnahmen kompensiert werden, die sich aus der Verlinkung der Seite ergeben. Hierdurch können sich die Anforderungen an die Zumutbarkeit relativieren.

Weiterhin sind die Gefährdungs- und Rettungschancen zu beachten, die im Fall von Hyperlinks bestehen. Zwar ist die Gefährdung der durch Missbräuche von Links betroffenen Rechtsgüter im Verhältnis zu den rechtlich nicht zu beanstandeten Seiten sehr gering. Allerdings wurde bereits oben festgestellt, dass auf die konkrete Seite im Einzelfall abzustellen ist. Gegen wirkungsvolle Rettungsmaßnahmen durch Kontroll- und ggf. daraus folgende Beseitigungspflichten könnte eingewandt werden, dass die jeweils rechtswidrige Seite zumeist auf anderen Wegen, in jedem Fall aber durch Eingabe der URL erreichbar ist. Insofern dürfte die Rettungschance zur Verhinderung der Verbreitung rechtswidriger Inhalte nicht allzu hoch anzusiedeln sein, da der Gefahrenherd immer noch vorhanden ist. Umgekehrt lässt sich aber auch eine Minimierung der Gefährdung vorweisen. Die Frage ist, ob auch die bloße Minimierung der Rechtsverletzung verhältnismäßig aufwändige Kontrollpflichten rechtfertigt. Bereits mehrfach wurde angeführt, dass die Gefahr aber gerade in der bloßen Verlinkung – einerseits durch die verstärkte Verbreitung der Inhalte, andererseits durch die Ermöglichung des Auffindens der Inhalte – zu sehen ist, so dass die Rettungschancen zur Verhinderung dieser Gefahr durchaus positiv zu beurteilen sind. Schließlich

---

[565] Vgl. *J.Hager*, in: Staudinger, 1999, § 823, E Rn. 31.

[566] Vgl. BGH, VersR 1960, 416, 418; *J.Hager*, in: Staudinger, 1999, E Rn. 31.

[567] Bei Arzneimitteln verbietet sich jede Rücksicht auf die Absatzinteressen der Hersteller (BGH, VersR 1972, 1075, 1076). Zweckbestimmung und Inhalt von Druckwerken können besondere, unter Umständen auch aufwendige Korrekturmaßnahmen erforderlich machen (BGH, JZ 1971, 63, 64). Letztlich kann ein Ladeninhaber nicht einwenden, kein Streusalz übrig zu haben. Konsequenz wäre viel eher, den Laden nicht zu öffnen. Vgl. insgesamt hierzu *v. Bar*, Verkehrspflichten, S. 128.

[568] Vgl. auch *Boese*, Strafrechtliche Verantwortlichkeit für Verweisungen durch Links im Internet, S. 179, *Sieber*, CR 1997, 581ff.

kann ein Link, welcher von einer weit verbreiteten Seite ausgeht, einen extrem großen Einfluss haben. Dessen Entfernung vermindert die Gefahr erheblich, so dass im Hinblick auf die Kontrollpflichten ein größerer Aufwand zumutbar wird.

(11) Eigener versus fremder Inhalt

Bezüglich der Kontrollpflichten erscheint ebenfalls eine Differenzierung zwischen den unterschiedlichen Links bzw. eher noch zwischen den verwiesenen Inhalten geboten[569]. Im Unterschied zu fremden Inhalten müssen für „zu Eigen gemachte“ Inhalte sehr viel stärkere Kontrollpflichten erwachsen. Wäre der Inhalt auf der eigenen Seite, bestünde schließlich eine volle Verantwortlichkeit. Zwar fehlt es dem Hyperlinksetzer an dem – sicherlich nicht unwesentlichen – Merkmal der Beherrschbarkeit der Inhalte. Andererseits darf es durch die Wahl einer anderen Gestaltungsform nicht zu einer Umgehung der eigenen Haftung führen. Auf herkömmlichen WWW–Seiten befinden sich zudem auch nicht Tausende von Hyperlinks, so dass eine Kontrolle der Verweisseiten grundsätzlich verlangt werden kann. Darüber hinaus dürfte aber auch der Linksetzer selbst ein Interesse an häufigen Kontrollen haben, denn wenn er sich den Inhalt „zu Eigen macht“ und dadurch mit der verwiesenen Seite in Verbindung gebracht wird, diese geradezu ein Teil seines eigenen Angebots wird, liegt es auch in seinem Interesse, dass keine rechtswidrigen Verweisseiten vorliegen. Schon in den Anfängen der Diskussion über Hyperlinks wurde vorgeschlagen, dass sich der Provider die Verletzung fremder Rechte dann genauso zurechnen lassen müsse, als wenn er sie ohne jegliche Kontrolle zugelassen hätte, wenn die Homepage des Anbieters qualifizierte Hinweise zu den einzelnen Weiterverzweigungen enthalte[570]. Diesen Ansatz gilt es fortzusetzen[571], und es bietet sich insofern im Hinblick auf die Kontrollpflichten an, eine Differenzierung zwischen „zu Eigen gemachten“ und fremden Verweisungen vorzunehmen, wobei für erstere wesentlich höhere Anforderungen an die Kontrollpflichten zu stellen sind.

b. Abwägungsergebnis

Im Ergebnis lässt sich nach der vorgenommenen Abwägung festhalten, dass die oben festgestellten Prüfungspflichten über die presserechtlichen Maßstäbe hinaus dahingehend modifiziert werden müssen, dass eine Prüfung nur bei Kenntnis oder fahrlässiger Nichtkenntnis stattzufinden hat. Die Kontrollpflichten werden somit auf ein vernünftiges Maß beschränkt[572]. Durch das Erfordernis einer Kontrolle bei Anhaltspunkten wird auch keine aktive Überwachungspflicht gefordert, sondern eine

---

[569] Ähnlich bereits *Spindler*, ZUM 1996, 533, 554.
[570] *Spindler*, ZUM 1996, 533, 554.
[571] Vgl. hierzu auch *Spindler*, MMR 2002, 495, 503; *Köster/Jürgens*, MMR 2002, 420, 423, die sogar in Anlehnung ans Presserecht bei einem zu Eigen machen die Linksetzer als intellektuellen Verbreiter genauso haften lassen wollen wie Autoren.
[572] A. A. *Mann*, AfP 1998, 129, 132; *Wiebe*, in: Ernst/Vassilaki/Wiebe, hyperlinks, Rz. 149; AG Berlin-Tiergarten, MMR 1998, 49 m. Anm. *Hütig* = CR 1998, 111 m. Anm. *Vassilaki*, die eine Inanspruchnahme nur bei positiver Kenntnis der Inhalte befürworten.

gemäßigte Kontrolle, wenn die Umstände für eine rechtswidrige Verweisseite sprechen.

Diese Pflicht, sich bei bestimmten Umständen Kenntnis der Inhalte zu verschaffen, ist im Gegensatz zur Presse notwendig. Denn während diese vor einer Veröffentlichung notwendigerweise Kenntnis von dem jeweiligen Inhalt erhält, der sich im Folgenden auch nicht mehr verändert, ist bei Links auf fremde Webseiten keineswegs eine Kontinuität der Inhalte gesichert. Der Anbieter der Verweisseite hat es in der Hand, die Inhalte jederzeit nach seinem Belieben zu ändern. Hiervon muss sich der Linksetzer zumindest in den Fällen, in denen die Umstände für rechtswidrige Inhalte sprechen, Kenntnis verschaffen.

Ein dem TDG/MDStV zu entnehmendes Kontrollverbot ließe sich ohne ausdrückliche gesetzliche Regelung für Links nicht rechtfertigen. Denn nach den allgemeinen Gesetzen obliegt es demjenigen, der eine Gefahrenquelle in den Verkehr bringt, auch Kontrollen durchzuführen.

Durch das Einführen einer solchen gemäßigten Kontrollpflicht wird auch der Dynamik von Inhalten (unbillige Haftung für veränderte Inhalte) Rechnung getragen. Eine ständige Kontrolle, die technisch ohne weiteres möglich wäre[573], würde schon bei kleineren Linksammlungen zu einem Ding der Unmöglichkeit für den Linksetzenden[574] und wäre zudem mit dem großen Nutzen der Links nicht vereinbar. Die Wahrscheinlichkeit, dass über Links gefährliche Inhalte verbreitet werden, ist zu gering, als dass man pauschal für alle Linksetzer eine Kontrollpflicht einführen müsste. Umgekehrt kann der Linksetzer nicht auf seine Nichtkenntnis vertrauen und sich ohne Kontrolle zurücklehnen, frei nach dem Motto „wer nicht kontrolliert, hat auch keine Kenntnis der Inhalte". Dies würde eine ungerechtfertigte Schlechterstellung des freiwillig Kontrollierenden gegenüber dem die Augen verschließenden bedeuten.

Dem Linkanbieter obliegt es somit im Rahmen seiner Verkehrs-/Garantenpflicht, die durch einen Link verknüpften fremden Webseiten bei auf die Rechtswidrigkeit von Verweisinhalten deutenden Hinweisen selbst oder mittels speziell hierfür eingesetzten Personals abzurufen und auf ihre inhaltliche Unbedenklichkeit hin zu überprüfen. Solche Umstände können beispielsweise dann gegeben sein, wenn der Linksetzer durch Dritte konkrete und verlässliche Hinweise auf diese Inhalte erhält[575]. Dass dieser Weg, der nicht ganz fern der Linie von Art. 14 ECRL und § 11 TDG[576] für Schadenersatzansprüche liegt[577], vom Ansatz nicht ganz falsch sein kann, zeigt auch ein

---

[573] Anders *Boese*, Strafrechtliche Verantwortlichkeit für Verweisungen durch Links im Internet, S. 179; *Sieber*, CR 1997, 581 ff., der sich hier aber auf eine Kontrolle der Inhalte selbst bezieht. Technisch einfach durchführbar sei ein Kontrollsystem, das die Veränderung von Inhalten anzeigt und dem Operator dann die Entscheidung überlässt.

[574] So auch *Boese*, Strafrechtliche Verantwortlichkeit für Verweisungen durch Links im Internet, S. 180.

[575] *Stadler*, Verantwortlichkeit für Informationen im Internet, Rn. 105.

[576] Vgl. zu der Frage des Verständnisses des § 11 Satz 1 Ziff. 1 TDG, *Eck/Ruess*, MMR 2003, 263ff.

[577] Die Nichtanwendbarkeit des TDG auf Hyperlinks hindert nicht, dessen Wertungen im Rahmen der allgemeinen Haftungsgrundlagen aufzugreifen. § 11 TDG entfaltet keine diesbezügliche Sperrwirkung.

Vergleich mit der Regelung im Österreichischen Umsetzungsgesetz, § 17[578] „E-Commerce-Gesetz“[579], bei dem vergleichbare Abgrenzungsfragen wie im deutschen Recht auftreten[580]. So ähnelt das Ergebnis hinsichtlich der Prüfungspflichten der dort gefundenen Regelung, bei der eine Inanspruchnahme nur bei Kenntnis der Rechtswidrigkeit oder im Hinblick auf Schadenersatzansprüche bei Bewusstsein der Tatsachen und Umstände, aus denen sich die rechtswidrige Tätigkeit oder Information offensichtlich ergibt, besteht. Allerdings wird das Bewusstsein der offensichtlichen Umstände, aus denen sich die Rechtswidrigkeit ergibt, dahingehend ausgelegt, dass im Rahmen des Schadenersatzes eine Prüfung der Rechtswidrigkeit, nicht aber der Inhalte stattzufinden hat[581]. Eine Verantwortlichkeit besteht also tatsächlich nur bei positiver Kenntnis. Dies lässt sich mit dem in § 8 Abs. 2 S. 1 TDG bzw. dem in § 18 ECG aufgestellten Überwachungsverbot rechtfertigen, welches ansonsten umgangen würde. Dies wird vor allem für nachträgliche Änderungen relevant, da ansonsten aktive Beobachtungspflichten statuiert würden[582]. Wann aber konkret die Umstände für eine Kontrolle sprechen, muss dem Einzelfall vorbehalten sein. Man wird anhand des jeweiligen Hinweises, der Menge der Verweisungen, der Größe der verwiesenen Seite und dem Aufwand der Kontrollen zu einem angemessenen Ausgleich finden müssen.

Im Gegensatz dazu hat für „zu Eigen gemachte“ Inhalte eine weitaus häufigere Kontrolle stattzufinden, die nicht nur auf eine solche bei Anhaltspunkten beschränkt ist. Diese höheren Anforderungen lassen sich mit der starken Bindung und der Ersparnis des eigenen Beitrags rechtfertigen und sind insofern auch mit der Grenze der Zumutbarkeit vereinbar. Hier hat der Linksetzer in gewissen Zeitabständen Kontrollen der jeweiligen Verweisseiten vorzunehmen, um sich ihrer Inhalte bewusst zu sein. Ob man so weit gehen mag, dem Linksetzer die Kenntnis der jeweiligen Seiten zu unterstellen, sei dahingestellt, zumindest geht seine Kontrollpflicht über eine grobe Fahrlässigkeit hinaus. Eine Unzumutbarkeit der ständigen Kontrolle ergibt sich lediglich für weitere Linkebenen (siehe unten)[583]. Eine feste Zeit oder Anzahl der Kontrollen lässt sich allerdings auch dabei nicht aufstellen. Vereinzelte Versuche dürften der Vielfalt der Linkgestaltungen nicht gerecht werden. So kann beispielsweise eine wö-

---

578 § 17 Abs. 1: „Ein Diensteanbieter, der mittels eines elektronischen Verweises (Hyperlink) einen Zugang zu Informationen eines Nutzers eröffnet, ist für diese Informationen nicht verantwortlich,
1. sofern er von einer rechtswidrigen Tätigkeit oder Information keine tatsächliche Kenntnis hat und sich in Bezug auf Schadenersatzansprüche auch keiner Tatsache oder Umstände bewusst ist, aus denen eine rechtswidrige Tätigkeit oder Information offensichtlich wird, oder
2. sobald er diese Kenntnis oder dieses Bewusstsein erlangt hat, unverzüglich tätig wird, um den elektronischen Verweis zu entfernen.“

579 In BGBl. I Nr. 152/2001.

580 Zur Frage der Abgrenzung fremder von eigenen Inhalten s. etwa *Blume/Hammerl*, Kommentar zum E-Comemrce-Gesetz ECG, § 17 S. 160; *Zankl*, Kommentar zum E-Commerce-Gesetz, Wien, 2002, § 17 Rn. 250.

581 *Tettenborn/Bender/Lübben/Karenfort*, BB Beilage 10/2001, S. 1, 32.

582 Vgl. auch *Zankl*, E-Commerce-Gesetz, § 17, Rn. 432.

583 *Freytag*, Haftung im Netz, S. 233.

chentlich verlangte Kontrolle[584] für Seiten mit sehr vielen Links unzumutbar, hingegen für Seiten mit nur einem Verweis durchaus angemessen sein.

5. Verantwortlichkeit für Links und Inhalte auf nachgelagerten Ebenen

Fraglich bleibt noch, ob der Linksetzende auch für Inhalte auf weiteren Ebenen verantwortlich ist. So könnte der Linksetzende etwa zur Verantwortung gezogen werden, wenn der Inhalt, auf den er verweist, seinerseits Links enthält, die wiederum auf rechtswidrige Inhalte führen. Eine solche Haftung würde jedoch schon im Hinblick auf das „Ob", also das Bestehen einer Verkehrspflicht/Garantenstellung und Beherrschung einer Gefahrenquelle erhebliche Zweifel aufwerfen. Erst recht bestehen hinsichtlich des „Wie's" große Bedenken. Kann man bei der ersten Ebene durchaus von einer Zumutbarkeit für den Linksetzer ausgehen, die Inhalte zu kontrollieren, so ist dies bei der zweiten Ebene nur schwerlich möglich, erst recht bei noch weiter nachgeordneten Ebenen. Im Ergebnis würde dies sonst zu einer kaskadenförmigen Prüfung sämtlicher Websites führen[585]. Dennoch sind die Ansichten zu Links auf zweiter Ebene nicht einheitlich. So nahm das OLG München[586] – wenn auch in einem anderen Zusammenhang – eine Haftung des Homepagebetreibers für den verlinkten Inhalt auch auf tieferen Ebenen an[587]. In dem zugrunde liegenden Fall hatte sich die Seite nach Linksetzen geändert. Der Linkautor übernehme mit seinem Verweis eine Art „Internet-Verkehrspflicht". So sehr dem Gericht noch für die Frage der Existenz von Verkehrspflichten zuzustimmen ist, verkennt es leider, dass es sich hierbei um Links auf nachfolgenden Ebenen handelte. Erst von der Homepage, auf die der Link gesetzt wurde, war der in Frage stehende Artikel über weitere Links in einem Unterverzeichnis der Website abrufbar. Hiermit setzt sich das Gericht nicht näher auseinander.

Allein aus dem Gesichtspunkt der Zumutbarkeit wird man in solchen Fällen eine Kontrollpflicht verneinen müssen, da ständige Prüfungen tieferer Ebenen nicht verlangt werden können. Anders dürfte sich die Situation nur dann darstellen, wenn die Website, auf die verwiesen wird, erkennbar Eingangsportal für entsprechend rechtswidrige Inhalte ist, etwa eine Hacker-Seite mit Tools zum „Cracken" von Software[588].

V. Persönlicher und sachlicher Schutzbereich der Verkehrspflichten

Dass Schutzzwecküberlegungen auch für die konkrete Reichweite von Verkehrspflichten bedeutsam sind, ist mittlerweile geklärt. Sie lassen sich in den persönlichen

---

[584] So *Ernst*, NJW-CoR 1997, 224, 227.

[585] *Spindler*, MMR 2002, 495, 503 m.w.Nachw.

[586] JurPC Web-Dok. 262/2002 online abzurufen unter http://www.jurpc.de/rechtspr/20020262.htm (Stand: April 2005) mit kritischer Anmerkung *Dippehofer*, JurPC Web-Dok. 304/2002, online abzurufen unter http://www.jurpc.de/aufsatz/20020304.htm (Stand: April 2005).

[587] So auch LG Frankfurt, CR 1999, 45, 45 mit kritischer Anmerkung *Kloos*; ebenfalls gegen eine Verantwortlichkeit auf tieferliegenden Ebenen *Sieber*, Verantwortlichkeit im Internet, Rn. 305ff.; *ders*, MMR Beilage 2/1999, S.15.

[588] *Spindler*, MMR 2002, 495, 503.

und den sachlichen Schutzbereich sowie den Risikozusammenhang unterteilen. Verkehrspflichten sind Pflichten, die das Deliktsrecht aufstellt und das bedeutet, dass der Sicherungspflichtige grundsätzlich im Verhältnis zu allen Personen zu ihrer Beachtung verpflichtet ist, also auch solchen Personen gegenüber, denen er dazu weder auf Grund Vertrag noch kraft einer vertragsähnlichen Beziehung verpflichtet ist[589]. Vom persönlichen Schutzbereich der Verkehrspflichten dürfte daher wohl jeder mit dem Internet in Zusammenhang kommende Nutzer erreicht sein. Zwar gibt es einige Verkehrspflichten, die in ihrem sachlichen Schutzbereich eingeschränkt sind und beispielsweise nur Kinder einbeziehen. Allerdings ist für den vorliegenden Bereich eine solche Einschränkung nicht ersichtlich – zumal die Beschränkung eher eine Ausnahme darstellt. Anders stellt sich hingegen die Lage im Hinblick auf Unbefugte, bei denen im konkreten Fall der Schutzbereich eingeschränkt werden kann, da diese keinen Vertrauensschutz verdienen[590]. Allerdings dürfte auch diese Fallvariante nur selten vorkommen, da es sich im Rahmen der Benutzung von Links fast immer um eine befugte Nutzung handelt.

Bei der Frage des sachlichen Schutzbereichs geht es darum, dass der Schaden im Schutzbereich der Verkehrspflicht liegt. Ersatzfähig ist er nur, wenn sich gerade der Schaden verwirklicht, vor der die betreffende Verkehrpflicht schützen soll. Auch wenn diese Frage nur im konkreten Einzelfall beurteilt werden kann, so lässt sich allgemein doch eine grobe Richtung abzeichnen. Grundsätzlich sind es ja gerade die Verletzungen auf den jeweiligen Verweisseiten, die durch die Prüfungs- und Kontrollpflichten verhindert werden sollen. Insofern wird in den meisten Fällen der Schutzzweckzusammenhang bejaht werden können.

VI. Ausschluss der Verantwortlichkeit durch Distanzierungsvermerk

1. Distanzierungsvermerke im Rahmen des Linkrechts

Da sich nach der hier vertretenen Auffassung zeigt, dass grundsätzlich eine Verantwortlichkeit des Linksetzers in Betracht kommen kann, stellt sich die Frage, ob man sich dieser Haftung bereits im Vorfeld entledigen kann? Die Möglichkeit, sich der Haftung durch einen Ausschluss zu entziehen, scheint – zumindest in den Köpfen der Websitebetreiber – ohne weiteres zu bestehen. Immer öfter wird versucht, die eigene Haftung für Verweisinhalte auszuschließen. Häufig findet man am Ende einer Website oder in den AGB einen Vermerk dergestalt, dass der Linkanbieter sich von einer Haftung für Verweise auf fremde Inhalte distanzieren möchte. Solche Vermerke können etwa wie folgt aussehen:

> *„Wir betonen ausdrücklich, dass wir keinerlei Einfluss auf die Gestaltung und die Inhalte der gelinkten Seiten haben. Deshalb distanzieren wir uns hiermit ausdrücklich von allen Inhalten aller gelinkten Seiten auf unseren Seiten“* oder

---

[589] *Kötz/Wagner*, Deliktsrecht, Rn. 249.
[590] *V. Bar*, Verkehrspflichten, S. 190.

„Der Anbieter ist nicht verantwortlich für die Inhalte externer Internetseiten."

Die Vielzahl, mit der diese sogenannten Disclaimer verwendet werden, macht deutlich, dass das Haftungsrisiko die Linkanbieter sehr beschäftigt. Sie kamen nach dem bereits oben erwähnten aber auch häufig fehlverstandenen Urteil des LG Hamburg[591] vom 12. Mai 1998 auf. So wird zum Teil in der jeweiligen Klausel noch auf das Urteil Bezug genommen. Ob diese Enthaftungsmöglichkeit nur ein untaugliches Gespinst der Internetwelt ist oder vor dem Recht tatsächlichen Bestand hat, soll im Folgenden untersucht werden[592].

Das Urteil des LG Hamburg bedarf hierzu einer genaueren Untersuchung. In dem zugrunde liegenden Sachverhalt ging es um eine Persönlichkeitsrechtsverletzung, auf die der Beklagte mit einem Link verwiesen hatte. Eine nähere Betrachtung der Entscheidungsgründe zeigt jedoch, dass dort keine der oben angeführten Haftungsfreizeichnungen direkt gefordert wird – im Gegenteil das Gericht sogar eher eine pauschale Freizeichnungsklausel als unbeachtlich angesehen hat[593]. Auch wenn das LG Hamburg im konkreten Fall die Wirksamkeit der Haftungsfreizeichnungsklausel verneinte, stellt sich die Frage allgemeiner Natur. Ist es für den Linksetzer tatsächlich möglich, sich so einfach aus der Affäre zu ziehen und sich durch einen einfachen Satz von seiner Verantwortlichkeit zu befreien? Das LG Hamburg wies in seinen Entscheidungsgründen auf ein Urteil des BGH[594] vom 30.1.1996 hin, in dem ausgeführt wurde, dass das Verbreiten einer von einem Dritten über einen anderen aufgestellten herabsetzenden Tatsachenbehauptung dann eine Persönlichkeitsrechtsverletzung darstelle, wenn derjenige, der die Behauptung wiedergibt, sich nicht ausreichend von ihr distanziere. Ob dies allerdings im Sinne einer richtigen Haftungsfreizeichnungsklausel zu verstehen war, erscheint fraglich, da es in der zugrunde liegenden Entscheidung konkret um die Frage geht, ob ein Verbreiten vorliegt oder nicht. Ein Haftungsausschluss im eigentlichen Sinne steht hingegen nicht zur Diskussion.

2. Interpretationsmöglichkeiten für Distanzierungsvermerke

Sogenannte „Distanzierungsvermerke" können in vielerlei Richtung interpretiert werden. Sie spielen einerseits bei der oben erörterten Frage des „zu Eigen machens" eine Rolle[595]; können aber auch als allgemeiner Haftungsausschluss ausgelegt wer-

---

[591] LG Hamburg, MMR 1998, 547f.= AfP 1998, 421=NJW 1998, 3650f.=K&R 1998, 367 m. Anm. *Gabel*.
[592] Die vorliegende Fragestellung beschränkt sich auf den Bereich des Zivilrechts, da eine „Entstrafung" unzweifelhaft nicht möglich ist.
[593] In dem zugrunde liegenden Sachverhalt hatte der Linksetzer versucht, sich von der Haftung freizuzeichnen, indem er allgemein auf die Haftung des Autors verwiesen hatte.
[594] NJW 1996, 1131, 1132.
[595] So auch *Ernst*, in: Ernst/Vassilaki/Wiebe, hyperlinks, Rz. 234.

den[596]. Relevant ist der Unterschied einerseits im Hinblick auf die Rechtsfolgen und andererseits für die Frage des Prüfungsortes. Das Problem verschiebt sich nämlich im Falle der Betrachtung als „bloße" Distanzierung zu dem Problem, ob ein „zu Eigen machen" und die damit einhergehenden stärkeren Kontrollpflichten durch einen solchen Vermerk verhindert werden können? Der Linksetzer kann sich durchaus dem Verdacht, sich fremde Inhalte zu Eigen gemacht zu haben, dadurch entziehen, dass er ausdrücklich auf die fremde Urheberschaft hinweist[597]. Als Konsequenz gelten für ihn dann „nur" noch die für fremde Verweisinhalte herauskristallisierten Regeln. Allerdings darf dies auch nicht zu einer bloßen Leerformel führen. Maßgeblich ist, dass die Distanzierung des Diensteanbieters von fremden Informationen – anders als zu § 5 TDG a.F. in der Praxis oft angenommen – noch nicht per se die Zurechnung der Inhalte zum Anbieter beseitigt[598], so dass der Disclaimer insofern an Bedeutung verliert.

Neben der Einordnung von Distanzierungsvermerken für die Frage eines „sich zu Eigen machens" mag man durch einen Distanzierungsvermerk eine täterschaftliche Persönlichkeitsrechtsverletzung verhindern können, da in diesen Fällen kein eigenes Verbreiten mehr vorliegt[599]. Allerdings verbleibt auch hier noch immer eine Haftung als Gehilfe. Letztlich kann ein solcher Vermerk auch als Indiz gegen die Annahme eines Vorsatzes sprechen[600], wobei diese Aussage eher mit Zurückhaltung behandelt werden sollte, da sich sonst schnell ein Schlupfloch gegen eine vorsätzliche Inanspruchnahme bieten würde. An dieser Stelle soll der Distanzierungsvermerk unter dem Blickwinkel des allgemeinen Haftungsbefreiungsgrundes diskutiert werden.

3. Wirksamkeit des Distanzierungsvermerks?

Unter Einbeziehung des hohen Nutzens, der von Links ausgeht, muss in bestimmten Fällen eine Haftungsfreistellung möglich sein. Man könnte beispielsweise überlegen, bei schwer erkennbaren Bagatellverstößen[601] oder leichter Fahrlässigkeit eine Haftungsfreistellung in Form einer Distanzierung ausreichen zu lassen. Dafür würde sicherlich die gewichtige Bedeutung der Hyperlinks für die Funktionsfähigkeit des Internets sprechen. Denn durch die generelle Versagung einer Haftungsbefreiung wür-

---

[596] Für die Einordnung als Distanzierung das OLG München, MMR 2002, 611, 613, nach dem in dem zugrunde liegenden Fall ein Disclaimer die Haftung nach Deliktsrecht für Äußerungen im Internet nicht ausschließen konnte. Allenfalls könne er als Distanzierung verstanden werden.
[597] *Barton*, Multimedia-Strafrecht, Rn. 315.
[598] *Spindler*, MMR 2004, 440, 442.
[599] LG Hamburg, MMR 1998, 547, 548.
[600] *Barton*, Multimedia-Strafrecht, Rn. 326.
[601] Vgl. *Köster/Jürgens*, MMR 2002, 420, 424 – die im Hinblick auf intellektuelle Verbreiter in Anlehnung an die Pressehaftung die Möglichkeit einer Distanzierung durchaus annehmen: nach der Rechtsprechung zur Haftung des Verbreiters von Leserbriefen könne die Verantwortlichkeit auch durch allgemeine Distanzierungshinweise ausgeschlossen werden – soweit nicht die entsprechenden Verstöße eine gewisse Schwere aufweisen, wie sie aber für Beleidigungen bereits angenommen werden. Demnach haften moderierte Linksammlungen für die Mittlung zu Webseiten mit schwerwiegenden Verstößen stets, sofern nicht eine mehr als nur generelle Distanzierung erfolgt.

de die Verwendung von Links erheblich gemindert. Angesichts der nach wie vor unsicheren Rechtslage bei der haftungsrechtlichen Einordnung von Links würde niemand mehr ohne Bedenken Verweise auf andere Seiten setzen.

Andererseits bedarf es jedoch nach der hier gefundenen Lösung für das Linkrecht eines solchen „Notankers“ nicht. Einer ausufernden Inanspruchnahme des Linksetzers wird bereits durch die Einordnung als fremde Inhalte und den damit verbundenen Beschränkungen auf eine Prüfung nur bei evidenten Rechtsverstößen Rechnung getragen. Zudem kann es nicht sein, dass sich die Linksetzer ohne weiteres und für jeden Fall durch allgemein gehaltene, geradezu phrasenhaft wirkende Distanzierungen und mangelnden Haftungswillen vor einer Inanspruchnahme schützen (so ja auch das LG Hamburg)[602]. Es widerspräche jedwedem Gerechtigkeitsempfinden und unserer Rechtsordnung, wenn man sich einseitig von seiner deliktischen Verantwortlichkeit lösen könnte, insbesondere da im Rahmen des Deliktsrechts auch unbeteiligte Dritte geschädigt werden. Keiner würde daran zweifeln, dass eine Distanzierungs- bzw. Enthaftungsmöglichkeit zu versagen ist, wenn man an seinen PKW einen Zettel mit der Mitteilung anbringt, dass man sich von sämtlichen im Zusammenhang mit der Teilnahme am Straßenverkehr entstehenden Problemen distanziert und für diese nicht haften möchte.

Übertragen auf Links würde eine solch einfache Lösungsmöglichkeit von der Haftung dazu führen (bzw. hat ja bereits dazu geführt), dass jeder auf seiner Seite eine solche mehr oder weniger ernst gemeinte Distanzierung aufnimmt. Letztendlich würde die Haftungsproblematik für den Linksetzer obsolet, da – egal wie streitig die Voraussetzungen einer Inanspruchnahme sein mögen – kein Linksetzer mehr zur Verantwortung gezogen werden könnte.

In jedem Fall muss die Möglichkeit, sich seiner Inanspruchnahme zu entziehen, für die Fälle des Strafrechts ausgeschlossen werden, da es dort denknotwendig keine vom Täter ausgehende „Entstrafung“ gibt. Eine „Enthaftungsmöglichkeit“ durch einen Distanzierungsvermerk wird aber auch bezogen auf eine Verantwortlichkeit nach den Grundsätzen der Beihilfe ausgeschlossen, da die bloße Distanzierung den Gehilfenvorsatz nicht entfallen lassen kann[603].

Das Anbringen eines Disclaimers stellt aber auch im Zivilrecht ein widersprüchliches Verhalten dar. Einerseits wird dem Internetnutzer der Besuch einer dritten Seite schmackhaft gemacht – andererseits gibt man aber gleichzeitig zu erkennen, dass möglicherweise rechtswidrige Inhalte auf dieser Seite sind, mit denen man nichts zu tun haben will. In einer aktuellen Entscheidung urteilte auch das OLG München für Äußerungen im Internet, dass ein Disclaimer die Haftung nach Deliktsrecht grundsätzlich nicht ausschließen kann; ein solcher Ausschluss der Haftung komme allenfalls dann in Betracht, wenn der Nutzer die Seiten nur über den Disclaimer erreichen

---

[602] So auch *Ernst*, in: Ernst/Vassilaki/Wiebe, hyperlinks, Rz. 235.
[603] *Flechsig/Gabel,* CR 1998, 351, 356.

kann oder wenn jede Seite einen deutlichen direkten Text zum Haftungsausschluss enthalte[604].

Unser Recht kennt einen Haftungsausschluss im Zivilrecht im Rahmen vertraglicher Beziehungen, wobei dieser in der Regel nicht auf grobe Fahrlässigkeit ausgedehnt werden darf[605]. In jedem Fall scheidet zumindest ein Ausschluss der Vorsatzhaftung aus, § 276 Abs. 3 BGB. Dies macht zudem deutlich, dass der allzu großzügige Umgang mit solchen Vermerken ohne Vertrag erst recht nicht der richtige Weg sein kann, zumal die Schädigung häufig gegenüber unbeteiligten Dritten erfolgt[606].

Anknüpfungs- aber gleichzeitig auch Hauptproblempunkt im Rahmen eines Haftungsausschlusses auf Internetseiten ist die Tatsache, dass die zugrunde liegenden Klauseln zumeist von den Anbietern einseitig ins Netz gestellt werden. Haftungsausschlüsse können aber grundsätzlich nur vertraglich vereinbart werden und entfalten selbst dann gegenüber unbeteiligten Dritten keine Wirkung. In allen anderen Fällen müssen die Klauseln schon von vornherein als unbeachtlich angesehen werden. Ein Vertragsschluss zwischen dem Nutzer und dem Linksetzer dürfte allerdings regelmäßig zu verneinen sein. Mit dem bloßen Anklicken des Links wird nämlich noch keine Einigung erzielt. Dem Nutzer fehlt das Bewusstsein, durch das Anklicken des Links einen Vertrag zu schließen[607]. Der Nutzer müsste für ein positives Ergebnis der Klausel – beispielsweise durch das Drücken der ENTER-Taste – zustimmen. Insofern gilt es aber zu bedenken, dass der Nutzer Letzteres nur dann tun wird, wenn sich die Seite erst nach seiner Zustimmung öffnet, was sich bereits aus Gründen der Selbstdarstellung verbietet[608].

Soweit ausnahmsweise dennoch ein Vertragsschluss zustande gekommen sein sollte, beispielsweise durch integrierte Einverständniserklärung des Nutzers[609], ist dieser Haftungsausschluss einer Inhaltskontrolle anhand des §§ 307 ff. BGB zu unterziehen, da es sich zumeist um vorformulierte Klauseln, also allgemeine Geschäftsbedingungen, handelt. Nachdem für Leben, Körper und Gesundheit ein Haftungsausschluss grundsätzlich nicht möglich ist (§ 309 Nr. 7 a BGB), bleibt den sonstigen Rechten ein Verbot im Hinblick auf ein grobes Verschulden versagt (§ 309 Nr. 7 b BGB).
Letztlich dürfte der Nutzer aber nur in den seltensten Fällen der Verletzte sein. Gegenüber unbeteiligten Dritten entfaltet der Vertrag jedoch sowieso keine Wirkung.

---

[604] OLG München, CR 2003, 141, 141.
[605] Vgl. *Heinrichs*, in: Palandt, BGB, § 309, Rn. 43ff.; *Löwisch*, in: Staudinger, 2001, § 276, Rn. 94ff.; wobei im Rahmen von Allgemeinen Geschäftsbedingungen sogar nach § 309 Nr. 7a BGB ein Haftungsausschluss für Schäden aus der Verletzung des Lebens, Körpers oder der Gesundheit gänzlich untersagt ist.
[606] Vgl. *Spindler*, in: Hoeren/Sieber, Handbuch Multimedia-Recht, Kap. 29, Rn. 401, der sich gegen die Möglichkeit einer Enthaftung gegenüber geschädigten Dritten ausspricht.
[607] Vgl. auch *Spindler*, in: Hoeren/Sieber, Handbuch Multimedia-Recht, Kap. 29, Rn. 413f.
[608] *Viehues*, in: Hoeren/Sieber, Handbuch Multimedia-Recht, Kap. 6, Rn. 260.
[609] Dies könnte dergestalt geschehen, dass der Linksetzer den Link erst nach Einverständniserklärung freigibt.

Nach der hier vertretenen Auffassung dürfte daher die Enthaftungsmöglichkeit – zumindest in ihrer praktischen Durchsetzbarkeit – entfallen.

Will man dennoch eine Haftungsfreizeichnung im Rahmen leichter Fahrlässigkeit in Form eines vertraglichen Ausschlusses gegenüber dem Nutzer zulassen, so müsste diese aber zumindest konkret erfolgen. Wie konkret die Distanzierung sein muss, hängt letztlich von den Umständen des Einzelfalls ab. Zieht man wieder einen Vergleich zur Presse, so wird deutlich, dass auch hier keine einheitliche Aussage getroffen werden kann. Unter Umständen reicht es bereits aus, die streitige Behauptung in Anführungszeichen zu setzen, hingegen wird es bei einem Kommentar, der die Meinung des Autors in den Vordergrund stellt, eines deutlicheren Abrückens bedürfen[610]. Letzteres dürfte für Links wohl eher einschlägig sein, da aufgrund der technischen Gegebenheiten des Internets das bloße „in Anführungszeichen setzen" nicht deutlich macht, dass der Inhalt von einem anderen ist – zumal es schon rein technisch nicht möglich ist, den verwiesenen Text in irgendeiner Art und Weise zu kennzeichnen. Darüber hinaus ist zu bedenken, dass es eben nicht um die bloße Distanzierung des Inhalts als „eigener" geht, sondern um die Freistellung der Haftung. Hier ist ein ausführlicher Vermerk zu erwarten. Unabhängig davon, wie konkret die Distanzierung ausformuliert ist, muss sie bei einer gewissen Schwere und Offensichtlichkeit der Rechtswidrigkeit des vermittelten Angebots doch versagen. In diesen Fällen erscheint es in keinem Fall gerechtfertigt, eine Befreiung zu ermöglichen, die in den meisten Fällen sowieso als bloßer Standardtext missbraucht würde. Hier muss dem schützenswerten, gefährdeten Rechtsgut der Vortritt gegeben werden.

Festzuhalten bleibt, dass die generelle Distanzierung von Verweisinhalten und eine damit einhergehende Enthaftung nach dem oben Angeführten – insbesondere gegenüber unbeteiligten Dritten – keinen Bestand haben kann. Die Funktion des Distanzierungsvermerkes ist im Linkrecht somit darauf zu beschränken, dass er für die Einordnung als fremder Inhalt (im Gegensatz zu den zu Eigen gemachten Inhalten), mit den damit verbundenen Haftungserleichterungen, von Bedeutung ist. Etwas anderes ergibt sich lediglich für die Frage, ob möglicherweise ein Handeln auf eigene Gefahr vorliegen kann, was aber an dieser Stelle nicht weiter behandelt werden soll und schließlich auch erst bei der Frage des Mitverschuldens im Sinne von § 254 BGB interessant wird[611].

VII. Adressat der Verkehrspflichten

1. Mehrere Pflichtige

Grundsätzlich kann derjenige, der eine Gefahr schafft, neben demjenigen, der die Gefahrenquelle beherrscht, für die Einhaltung der Verkehrspflichten verantwortlich gemacht werden. Beispielsweise kann der Eigentümer neben dem Mieter für unter-

---

610 Vgl. *Burckhardt*, in: Wenzel/Burkhardt, Das Recht der Wort- und Bildberichterstattung, Kap. 4, Rz. 111.

611 Vgl. zu dieser Frage: *Spindler*, in: Hoeren/Sieber, Handbuch Multimedia-Recht, Kap. 29, Rn. 431ff.

lassene Sicherungsmaßnahmen des Gebäudes haften[612] oder der Veranstalter neben den die Tat verübenden Personen. Für die hier zugrunde liegenden Hyperlinkfälle kommt neben dem Hyperlinksetzer selbst in erster Linie der Content Provider der jeweiligen Verweisseite als Verantwortlicher in Betracht. Man könnte also überlegen, den Hyperlinksetzer und den Content Provider als Pflichtige derselben Gefahr anzusehen. Sie können sich dann nicht darauf berufen, dass der jeweils andere oder gar ein Dritter selbst zum Einschreiten verpflichtet ist, sondern müssen von sich aus die gebotenen Maßnahmen ergreifen[613]. Erst wenn sichergestellt ist, dass der nachfolgende Beherrscher einer Gefahrenquelle die Gefahr erkannt hat und vernünftigerweise davon auszugehen ist, dass dieser Sicherungsmaßnahmen einleitet, enden die Verkehrspflichten für denjenigen, der die Gefahr geschaffen hat[614]. Von diesem Gesichtspunkt ist die Frage zu trennen, ob man möglicherweise eine bestehende Verkehrspflicht delegieren kann:

2. Delegation von Verkehrspflichten

Grundsätzlich wird die Übertragung von Verkehrspflichten auf einen Dritten, der nicht selber verkehrspflichtig sein muss, von der Rechtsprechung und Lehre als zulässig erachtet[615]. Dabei hängt die Wirksamkeit der Übertragung weder von der Rechtsgültigkeit eines Vertrages noch vom Innehaben der tatsächlichen Herrschaft über den in Frage stehenden Bereich ab[616]. Maßgeblich für die Haftung des Übernehmers sind vielmehr dessen Berufspflichten, dessen eigene Einwirkung auf die Gefahrenquelle oder die Sicherheitserwartungen des Verkehrs[617]. Ein Klassiker im Hinblick auf die Übertragung von Verkehrspflichten ist beispielsweise die Abwälzung der Räum- und Streupflichten der Eigentümer auf Mieter[618] oder den Hausverwalter[619]. Der Übernehmende wird mit der Übernahme selbst deliktsrechtlich verantwortlich gegenüber Dritten. Nichtsdestotrotz kann sich der Verkehrssicherungspflichtige nicht generell von seiner Haftung dadurch befreien, dass er die entsprechende Pflicht auf Dritte abwälzt[620]. In diesen Fällen wandelt sich die Verkehrspflicht in eine Auswahl-, Aufsichts-, und Überwachungspflicht[621]. Dabei bedarf es keiner ständigen Kontrolle einer dritten Person auf Schritt und Tritt[622]; der Übertragende kann grundsätzlich auf die Erfüllung der übertragenen Verkehrspflichten vertrauen, so lange keine Anhaltspunk-

---

612 BGHZ 5, 378, 382; BGH, VersR 1975, 87, 88.
613 BGH, NJW 1990, 905, 906; BGH, VersR 1967, 1155, 1156.
614 BGH, NJW 1997, 582, 583.
615 *Spindler*, in: Bamberger/Roth, BGB, § 823, Rn. 262.
616 *Spindler*, Unternehmensorganisationspflichten, S. 698 m. w. Nachw.
617 Vgl. OLG Düsseldorf, VersR 1995, 1363, 1364; *J.Hager*, in: Staudinger, BGB, § 823, Rn. 129.
618 BGH, NJW 1985, 482, 483; BGH, NJW 1987, 2671ff.
619 *J.Hager*, in: Staudinger, 1999, § 823, E Rn. 57.
620 Vgl. *Deckert*, Jura 1996, 348, 352, *Wagner*, in: MünchKommBGB, § 823, Rn. 292.
621 Vgl. hierzu auch BGHZ 110, 114, 121f.; BGH, NJW 2002, 818, 820; BGH, NJW 1996, 2646f.; BGHZ 142, 227; BGH, NJW 1985, 270, 271; BGH, NJW 1985, 484f.; *Wagner*, in: MünchKommBGB, § 823, Rn. 294; Soergel/*Zeuner*, BGB, § 823, Rn. 214; *v. Bar*, Verkehrspflichten S. 240ff.
622 BGH, NJW 1976, 46, 47 – *Ölabfall*.

te für Zweifel bestehen[623]. Wenn allerdings der Schutz Dritter geboten ist, muss sich der Auftraggeber von der Durchführung von Sicherheitsmaßnahmen überzeugen[624]. Der konkrete Umfang der Überwachungspflicht und inwiefern den Delegierenden noch Organisationspflichten[625] treffen, dürfte jedoch – wie so häufig – dem jeweiligen Einzelfall vorbehalten sein. Allerdings gilt es in diesem Zusammenhang zu beachten, dass – wie eingangs dargestellt – die Auswahl, Überwachungs- und Organisationspflicht nicht auf andere übertragen werden können, da sonst ein Organisationsmangel vorliegen würde[626].

Die Übertragung der jeweiligen Verkehrspflichten erfolgt im geschäftlichen Bereich häufig innerhalb eines Unternehmens[627]. Für Hyperlinks bietet sich eine solche, sogenannte vertikale Verteilung der Verkehrspflicht an. Denn hinter ihnen stehen häufig nicht nur Einzelpersonen, sondern auch Unternehmen. Im Zweifel wird der Inhaber der Homepage nicht in der Lage sein, seine Prüfungs- und Kontrollpflichten eigenhändig auszuführen und sich insofern der Hilfe seiner Mitarbeiter bedienen, damit diese die jeweiligen Pflichten an seiner Stelle oder zusammen mit ihm übernehmen. So können sowohl Organmitglieder als auch Arbeitnehmer als Übernehmer der dem Unternehmensträger obliegenden Verkehrspflicht betrachtet werden[628]. Für den Linksetzer liegt es daher durchaus nahe, seine ihm obliegenden Prüfungs- und Kontrollpflichten auf andere zu übertragen, wobei ihm eine Restpflicht zur Aufsicht verbleibt.

VIII. Zwischenergebnis für das Bestehen und die Ausgestaltung der Verkehrs-/Garantenpflichten

Dem Linksetzer obliegen somit in gewissem Rahmen Prüfungs- und Kontrollpflichten bei nachträglicher Änderung der Verweisseite. Diese beschränken sich bei fremden Inhalten auf Kontrollen, wenn die Umstände darauf hinweisen. Hingegen müssen für „zu Eigen gemachte" Inhalte stärkere Pflichten verlangt werden. Denn hier erscheint es angesichts der engen Bindung zu den jeweiligen Seiten gerechtfertigt, dem Linksetzer höhere Kontrollpflichten aufzuerlegen. Hier wird je nach Größe und Ausgestaltung der Verweisseite eine regelmäßige Kontrolle stattfinden müssen. Im Hinblick auf die Prüfungspflichten ergibt sich bei fremden Inhalten eine Prüfung auf grobe, offen-

---

[623] BGH, NJW 1999, 3633, 3634.

[624] BGH, NJW 1965, 197, 199 – Der Veranstalter eines Großfeuerwerks muss persönlich die Sicherheitsmaßnahmen überprüfen, auch wenn er die Durchführung des Feuerwerks einem anerkannten Fachunternehmen übertragen hat, das seinerseits einen erfahrenen Feuerwerker beauftragte; OLG Hamm, VersR 1997, 124.

[625] Wobei die Organisationspflicht nicht als Untergruppe der Verkehrspflichten, sondern als Folge einer bestehenden Verkehrspflicht anzusehen ist. Vgl. zu der Thematik der Organisationspflichten, *Spindler,* Unternehmensorganisationspflichten.

[626] *Spindler*, in: Baumbach/Roth, BGB, § 823, Rn. 267.

[627] Teilweise werden aber auch unternehmensexterne Organisationen eingesetzt, um den bestehenden Verpflichtungen nachzukommen.

[628] *Spindler*, in: Baumbach/Roth, BGB, § 823, Rn. 270.

sichtliche Gesetzesverstöße, die auch bei „zu Eigen gemachten" Inhalten gründlicher erfolgen muss.

Fraglich erscheint jedoch, wer den Beweis erbringen muss, dass sich der Inhalt nachträglich geändert hat, da vom Betreiber nur die aktuelle Version der Datei angezeigt wird. Sofern die allgemeinen Beweislastregeln gelten, hat wohl der Linksetzer zu beweisen, dass sich der ursprüngliche Inhalt geändert hat. Dieser Beweis lässt sich allerdings in den meisten Fällen nur schwerlich erbringen. Nur in Ausnahmefällen besteht die Möglichkeit, die alte Seite in einem Archiv zu finden[629]. Auch dürften Screenshots alleine wohl nicht ausreichen, da dort nur selten der gesamte Inhalt erfasst werden kann. Eine andere Möglichkeit bestünde darin, die verlinkte Seite selbst zu archivieren. Diese Variante dürfte den durchschnittlichen Linksetzer allerdings überfordern, zumal man bei Erstellung der Website an solche Risiken zumeist nicht denkt. Eine Hilfe, die dem Linksetzer in solchen Fällen zur Seite steht, bieten schließlich Anbieter an, die über Änderungen der Zieldatei informieren[630]. Sie ermöglichen es dadurch die Inhaltsänderungen der Verweisseite nachzuvollziehen.

IX. Täterschaft oder Teilnahme am Unterlassungsdelikt

Nachdem nunmehr feststeht, dass dem Linksetzer gewisse Verkehrs- bzw. Garanten- in Form von Kontroll- und Prüfungspflichten obliegen, muss darüber hinaus noch der übrige Tatbestand des jeweiligen Delikts verwirklicht werden. Hierfür muss geklärt werden, ob sein Verhalten eher einer Täterschaft oder Teilnahme zuzuordnen ist. Im Rahmen des aktiven Tuns kommt in den meisten Fällen eine Inanspruchnahme als Gehilfe in Betracht. Nur in den Fällen, in denen an ein Zugänglichmachen angeknüpft werden kann oder ein zu Eigen gemachter Inhalt gegeben ist, liegt eine Täterschaft vor. Ohne weiteres kann die Rechtslage allerdings nicht auf Unterlassungsdelikte übertragen werden, da in diesen Fällen die Abgrenzungstheorien – besonders im Strafrecht – einiger Modifikationen bedürfen.

1. Beteiligungsform bei Unterlassensdelikten im Strafrecht

Die Rechtsprechung stellt auch im Falle der Unterlassungsdelikte unter Berücksichtigung objektiver Kriterien darauf ab, ob der Unterlassende mit Täter- oder Teilnehmerwillen tätig wird[631]. In den meisten Fällen dürfte es danach bei einer Inanspruchnahme als Teilnehmer bleiben, da der Linksetzer, wenn er sich bei der Verlinkung noch nicht einmal der verwiesenen Seiten bewusst ist, nur selten ein Interesse am Taterfolg hat[632]. Im Schrifttum wird zum Teil nach der Qualität der Garantenpflicht[633],

---

[629] Die Suchmaschine „Google" ermöglicht es zum Teil, auch ältere Dateiversionen anzuzeigen. Ein bestimmtes Datum kann jedoch nicht gewählt werden.
[630] Vgl. z.B. http://changedetect.com (Stand: April 2005).
[631] BGHSt 2, 150, 151; 13, 162, 166; 32, 367, 374; BGH, NJW 1966, 1763.
[632] So auch *Vassilaki*, CR 1999, 85, 90.
[633] *Cramer/Heine*, in Schönke/Schröder, StGB, Vor § 25 Rn. 103f. Hiernach werden für die Pflicht zur Verhinderung strafbarer Handlungen aus der Verantwortlichkeit für Sachen oder einen bestimmten räumlichen Herrschaftsbereicht die Beihilferegeln angewandt.

dem allgemeinen Kriterium der Tatherrschaft, nach dem ausschließlich eine Beihilfe durch Unterlassen angenommen werden kann[634] oder der strukturellen Selbständigkeit des „Garantenunterlassungsdelikts“ (Pflichtdeliktstheorie), nach der in jedem Fall eine Täterschaft angenommen wird[635], unterschieden. Einzig bei letzter Ansicht kommt eine Täterschaft des Linksetzers in Betracht, da hier als Kriterium für die Täterschaft die Erfolgsabwendungspflicht herangezogen wird. Diese Theorie ist jedoch im Ergebnis abzulehnen, da sie zu keinem sachgerechten Ergebnis führt. Vor allem enthält sie dem Garanten die dem Gehilfen nach § 27 StGB zukommende Strafmilderung bzw. die Straflosigkeit der versuchten Beihilfe vor. Für den Linksetzer bleibt es daher zumindest im Strafrecht bei einer Inanspruchnahme als Gehilfe. Dabei kann er hier nur für vorsätzliches Verhalten in Anspruch genommen werden, da es eine fahrlässige Beihilfe nicht gibt.

2. Beteiligungsform im Zivilrecht

Im Rahmen des Zivilrechts dürfte allerdings an der oben gefundenen Einordnung[636] festzuhalten sein. So wird in jedem Fall bei den Fällen des „zu Eigen machens“ einer Äußerung grundsätzlich eine Täterschaft in Betracht kommen. In den anderen Fällen lässt sich ebenfalls eine Täterschaft insofern annehmen, als der jeweilige Linksetzer die Verkehrssicherungspflicht verletzt und damit tatbestandlich handelt. Allerdings macht sich im Zivilrecht diese Unterscheidung nicht so bemerkbar, da letztendlich nach § 830 BGB der Gehilfe dem Mittäter gleichsteht.

X. Kausalität

Allein die Garantenstellung/Verkehrspflicht reicht nicht aus, um eine Unterlassenstäterschaft bzw. eine Teilnahme durch Unterlassen zu begründen. Wie bereits im Rahmen der Prüfung der anfänglichen Rechtswidrigkeit einer Seite, muss auch hier wieder die Kausalität der Verletzungshandlung hinzutreten. Die Frage ist also, ob die Nichtüberprüfung der verlinkten Seiten eine kausale Unterstützungshandlung für die Verwirklichung der Straftaten durch den Dritten darstellt. Dabei wird sowohl im Zivil- als auch im Strafrecht an die Theorien des aktiven Tuns angeknüpft und dem Täter die Nichthinderung des Erfolges dann zugerechnet, wenn die unterlassene Handlung nicht hinzugedacht werden kann, ohne dass der Erfolg mit an Sicherheit grenzender Wahrscheinlichkeit entfiele[637]. Im Falle einer Kontrolle und anschließenden Prüfung des Linksetzers hätte dieser den Link entfernt und der konkrete Zugang zu der Ver-

---

[634] *Gallas*, JZ 1960, 686, 687; *Jescheck/Weigend*, Lehrbuch des Strafrechts, § 64 III 5; *Kühl*, in: Lackner/Kühl, StGB, § 27 Rn. 5.

[635] *Roxin*, Täterschaft und Tatherrschaft, S. 458ff: *Kaufmann*, Die Dogmatik der Unterlassungsdelikte, S. 291ff.

[636] Vgl. oben 3.Teil B) I) 1) c).

[637] *Tröndle/Fischer*, StGB, Vor § 13, Rn. 20; *Stree*, in: Schönke/Schröder, StGB, § 13 Rn. 61; *Kühl*, in: Lackner/Kühl, StGB, Vor § 13 Rn.12 je m.w.Nachw.; vgl. für das Zivilrecht BGH, NJW 1961, 868, 870; BGHZ 64, 46, 51f.; *Schiemann*, in: Staudinger, BGB, § 249, Rn. 9.

weisseite wäre insofern versagt geblieben[638]. Problematisch erscheint aber auch hier, dass der Verletzungserfolg auch über andere Links bzw. die Verweisseite selbst eingetreten wäre. Da aber der tatsächliche Kausalverlauf maßgeblich ist und somit das hypothetische, ebenfalls zur Rechtsgutverletzung führende Alternativverhalten Dritter unbeachtlich ist[639], fallen zumindest die von Dritten bestehenden Links zu der Verweisseite aus der Betrachtung heraus. Nichtsdestotrotz bleibt auch hier die Verletzungshandlung durch den Inhaber der Verweisseite selber bestehen, die bei Entfernung des Links eben nicht entfiele. Entscheidendes Kriterium ist insofern, ob auf den Erfolg in seiner konkreten (wie beim Tun) oder in seiner abstrakten Art abzustellen ist. Denn in der konkreten Art würde der Erfolg bei Überprüfung der jeweiligen Verweisseite entfallen, da der konkrete Link, die spezifische Weiterverbreitung der rechtswidrigen Seite, unterbrochen wird. Zum Teil wird aber auf den abstrakten Erfolg abgestellt, um einer Ausuferung der Haftung des Unterlassenden entgegenzuwirken[640]. Welche Ansicht maßgeblich ist, kann zumindest im Strafrecht dahingestellt bleiben, da dort primär eine Verantwortlichkeit über die Grundsätze der Beihilfe in Betracht kommt. In den Fällen der Beihilfe durch Unterlassen lässt die Rechtsprechung genügen, dass die Tatvollendung durch das Einschreiten erschwert worden wäre[641]. Anders ausgedrückt reicht es bereits aus, wenn die Haupttat durch das Nichteinschreiten ermöglicht oder erleichtert wird oder die vom Täter begangene Rechtsgutsverletzung verstärkt wird[642]. Hieran bestehen im Hinblick auf den Linksetzer keine Zweifel, da durch die Verlinkung eine weitere Möglichkeit der Kenntnisnahme dieser Seite geschaffen und die Rechtsverletzung somit erheblich verstärkt wird. Zivilrechtlich gesehen lässt sich aber ebenfalls eine Täterschaft bejahen, da die Verkehrspflichtverletzung nicht hinweggedacht werden kann, ohne dass die rechtswidrige Verweisseite verbreitet würde. Hier ist auf den konkreten Verletzungserfolg abzustellen. Darüber hinaus muss das Verhalten des Linksetzers auch noch objektiv zurechenbar sein, wobei vorliegend keine Anhaltspunkte vorliegen, die eine Annahme nicht rechtfertigen würden.

Ebenso dürfte die aus zivilrechtlicher Sicht geforderte Adäquanz gegeben sein, da es nicht außerhalb jeglicher Wahrscheinlichkeit liegt, dass bei einer ordentlichen Prüfung die Intensivierung des rechtswidrigen Beitrags unterblieben wäre.

XI. Entsprechungsklausel

Die Entsprechungsklausel wird besonders im Hinblick auf das Strafrecht relevant. Gemäß § 13 StGB ist erforderlich, dass das Unterlassen der Verwirklichung des gesetzlichen Tatbestands durch ein Tun entspricht. Im Hinblick auf die im Bereich der multimedialen kommunikationsrelevanten Delikte bedarf es lediglich der Klärung, ob

---

638 *Vassilaki*, MMR 1998, 630, 638.
639 Vgl. BGHSt 30, 228ff; *Roxin*, Strafrecht AT, Bd. II, § 10 Rn. 37ff.
640 Vgl. *Boese*, Strafrechtliche Verantwortlichkeit für Verweisungen durch Links im Internet, S. 173.
641 BGH, NJW 1953, 1838; *Jakobs*, Strafrecht Allgemeiner Teil, 22. Abschn. Rn. 37ff; *Ranft*, ZStW 1997, 275, 281, 300; *Cramer/Heine*, in Schönke/Schröder, StGB § 27 Rn. 16.
642 *Lenckner*, in Schönke/Schröder, StGB, Vor 13 Rn. 92.

das Unterlassen eine dem positiven Tun vergleichbare Prägung besitzt und damit im sozialen Sinngehalt mit der Tatbestandshandlung des Begehungsdeliktes übereinstimmt. Letztendlich ist aber der Unwertgehalt in beiden Fällen gleich. Diesbezüglich kommt es nicht darauf an, ob der Linksetzer nun den Link vor oder nach dem Entstehen des rechtswidrigen Inhalts setzt und insofern an das Linksetzen oder die vernachlässigte Kontrolle anzuknüpfen ist.

XII. Zumutbarkeit

Die vom Unterlassenden erwartete Handlung muss auch noch zumutbar sein[643]. Bezüglich der Zumutbarkeit von Kontrollpflichten soll vollumfänglich auf die Ausführungen im Rahmen der Verkehrspflicht verwiesen werden[644]. In jedem Fall kann sich der Linksetzer nicht auf eine Unzumutbarkeit im Hinblick auf das Entfernen des Links berufen, da er jederzeit die technischen Möglichkeiten hat, den Link zu entfernen[645].

XIII. Verschulden/Subjektiver Tatbestand

Das Verschulden bzw. der subjektive Tatbestand im Rahmen des Unterlassungsdeliktes muss sich auf den Tatbestand der Verletzung der Verkehrspflicht und auf die Verletzung eines der in § 823 Abs. 1 BGB genannten Rechte bzw. Rechtsgüter bzw. auf die Garantenpflicht und die jeweilige Rechtsgutbeeinträchtigung beziehen[646]. Der Pflichtige muss einerseits vom Bestehen der objektiven Verkehrs-/Garantenpflicht Kenntnis haben können und andererseits die konkreten Umstände, die zu einer solchen Pflicht führen, kennen. Darüber hinaus kommt – zumindest im Rahmen des Zivilrechts – eine fahrlässige Inanspruchnahme in Betracht. Im Strafrecht beschränkt sich wegen der Annahme einer Beihilfe das subjektive Moment immer auf die Frage des Vorsatzes, wobei sich dieser auf die Unterstützungshandlung als solche sowie die vorsätzlich begangene rechtswidrige Handlung beziehen muss[647].

Im Zusammenspiel zwischen Verkehrs-/Garantenpflichten und dem subjektiven Verschuldenselement ergeben sich Schwierigkeiten, die sich damit begründen lassen, dass sich die Formulierungen für den Inhalt der Verkehrspflicht im Wesentlichen mit dem Wortlaut des § 276 Abs. 1 S. 2 BGB, also der Beachtung der im Verkehr erforderlichen Sorgfalt, decken. Insofern können sich Probleme bei der Abgrenzung der tatbestandsmäßigen Verletzung einer Verkehrspflicht und dem Verschulden ergeben. Da es jedoch in der vorliegenden Abhandlung schwerpunktmäßig um die Begründung und Ausgestaltung der Verkehrs- bzw. Garantenpflicht ging, wurde das subjek-

---

[643] *Tröndle/Fischer*, StGB, § 13 Rn. 15; *Kühl*, in: Lackner/Kühl, StGB, § 13 Rn. 5; *Stree*, in: Schönke/Schröder, StGB, § 13 Rn. 155.
[644] Siehe oben III) 4) a) 10.
[645] *Barton*, Multimedia-Strafrecht, Rn. 313.
[646] *Deckert*, Jura 1996, 548, 351, *Larenz/Canaris*, Schuldrecht, Bd. II/2, § 76 III 7a, jeweils m.w.Nachw.; a.A. *v. Bar*, Verkehrspflichten, S. 160f., nach dem sich die Fahrlässigkeit nur auf die Verletzung der Verkehrspflicht selbst, nicht aber auf die in § 823 Abs. 1 genannten Rechte und Rechtsgüter beziehen muss.
[647] *Kühl*, in: Lackner/Kühl, StGB, § 27, Rn. 7; *Tröndle/Fischer*, StGB, § 27 Rn. 8.

tive Element bereits oben mitbehandelt und herausgearbeitet, dass der Linksetzer nur bei Kenntnis oder grob fahrlässiger Nichtkenntnis die jeweiligen Inhalte auf grobe Rechtsverstöße prüfen muss. Im Falle der Nichtkenntnis, trotz bestehender Anhaltspunkte, wird dem Linksetzer also die Kenntnis der Inhalte unterstellt.
Diese Grundsätze betreffen allerdings die Verkehrs-/Garantenpflicht. Für die Frage des Verschuldens kommt es darauf an, ob sich das subjektive Element auf das Bestehen der Verkehrs-/Garantenpflicht bezieht. Diesbezüglich gilt es zu bedenken, dass sich zum jetzigen Zeitpunkt noch keine feste Rechtsprechung im Hinblick auf Hyperlinks, insbesondere deren Verkehrs- und Garantenpflichten herausgebildet hat. Insofern lässt sich das Wissen um diese Pflichten nur schwer dem Linksetzer anhängen. Wenn sich schon Literatur und Gerichte nicht einig werden – wie soll dann der einzelne Linksetzer in dem Wirrwarr des Linkrechts Bescheid wissen. Im Gegensatz zu den Host Providern, bei denen eine ähnliche Ausgestaltung der Verantwortlichkeit vorliegt, sind die jeweiligen Pflichten nämlich nicht gesetzlich normiert. Andererseits sollte dem durchschnittlichen Linksetzer bewusst sein, dass er einen solchen Link nicht mit dem Bewusstsein „nach mir die Sintflut" setzen kann, sondern dass es ihm obliegt, zumindest bei Hinweisen Kontrollen durchzuführen. Dennoch wäre es wünschenswert, eine einheitliche Linie zu finden, damit sich in den Köpfen der Linksetzer ein solches Bewusstsein festsetzen kann.

Bei den gerade dargestellten Ausführungen zeigt sich allerdings eine Ungereimtheit auf. Vermochte man im Rahmen der Garantenpflicht noch eine Kontrollpflicht bei Anhaltspunkten, also grober fahrlässiger Kenntnis zu begründen, so scheitert diese spätestens am Vorsatz. Denn die in Frage kommenden strafrechtlichen Delikte können zum größten Teil nur in der Form des Vorsatzes begangen werden. Insofern gelangt man zu dem widersinnigen Ergebnis, dass zwar weiter oben – im Rahmen der Verkehrspflicht – auf das „Kennen müssen" abgestellt wird und dem Linksetzer insofern die fehlende Kenntnis unterstellt wird; auf der subjektiven Ebene des Vorsatzes diese Kenntnis allerdings nicht einfach ausgehebelt werden kann. Daher hat das im Rahmen der Verkehrs-/Garantenpflichten gefundene Ergebnis sich auf subjektiver Ebene einer Korrektur zu unterziehen. Das Erfordernis eines Vorsatzes führt dazu, dass eine strafrechtliche Verantwortlichkeit des Linksetzers auch nur bei einem Wissen um die rechtswidrigen Tatumstände vorliegt, von daher eine Nichtkenntnis trotz aufdrängender Umstände nicht ausreicht.

Im Rahmen des Zivilrechts lässt sich vereinzelt an eine fahrlässige Vernachlässigung der Verkehrspflicht anknüpfen. Allerdings bedarf auch diese – über die oben gefundenen Ergebnisse hinaus – einer Kontrolle, da eine Verkehrspflicht nur bei grob fahrlässiger Unkenntnis der jeweiligen Verweisseite besteht. Dem Linksetzer müssen sich die Umstände geradezu aufdrängen, damit er eine Kontrolle der jeweiligen Seiten vornimmt. Insofern scheidet an dieser Stelle die Möglichkeit einer einfachen Fahrlässigkeit aus, da in diesen Fällen bereits keine Verkehrs-/Garantenpflicht mehr besteht. Im Übrigen soll auf die Ausführungen zur Verkehrs-/Garantenpflicht verwiesen werden, wobei darüber hinaus noch eine Fahrlässigkeit im Hinblick auf deren Existenz geprüft werden muss.

XIV. Zwischenergebnis

Zusammenfassend lässt sich folgendes Schema aufzeigen:

Fremde Inhalte	Keine Kenntnis	Kenntnis oder Kennen müssen bei Anhaltspunkten	
Evidente Rechtsverstöße= Prüfungspflicht	Keine Inanspruchnahme	Beihilfe durch Unterlassen möglich	Vorsatz
	Keine Inanspruchnahme	Fahrlässige Beihilfe nicht möglich	Fahrlässigkeit
Keine evidenten Rechtsverstöße= Keine Prüfungspflicht	Keine Inanspruchnahme	Keine Inanspruchnahme	Vorsatz
	Keine Inanspruchnahme	Keine Inanspruchnahme	Fahrlässigkeit

Zu Eigen gemachte Inhalte	Keine Kenntnis trotz regelmäßiger Kontrolle	Kenntnis oder keine ordnungsgemäße Kontrolle	
Evidente Rechtsverstöße oder Verweisseite mit Nähe zu rechtswidrigen Inhalten= Prüfungspflicht	Keine Inanspruchnahme	Täterschaft bei zivilrechtlichen Äußerungsdelikten Beihilfe durch Unterlassen in allen anderen Fällen	Vorsatz
	Keine Inanspruchnahme	Täterschaft nur bei zivilrechtlichen Äußerungsdelikten Beihilfe scheidet mangels Vorsatz aus	Fahrlässigkeit
Keine evidenten Rechtsverstöße, Verweisseite in seriösem Kontext= keine Prüfungs-	Keine Inanspruchnahme	Keine Inanspruchnahme	Vorsatz

pflicht			
	Keine Inanspruchnahme	Keine Inanspruchnahme	Fahrlässigkeit

D. Verschuldensunabhängige Haftung

Während die Frage der Beteiligungsform oder der Verkehrs- und Garantenpflichten primär die Diskussion im Linkrecht beherrscht, wird die Haftung als Störer in der Literatur eher selten behandelt. Dabei drohen gerade hier erhebliche Risiken, die sich schon allein in den möglichen Abmahnkosten zeigen. Gerade in der Praxis bietet die Störerhaftung mangels Verschuldenselement eine schnelle Inanspruchnahme, was auch an der Mehrzahl der hierzu vorliegenden Urteile deutlich wird. Mangels einer Existenz der Störerhaftung im Strafrecht beschränken sich die Ausführungen im Folgenden auf das Zivilrecht.

I. Hyperlinksetzer als Störer

Für den Anspruchssteller ist die Störerhaftung sehr günstig, da für eine Inanspruchnahme des Störers der ursächliche Zusammenhang einer Willensbetätigung für die rechtswidrige Beeinträchtigung genügt und auf ein Verschuldenselement verzichtet wird[648]. Dabei kommt es im Rahmen von Hyperlinks auf die Frage, ob das TDG auf Unterlassungsansprüche Anwendung findet[649], nicht an, da eine Anwendbarkeit von vornherein ausscheidet.

Störer ist jeder, der willentlich und adäquat kausal an der Herbeiführung oder Aufrechterhaltung einer rechtswidrigen Beeinträchtigung mitwirkt[650]. Im Weiteren können die Voraussetzungen seiner Inanspruchnahme allerdings variieren. So sind die Tatbestandsvoraussetzungen für die einzelnen Rechtsgebiete zum Teil unterschiedlich ausgestaltet. Beispielsweise wird ein Unterlassungsanspruch eigens im Wettbewerbsrecht[651] sowie im Markenrecht[652] gewährt. Ergänzend ist die Rechtsprechung zu § 1004 BGB heranzuziehen, nach der bei allen Beeinträchtigungen absoluter Rechte und geschützter Interessen ein Unterlassungsanspruch besteht. Auch im für Links immer als Vergleich herangezogenen Fall der Pressehaftung, erfreut sich die Störerhaftung großer Beliebtheit. Hier werden durch die Rechtsprechung strenge Anforderungen gestellt. So betont der BGH, dass ein Verleger grundsätzlich bereits allein aufgrund der Verbreitung von rechtswidrigen Äußerungen – zumindest als Störer – auf Unterlassung hafte. Auch wenn eine Zeitung Äußerungen Dritter wiedergebe und sich dabei von ihrem Inhalt distanziere, ändere das nichts daran, dass der Verleger der Zeitung einen entscheidenden Tatbeitrag zur Verbreitung der betreffenden

648 Vgl. zum Haftungsrisiko BGH, NJW 1982, 440f.; BGH, NJW 1983, 751, 751 – *Tennisplatz,* ausreichend für den Störerbegriff ist, wenn Unternehmer in eigener Verantwortung über Spiele auf seinem Platz entscheiden kann.
649 Vgl. hierzu BGH, MMR 2004, 668ff. – *Rolex*; *Hoeren*, MMR 2004, 672, *Berger/Janal*, CR 2004, 917f.
650 Vgl. *Baumbach/Hefermehl*, UWG, § 8, Rn. 2.11.
651 Vgl. § 8 UWG.
652 §§ 14, 15 MarkenG.

Behauptung leiste[653]. Selbst Leserbriefe müsse der Verleger vor der Veröffentlichung auf evidente Verstöße kontrollieren, um nicht auf Unterlassung in Anspruch genommen zu werden[654].

Die Störerhaftung hat mit der Zeit, gerade im Hinblick auf die verletzten Rechtsgüter, eine Erweiterung erlebt. Nachdem sie ursprünglich auf Rechtsgüter wie das Eigentum oder andere dingliche Rechte nach § 1004 BGB oder beispielsweise das Namensrecht nach § 12 BGB beschränkt war, ist mittlerweile die Möglichkeit, als Störer in Anspruch genommen zu werden, erheblich erweitert worden[655]. Rechtsprechung und Lehre haben einen allgemeinen negatorischen Abwehranspruch zum Schutze aller absoluten Rechte anerkannt. So werden analog § 1004 BGB beispielsweise gewerbliche Schutzrechte[656], Urheberrechte[657], das Recht am eingerichteten und ausgeübten Gewerbebetrieb[658] oder gar das Persönlichkeitsrecht[659] geschützt. Die Rechtsprechung ist sogar noch weiter gegangen und hat über die Ausweitung auf absolute Rechte hinaus in entsprechender Anwendung des § 1004 BGB auch noch einen quasi-negatorischen Abwehranspruch zum Schutze bloßer Rechtsgüter und rechtlich geschützter Interessen entwickelt[660].

Ob der Linksetzer nunmehr als Störer in Anspruch genommen werden kann ist fraglich, da er ja nicht direkt an der Erschaffung des rechtswidrigen Zustandes beteiligt ist. Hier steht der Ersteller der rechtswidrigen Verweisseite als Hauptverantwortlicher im Vordergrund. Allerdings hängt die Frage der Störereigenschaft bei einer Beteiligung mehrerer nicht von der Art und dem Umfang des Tatbeitrages oder dem Interesse des einzelnen Beteiligten an der Verwirklichung der Störung ab[661]. So können beispielsweise bei äußerungsrechtlichen Delikten diejenigen, die eine unzulässige Äußerung selbst aufstellen, aber auch die, die sich die Äußerung eines Dritten zu Eigen machen oder die an ihrer Verbreitung nur mitwirken, Störer sein[662].

Gegen einen Beitrag des Linksetzers zur Störung auf der Verweisseite könnte sprechen, dass durch ihn lediglich eine Art „Informationsforum" geschaffen wird. So wird beispielsweise für Fernsehanstalten und ihre verantwortlichen Mitarbeiter eine Störereigenschaft dann verneint, wenn diese als Veranlasser oder Verbreiter einer Äußerung zurücktreten und nur als „Markt" der verschiedenen Ansichten in Erscheinung

---

[653] BGH, NJW 1986, 2503, 2504.
[654] BGH, NJW 1986, 2503, 2505.
[655] Vgl. zum Umfang des Schutzbereichs des § 1004 BGB und dessen Ausdehnung auch auf die sog. quasi-negatorischen Rechte *Gursky*, in: Staudinger, § 1004, Rn. 122; *Medicus*, in: MünchKommBGB § 1004, Rn. 4 ff.
[656] RGZ 125, 39ff.
[657] RGZ153, 1, 27.
[658] BGHZ 28, 320, 328; 29, 65ff.; 90, 113, 121; BGH, NJW 1985, 1643f.
[659] BGH, NJW 1970, 1599f.
[660] Vgl. *Hefermehl*, in Erman, BGB, § 1004, Rn. 5 m.w.Nachw.
[661] BGH, NJW 1976, 799, 800 – *Alleinimporteur*.
[662] Vgl. *Steffen*, in: Löffler/Wenzel/Sedelmeier, Presserecht, § 6 LPG, Rn. 276.

treten. Über eine bloße „Forumsfunktion“ geht das Verhalten des Linksetzers jedoch hinaus, da er durch bewusste Auswahl die Inhalte gezielt in sein Angebot einstellt[663]. Entscheidend ist, ob die reine Verbreitungswirkung durch die Verlinkung die Annahme einer Störereigenschaft rechtfertigt. Zieht man wieder den Vergleich zu den Printmedien stellt man fest, dass dort sowohl der intellektuelle als auch der technische Verbreiter, wie beispielsweise der Grossist, für eine rechtswidrige Äußerung ohne Rücksicht auf Art und Umfang ihres Tatbeitrages als Störer haften. Der BGH qualifizierte selbst den alleinigen Importeur einer ausländischen Wochenschrift als Störer, sofern die Wochenschrift unwahre Tatsachenbehauptungen enthält, da jede Form der Mitbeteiligung an dem Vertrieb für die Störereigenschaft genüge[664]. Nur so bestehe für den Betroffenen die Möglichkeit, im Vertrieb befindliche Schriften aufzuhalten, ohne dass sich Autor und Verleger auf die fehlende Einflussnahme berufen könnten. Dem Alleinimporteur könne ohne weiteres die Ziehung von Stichproben zugemutet werden[665].

Eine direkte Übertragung der Eigenschaften des Importeurs auf den Sachverhalt des Linksetzers ist nicht unproblematisch. Im Gegensatz zum reinen Alleinimporteur, der mit einem spezifischen Verhältnis zu dem Verleger oder Hersteller tätig wird, handelt der Linsketzer lediglich als Vermittler[666]. Während der Import eine Vertriebsfunktion darstellt, verbindet der Linksetzer den Nutzer lediglich mit einer anderen Seite. Wesentlicher Unterschied zu der Sachlage beim Importeur ist, dass der Nutzer grundsätzlich auch ohne den Linksetzer auf die Verweisseite durch Eingabe der URL oder andere Links gelangen könnte. Der Linksetzer verfügt insofern nicht über die Einflussmöglichkeit auf die Verbreitung des konkreten Inhalts, sondern nur auf die Adresse[667]. Auch wenn der direkte Vergleich zum Importeur scheitern muss, ist dennoch an die Idee anzuknüpfen. Entscheidendes Kriterium für die Entscheidung des BGH war die Tatsache, dass die beanstandeten Behauptungen erst durch den Vertrieb einem größeren Personenkreis bekannt wurden[668]. Die gleiche Argumentation ließe sich auf den Linksetzer übertragen. Denn erst durch den Link wird einer größeren Personenzahl Zugang zu den entsprechenden Verweisseiten verschafft. Zum Einen wird dem gezielt Suchenden durch den Link durch das einfache Anklicken die Verbindung erleichtert, zum Anderen wird denjenigen, die den Link nur durch Zufall entdecken, der Weg auf die fremde Seite gewiesen[669]. Allerdings wird der Linksetzer im Hinblick auf die Rechtsverletzung nicht unmittelbar, sondern vielmehr nur mittel-

---

[663] So auch *Mann*, AfP 1998, 129, 131.
[664] BGH, GRUR 1977, 114, 115 – *VUS*.
[665] BGH, NJW 1976, 799f. – *Alleinimporteur*.
[666] *Spindler*, in: Hoeren/Sieber, Handbuch Multimedia-Recht, Kap. 29, Rn. 331.
[667] *Spindler*, in: Hoeren/Sieber, Handbuch Multimedia-Recht, Kap. 29, Rn. 331.
[668] BGH, NJW 1976, 799, 800 – *Alleinimporteur*.
[669] Vgl. *Mann*, AfP 1998, 129, 131; *Ernst*, NJW-CoR 1997, 224, 227, 228; *Mylaeus*, in: *Schwarz*, Recht im Internet, 7-3.1, S. 44.

bar tätig[670]. In diesem Zusammenhang kommt die Verantwortlichkeit als Mitstörer in Betracht, die an weitere Voraussetzungen geknüpft ist:

II. Hyperlinksetzer als Mitstörer

Die Inanspruchnahme bei der Störerhaftung ist nicht nur auf den unmittelbar Handelnden beschränkt, sondern kann vielmehr auf den Mitstörer (oder auch mittelbaren Störer) ausgedehnt werden. Der Linksetzer wird – bedingt durch die Technik der Verweisung – eher mittelbar tätig. Die eigentliche Verletzungshandlung besteht darin, dass der Inhaber der Verweisseite seine Inhalte zum Abruf bereithält. Eine Förderung dieses Abrufes hängt also immer von der Existenz des rechtswidrigen Inhaltes ab[671]. Insofern kommt nur eine Mitstörereigenschaft des Linksetzers in Betracht, die in der Weiterverbreitung der fremden Inhalte begründet ist. Als (Mit-)störer haftet grundsätzlich und unabhängig von Art und Umfang seines eigenen Tatbeitrages jeder, der in irgendeiner Weise willentlich und adäquat kausal an der Herbeiführung der rechtswidrigen Beeinträchtigung mitgewirkt hat, wobei als Mitwirkung auch die Unterstützung oder Ausnutzung der Handlung eines eigenverantwortlich handelnden Dritten genügt, sofern der in Anspruch Genommene die rechtliche Möglichkeit zur Verhinderung dieser Handlung hatte[672]. Die Mitwirkung kann dabei bereits in der Veranlassung, Förderung oder Ausnutzung des handelnden Dritten liegen[673].

Diese Grundsätze lassen sich auch auf das Linkrecht übertragen. Der Linksetzer fördert die durch den Hauptstörer geschaffene rechtswidrige Lage, da er – wie oben gesehen – den suchenden Nutzer auf die jeweilige Seite führt und somit deren Verbreitung vorantreibt. Auch der erforderliche Ursachenzusammenhang ist gegeben, denn der Linksetzer trägt zu der Verbreitung der jeweiligen Verweisseiten bei. Auch wenn durchaus die Möglichkeit besteht, auf die Seite durch die direkte Eingabe der URL oder anderer Links zu gelangen, so muss doch zumindest der ursächliche Zusammenhang in der konkreten Form bejaht werden. Ohne den einzelnen Link wäre eine Verbreitung der Seite in seiner konkreten Gestalt nicht erfolgt. Der Link ist somit für die verbreitete Verletzungswirkung (mit-) ursächlich. Stimmen[674], die eine Mitstörereigenschaft deshalb ablehnen, weil es an der Verhinderungsmöglichkeit fehlt, ist nicht zuzustimmen. Für sie ist der Linksetzer weder rechtlich noch tatsächlich in der Lage, die Handlung des eigentlichen Inhaltsanbieters, das „Ins-Netz-

---

[670] *Spindler*, GRUR 2004, 724, 727.

[671] *Stadler*, Haftung für Informationen im Internet, Rn. 177f.

[672] Ständige Rechtsprechung: BGH, GRUR 1955, 97, 99 f. – *Constanze II*; BGH, GRUR 57, 352, 353 – *Pertussin II*; BGH, GRUR 1976, 257, 258 – *Rechenscheibe*; BGH, GRUR 1988, 829, 830 – *Verkaufsfahrten II*; BGH, GRUR 1990, 373, 374 – *Schönheits-Chirurgie*; BGH, GRUR 1990, 463, 464 – *Firmenrufnummern*; BGH, GRUR 1991, 540ff. – *Gebührenausschreibung*; BGH, GRUR 1991, 769, 770 – *Honoraranfrage*; BGH, GRUR 1994, 441, 443 – *Kosmetikstudio*; BGH, GRUR 1995, 62, 64 – *Betonerhaltung*; BGH, GRUR 1995, 167, 168 – *Kosten bei unbegründeter Abmahnung*; BGH, GRUR 1997, 313, 315 – *Architektenwettbewerb* – m. w. Nachw.; BGH, GRUR 1997, 909, 911 – *Branchenbuch- Nomenklatur*, BGH, WRP 1999, 1045, 1048; BGH, WRP 2000, 506, 509.

[673] *Baumbach/ Hefermehl*, UWG, § 8, Rn. 2.12f.; *Köhler*, in: Jacobs/ Lindacher/Teplitzky, UWG, Rn. 200.

[674] Vgl. beispielsweise *Stadler*, Haftung für Informationen im Internet, Rn. 178.

stellen" der Inhalte, zu unterbinden[675]. Abgestellt wird dabei auf eine Entscheidung des BGH, der im Zusammenhang mit der Veröffentlichung von Anzeigen oder Beiträgen in der Presse geprüft hat, ob der Mitstörer die Veröffentlichung verhindern kann[676]. Dagegen muss eingewandt werden, dass sich diese Entscheidung nicht verallgemeinern lässt. Oftmals spielt nämlich die fehlende Einflussmöglichkeit – etwa auf den Inhalt der Werbung eines Dritten – und die fehlende Überwachungsmöglichkeit hinsichtlich seines Verhaltens für die Mitstörereigenschaft keine Rolle[677]. Selbst derjenige, der einem Dritten die Benutzung seines Telefonanschlusses bzw. eines Telefaxgerätes[678] gestattete, über das wettbewerbswidrige Handlungen vorgenommen wurden, wurde ebenso als Störer angesehen, wie im früheren Kennzeichenrecht (grundsätzlich) der Spediteur, wenn er Waren, die mit dem verletzten Zeichen versehen waren, befördern ließ[679].

Darüber hinaus kann der Linksetzer sehr wohl seinen eigenen Tatbeitrag verhindern.

III. Einschränkung der Mitstörereigenschaft durch das Erfordernis der Prüfungspflichten

Der Begriff des (Mit-)störers ist bisher von der Rechtsprechung im Interesse eines umfassenden Schutzes vor rechtswidrigem Handeln sehr weit verstanden worden. Um die weite Haftung der mittelbar Verantwortlichen einzuschränken hat sich in Rechtsprechung[680] und Literatur[681] das Bedürfnis nach weiteren Voraussetzungen durchgesetzt, welche sich in dem Erfordernis von Prüfungspflichten wiederfanden. Eine Haftung als Mitstörer darf nicht ohne weiteres auf einen unbeteiligten Dritten erstreckt werden, sondern setzt vielmehr das Bestehen von Prüfungspflichten dergestalt voraus, dass die Rechtswidrigkeit der Störung entfällt, wenn den Mitstörer keine Prüfungspflicht hinsichtlich des Rechtsverstoßes trifft[682]. Anders ausgedrückt entfällt eine Inanspruchnahme, wenn dem in Anspruch Genommenen im konkreten Fall eine solche Prüfungspflicht als „Mitstörer" nicht oder jedenfalls nur eingeschränkt zuzumuten ist[683].

---

675 *Stadler*, Haftung für Informationen im Internet, Rn. 178.

676 BGH, GRUR 1994, 441, 443 – *Kosmetikstudio.*

677 *Spindler/Volkmann*, WRP 2003, 1, 2 m. w. Nachw.

678 Vgl. OLG Stuttgart, ZIP 1993, 1494, 1495; KG, BB 1997, 2348; OLG Karlsruhe, WRP 1984, 706 ff.; OLG Frankfurt, GRUR 1987, 380; OLG Hamm, GRUR 1992, 126.

679 BGH, GRUR 1957, 352, 353 f. – *Pertussin II.*

680 Vgl. allgemein zur Einschränkung der Störerhaftung BGH, MMR 2004, 668, 671 – *Rolex*; BGH, CR 2004, 613, 615 – *Schöner Wetten;* BGH, GRUR 1993, 561, 562 – *Produktinformation I*; BGH, GRUR 1994, 819, 821 –*Produktinformation II;* BGH, GRUR, 1995, 62, 64 f. – *Betonerhaltung*; BGH, GRUR 1996, 71, 72 f. – *Produktinformation III*; BGH, GRUR 1997, 313, 315 f. – *Architektenwettbewerb*; BGH, GRUR 1999, 418, 420 – *Möbelklassiker*; BGH, CR, 2001, 850, 851 – *ambiente.de.*

681 Vgl. etwa *v.Gierke*, WRP 1997, 892 ff.; *Köhler*, WRP 1997, 897 ff.; *Schünemann*, WRP 1998, 120 ff.; *Freytag*, Haftung im Netz.

682 Vgl. hierzu BGH, NJW 1992, 3093, 3095 – *Ausländischer Inserent*; BGH, GRUR 1990, 1012, 1014 – *Pressehaftung I*; BGH, NJW 1997, 2180, 2182 – *Architektenwettbewerb*, BGH, ZUM 1999, 144ff. – *Möbelklassiker.*

683 BGH, CR 2004, 763, 767 – *Rolex*; BGH, GRUR 1997, 909f. – *Branchenbuch – Nomenklatur.*

Besonders bedeutsam war auch die Einführung der Prüfungspflichten, die für das Presserecht, etwa das Anzeigengeschäft des Zeitungs- und Zeitschriftengewerbes, entwickelt wurden[684]. Hintergrund der presserechtlichen Einschränkungen war aber weniger die Erkenntnis, dass die Haftung des mittelbaren Störers generell eingeschränkt werden musste als vielmehr der besondere grundrechtlich verbürgte Schutz der Presse[685], deren Arbeit durch die Störerhaftung nicht über Gebühr erschwert und die Verantwortlichen nicht überfordert werden sollten. Die Einführung der Prüfungspflichten fand dann nach und nach auch Eingang in das Wettbewerbsrecht und erlangte mit der Anerkennung im Urheber- und im Markenrecht sowie im Kennzeichenrecht Allgemeingeltung[686]. Die Rechtsprechung beschränkte sich nicht mehr nur auf die Bestimmung zumutbarer Maßnahmen. Vielmehr wurde das Erfordernis einer Prüfungspflicht im Hinblick auf die Verletzung fremder Rechtsgüter allgemein als notwendig erachtet[687], dessen Erfüllung im Einzelfall auch zumutbar sein musste[688].

Auch für den Linksetzer müssen in seiner Eigenschaft als Mitstörer Prüfungspflichten verlangt werden, wobei im Einzelnen zu fragen ist, ob ihm eine genaue Prüfung der Verweisseiten zuzumuten ist. Hinsichtlich der Ausgestaltung der Prüfungspflichten, insbesondere ihrer Zumutbarkeit, wird auf die ausführlichen Ausführungen im Rahmen der Verkehrspflichten verwiesen[689], die zwar einen etwas anderen Anknüpfungspunkt haben, von der Grundidee der Prüfungspflichten aber ähnlich sind. Zudem mehren sich in jüngster Zeit die Stimmen, die die störungsrechtlichen Prüfungspflichten bei den Verkehrspflichten ansiedeln[690]. Dies lässt sich insbesondere damit begründen, dass es sich bei dem Mitstörer um eine mittelbare Verletzungshandlung handelt. Neben unterlassenen Handlungen werden Verkehrspflichten gerade hier relevant, da sie – wie oben gesehen – auch als Zurechnungselement von nur mittelbaren Handlungen herangezogen werden. Dogmatisch sinnvoll sind Prüfungspflichten daher im Rahmen der Verkehrspflichten anzusiedeln, da sie das Spiegelbild der

---

[684] Vgl. grundlegend BGH, GRUR 1973, 203 ff. – *Badische Rundschau*; s. auch BGH, GRUR 1997, 909ff. – *Branchenbuch-Nomenklatur*, BGH, GRUR 1995, 595, 597 f. – *Kinderarbeit*; BGH, GRUR 1995, 751, 752 – *Schlussverkaufswerbung*; BGH, GRUR 1994, 454, 455 – *Schlankheitswerbung*; BGH, GRUR 1994, 841, 843 – *Suchwort*; BGH, GRUR 1993, 53, 54 – *Ausländischer Inserent*; BGH, GRUR 1992, 618, 619 – *Pressehaftung II*; KG, GRUR 1988, 223; OLG Hamm, GRUR 1984, 538; OLG Düsseldorf, GRUR 1982, 622, 626; OLG Frankfurt, GRUR 1985, 71 f. Das Presseunternehmen haftet wie bereits oben gesehen nur im Falle grober, unschwer zu erkennender Verstöße für die Veröffentlichung wettbewerbswidriger Anzeigen. Dabei richtet sich diese eingeschränkte Pflicht auf die Prüfung der Inhalte selbst und damit auf deren Rechtswidrigkeit und ist nicht mit einer Pflicht zur Kontrolle, ob sich überhaupt derartige Inhalte in der Presse befinden, zu verwechseln. Eine solche Pflicht zur Kontrolle auf Existenz von Inhalten ist bei Pressepublikationen traditioneller Art eh auch kaum erforderlich, da per se der Zeitung vorher der Inhalt zur Kenntnis gebracht wird.

[685] So deutlich BVerfGE 21, 271, 278; BGH, GRUR 1999, 418, 420 – *Möbelklassiker*, OLG Hamburg, AfP 1990, 318, 319.

[686] *Spindler/Volkmann*, WRP 2003, 1, 5 m. w. Nachw.

[687] BGH, GRUR, 1997, 313, 316 – *Architektenwettbewerb*; BGH, GRUR 1999, 418, 420 – *Möbelklassiker*, BGH, CR 2001, 850, 851 – *ambiente.de*.

[688] BGH, GRUR, 1997, 313, 316 – *Architektenwettbewerb*; BGH GRUR 1999, 418, 420 – *Möbelklassiker -*; BGH, CR 2001, 850, 851 – *ambiente.de*.

[689] Siehe oben C III).

[690] Vgl. *Freytag*, Haftung im Netz, S. 73; *Spindler/Volkmann*, WRP 2003, 1, 6ff.

deliktischen Haftung für mittelbare Rechtsgutsverletzungen darstellen[691].Dem Linksetzer ist in Anlehnung an die presserechtlichen Grundsätze eine Prüfung nur dann zumutbar, wenn es sich um offensichtlich rechtswidrige Seiten handelt, die Rechtsverletzung also für ihn unschwer zu erkennen ist. Für die Fälle des gewerblichen Rechtsschutzes dürfte das beispielsweise seltener der Fall sein, wenn es sich nicht ausnahmsweise um bekannte Marken– oder offensichtliche Wettbewerbsverletzungen handelt.

Dieses Ergebnis wird auch bestätigt durch die *„Schöner Wetten"* Entscheidung des BGH[692]. Der Umfang der Prüfungspflichten, die denjenigen treffen, der einen Hyperlink setzt oder aufrecht erhält, richtet sich insbesondere nach dem Gesamtzusammenhang, in dem der Hyperlink verwendet wird, dem Zweck des Hyperlinks sowie danach, welche Kenntnis der den Link Setzende von Umständen hat, die dafür sprechen, dass die Webseite oder der Internetauftritt, auf die der Link verweist, rechtswidrigem Handeln dienen, und welche Möglichkeiten er hat, die Rechtswidrigkeit dieses Handelns in zumutbarer Weise zu erkennen[693].

Ausdrücklich statuiert der BGH auch das Bestehen nachträglicher Prüfungspflichten. Denn auch wenn beim Setzen des Hyperlinks keine Prüfungspflicht verletzt wird, kann eine Störerhaftung begründet sein, wenn ein Hyperlink aufrechterhalten bleibt, obwohl eine nunmehr zumutbare Prüfung, insbesondere nach einer Abmahnung oder Klageerhebung, ergeben hätte, dass mit dem Hyperlink ein rechtswidriges Verhalten unterstützt wird[694].

So begrüßenswert diese Entscheidung ist und so sehr ihr auch grundlegende Aussagen im Hinblick auf die Prüfungspflichten zu entnehmen sind, so sehr darf nicht vernachlässigt werden, dass eine Prüfung anhand der allgemeinen Haftungsregeln stets einzelfallbezogen ausfallen muss[695]. Keineswegs darf diese Entscheidung als „Freifahrtschein" für das Setzen von Hyperlinks verstanden werden[696].

IV. Anpassung der Störerhaftung an die Linksituation mit der Konsequenz von Kontrollpflichten

Nachdem nunmehr eine Beschränkung der Prüfungspflichten vorgenommen wurde, stellt sich die Frage, welche Inhalte von dem Linksetzer jeweils überprüft werden müssen. Denn im Gegensatz zu den klassischen Mitstörerfällen stellt sich die Situation bei Hyperlinks anders dar. So wie die Presse, die Fernsehanstalt oder der Tonbandhersteller zwangsläufig mit den in Frage stehenden Inhalten in Berührung kommen, kann das für den Linksetzer – zumindest nicht als selbstverständlich – voraus-

[691] *Spindler,* GRUR 2004, 724, 725 m.w. Nachw.
[692] CR 2004, 613ff.
[693] BGH, CR 2004, 613, 615 – *„Schöner Wetten"*.
[694] BGH, CR 2004, 613, 615 – *„Schöner Wetten"*.
[695] So auch *Spindler*, GRUR 2004, 724, 729.
[696] *Gloy,* EWiR 2004, 939, 940.

gesetzt werden. Zumindest in den Fällen, in denen sich die Verweisseite nachträglich ändert, liegt per se erst einmal keine Kenntnis der Inhalte vor. Man könnte überlegen, den Linksetzer nur bei positiver Kenntnis zu belangen, da eine ständige Kenntnisverschaffung unzumutbar wäre. Dass diese Idee nicht ganz abwegig ist, wird durch den alten § 5 Abs. 4 TDG deutlich, der die Kenntnis der jeweiligen Inhalte voraussetzte. Wäre eine Übertragung dieser Grundsätze für die Provider, die unter das neue TDG/MDStV fallen noch möglich[697], scheidet sie für Hyperlinks aus. Da diese dem Anwendungsbereich des TDG/MDStV nicht unterfallen, kann auch keine direkte Übertragung von zusätzlichen Erfordernissen vorgenommen werden. Aber auch von Gerichten[698] wird vereinzelt geurteilt, dass es auf eine Kenntnis der Inhalte ankäme. Dies wird u.a. an dem Merkmal der Willentlichkeit aufgehängt. Einer solchen Annahme ist entgegenzutreten[699]. Das Erfordernis der Kenntnis ist im Rahmen der allgemeinen Störerhaftung unbeachtlich, es würde indirekt sogar ein Verschuldenserfordernis einführen. Die Willensbetätigung des Störers muss nicht auf die Herbeiführung des rechtswidrigen Zustandes zielen. Der Störer muss lediglich willentlich seinen eigenen Tatbeitrag leisten, ohne dass es erforderlich ist, dass er Kenntnis von der Haupttat hat[700]. Insofern dürfen auch für Hyperlinks keine darüber hinaus gehenden Anforderungen statuiert werden. Auf ein Kenntniselement kommt es demnach nicht an.

V. Zwischenergebnis

Letztlich kann festgehalten werden, dass der Linksetzer unter bestimmten Voraussetzungen durchaus als Mitstörer in Anspruch genommen werden kann. Mangels Verschuldensnachweis betrifft diese Fallkonstellation (im Gegensatz zur Verschuldenshaftung) in der Praxis die weitaus häufiger anzutreffende Variante. Im Wesentlichen gilt es darauf abzustellen, ob die jeweilige Prüfungspflicht noch zumutbar ist, was im Falle von grob erkennbaren Rechtsverstößen durchaus bejaht werden kann.

4. Teil: Einzelne Haftungstatbestände und Beispielen aus der Rechtsprechung

Bislang wurde die Verantwortlichkeit des Linksetzers für das Fehlverhalten auf fremden Seiten behandelt. Ob dabei eine verschuldensab- oder verschuldensunabhängige Haftung, Beihilfe oder Täterschaft in Betracht kommen, eines ist allen Ansprüchen innerhalb dieses ersten Abschnittes gemein: Voraussetzung für eine Anknüpfung an die Verantwortlichkeit ist immer das Vorliegen einer Rechtsverletzung auf der jeweili-

---

[697] *Volkmann*, Der Störer im Internet, S. 147f.

[698] Vgl. OLG Köln, CR 2002, 50, 52f. m. Anm. *Wiebe*=MMR 2002, 110, 112 m. Anm. *Hoeren*; OLG Frankfurt, GRUR 1987, 380 – *Dachdecker*.

[699] Vgl. BGH, NJW 1976, 799, 800 – *Alleinimporteur*; *Wiebe*, CR 2002, 53, 54; *ders.*, in: Ernst/Vassilaki/Wiebe, hyperlinks, Rz. 42, der darin eine Einführung zum Vorsatz und damit eines Verschuldenserfordernisses sieht. Die Willentlichkeit präzisiere nur den Handlungsbegriff und soll nicht willentlich gesteuerte Verhaltensweisen ausschließen.

[700] Vgl. auch *Mann*, AfP 1998, 129, 131.

gen Verweisseite. Hier kommen beispielsweise die Haftung für Persönlichkeitsrechtsverletzungen, aber auch für fehlerhafte Produkte wie falsche Informationen und fehlerhafte, über das Netz vertriebene oder angebotene Software, in Betracht. Darüber hinaus spielt gerade im Internet die Verletzung von fremden Urheber- und Markenrechten durch Aufnahme fremder Inhalte in die eigene Website eine große Rolle. Letztlich nimmt aber auch der Bereich des Strafrechts einen gewichtigen Teil der Internetverletzungen ein. In dieser Abhandlung kann sicherlich nicht auf jedwede Rechtsverletzung eingegangen werden, da dies den Rahmen der Arbeit sprengen würde. Die Liste der potentiellen Rechtsverletzungen ist ebenso lang wie eine Aufzählung der Aktivitäten, die im Internet vorzufinden sind und die alles umfassen, was nur digitalisierbar ist[701]. Eine ausführliche Auseinandersetzung mit allen Rechtsverletzungen ist jedoch entbehrlich, da zumeist keine Unterschiede zu den aus dem Offlinebereich bekannten Grundsätzen bestehen. In einigen Fällen ergeben sich allerdings zwangsläufig einige Besonderheiten, auf die im Folgenden einzugehen sein wird. Darüber hinaus sollen in diesem Abschnitt einige klassische Rechtsprechungsbeispiele im Zusammenhang mit Verweisseiten dargestellt werden[702].

A. Persönlichkeitsrechtsverletzungen

I. Grundlagen

Bei dem allgemeinen Persönlichkeitsrecht handelt es sich zwar nicht um einen internetspezifischen Tatbestand, da aber auf Websites häufig über Tatsachen aus dem Privatleben Dritter berichtet wird, sehen sich die Inhaber dieser Seiten auch oft Unterlassungs- und Schadenersatzansprüchen wegen der Verletzung dieses Rechtes ausgesetzt, so dass insofern ein kurzer Überblick hierüber gegeben werden soll.

Bedeutsam ist die Begehungsweise im Internet aber insofern, als das Medium des Internets die Wirkung für das Opfer potenziert. Nach § 823 Abs. 1 BGB sind Leben, Körper, Gesundheit und Freiheit als Persönlichkeitsgüter sowie das Eigentum absolut geschützt. Neben den ausdrücklich genannten Persönlichkeitsgütern kommt aber auch das Persönlichkeitsrecht als absolut geschütztes Recht in Betracht. Das allgemeine Persönlichkeitsrecht ist ein absolut gegen jedermann wirkendes Freiheitsrecht im Sinne des § 823 Abs. 1 BGB[703]. Es wird unmittelbar aus Art. 1 GG, dem Schutz der Menschenwürde, und Art. 2 GG, dem Recht auf freie Entfaltung der Persönlichkeit, abgeleitet, welche damit auch Grundlage des von der Rechtsprechung entwi-

[701] Vgl. *Spindler*, in: Hoeren/Sieber, Handbuch Multimedia-Recht, Kap. 29, Rn. 169f.

[702] Dabei gilt es auch hier zu beachten, dass diese Fälle nur solche Konstellationen betreffen, bei denen die Verweisseite bereits einen rechtswdrigen Inhalt hat und der Link „ lediglich" darauf verweist. Insofern findet die kürzlich vom BGH getroffene Paperboyentscheidung (MMR 2003, 719ff.) hier noch keinen Platz.

[703] Erstmals BGHZ 13, 334, 338=BGH, NJW 1954, 1404f. Eine grundsätzliche Erweiterung hat der zivilrechtliche Rechtsschutz später erfahren, nämlich durch die Anerkennung der Möglichkeit eines Schmerzensgeldanspruchs: BVerfG, NJW 1973, 1221, 1223 – *Soraya*.

ckelten allgemeinen Persönlichkeitsrechts sind[704]. Sein Inhalt ist das Recht des Einzelnen auf Achtung seiner individuellen Persönlichkeit von Seiten des Staates und im privaten Rechtsverkehr[705]. Das allgemeine Persönlichkeitsrecht bildet ein Konglomerat aus verschiedenen Rechten und Werten von im Einzelfall unterschiedlicher Schutzbedürftigkeit und Schutzwürdigkeit[706]. Zu den einzelnen Persönlichkeitsrechten gehören insbesondere der Schutz der Privat- und Intimsphäre, die den persönlichen und häuslichen Bereich des Individuums, seine Gesundheit[707], seine Gedanken- und Gefühlswelt, wie insbesondere seine Ehe- und Sexualsphäre[708] umfasst. Zur geschützten Privatsphäre gehören Briefe und Tagebücher[709]. Als wichtige Persönlichkeitsrechte lassen sich das Recht am eigenen Bild sowie die Ehre[710] nennen.

Anders als bei den in § 823 Abs. 1 BGB ausdrücklich genannten Gütern führt aber nicht jede Beeinträchtigung des weiten und vielfältigen Anspruchs auf Achtung der Individualität bereits zu einer tatbestandlichen Rechtsverletzung. Vielmehr engen die Schutzgüter anderer den persönlichen Freiraum des Einzelnen ein. Wird das allgemeine Persönlichkeitsrecht beispielsweise durch die im Linkrecht immer wieder als Vergleich herangezogenen Presseveröffentlichungen betroffen, so gilt es zu berücksichtigen, dass die Presse-, Meinungs- und Informationsfreiheit durch Art. 5 Abs. 1 GG besonderen grundrechtlichen Schutz genießt. Das kann auch für den Fall des Linksetzers gelten, bei dem im Einzelfall ebenfalls die Schutzrechte des Art. 5 GG eingreifen können. Bei den Schadensersatzansprüchen kommt neben dem Ersatz des materiellen Schadens gemäß §§ 823, 249 BGB auch der des immateriellen Schadens in Betracht. Nach § 253 BGB kann zwar für immaterielle Schäden nur in den durch das Gesetz bestimmten Fällen eine Entschädigung in Geld gefordert werden. Seit der *„Herrenreiterentscheidung“*[711] des BGH ist jedoch anerkannt, dass bei der Verletzung von Persönlichkeitsrechten durch eine Presseveröffentlichung entgegen dem Wortlaut des Gesetzes ein billiger Ausgleich in Geld dann verlangt werden kann, wenn eine andere Ausgleichsmöglichkeit nicht besteht[712].

Im Rahmen des so beschriebenen Persönlichkeitsrechts unterscheiden sich die Verletzungen allerdings nicht großartig von denen in anderen Medien, da eine Schmähkritik in der Zeitung genauso wie eine solche im Internet behandelt wird. Spezifische Internetprobleme können im Rahmen von Domain-Reservierungen und Verlinkungen

---

[704] *Damm/Rehbock,* Widerruf, Unterlassung und Schadenersatz in Presse und Rundfunk, Rn. 13.
[705] BVerfGE 35, 202, 220 – *Lebachurteil.*
[706] Hubmann, Persönlichkeitsrecht, S. 156f.
[707] BGH, NJW 1974, 602, 602 – *Patientenkartei-Urteil.*
[708] BGHSt 18, 182.
[709] Vgl. hierzu allgemein *Löffler/Ricker,* Handbuch des Presserechts, Kap. 42, Rn. 8.
[710] Hierbei ist unter Ehre sowohl die dem Einzelnen auf Grund seiner Menschenwürde (Art. 1 GG) zukommende „innere Ehre“ zu verstehen, wie auch das Ansehen in der Gesellschaft, die „äußere Ehre“ – BGHSt 11, 67.
[711] BGHZ 26, 349, 355.
[712] *Löffler/Ricker,* Handbuch des Presserechtrechts, Kap. 44, Rn. 43ff.

in Betracht kommen[713]. Erstere sind Persönlichkeitsrechtsverletzungen, die auf einer Verletzung des Namensrechts gemäß § 12 BGB beruhen. Der Name kann im Internet beispielsweise zur Kennzeichnung einer Domain verwendet werden[714]. Eine Verletzung erfolgt dann etwa durch den unbefugten Gebrauch eines gleichen Namens.

II. Rechtsprechungsbeispiel: das Urteil des LG Hamburg vom 12.05.1998

Eines der ersten Urteile, welches sich mit der Thematik der Hyperlinks in Verbindung mit dem Persönlichkeitsrecht beschäftigte und bereits im Zusammenhang mit der Frage der Disclaimer erwähnt wurde, erging am 12.5.1998 durch das Landgericht Hamburg[715]. Zwar lag damit endlich ein Urteil zu Hyperlinks vor; allerdings wurde dies von der Literatur eher kritisch aufgenommen[716].

Dem Urteil lag folgender Sachverhalt zugrunde: Der Beklagte unterhielt auf seiner Homepage einen Link, welcher auf ein Internet–Magazin verwies, in dem eine Satire über den Kläger enthalten war. So enthielt diese Website beispielsweise Äußerungen, die den Kläger als den „Dorfdepp der Woche" bezeichneten oder die in Bezug auf ihn behaupteten, dass auch „Arschlöcher in einer Demokratie die vollen Bürgerrechte hätten". Für den Kläger seien bereits alle Domains mit dem Präfix „Dachschaden" reserviert worden. Nachdem der Kläger den Linksetzer wegen der Persönlichkeitsrechtsverletzung zunächst abmahnte, gab dieser zwar eine Unterlassungserklärung ab, verweigerte allerdings die entsprechende Schadensersatzverpflichtung.

Das Landgericht Hamburg gab der Klage aus §§ 823 Abs. 1, 2 BGB i.V.m. 186 StGB, 824 BGB wegen der Verletzung des allgemeinen Persönlichkeitsrechts sowie der Ehre des Klägers statt. Ohne ausführliche Begründung befand das Landgericht, dass die Behauptungen über den Kläger sowohl als Tatsachenbehauptungen als auch als Meinungsäußerungen rechtswidrig seien. Nach Auffassung des Gerichts überschreite der streitgegenständliche Text an mehreren Stellen die von Art. 5 GG geschützte Meinungsfreiheit, indem die durch Güterabwägung zu ermittelnde Grenze zum Ehr- und Persönlichkeitsrechtsschutz nicht eingehalten sei. Einer näheren Auseinandersetzung mit den Abwägungskriterien bedürfe es wegen der vom Beklagten abgegebenen Unterlassungserklärung nicht[717]. Weiterhin – und das war im Zusammenhang mit Links die maßgebliche Aussage – schlussfolgerte das Gericht, dass der Beklagte dadurch, dass er einen Link auf seiner Seite aufgenommen habe, er sich diese fremde Behauptung auch „zu Eigen mache". Als entscheidend betrachtete das Gericht – in Anlehnung an die Haftung der Medien für die Verbreitung von das Persönlichkeits-

---

[713] Vgl. auch *Wurster*, JurPC Web-Dok. 249/2001, Abs. 1, 26; abzurufen unter http://www.jurpc.de/aufsatz/20010249.htm (Stand: April 2005).

[714] Wobei man sich nicht ganz einig ist, ob eine Domain überhaupt eine Namensfunktion i.S.v. § 12 BGB erfüllen kann. Vgl. zu dieser Frage: *Wurster*, JurPC Web-Dok. 249/2001, Abs. 1, 9; abzurufen unter http://www.jurpc.de/aufsatz/20010249.htm (Stand: April 2005).

[715] MMR 1998, 547f.= NJW 1998, 3650f.=AfP, 1998, 421=K&R 1998, 367 m. Anm. *Gabel.*

[716] Vgl. *Waldenberger*, AfP 1998, 373ff.; *Bettinger/Freytag*, CR 1998, 565ff.

[717] LG Hamburg, MMR 1998, 547f.= NJW 1998, 3650f.=AfP 1998, 421=K&R 1998, 367 m. Anm. *Gabel.*

recht verletzenden Behauptungen[718] – die Tatsache, dass der Beklagte sich von dem verwiesenen Inhalt nicht ausreichend distanziert hatte. Zwar sei in die Website des Beklagten eine Haftungsfreizeichnungsklausel eingebaut gewesen, dennoch könne das bloße Verweisen auf die eigene Verantwortung des jeweiligen Autors nicht als ausreichende Distanzierung gewertet werden. Ebenfalls versage in diesem Zusammenhang das Hintertürchen, der Beklagte wolle mit den Äußerungen nur einen Markt der Meinungen eröffnen. Diesem häufig herangezogenen Argument liegt eine BGH-Entscheidung[719] zugrunde, in der die Wiedergabe einer „rechtsverletzenden" Ansicht zulässig war. Dort ging es allerdings darum, das Kaleidoskop von Behauptungen in einer die Öffentlichkeit berührenden Angelegenheit möglichst umfassend in alle möglichen Richtungen wiederzugeben, um der Wahrheitsfindung nachzuhelfen. Davon könne aber im konkreten Fall nicht die Rede sein, da der Beklagte „nur" eine Zusammenschau von ehrverletzenden Behauptungen bezüglich des Klägers zusammengestellt hatte[720].

III. Bewertung

Gerade im Hinblick auf die Verletzung des Persönlichkeitsrechts, um die es an dieser Stelle ja letztlich geht, lässt das Urteil eine ausführliche Begründung vermissen. Im Hinblick auf die Rechtsprechung des BVerfG[721], die eine differenzierte Auseinandersetzung mit satirischen Äußerungen verlangt, wird das Gericht den Ansprüchen nicht gerecht[722]. Denn es hat, wegen der vom Beklagten abgegebenen Unterlassungserklärung, keine detaillierte Güterabwägung vorgenommen. Als Hauptkritikpunkt zum Zeitpunkt des Urteils muss aber sicherlich die mangelnde Auseinandersetzung mit § 5 TDG bzw. MDStV angesehen werden. Das Gericht stürzt sich – ohne mit einem Satz auf diese Vorschriften einzugehen – direkt auf die Grundsätze zur Verantwortlichkeit der Medien für die Verbreitung persönlichkeitsrechtsverletzender Äußerungen Dritter. Zweifelsohne konnte zu diesem Zeitpunkt ein Urteil, in dem mit keinem Wort auf die Grundsätze des TDG eingegangen wurde, keinesfalls gerechtfertigt werden. Aus heutiger Sicht ließe sich hingegen, und das machen die obigen Ausführungen deutlich, ein solches Urteil durchaus vertreten. Es bestätigt das oben gefundene Ergebnis, dass in manchen Fällen bereits durch die Linksetzung selbst eine Persönlichkeitsrechtsverletzung gegeben sein kann.

---

[718] Vgl. BGH, NJW 1996, 1131 ff.

[719] BGH, NJW 1970, 187ff. – in dem zugrunde liegenden Fall hatte eine Fernsehanstalt in einem Bericht über Hormoncremes Personen mit unterschiedlichen Meinungen zu solchen Produkten zu Wort kommen lassen und diese dann abschließend noch einmal zusammengefasst.

[720] Vgl. LG Hamburg, MMR 1998, 547f.= NJW 1998, 3650f.=AfP, 1998, 421=K&R 1998, 367 m. Anm. *Gabel*.

[721] Vgl. NJW 1992, 2073, 2074; BVerfG, AfP, 1998, 52, 53.

[722] So auch *Bettinger/Freytag*, CR 1998, 545, 546; a.A. *Waldenberger*, AfP 1998, 373, 375, der die Ausführungen des Gerichtes zum allgemeinen Äußerungsrecht als prägnant und präzise bezeichnet.

B. Strafrechtliche Verletzungshandlungen

I. Grundlagen

Das anonyme Internet bietet ein breites Forum für zahlreiche strafrechtliche Tatbestände. Hierüber lassen sich theoretisch alle Straftaten begehen, die keinen direkten körperlichen Kontakt zwischen Täter und Opfer verlangen. Die Verstöße reichen beispielsweise von der Verletzung des Arzneimittelgesetzes durch verbotene Angebote von verschreibungspflichtigen Medikamenten bis hin zu Zollverstößen. Dies macht deutlich, dass die bloße Information mittlerweile ein erhebliches, nicht zu unterschätzendes Gefahrenpotential darstellt[723]. Im Zusammenhang mit dem Linkrecht kommt der Begehung von Kommunikationsdelikten, d.h. der Begehung derjenigen Tatbestände, welche die Äußerung oder Weitergabe missbilligter Inhalte unter Strafe stellen, eine besondere Bedeutung zu. Dies lässt sich dadurch erklären, dass das mediale Element der Verbreitung schon im Tatbestand verankert ist[724]. Bereits im Rahmen der Beteiligungsformen wurde ausführlich über die „Äußerungs- und Verbreitungsdelikte" gesprochen[725], welche synonym für Kommunikationsdelikte verwendet werden können. Während es bei den Verbreitungsdelikten zur Strafbarkeit ausreicht, wenn die Inhalte weitergegeben oder zugänglich gemacht werden, muss sich der Weitergebende bei den Äußerungsdelikten zusätzlich in irgendeiner Form zu diesen strafbaren Inhalten auch bekennen[726]. Neben diesen naheliegenden Kommunikationsdelikten können über das Internet aber auch andere Straftaten begangen werden, die nicht die Äußerung oder Weitergabe missbilligter Inhalte betreffen. Darunter fallen zunächst die „klassischen" Computerdelikte wie das unerlaubte Ausspähen von Daten (§ 202 a StGB), Computersabotage (§ 303 b StGB) oder Softwarepiraterie nach dem UrhG (§§ 106 ff. UrhG). Ebenso können auch andere Rechtsgüter bedroht werden. Man denke nur an Gefährdungen der Rechtsgüter Leben und Gesundheit bei Manipulationen von Computern für die Steuerung von Flughäfen oder Atomkraftwerken, Betrugsfälle sowie die Verführung Minderjähriger zu sexuellen Kontakten.

Weiter oben wurde bereits diskutiert[727], ob das Setzen eines Links als täterschaftliches Zugänglichmachen im Sinne der genannten Kommunikationsdelikte angesehen werden kann. Dies wurde zum Teil[728] mit dem Hinweis auf die fehlende Unmittelbarkeit generell abgelehnt. Richtiger erscheint es, die Frage danach zu beurteilen, was für ein Delikt gegeben ist. Denn bei denjenigen Delikten, bei denen es auf ein Zugänglichmachen ankommt, kann für den Linksetzer durchaus eine Täterschaft angenommen werden. Für Äußerungsdelikte war dies nur für zu Eigen gemachte Inhalte

---

[723] Vgl. dazu ausführlich *Sieber*, NJW 1989, 2569, 2570f.
[724] Vgl. *Petersen*, Medienrecht, § 17 I, Rn. 451.
[725] Siehe oben 3. Teil B) I) 1 b.
[726] *Bär*, in: Hohl/Leible/Sosnitza, Domains, Frames und Links, S. 194.
[727] Siehe oben 3. Teil B) I) 1 b. 1.
[728] *Ernst*, NJW–CoR 1997, 224, 228.

der Fall. In allen anderen Fällen lässt sich eine Beihilfetat zugrunde legen, da durch den Link die Verbreitung des Angebots und damit die Straftat kausal gefördert wird.

II. Rechtsprechung

Für das Linkrecht bekannt ist der eingangs angeführte Fall der PDS-Abgeordneten Angela Marquardt[729], die auf ihrer Homepage einen Link zum Internet-Angebot der Zeitschrift Radikal unterhielt, welche (in einer erst nach dem Linksetzen erschienenen Ausgabe) Artikel führte, die sich inhaltlich mit Sabotageakten gegen die Deutsche Bahn beschäftigten und damit unter dem Gesichtspunkt der §§ 316 b Abs. 1, 126 Abs. 1 Nr. 7 StGB strafrechtlich relevant waren. Der Angeklagten wurde vorgeworfen, Beihilfe zu einer Anleitung zu Straftaten gemäß § 130 a Abs. 1, 27 StGB sowie Beihilfe zu einer Billigung von Straftaten im Sinne des § 140 Nr. 2, 27 StGB geleistet zu haben. Mit Urteil vom 30.6.1997 sprach das Gericht die Angeklagte letztlich von diesem Vorwurf frei[730].

III. Bewertung

Besonders an dem Urteil des AG Berlin Tiergarten war vor allem die Tatsache, dass die verwiesene Seite sich erst nach dem Setzen des Links verändert hatte, womit das Problem der Kenntnis aufkam. Insofern unterblieb auch in den Urteilsgründen eine eingehende Auseinandersetzung mit den in diesem Zusammenhang interessanten Rechtsfragen, da das erkennende Gericht sofort auf die mangelnde Kenntnis der Angeklagten abstellte. Das Gericht beschränkt sich auf die Aussage, dass zum Zeitpunkt der ursprünglichen Schaltung des Links keine Haupttat vorlag, also keine Beihilfe in Betracht käme. Hinsichtlich des angeklagten Zeitpunkts hingegen (also nach der Linksetzung) zieht sich das Gericht damit aus der Affäre, dass es keine Strafbarkeit begründen könne, wenn nicht positiv festgestellt werden könne, dass die Angeklagte den Link bewusst und gewollt in Kenntnis der Existenz der Ausgabe weiter aufrechterhielt. Hier wird deutlich, dass sich das Gericht der eigentlichen Frage, nämlich der eines Gehilfenbeitrages oder einer Täterschaft sowie einer Garantenstellung, entzieht. Lediglich in einem Nebensatz deutet es an, dass für die Annahme einer Prüfungspflicht eine Garantenpflicht notwendig wäre, wobei es die Figur der Ingerenz anklingen lässt. Eine Untersuchung derselben unterbleibt jedoch, was sicherlich nach den obigen Ausführungen nachvollziehbar, aber nicht konsequent ist. Vor dem Vor-

---

729 AG Berlin Tiergarten, MMR 1998, 49f. mit Anm. *Hütig* = CR 1998, 111 mit Anm. *Vassilaki*.

730 Eine andere wichtige strafrechtliche Entscheidung, die sich allerdings weniger mit Links als mit dem Onlinestrafrecht allgemein beschäftigte, traf der BGH (CR 2002, 45f.) mit Datum vom 27.06.2001. Schwerpunktmäßig beschäftigte sich das Gericht in diesem Urteil mit den Begrifflichkeiten des § 184 StGB. Hierbei galt es, das Verbreiten kinderpornographischer Inhalte gerade für das Internet näher darzulegen. Ein Verbreiten im Sinne des § 184 Abs. 3 Nr. 1 StGB liegt im Internet dann vor, wenn die Datei auf dem Rechner des Internetnutzers angekommen ist, wobei es unerheblich ist, ob dieser die Möglichkeit des Zugriffs auf die Daten genutzt oder ob der Anbieter die Daten übermittelt hat. Ein Zugänglichmachen im Sinne des § 184 Abs. 3 Nr. 2 StGB im Internet ist dann gegeben, wenn eine Datei zum Lesezugriff ins Internet gestellt und dem Internetnutzer so die Möglichkeit des Zugriffs auf die Datei eröffnet wird.

satz sollte noch immer die Frage gestellt werden, auf welche Tat sich dieser beziehen muss. Im Ergebnis dürfte man aber der Entscheidung zustimmen, da auch bei Annahme einer Garantenpflicht, eine Strafbarkeit an dem entsprechenden Vorsatz scheitert.

C. Urheberrechtsverletzungen

Dadurch, dass der Linksetzer auf eine urheberrechtsverletzende Webseite verweist, kann er sich an der jeweiligen Verletzung eines Dritten beteiligen. Das Erstellen und Bereithalten von Websites kann Urheber- und verwandte Schutzrechte Dritter tangieren. So kann beispielsweise das Werk eines anderen vervielfältigt (§ 16 UrhG), verbreitet (§ 17 UrhG) oder entstellt (§14 UrhG) werden. Voraussetzung ist zunächst immer das Bestehen eines Werkes (§§ 1, 2 Abs. 1 UrhG), welches auf der persönlichen geistigen Schöpfung eines Dritten beruht (§ 2 Abs. 2 UrhG) oder an dem ein verwandtes Schutzrecht besteht (§§ 70 ff. UrhG). Denkbar sind hier zum Beispiel Fälle, in denen ein Link auf ein Werk verweist, das jemand ohne Zustimmung des Urhebers eingescannt hat und auf seinem Server bereithält oder Verweise auf Seiten, auf denen der Download eines urheberrechtlich geschützten Werkes ermöglicht wird, das unerlaubt vervielfältigt wurde. Ebenso müssen in diesem Zusammenhang die MP3–Fälle Erwähnung finden, bei denen Musikdateien im MP3–Format zum Abruf bereitgehalten werden. Wenn ein Anbieter Musikdateien mittels seines PCs von einer herkömmlichen CD ausliest und mit Hilfe eines Encoders in das herkömmliche MP3–Format umwandelt und diese Datei sodann auf einem Server speichert und zum Abruf bereithält, handelt es sich um eine rechtswidrig erstellte Kopie. Die vom Anbieter beabsichtigte Nutzung stellt auch keinen Privatgebrauch dar, so dass keine Privilegierung nach § 53 UrhG gegeben ist[731].

Die zivilrechtlichen Sanktionen von Urheberrechtsverletzungen sind in den §§ 97 – 105 UrhG geregelt. Nach § 97 Abs. 1 S. 1 UrhG kann der Verletzte Unterlassen oder Beseitigung sowie bei Verschulden auch Schadenersatz von dem Schädiger verlangen. Nach Satz 2 besteht allerdings ebenfalls die Möglichkeit, den erzielten Gewinn vom Verletzer herauszuverlangen. Ebenso gibt es die von der Rechtsprechung entwickelte Möglichkeit, eine angemessene Lizenzgebühr zu verlangen[732]. Auf den großen Komplex Urheberrecht samt näherer Erläuterungen hinsichtlich der geistigen Schöpfung sowie der verwandten Schutzrechte soll aber erst weiter unten[733] eingegangen werden, da diese Frage für das Linkrecht hauptsächlich bei einer Verletzung durch den Link selber relevant wird.

---

[731] Vgl. hierzu *Leupold/Demisch*, ZUM 2000, 379, 381f.; *Kreutzer*, GRUR 2001, 193, 200; *Mönkemöller*, GRUR 2000, 663, 667; *Ahrens*, ZUM 2000, 1029, 1032.
[732] BGH, GRUR 1990, 353, 355 – *Raubkopien*; BGH, GRUR 1990, 1008, 1009 – *Lizenzanalogie-*; BGH, GRUR 1987, 37, 38 – *Videolizenzvertrag.*
[733] Siehe unten 5. Teil A).

Einen Fall der an der Schnittstelle zwischen Link- und Urheberrecht angesiedelt ist, hatte das LG Frankenthal[734] zu entscheiden. Dort klagte ein Fotograf gegen den Inhaber der Website „Pfälzer Links" auf Schadenersatz. Der Beklagte hatte Links auf Seiten gesetzt, auf denen Fotografien des Klägers eingestellt waren. Hierdurch sollte eine Urheberrechtsverletzung durch den Linksetzer begangen worden sein. Eine Urheberrechtsverletzung lag in dem genannten Fall zwar vor; ein Anspruch auf Schadenersatz aus § 97 UrhG bestand jedoch nach dem LG Frankenthal nicht. Das Gericht verneinte diesen Anspruch allerdings nicht aus urheberrechtlichen Gründen, sondern wandte § 5 Abs. 3 TDG an, der eine Verantwortlichkeit für den Linksetzer ausschloss. Bedeutung hatte diese Entscheidung daher weniger für die Frage des Urheberrechts als allgemein für die Einordnung von Hyperlinks in das Regelungsgefüge des § 5 TDG.

D. Gewerblicher Rechtsschutz

Webseiten können in vielfältiger Weise gegen Bestimmungen des UWG oder des MarkenG verstoßen[735]. Im Gegensatz zum Linksetzer, bei dem in diesem Zusammenhang an eine Mitstörerhaftung angeknüpft werden kann, dürfte derjenige, der den rechtswidrigen Inhalt selbst ins Netz stellt, als Störer in Anspruch genommen werden.

I. Wettbewerbsrecht

Im Rahmen des Wettbewerbsrechts gibt es eine Vielzahl von Fallkonstellationen, die für Hyperlinks in Frage kommen. Die maßgeblichen Normen im Bereich des Wettbewerbsrechts sind §§ 3, 4, 5, 6, 7 UWG. Nach Einführung des neuen UWG kann jemand auf Unterlassung und Schadenersatz in Anspruch genommen werden, wenn er unlauter im Sinne des § 3 UWG handelt. Zum Einen muss dabei eine Wettbewerbshandlung im Sinne von § 2 Nr. 2 UWG vorliegen, das heißt, jede Handlung einer Person mit dem Ziel zugunsten des eigenen oder eines fremden Unternehmens den Absatz oder den Bezug von Waren oder die Erbringung oder den Bezug von Dienstleistungen, einschließlich unbeweglicher Sachen, Rechte und Verpflichtungen zu fördern. Darüber hinaus muss der Handelnde auch noch unlauter im Sinne von § 3 UWG handeln. Die Judikatur hatte vor Einführung des neuen UWG verschiedene Fallgruppen der Handlungen herausgebildet, die gegen die guten Sitten verstoßen[736]. Diese sind nunmehr, durch die Änderungen des UWG, größtenteils einer gesetzlichen Regelung zugeführt worden.

§ 3 UWG ist die Grundnorm des Gesetzes gegen den unlauteren Wettbewerb. Als Generalklausel verbietet sie grundsätzlich unlautere Wettbewerbshandlungen, die

[734] MMR 2001, 401ff.
[735] Auf die einzelnen Vorschriften dieser Gesetze soll allerdings ebenso wie im Urheberrecht erst weiter unten im 5. Teil dieser Arbeit detailliert eingegangen werden.
[736] Vgl. hierzu unten 5. Teil B).

geeignet sind, den Wettbewerb zum Nachteil der Mitbewerber, der Verbraucher oder der sonstigen Marktteilnehmer nicht nur unerheblich zu beeinträchtigen.

An dieser Stelle sollen beispielhaft einige Fälle an der Schnittstelle zwischen Link- und Wettbewerbsrecht dargestellt werden, wobei dabei zwangsläufig auf Rechtsprechung vor Einführung des neuen UWG zurückgegriffen werden muss:

1. LG Frankfurt – vergleichende Werbung

Dem LG Frankfurt[737] lag eine wettbewerbliche Linkstreitigkeit vor, bei der es über die Fallgruppe der vergleichenden Werbung zu entscheiden hatte. In dem zugrunde liegenden Fall gelangte man über die Homepage der Antragsgegnerin (also der Linksetzerin) auf eine englische Version der amerikanischen Schwesterfirma. Über weitere Links erreichte man dann eine Seite mit vergleichender Werbung. Eine entsprechende vergleichende Werbung war nach US-Recht zulässig, nach deutschem Wettbewerbsrecht jedoch nicht[738].

Die Kammer bejahte auch die Störereigenschaft des Linksetzers im wettbewerbsrechtlichen Sinne[739]. Die Werbung sei über die Homepage der Antragsgegnerin zu erreichen. Wenn auch erst durch weiteres Aktivieren von diversen Links, sei es dennoch möglich, auf die entsprechende Seite zu gelangen. Der Nutzer, der überwiegend die englische Sprache beherrschen dürfte, wird die so aufgefundenen Werbeaussagen der Schwestergesellschaft der Antragsgegnerin auch auf die Programme der Antragsgegnerin beziehen, so dass die Werbeaussagen der Antragsgegnerin zugerechnet werden können.

2. ÖOGH – Jobmonitor

Spektakulär war auch die Entscheidung des ÖOGH[740], der sich erstmals in Österreich mit der Verantwortung von Links beschäftigte. In dem zugrunde liegenden Fall ging es um die Frage, ob der Linksetzer für die verlinkte Seite, auf der in wettbewerbswidriger Weise Stellenangebote aus einer Zeitung ohne Erlaubnis veröffentlicht wurden, haften sollte. Der amerikanische Anbieter der Seite „jobmonitor.com" hatte eine Website ins Internet gestellt, auf der Stellenanzeigen österreichischer und deut-

[737] CR 1999, 46f.

[738] Früher galt vergleichende Werbung als wettbewerbswidrig. Nach Erlass der Richtlinie 97/55/EG vom 6.10.1997, die in der Neufassung des § 2 UWG a.F. umgesetzt worden ist, wurde vergleichende Werbung dagegen grundsätzlich als zulässig angesehen. Nach der Neufassung des UWG ist vergleichende Werbung nunmehr in § 6 UWG geregelt. Vergleichende Werbung i.S.d. § 6 Abs. 1 UWG erfordert ein Erkennbarmachen des Mitbewerbers oder der von diesem angebotenen Waren oder Dienstleistungen, wobei ausreichend ist, wenn die vergleichende Werbung zwar nicht unmittelbar, aber mittelbar einen Konkurrenten oder die von diesem angebotenen Waren oder Dienstleistungen erkennbar macht. Vergleichende Werbung ist gemäß § 6 Abs. 2 UWG unlauter, wenn die dort näher aufgelisteten Fallgruppen erfüllt sind..

[739] Das Gericht bejahte eine Störerhaftung des Linksetzers nach allgemeinen Regeln (§ 5 Abs. 1 TDG), was auf Kritik von *Kloos*, CR 1999, 46, 47 stieß.

[740] MMR 2001, 518f.

scher Inserenten zu finden waren. Diese Anzeigen waren zum Teil inhaltlich unverändert aus der Print- sowie der Online-Ausgabe der Zeitung der Klägerin übernommen. Die Beklagte war Inhaberin der österreichischen Marke „Austropersonal". Die Website mit Stellenanzeigen unter „austropersonal.com" wurde von einer GmbH betrieben, die denselben Geschäftsführer wie die Markeninhaberin hatte. Von dieser Seite führten unter der Überschrift „Stellenangebote" zwei Links mit den Titeln „freie Stellen bei austropersonal" und „freie Stellen bei austropersonalkunden" zur Website von jobmonitor. Die Klägerin begehrte der Beklagten mit einstweiliger Verfügung aufzutragen, den Link zu entfernen und keine weiteren Stellenangebote von ihr zu übernehmen. Zum Zeitpunkt der Entscheidung lag in Österreich keine dem § 5 TDG entsprechende Regelung vor, so dass eine Untersuchung nach den allgemeinen Gesetzen angestellt werden musste. Der ÖOGH stellte zunächst die Wettbewerbswidrigkeit der Seite „jobmonitor" fest. Weiterhin entschied er, dass derjenige, der ein Angebot auf eine andere Website verlinkt, sich diesen Inhalt „zu Eigen mache" und insofern auch wettbewerbsrechtlich dafür verantwortlich sei. Der wettbewerbsrechtliche Unterlassungsanspruch richte sich eben nicht nur gegen den unmittelbaren Täter (Störer), sondern auch gegen Mittäter, Anstifter und Gehilfen des eigentlichen Störers. Für wettbewerbswidriges Verhalten eines anderen habe jeder einzustehen, der den Wettbewerbsverstoß durch eigenes Verhalten gefördert oder überhaupt erst ermöglicht hat. Diese Grundsätze seien auch auf das Setzen von Links anzuwenden.

II. Markenrecht

Ebenso wie Links auf Seiten mit Wettbewerbsverstößen führen können, lassen sich Verweisseiten mit Markenrechtsverletzungen verzeichnen. Marken sind im Wesentlichen in zweifacher Weise geschützt. Zum einen hat der Inhaber einer Marke gemäß § 14 Abs. 5 MarkenG einen Unterlassungsanspruch und ggf. auch nach § 14 Abs. 6 MarkenG einen Schadensersatzanspruch, wenn ein Dritter ein Zeichen benutzt, das mit der Marke identisch ist und für identische Produkte verwendet wird (§ 14 Abs. 2 Nr. 2 MarkenG) oder das eine Verwechslungsgefahr erzeugt (§ 14 Abs. 2 Nr. 2 MarkenG) oder dessen Verwendung für die bekannte Marke eine Rufausbeutung oder Rufschädigung bedeuten würde (§ 14 Abs. 2 Nr. 3 MarkenG). Zum anderen kann sich aus § 51 Abs. 1 i.V.m. §§ 9-13 MarkenG ein Anspruch auf Löschung der Marke ergeben.

1. „Explorer-Fälle"

Gerade im Bereich des Online-Markenrechts zeichnet sich die Rechtsprechung durch eine Vielzahl von als „*Explorer–Fälle*" bekannter Urteile aus, die von dem Unternehmen Symicron, dem Inhaber der Marke „Explorer", gegen mehrere Website-Inhaber angestrengt wurde. In den streitgegenständlichen Fällen verklagte Symicron die Website-Inhaber auf Unterlassung. Grund hierfür war, dass die Website-Betreiber – zumeist im Rahmen einer Produktübersicht bzw. einer Linkliste – einen Link auf die Homepage des amerikanischen Herstellers der Software „FTP-Explorer" gesetzt hatten. Dabei war der jeweilige Link mit dem Zeichen „FTP-Explorer“ unterlegt. Die Gesamtheit der „*Explorer-Fälle*“ lässt sich allerdings weder dem hier zugrunde liegenden Komplex der Rechtsbeeinträchtigung auf der Verweisseite noch einer solchen durch den Link selber eindeutig zuordnen. Dies liegt unter anderem daran, dass die jeweiligen Sachverhalte alle unterschiedlich ausgestaltet waren. Dennoch soll an dieser Stelle ein Überblick über die sicherlich zahlreiche – aber auch uneinheitliche – Rechtsprechung gegeben werden:

Das LG Braunschweig[741] sprach dem Markenrechtsinhaber Symicron beispielsweise einen Unterlassungsanspruch gegen eine verweisende Hochschule als Mitstörer zu. Zwar sei das Handeln der Fachhochschule selbst nicht als Handeln im geschäftlichen Verkehr zu werten, jedoch nehme sie beim Setzen eines Hyperlinks auf den FTP Explorer dadurch am geschäftlichen Verkehr teil, dass sie fremden Wettbewerb, nämlich den von FTPX, fördere. Dagegen verneinte das OLG Braunschweig[742] eine Markenrechtsverletzung mangels Kenntnis. Soweit die Betreffenden keine Kenntnis von einer geschützten Marke haben, greife die Haftungsprivilegierung des § 5 Abs. 2 TDG ein, da kein „zu Eigen machen“ vorliege[743]. Darüber hinaus liege aber auch keine Markenrechtsverletzung vor. Die angegriffene Kennzeichnungsform FTP Explorer könne nicht mehr als eine zur Verwechslungsgefahr führenden Markenbenutzung i.S.v. § 14 Abs. 2 Nr. 2 MarkenG angesehen werden.

Das OLG Hamm[744] wiederum entschied sich für eine Markenrechtsverletzung durch die Erstellung eines Links unter der Zeile FTP-Explorer und urteilte, dass ein Unterlassungsanspruch nach § 14 Abs. 5 i.V.m. § 14 Abs. 2 Nr. 2 MarkenG bestehe, insbesondere eine markenmäßige Benutzung seitens des Linksetzers vorliege. Mit dem Verweis habe die Beklagte ein ähnliches Zeichen (nämlich FTP Explorer) kennzeichenrechtlich benutzt. Denn indem sie das Programm des FTP Explorers unter Herkunftshinweis auflistete und die entsprechende Verknüpfung herstellte, mache sie sich die jeweils aufgelistete Software zu Eigen. Auch lag nach Auffassung des Gerichts ein Handeln im geschäftlichen Verkehr vor[745]. Ausreichend sei jede Tätigkeit zur Förderung eines beliebigen eigenen oder fremden Wettbewerbs auf dem Markt, wobei Gewinnabsicht, Entgeltlichkeit oder ein Wettbewerbsverhältnis nicht begriffsnotwendig seien[746]. Zwar handelte in dem konkreten Fall der Linksetzer als Privatmann, dennoch sei durch das umfassende Angebot das Interesse der Firma FTPX Corporation objektiv gefördert und damit in den Geschäftsverkehr eingegriffen worden. Darauf, ob dem Linksetzer das bewusst und ob ihm das verletzte Kennzeichen-

---

[741] MMR 2001, 187f.

[742] MMR 2001, 608f.

[743] OLG Braunschweig, MMR 2001, 608f.

[744] MMR 2001, 611f.; JurPC Web-Dok. 189/2001, Abs. 1-16, abzurufen unter http://www.jurpc.de/rechtspr/20010189.htm (Stand: April 2005).

[745] OLG Hamm, JurPC Web.-Dok. 189/2001, Abs. 1, 5, abzurufen unter http://www.jurpc.de/rechtspr/20010189.htm (April 2005).

[746] OLG Hamm, JurPC Web.-Dok. 189/2001, Abs. 1, 6 m.w.Nachw.; abzurufen unter http://www.jurpc.de/rechtspr/20010189.htm (April 2005).

recht überhaupt bekannt gewesen ist, komme es bei einer solchen verschuldensunabhängigen Markenrechtsverletzung nicht an. Es genügt die kausale Mitwirkung an der rechtswidrigen Beeinträchtigung eines geschützten Zeichens. Letztlich wurde das Zeichen „FTP Explorer“ von dem Gericht auch als verwechslungsfähig angesehen.

Auch das LG München I[747] ließ einen Unterlassungsanspruch zu. Den Link zu der Homepage eines Dritten habe die Antragsgegnerin bewusst auf ihrer eigenen Homepage gesetzt. Sie benutze auch selbst die markenrechtlich relevante Bezeichnung im geschäftlichen Verkehr, denn sie bediene sich der technischen Verbindungsmöglichkeit, ihrerseits auf die Produktpalette Dritter hinzuweisen. Hierin sei eine eigene Tätigkeit zu erblicken, das Produkt anzubieten und zu verbreiten. Der Anbieter mache sich so den fremden Inhalt zu Eigen und hafte gemäß § 5 Abs. 1 TDG. Darüber hinaus sei die Bezeichnung „FTP-Explorer“ mit der Marke „Explorer“ verwechslungsfähig[748].

Letztlich hat das OLG Düsseldorf[749] einen Unterlassungsanspruch verneint. Zwar nahm das Gericht – ähnlich wie das OLG Hamm – eine markenmäßige Benutzung im geschäftlichen Verkehr mit der Begründung an, es würde sich nach der Verkehrsauffassung um einen Herkunftshinweis des gekennzeichneten Produktes handeln. Aber es verneinte dann eine Markenrechtsverletzung, da zwischen der Marke „Explorer“ und dem im den Link verwendeten Begriff „FTP-Explorer“ keine Verwechslungsgefahr bestehe. Gerade weil der Begriff „Explorer“ überwiegend beschreibend ist, komme der Buchstabenkombination „FTP“ eine durchaus eigenständig prägende Wirkung für das Gesamtzeichen „FTP-Explorer“ zu[750].

2. Bewertung

Wie sich zeigt, gehen die Entscheidungen – aber auch die Begründungen – der viel besprochenen *„Explorer-Fälle“* auseinander. Ob dabei die eine oder andere Argumentation richtiger ist, lässt sich pauschal nicht beantworten, da der jeweilige Sachverhalt ebenfalls unterschiedlich ausgestaltet ist. Eine Grundgemeinsamkeit bleibt

---

[747] LG München I, MMR 2000, 566 ff.

[748] Ein anderer Fall lag dem OLG Schleswig unter dem Namen „Swabedoo“ vor: Hier begehrte der Kläger Anspruch auf Unterlassung wegen Verletzung des Markenrechts. Voraussetzung ist aber, dass der Kläger dadurch die geschäftlichen Zwecke dieser Anbieter fördert bzw. ein „Handeln im geschäftlichen Verkehr“ i.S.v. § 14 Abs. 2 MarkenG vorliegt. Der Anbieter einer privaten Homepage handelt i.d.R. nicht bereits deshalb im geschäftlichen Verkehr, weil er einen Link auf gewerbliche Angebote Dritter setzt. Etwas anderes gilt aber, wenn er fremde wirtschaftliche Zwecke fördert, indem er sich die Inhalte gewerblicher Websites i.S.d. § 5 TDG zu Eigen macht. Ein solches zu Eigen machen verneint das OLG allerdings im konkreten Fall.

[749] JurPC, Web-Dok. 10/2002, Abs. 1-24; abrufbar unter http://www.jurpc.de/rechtspr/20020010.htm (Stand: April 3005).

[750] Vgl. OLG Düsseldorf, JurPC Web-Dok. 10/2002, Abs. 1, 19 abzurufen unter http://www.jurpc.de/rechtspr/20020010.htm (Stand: April 2005) – a.A. OLG Hamm, JurPC, Web-Dok. 189/2001 abzurufen unter www.jurpc.de/rechtspr/20010189.htm (Stand: April 2005), die das Linkzeichen als allein aus dem Wort Explorer bestehend ansahen. Zwar bestehe die benutzte Bezeichnung aus zwei Begriffen, entscheidend für die Frage der Zeichenähnlichkeit sei aber allein der Begriff Explorer. Die Bezeichnung FTP (File Transport Protocol) sei rein beschreibender Natur.

dennoch bestehen. Zum Teil verkennen die Entscheidungen die Anforderungen, die an eine markenrechtliche Benutzung zu stellen sind. Eine Verletzung des Markenrechtsinhabers im Sinne von § 14 MarkenG setzt eine Benutzung für Waren oder Dienstleistungen voraus, wobei sich die kennzeichenrechtliche Benutzung auf eine bestimmte Ware beziehen muss. Zwar hat der BGH bei einer kennzeichenrechtlichen Benutzung für ausreichend erachtet, dass der Verkehr die Verwendung des Zeichens als Hinweis auf die betriebliche Herkunft der Ware auffasst[751]. Allerdings stand der Bezug zu einer bestimmten Ware oder Leistung in den dort entschiedenen Fällen nie in Frage. Der zeichenrechtliche Schutz bezieht sich aber nur auf solche Benutzungen, die zum Zwecke des Inverkehrsetzens der so gekennzeichneten Ware erfolgen. Aber gerade dieses Kriterium könnte in den *Explorer–Fällen* bedenklich werden. Denn hier wird schließlich nicht ein Produkt durch den Linksetzer in den Verkehr gebracht, sondern lediglich auf fremde Originalprodukte im Rahmen einer Produktübersicht verwiesen[752]. Insofern kann es sich im Einzelfall eher um eine nicht von § 14 MarkenG erfasste Markennennung handeln[753]. Wird ein Zeichen ersichtlich nur zur Benennung fremder Originalprodukte verwendet, ohne dass gleichzeitig ein kennzeichnender Bezug zur eigenen Leistung hergestellt wird, so liegt keine kennzeichenrechtlich relevante Handlung vor[754]. Die konkrete Rechtsfrage hat sich zwar mittlerweile insoweit erledigt, als die Marke „Explorer“ mit Beschluss vom 30.7.2002 gelöscht wurde, da die Inhaberin der Marke zum Zeitpunkt der Anmeldung bösgläubig war[755]. Dies bedeutet jedoch umgekehrt nicht, dass keine ähnlich gelagerten Fälle auftreten werden. Insofern gilt es zu bedenken, dass eine markenrechtliche Verletzungshandlung durch einen Link erst dann in Betracht kommt, wenn auch tatsächlich eine Benutzung der Marke im geschäftlichen Verkehr vorliegt, der Linksetzer also selbst als Anbieter der geschützten Marke in Erscheinung tritt. Dies wird im jeweiligen Einzelfall zu überprüfen sein.

5. Teil: Haftung des Linksetzenden für das Linksetzen „per se“

Neben den oben aufgezeigten Ansprüchen wegen der Verantwortlichkeit für fremde Seiten durch Hyperlinks, kommt auch häufig eine Verletzung von Rechten durch den Linksetzer selbst in Betracht, bei der also gerade kein eigenverantwortliches Verhalten eines Dritten vorliegen muss. So kann beispielsweise in die Rechte des angelinkten Content Providers eingegriffen werden. Relevant wird diese Konstellation insbesondere in den Fällen des Urheber-, Wettbewerbs- und Markenrechts. Die folgenden Ausführungen sollen dabei auf einen kurzen Überblick beschränkt bleiben, da die

---

[751] BGH, GRUR 1991, 609, 610.
[752] So auch *Stadler*, Haftung für Informationen im Internet, Rn. 224.
[753] Vgl. *Ingerl/Rohnke*, MarkenG, § 14 Rn. 83.
[754] Vgl. *Ernst/Wiebe*, MMR-Beilage 8/2001, 20, 22; OLG Frankfurt, GRUR 2000, 84 – *Deutscher Aktienindex DAX*.
[755] Abzurufen unter http://www.heise.de/newsticker/data/hob-30.07.02-001/ (Stand: April 2005).

spezielle Thematik der eigenen Rechtsverletzung bereits Gegenstand anderer Bearbeitungen ist[756].

A. Urheberrecht

I. Einleitung

Das Urheberrecht bietet ein breites Angriffsfeld für Links. Denn das Internet beinhaltet eine Menge von urheberrechtlich geschützten Werken, wie Texten, Grafiken oder Musikdateien, die von dem Urheber ins Netz gestellt werden. Durch Links können diese Inhalte auf einfache Art und Weise für eigene Zwecke ausgenutzt werden. Im Folgenden gilt es zu prüfen, ob ein solcher Verweis auf urheberrechtlich geschützte Werke noch zulässig ist oder ob dadurch in die vorbehaltenen Rechte des Urhebers eingegriffen wird.

Im Rahmen des Urheberrechts hat es im Jahre 2003 eine Änderung gegeben. Mit Datum vom 13.09.2003 ist das Gesetz zur Regelung des Urheberrechts in der Informationsgesellschaft in Kraft getreten, welches die Richtlinie 2001/29/EG des Europäischen Parlaments und des Rates vom 22. Mai 2001 zur Harmonisierung bestimmter Aspekte des Urheberrechts und der verwandten Schutzrechte in der Informationsgesellschaft (Abl. EG Nr. L 167 S. 10) umsetzt. Das neue Gesetz wird im Rahmen der Hyperlinks insbesondere für die Frage der nur vorübergehenden Vervielfältigung relevant; für die Frage der Werksqualität liegt hingegen keine Änderung vor. Soweit die neuen Bestimmungen für die vorliegende Abhandlung relevant werden, sollen sie auch im Folgenden gesondert Erwähnung finden.

Vor Einführung des neuen TDG/MDStV war häufig streitig, ob bei einer möglichen Verletzung von Urheberrechten auch das TDG/MDStV, insbesondere deren § 5 Anwendung finden sollte[757]. Kritikpunkt war zum einen, dass sich der Anwendungsbereich des § 5 TDG von vornherein nicht auf die Verletzung geistigen Eigentums beziehe, sondern vielmehr nur die Inhalte umfasse, deren Rechtswidrigkeit sich aus dem Inhalt selbst ergibt (wie z.B. Inhalte über Volksverhetzung § 130 StGB oder Kinderpornographie, § 184 StGB)[758]. Andere forderten aus völkerrechtlichen Gesichtpunkten, insbesondere Art. 45 des TRIPS[759] Abkommens, eine restriktive Auslegung

---

[756] Vgl. nur *Börsch*, Sind Hyperlinks rechtmäßig?; *Worm*, Die Verletzung von Urheberrechten und gewerblichen Schutzrechten durch das Setzen von Hyperlinks, Inline-Frames und Meta-Tags.

[757] Für eine Anwendung des TDG sprach sich die Literatur aus: *Lütje*, in Hoeren/Sieber, Handbuch Multimedia-Recht, Kap 7.2, Rn. 158; *Spindler*, in: Rossnagel, Recht der Multimedia-Dienste, § 5 TDG, Rn. 27; *Decker*, MMR 1999, 7, 8; *Bleisteiner*, Rechtliche Verantwortlichkeit im Internet, S. 152 – dagegen gegen eine Anwendbarkeit des § 5 TDG: OLG München, K&R 2001, 471, 474; ähnl auch *Lehmann*, CR 1998, 232 ff.

[758] OLG München, K&R 2001, 471, 474.

[759] Trade Related Aspects of Intellectual Property Rights – in dessen Art. 45 bestimmt ist, dass die ratifizierenden Staaten dem Rechtsinhaber Instrumente zur Erlangung von Schadensersatz an die Hand geben müssen, und zwar für Fälle, in denen das Recht des geistigen Eigentums durch einen Verletzer geschädigt wurde, der wusste oder vernünftigerweise hätte wissen können, dass er eine Verletzungshandlung vornahm. Hier besteht offensichtlich ein Widerspruch zu § 5 Abs. 2 TDG, da dort

des § 5 TDG dergestalt, das für die Verletzungen geistigen Eigentums die Haftungsprivilegierung nicht gelten könne[760]. Letztlich wurden noch kompetenzrechtliche Argumente angeführt. Wegen der ausschließlichen Gesetzgebungskompetenz des Bundes für das Urheberrecht nach Art. 73 Nr. 9 GG sei die Privilegierung des § 5 MDStV nicht anwendbar, da diese landesrechtlicher Natur sei. Folglich dürfe die Haftungsprivilegierung des § 5 TDG ebenfalls nicht für Urheberrecht angewandt werden[761].

Der Streit um die Anwendbarkeit der Privlegierungen im Urheberrecht ist allerdings mittlerweile obsolet. Zum einen ergibt sich dies bereits aus der Einführung des neuen TDG. Denn im Anhang zu Art. 3 der E-Commerce-Richtlinie wird unter anderem das Urheberrecht vom Herkunftslandprinzip ausgenommen[762]. Im Umkehrschluss belegt dies, dass das Urheberrecht unter die Richtlinie/bzw. das TDG, also auch die Verantwortlichkeitsregeln fällt. Für die zugrunde liegende Bearbeitung entscheidender ist die Veränderung, die für Hyperlinks durch das neue TDG stattgefunden hat. Da Hyperlinks weder direkt noch analog vom neuen TDG erfasst werden, braucht auch für den Bereich des Urheberrechts die müßige Frage der Anwendbarkeit des TDG auf Urheberrechtsverletzungen nicht mehr geklärt zu werden[763]. Die Haftungsfrage richtet sich nunmehr allein nach den allgemeinen urheberrechtlichen Grundsätzen.

Bevor sich jedoch der konkreten Verletzungshandlung zugewandt werden kann, muss geprüft werden, was überhaupt Anknüpfungspunkt für den urheberrechtlichen Schutz ist, um dann im Folgenden zu klären, ob eine Verletzung vorliegt. Gegenstand einer Urheberrechtsverletzung ist immer ein Werk oder ein verwandtes Schutzrecht. Ein solches urheberrechtlich relevantes Werk könnte im Fall der Hyperlinks die verwiesene Webseite darstellen, wobei zum einen die Webseite als Ganzes einer geschützten Gattung unterstellt werden kann oder auch nur einzelne Teile von ihr.

---

der Diensteanbieter, auch wenn ein ihm bekannter Rechtsverstoß vorliegt, von seiner Haftung freigestellt, wenn ihm die Verhinderung des Rechtsverstoßes unzumutbar ist. Ebenso bleibt in § 5 Abs. 2 TDG der Anbieter – entgegen Art. 45 des TRIPS Abkommens – von einer Haftung bei fahrlässiger Unkenntnis verschont (*Wimmer/Kleineidam/Zang*, K&R 2001, 456, 459).

[760] Vgl. *Lehmann*, CR 1998, 232, 233.

[761] Die weitaus größere Anzahl der Verfechter, die für eine Anwendbarkeit der Haftungsprivilegierung auf das Urheberrecht war, gesteht zum Teil (*Pichler*, MMR 1998, 79, 80; *Schack*, MMR 2001, 9, 15) sogar noch die Verfassungswidrigkeit des § 5 MDStV auf urheberrechtliche Fragen zu, stellt dann jedoch richtigerweise fest, dass daraus nicht die Konsequenz gezogen werden könne, dass auch § 5 TDG unanwendbar sei (vgl. *Wimmer/Kleineidam/Zang*, K&R 2001, 456, 458). Ebenso spreche u.a. für eine Erstreckung des sachlichen Anwendungsbereichs auch auf die Verletzung von Schutzrechten der systematische Zusammenhang von § 5 Abs.2 mit § 2 Abs. 1 TDG, der in seiner amtlichen Überschrift als „Geltungsbereich" des Gesetzes „alle elektronischen Informations- und Kommunikationsdienste, die für eine individuelle Nutzung von kombinierbaren Daten wie Zeichen, Bilder oder Töne bestimmt sind (...)" angibt.

[762] *Spindler*, MMR 1999, 199, 206.

[763] So auch *Schack*, MMR 2001, 9, 16.

II. Urheberrechtlich relevante Rechte an einer Webseite

1. Webseite als Ganzes

In der Literatur wird sowohl der urheberrechtliche Schutz einzelner Elemente als auch die Frage des urheberrechtlichen Schutzes der gesamten Webseite diskutiert. Ob und wie die Webseite als Ganzes einer der bekannten Werkgattungen zugeordnet werden kann, wird nicht einheitlich beantwortet.

So können Webseiten entweder einer geistigen Schöpfung nach § 2 UrhG oder einem vewandten Leistungsschutzrecht nach §§ 70ff. UrhG zugeordnet werden Einer Literaturmeinung zufolge ist die Webseite als ein *Werk der bildenden Kunst* nach § 2 Abs. 1 Nr. 4 UrhG zu schützen[764], wobei hier im Einzelnen unterschiedliche Anforderungen an das Kriterium der Gestaltungshöhe gestellt werden[765]. Andere wiederum ordnen die Webseite als Ganzes dem urheberrechtlichen Schutz eines *Datenbankwerks* i.S.v. § 4 Abs. 2 UrhG[766] oder einer *Datenbank* i.S.v. §§ 87 a, 87 b UrhG[767] oder der Ausdrucksform eines *Computerprogramms* im Sinne des § 69 a Abs. 2 UrhG[768] zu. Greifbarer erscheint es, eine Webseite als *Multimediales Werk* zu betrachten[769]. Zwar fällt die Gestaltungsform Multimedia nicht direkt unter den Katalog

---

[764] *Schack,* MMR 2001, 9, 10; *Cichon,* ZUM 1998, 897, 901; *Leistner/Bettinger,* CR Beilage 12/1999 S. 11.

[765] Entgegen der Ansicht einiger, die gänzlich auf das Erfordernis einer Gestaltungshöhe verzichten wollen (*Cichon,* ZUM 1998, 897, 901; *Leistner/Bettinger,* CR Beilage 12/1999 S. 13) wendet *Schack,* MMR 2001, 9, 11, *ders.*, Urheber- und Urhebervertragsrecht, Rn. 265 ein, dass das Urheberrecht nicht zum formlosen Schutz solcher wirtschaftlichen Erzeugnisse missbraucht werden dürfe, die nur noch Spurenelemente einer persönlichen geistigen Schöpfung erkennen lassen. Wenn der Gesetzgeber für diese Fälle kein besonderes Leistungsschutzrecht geschaffen hat, müsse es bei den allgemeinen Verhaltensregeln des Wettbewerbsrechts bleiben. Insofern scheide in jedem Fall ein urheberrechtlicher Schutz aus, soweit im Layout nur die üblichen Gestaltungsmittel verwendet werden, zu denen etwa Frames, Tabellen und einfache Logos gehören.

[766] So wohl *Rikus/Rösler/Zagouras,* AfP 1999, 473, 477; OLG Hamburg, CR 2001, 704, 705 – allerdings für den Sonderfall eines Online Lexikons. Nach § 4 Abs. 2 UrhG ist ein Datenbankwerk ein Sammelwerk, dessen Elemente systematisch oder methodisch angeordnet und einzeln mit Hilfe elektronischer Mittel oder auf andere Weise zugänglich sind. Die Voraussetzungen des systematischen Anordnens und des „Zugänglich seins" dürften bei einer Website grundsätzlich vorliegen (*Völker/Lührig,* K&R 2000, 20, 24; *Schack,* MMR 2001, 9, 11; *Leistner/Bettinger,* CR Beilage 12/1999 S. 10). Problematischer gestaltet sich die Frage, ob es sich auch um ein Sammelwerk handelt, also eine Sammlung von Werken, Daten oder anderen unabhängigen Elementen (§ 4 Abs. 1 UrhG) wobei hier das Verständnis von dem Begriff „Sammlung" entscheidend ist (vgl. hierzu auch *Völker/Lührig,* K&R 2000, 20, 24; *Leistner/Bettinger,* CR Beilage 12/1999, S. 8f.; *Plaß,* WRP 2000, 599, 600; *Schack,* MMR 2001, 9, 11, *Wiebe,* in: Ernst/Vassilaki/Wiebe, hyperlinks, Rz. 18; *Schack,* MMR 2001, 9, 11.
Selbst wenn eine solche Sammlung vorliegen sollte, müsse darüber hinaus noch eine persönliche geistige Schöpfung vorliegen, welche bei Sammelwerken dann vorliegt, wenn diese von einem individuellen Ordnungsprinzip geprägt sind, so dass sie sich von anderen Sammelwerken unterscheiden (vgl. auch BGH, GRUR 1982, 37, 39 ;*Leistner/Bettinger,* CR Beilage 12/1999 S. 10, ähnlich auch *Koch,* GRUR 1997, 417, 420, OLG Düsseldorf CR 2000, 184, 185; *Leistner,* CR 2000, 187, 187; OLG Hamm CR 2001, 704, 705; OLG Köln, CR 2001, 708, 709.

[767] Vgl. OLG Köln, CR 2001, 708, 709; AG Rostock, MMR 2001, 631, 632 für eine Linksammlung; *Marwitz,* K&R 1998, 369, 372; a.A. *Schack,* MMR 2001, 9, 12; *Cichon,* ZUM 1998, 897, 898.

[768] *Koch,* GRUR 1995, 459ff.; *ders.*, GRUR 1997, 417, 420; *ders.*, NJW-CoR 1997, 298, 298.

[769] *Völker/Lührig,* K&R 2000, 20, 24; *Bechtold,* GRUR 1998, 18, 24; *Dreier,* GRUR 1997, 859, 860; *Schack,* Urheber und Urhebervertragsrecht, Rn. 217; *ders.*, MMR 2001, 9, 12; *Lehmann/v.Tucher,* CR

des § 2 Abs. 1 UrhG, jedoch hat dieser letztlich auch nur Beispielscharakter, so dass das Multimediawerk „Webseite" als eine neue Werkart eingestuft werden kann[770]. Durch die Verschmelzung digitaler Elemente auf der Benutzeroberfläche entsteht, gesteuert durch ein Computerprogramm, ein einheitliches Gesamtkunstwerk, welches durch eine digitale Einheit geprägt ist[771].

Für die Werke im Sinne des § 2 Abs. 1 UrhG muss darüber hinaus eine persönliche geistige Schöpfung im Sinne von § 2 Abs. 2 UrhG vorliegen. Sobald individuelle Gestaltungsmerkmale hinzutreten, werden in aller Regel vom Gesamteindruck her die notwendigen Schutzvoraussetzungen erfüllt sein, wobei hier insbesondere die Grundsätze zur Schutzgrenze der „kleinen Münze" zu beachten sind[772]. Nach der h.M. ist für das Merkmal der persönlich geistigen Schöpfung in § 2 Abs. 2 UrhG das Kriterium der Individualität zentrale Voraussetzung[773], wobei eine gewisse Schöpfungshöhe erreicht werden muss. Wenn im Einzelfall die schöpferische Höhe des § 2 Abs. 2 UrhG erreicht ist, weil die Webseite nicht ganz einfach gestaltet ist, kann sie daher als ein urheberschutzfähiges Werk i.S.v. § 2 UrhG betrachtet werden[774].

2. Einzelne Teile der Seite

Darüber hinaus lassen sich die einzelnen Bestandteile einer Webseite einem Werkcharakter zuordnen. Hier entfällt die Schwierigkeit, die Seite selbst als eigenes urheberrechtliches Werk einzuordnen; es kann vielmehr auf die herausgebildeten Gattungen zurückgegriffen werden. So lässt sich auch erklären, dass einzelnen Literaturansichten folgend nur die einzelnen Elemente der Website urheberrechtlich geschützt sind[775], wohingegen für andere ein solcher Schutz auch neben der Seite als Gesamtwerk in Betracht kommen kann.

Die einzelnen Elemente einer Webseite, die in Form von Grafiken, Fotos, Texten oder Musik in Erscheinung treten, lassen sich unmittelbar dem Schutz des § 2 UrhG unterordnen. Beispielsweise liegt es nahe, dass innerhalb einer Website ein Schutz als *Sprachwerk* i. S. v. § 2 Abs. 1 Nr. 1 UrhG vorliegen kann. Hierunter können alle Arten von Texten wie Romane, Gedichte, Kurzgeschichten, Theaterstücke, Drehbücher, Zeitungskommentare, aber auch mündliche Ausführungen, die ins Internet ein-

---

1999, 700, 704f.; *Schricker,* GRUR 1996, 815, 826; *Freitag*, in: Kröger/Grimmy, Handbuch zum Internet-Recht, S. 344; kritisch *Zscherpe,* MMR 1998, 404.

[770] Vgl. *Völker/Lührig,* K&R 2000, 20, 24; *Schack,* Urheber und Urhebervertragsrecht, Rn. 217; *ders.,* MMR 2001, 9, 12.

[771] *Schack,* MMR 2001, 9, 12.

[772] *Koch,* NJW-CoR 1997, 298, 298.

[773] *Loewenheim*, in: Schricker, UrhG, § 2, Rn. 23 m.w.Nachw.

[774] So auch *Börsch,* Sind Hyperlinks rechtmäßig?, S. 80; a.A. *Plaß,* WRP 2000, 599, 601, die einen Urheberrechtsschutz der Website als Ganzes verneint und nur die einzelnen Elemente der Website als Werkverbund im Sinne des § 9 UrhG ansieht. Ähnlich wohl auch *Rikus/Rösler/Zagouras,* AfP 1998, 473, 476.

[775] *Plaß,* WRP 2000, 599, 600.

gespeist wurden, gefasst werden[776]. Vorausgesetzt wird jedoch auch hier, dass die Schwelle der geistigen Schöpfung im Sinne des § 2 Abs. 2 UrhG erreicht wird, wobei durch die Schutzuntergrenze der kleinen Münze die Anforderungen nicht allzu hoch anzusetzen sind.

Eine Untergruppe der Sprachwerke sind die in §§ 69 a ff. UrhG explizit geregelten *Computerprogramme.* Als solche werden im Internet grundsätzlich alle netzgenerierenden und netzbasierenden Programme geschützt, also Programme, die den Betrieb von elektronischen Kommunikationsnetzen überhaupt erst ermöglichen, oder – wie Router- oder Browser-Software – zumindest voraussetzen[777]. Insbesondere kommen hier Computerprogramme in Betracht, die zum Download angeboten werden[778]. Ebenso werden von einigen[779] darunter aber auch Bildschirmdisplays von Homepages und Webseiten sowie Benutzeroberflächen von Online-Diensten als Ausdruck von Computerprogrammen verstanden[780].

Weiterhin kommt für *Bildelemente* ein Schutz als Bestandteil einer Website im Sinne von § 2 Abs. 1 Nr. 5 UrhG in Betracht. Die Lichtwerke müssen allerdings Ergebnis geistiger Schöpfung sein, wobei ansonsten ggf. ein Schutz über das verwandte Schutzrecht des § 72 UrhG in Betracht kommt, von dem auch elektronisch aufgezeichnete Bilder erfasst werden, nicht jedoch rein computergenerierte Bilder, da diese nicht unter Benutzung strahlender Energie erzeugt werden[781]. Für digital hergestellte Bilder kann ein Werkschutz hingegen schon eher in Betracht kommen, da diese zumindest auch durch eine Strahlenquelle erzeugt werden[782]. Musikdateien, wie beispielsweise MP3-Files, sind über § 2 Abs. 1 Nr. 2 UrhG als Werke der Musik schutzfähig. Hier können bereits Erkennungsmelodien und etwas ausgefallenere a-

---

776 *Zscherpe,* MMR 1998, 404.

777 Eigentlich in *Zscherpe,* MMR 1998, 404, 405.

778 *Börsch,* Sind Hyperlinks rechtmäßig?, S. 68.

779 *Koch,* NJW-CoR 1997, 298, 298; OLG Karlsruhe, GRUR 1994, 726, 728f.

780 Teilweise wird die Website als Ganzes auch als Ausdrucksform desjenigen Computerprogramms verstanden, das die Website generiert, § 69 a Abs. 2 S. 1 UrhG *(Koch,* GRUR 1997, 417, 420; *Cichon,* ZUM 1998, 897, 898; *Leistner/Bettinger,* CR Beilage 12/1999, S. 16). Anders urteilt dagegen das OLG Düsseldorf, CR 200, 184, 184. Die Website als Ganzes sei nicht als Ausdrucksform eines Computerprogramms zu sehen. Der Schutz von Computerprogrammen umfasse vor allem den Programmcode sowie die innere Struktur und Organisation des Programms. Hiervon müsse das durch das Programm hervorgebrachte und auf dem Bildschirm sichtbar gemachte Arbeitsergebnis unterschieden werden. Bestärkt wird das ganze auch durch die Kontrollüberlegung, dass es technisch möglich ist, mit verschiedenen Computerprogrammen ein und dieselbe textliche oder grafische Abbildung auf dem Bildschirm zu erzeugen. Einzelne Internetseiten bilden also auch als Multimediaerzeugnis kein Computerprogramm.

781 OLG Hamm, JurPC Web-Dok. 260/2004, Abs. 1, 21; *Völker/Lühnig,* K&R 2000, 20, 23; *Schack,* MMR 2001, 9, 10, *ders.* JZ, 1998, 753, 754; *Freitag,* in: Kröger/Gimmy, Handbuch zum Internet-Recht, S. 339; a.A. *Härting,* Internetrecht, Rn. 189.

782 So wird vertreten, dass digitale Lichtbilder als Erzeugnisse, die ähnlich wie Lichtbilder geschaffen wurden, geschützt seien: *Maassen,* ZUM 1992, 338, 339f.; andere wiederum plädieren aufgrund der großen Verbreitung digitaler Fotos für eine Weiterentwicklung des Lichtbildbegriffes: so z.B. *Härting,* Internetrecht, Rn. 189; *Freitag,* in: Kröger/Gimmy, Handbuch zum Internet-Recht, S. 297; *Börsch,* Sind Hyperlinks rechtmäßig?, S. 70; anders wiederum *Schack,* MMR 2001, 9, 10; *ders.,* JZ 1998, 754, der das digitale und computergenerierte Bild ggf. unter ein Werk der bildenden Kunst einordnen will.

kustische Signale geschützt sein[783]. Dabei werden auch Computer-Musikstücke, Internet-Kompositionen und jede Art von „Sound-Files“ als Musikwerke geschützt[784]. Darüber hinaus kommt auch ein Schutz für *bewegte Bilder, Diagramme und Tabellen* in Betracht. Letztere können bei einer der § 2 Abs. 2 UrhG genügenden Schöpfungshöhe als wissenschaftliche oder technische Darstellung nach § 2 Abs. 1 Nr. 7 UrhG Urheberschutz genießen[785]. Beachtlich in diesem Zusammenhang ist allerdings, dass allein die optische Aufgliederung einer Website aus ihr noch keine technische Darstellung macht[786], sondern vielmehr eine schöpferische Umsetzung konkreter Informationen in zeichnerischer oder tabellarischer Form vorliegen sollte[787]. Auch jede Art von Filmen (Werbe-, Spiel-, oder Dokumentarfilme) können einen Schutz über § 2 Abs. 1 Nr. 6 UrhG erlangen. Letztlich können in einer Website eingebettete Grafiken Werke der bildenden Kunst im Sinne von § 2 Abs. 1 Ziff. 4 UrhG sein[788]. Dies gilt auch für per Computer hergestellte Grafiken, die man ohne weiteres ausdrucken lassen kann und insofern eine körperliche Festlegung erreicht. Allerdings darf es auch hier an einer menschlichen Gestaltungsarbeit nicht fehlen.

III. Fallkonstellationen einer Rechtsverletzung

Nachdem nunmehr festgestellt wurde, dass im Einzelfall grundsätzlich ein urheberrechtlicher Schutz an einer Webseite vorliegen kann, gilt es weiterhin zu prüfen, ob durch das Verlinken auch eine urheberrechtlich relevante Handlung vorliegt.

1. Das Setzen des Links in die Ausgangsseite

Das bloße Einfügen von Links in einen urheberrechtlich geschützten Text kann eine Umgestaltung i.S.v. § 23 UrhG darstellen[789]. Ebenso können die Anhäufungen von Links die Struktur des Werks und Unterstreichungen und farbliche Hervorhebungen der Links seinen optischen Eindruck verändern[790]. Allerdings ist zu bedenken, dass zumeist der Inhaber der Website selbst den Link setzt oder dieser zumindest in seinem Auftrag erstellt wird, so dass es in diesen Fällen seltener zu Problemen kommen dürfte. Für den in Auftrag gegebenen Link kann sich der Linksetzer im Einzelfall das Bearbeitungsrechts einräumen lassen.

---

[783] *Schack*, MMR 2001, 9, 10.
[784] *Zscherpe*, MMR 1998, 404, 405; *Schardt*, GRUR 1996, 827, 828; *Koch*, GRUR 1997, 417, 418.
[785] Vgl. hierzu auch *Schack*, Urheber- und Urhebervertragsrecht, Rn. 181; *ders.*, MMR 2001, 9, 10; *Loewenheim*, in: Schricker, UrhG, § 2, Rn. 192.
[786] Vgl. *Bechtold*, ZUM 1997, 427, 428; *Cichon*, ZUM 1998, 897, 901; *Schack*, MMR 2001, 9, 10.
[787] *Schack*, MMR 2001, 9, 10.
[788] OLG Hamm, JurPC Web-Dok. 260/2004, Abs. 1, 19, wobei das OLG den Schutz im konkreten Fall mangels ausreichender Schöpfungshöhe verneinte.
[789] *Schack*, MMR 2001, 9,12; *Koch*, GRUR 1997, 417, 427; *Zscherpe*, MMR 1998, 405, 409.
[790] *Schack*, MMR 2001, 9, 13.

2. Urheberrechtsverletzung an der gelinkten Seite

Als juristisch interessanter dürfte sich dagegen die Urheberrechtsverletzung an der gelinkten Seite darstellen. In diesem Zusammenhang ist entscheidend, welche Handlung bzw. welches Verwertungsrecht von dem Linksetzer verwirklicht wird. Nach §§ 15 ff. UrhG kommen als Verwertungsrechte insbesondere das Vervielfältigungs- (§ 16 UrhG) und das Verbreitungsrecht (§ 17 UrhG) sowie das Recht zur öffentlichen Wiedergabe (§ 15 Abs. 2 UrhG) in Betracht.

a. Verbreitungsrecht

Das Verbreitungsrecht[791] ist das Recht, das Original oder Vervielfältigungsstücke des Werkes der Öffentlichkeit anzubieten oder in den Verkehr zu bringen, § 17 Abs. 1 UrhG. Grundsätzlich setzt die Verbreitung die Weitergabe eines körperlichen Vervielfältigungsstückes voraus[792]. Eine körperliche Weitergabe dürfte im Internet nicht vorliegen, da die meisten Anbieter die Dateien „nur" zum Abruf bereithalten[793]. Selbst, wenn man mit einigen Autoren[794] § 17 UrhG analog oder zumindest erweitert auf das bloße „Bereithalten" von Inhalten abstellen will, kann dieser Grundsatz nicht auf Hyperlinks angewandt werden. Betrachtet man das Setzen eines Links unter technischen Aspekten, wird deutlich, dass es durch den Link selbst noch nicht zu einem Anbieten oder Inverkehrbringen der fremden Webseiten kommen kann. Nicht der Linksetzer, sondern ausschließlich der Betreiber der verlinkten Website stellt seine Inhalte im Internet für die User zum Abruf bereit und kann dementsprechend auch über diese disponieren[795].

---

[791] Vgl. zu dieser Frage ausführlich *Börsch*, Sind Hyperlinks rechtmäßig?, 138f.; *Worm*, Die Verletzung von Urheberrechten und gewerblichen Schutzrechten durch das Setzen von Hyperlinks, Inline-Frames und Meta-Tags, 52f.

[792] *Loewenheim*, in: Schricker, UrhG, § 17, Rn 4.

[793] So auch *Wiebe*, in: Ernst/Vassilaki/Wiebe, hyperlinks, Rz. 30.

[794] Vgl. *Zscherpe*, MMR 1998, 404, 407; *Dittrich*, JurPC, Web-Dok. 72/2002 Abs. 1, 8, online abzurufen unter: http://jurpc.de/aufsatz/20020072.htm (Stand: April 2005); *Hoeren*, CR 1996, 517, 519 ff.; *Koch*, GRUR 1997, 417, 425, der von den Rechtsfolgen her argumentiert, insbesondere, dass es zu einer nicht erklärbaren Privilegierung des Urhebers – nach einer Übertragung – dadurch komme, dass der Urheber an der ansonsten freien erwerbsseitigen Weiterveräußerung des voll bezahlten Exemplars partizipieren könne. Ein signifikanter Unterschied zum „klassischen" Vertrieb auf Datenträgern, bei dem § 17 UrhG selbstverständlich gilt, ist nicht zu erkennen (vgl. *Hoeren*, CR 1996, 517, 519). Beim Online Verkauf ist nur der Vertriebsweg ein anderer. Hier ersetzt das Downloading den physischen Transport der Diskette, auf der das Werk gespeichert ist. Aber allein die Tatsache, dass die Veräußerung mittels elektronischer Fernkopie vorgenommen wird, kann juristisch keine unterschiedliche Behandlung begründen. Denn für § 17 UrhG ist es lediglich entscheidend, dass ein neues körperliches Vervielfältigungsexemplar in den Verkehr gelangt; ob dies durch Übergabe oder elektronische Übertragung geschieht, ist sekundär. Einer solchen erweiternden Auslegung des § 17 UrhG steht auch der Erschöpfungsgrundsatz nicht entgegen (*Koch*, GRUR 1997, 417, 425), da Abs. 2 nach seinem Wortlaut nur auf das bereits in Verkehr gebrachte, verkörperte Werkexemplar abstellt, nicht aber darauf, auf welche Weise die Veräußerung und/oder Verkörperung zustande gekommen ist (*Zscherpe*, MMR 1998, 404, 407).

[795] *Dittrich*, JurPC, Web-Dok. 72/2002 Abs. 1, 8, online abzurufen unter: http://jurpc.de/aufsatz/20020072.htm (Stand: April 2005).

b. Vervielfältigung durch das Setzen des Links

Das Vervielfältigungsrecht gemäß § 16 Abs. 1 UrhG ist das Recht, Vervielfältigungsstücke eines Werkes herzustellen, gleichviel in welchem Verfahren oder in welcher Zahl. Eine Vervielfältigung ist jede körperliche Festlegung eines Werkes, die geeignet ist, das Werk den menschlichen Sinnen entsprechend wahrnehmbar zu machen[796]. Der Begriff der körperlichen Vervielfältigung kann auf die Nutzung digitaler Werke nur schwer übertragen werden. Die heute überwiegende Meinung erblickt aber in der digitalen Einspeicherung von Werken in einen Datenspeicher einen Vervielfältigungsakt[797].

Durch das Setzen des Links wird allerdings keine Speicherung des fremden Inhalts vorgenommen, vielmehr verbleibt die Datei auf dem Server des Dritten. Insofern erfolgt durch das Linksetzen selbst noch keine Vervielfältigungshandlung[798]. Dies bestätigte auch jüngst der BGH in seiner *„Paperboy-Entscheidung"*, nach der ein Werk nicht durch einen Hyperlink i.S.d. § 16 UrhG vervielfältigt wird. Ein Link ist lediglich eine elektronische Verknüpfung der den Link enthaltenden Datei mit einer anderen in das Internet eingestellten Datei[799]. Links führen „lediglich" zu einer Erhöhung der Anzahl der Nutzer, die die Webseite aufrufen. Die Häufigkeit des jeweiligen Seitenabrufs ist aber für die Frage, ob eine Verletzung des Vervielfältigungsrechts durch den Linksetzer vorliegt, nicht relevant[800].

Etwas anderes kann auch nicht für Inline Links gelten, denn technisch gesehen wird auch bei Inline Links die gelinkte Datei nicht auf dem Server des Linkanbieters gespeichert[801]. Teilweise wird die adäquat kausale Verletzung des Vervielfältigungsrechts durch den Anbieter in diesen Fällen wegen der Vergleichbarkeit der Fälle bejaht[802]. Bei Inline Links entscheide nicht der Nutzer durch Anklicken über die Vervielfältigung, sondern der Linksetzer selbst macht zusammen mit seiner Website auch den inline-gelinkten fremden Bestandteil öffentlich zugänglich[803]. Streng genommen bleibt es allerdings dabei, dass technisch gesehen keine Speicherung vorliegt und insofern auch keine Vervielfältigung durch den Linksetzer verursacht wird.

---

[796] *Loewenheim*, in: Schricker, UrhG,§ 16, Rn. 203.

[797] *Spindler*, ZUM 1996, 533, 542; *Heker*, ZUM 1995, 97, 98; *Stadler*, Haftung für Informationen im Internet, Rn. 201.

[798] So auch OLG Köln, AfP 2001, 81, 84; *Volkmann*, GRUR 2005, 200, 201; *Heydn*, NJW 2004, 1361; *Koch*, NJW-CoR, 1997, 298, 300; *Schack*, MMR 2001, 9, 13; *Völker/Lühri*g, K&R 2000, 20, 25; *Dieselhorst*, CR 2001, 706ff., der allerdings den Framesetzer auch nur dann zur Verantwortung ziehen will, wenn die durch den Framelink auf dem PC des Endnutzers erzeugte Website Kopie nicht rechtmäßig ist.

[799] BGH, NJW 2003, 3406, 3408.

[800] BGH, NJW 2003, 3406, 3409.

[801] *Koch*, Internetrecht, S. 468.

[802] *Bechtold*, ZUM 1997, 427, 434f.; *Schack*, MMR 2001, 9, 14; *Börsch*, Sind Hyperlinks rechtmäßig?, S. 120, der einen Vergleich zur Fernkopie, welche ebenfalls eine Vervielfältigung darstellt, zieht. Zudem bestehe eine hohe Vergleichbarkeit zu eigens gespeicherten Inhalten, da der Nutzer schließlich keine weiteren Handlungen tätigen muss. Letztlich würde es auch zu Umgehungsmöglichkeiten des ausschließlichen Vervielfältigungsrechts führen.

[803] *Schack*, MMR 2001, 9, 14.

c. Die Öffentliche Wiedergabe

(1) Öffentliche Zugänglichmachung

Vereinzelt wird vertreten, die Online Nutzung von Werken stelle einen Eingriff in das Recht der öffentlichen Wiedergabe dar[804]. In diesem Kontext kommt vor allem eine Verletzung des Rechts der öffentlichen Zugänglichmachung § 15 Abs. 2 Nr. 2, 19 a UrhG in Betracht. Problematisch war dabei früher das Merkmal der Öffentlichkeit (§ 20 UrhG i.V.m. § 15 Abs. 2, 3 UrhG). Einige Autoren vertraten zum alten Urheberrecht einen sehr engen Öffentlichkeitsbegriff, bei dem das Werk einer Mehrzahl von Personen gleichzeitig zugänglich sein muss[805]. Online Abrufe werden aber als konsekutive und damit nicht als gleichzeitige eingestuft, so dass ein nur online zugreifbares Werk – wie etwa eine Website – nicht erscheinen und nicht veröffentlicht werden kann – jedenfalls im urheberrechtlichen Sinne[806]. Allerdings war der enge Öffentlichkeitsbegriff nicht ganz unumstritten. Denn für die enge Auslegung des Öffentlichkeitsbegriffs fand sich im Wortlaut des § 15 Abs. 3 UrhG keine Stütze[807], so dass das gleichzeitige Erreichen gegenüber mehreren Personen nicht als wesensnotwendig erachtet werden kann. Durch das neue Urhebergesetz wird der Begriff der Öffentlichkeit gemäß § 15 Abs. 3 UrhG neu definiert. Eine Wiedergabe ist öffentlich, wenn sie für eine Mehrzahl von Mitgliedern der Öffentlichkeit bestimmt ist, so dass jede individuelle Kommunikation von vornherein ausgeklammert wird. Mittlerweile genügt ein konsekutiver Abruf mehrerer Nutzer im Netz. Die öffentliche Wiedergabe muss nicht gleichzeitig sein[808], so dass nunmehr auch Internetsachverhalte hierunter gefasst werden können.

Während dieser in § 19a UrhG präzsierte Öffentlichkeitsbegriff ohne weiteres auch auf Links anwendbar ist, gilt dies nicht für den Tatbestandsteil der Wiedergabe bzw. Zugänglichmachung des § 15 Abs. 2 UrhG. Bei Links ist kein „Zugänglichmachen" gegeben[809]. Nur derjenige begeht die entscheidende Handlung, der die Inhalte auch zum Abruf bereithält[810]. Dies ist auf Seiten des Linksetzers nicht der Fall, da dieser

---

[804] *Katzenberger,* Elektronische Printmedien und Urheberrecht, S. 46.

[805] So früher *v. Ungern-Sternberg*, in Schricker,UrhG, § 15, Rn. 59; *Ulmer*, GRUR 1971, 297, 301.

[806] *Koch*, NJW-CoR 1997, 298, 299.

[807] *Waldenberger*, ZUM 1997, 176, 178f.; *Cichon*, K&R 1999, 547, 549; *Katzenberger*, AfP, 1997, 434, 437f.; *Zscherpe*, MMR 1998, 404, 407; *Loewenheim,* GRUR 1996, 830, 835. Das ungeschriebene Tatbestandsmerkmal der Gleichzeitigkeit sei schließlich erst durch Rechtsprechung und Literatur in die Norm hineingelesen worden. Darüber hinaus sei im Internet zumindest eine virtuelle Gleichzeitigkeit möglich, da auf Servern, die im Multitasking-Bereich laufen, mehrere Nutzer gleichzeitig zugreifen und daher auch grundsätzlich gleichzeitig Datenpakete empfangen können.

[808] Vgl. BT-Drucks. 15/38, S. 17; *Lehmann,* CR 2003, 553, 556: Die Notwendigkeit eines gleichzeitigen Abrufs wäre nicht netztauglich und widerspreche auch der Intention von WCT und der Info-Richtlinie. Ebenso werde dies in Abstimmung mit den Wertungen des Verbreitungsrecht verlangt.

[809] Vgl. für Deep Links: BGH, MMR 2003, 719ff=JurPC, Web-Dok. 274/2003, Abs. 1, 43 – *Paperboy*; *Joppich*, CR 2003, 504, 508; *Stadler*, JurPC, Web-Dok. 283/2003, Abs. 1, 14, online abzurufen unter http://www.jurpc.de/aufsatz/20030283.htm (Stand: Dezember 2003); *Nolte*, ZUM 2003, 540, 542.

[810] Vgl. hierzu noch zum Recht der unbenannten öffentlichen Wiedergabe *Plaß*, WRP 2000, 599, 602; *Schack*, MMR 2001, 9, 14; *Börsch*, Sind Hyperlinks rechtmäßig?, S. 148f., der allerdings eine andere Ansicht für Inline-Links vertritt; a.A *Wiebe*, in: Ernst/Vassilaki/Wiebe, hyperlinks, Rz. 31ff., der zwar

nur auf die bereitgehaltenen Inhalte verweist. Dass über den Link tatsächlich auf die betreffende Webpage zugegriffen werden kann, setzt voraus, dass sich die Webpage im Zeitpunkt des Zugriffsversuchs immer noch auf dem im Link angegebenen Server unter der angegeben IP-Adresse befindet, und dass der fremde Server den Zugriff erlaubt. Darauf hat der Linksetzer keinen Einfluss[811]. Zudem weist der BGH in der „*Paperboy-Entscheidung*" zutreffend darauf hin, dass der Link ins Leere geht, wenn die Webseite nach dem Setzen des Links gelöscht wird[812].

Die englischsprachige Fassung der Richtlinie spricht zudem von einem „making available", was wesentlich stärker als die deutsche Formulierung des „Zugänglichmachens" darauf hindeutet, dass nur die eigentliche Bereitstellung zum Abruf erfasst ist und nicht der Verweis mittels Hyperlinks[813]. Auch ein Vergleich zu der Struktur des § 17 UrhG macht deutlich, dass eine „Verfügungsmacht über den Inhalt" notwendige Voraussetzung für eine Verletzungshandlung ist und die rein tatsächliche Zugangsvermittlung nicht genügt[814]. Dies ist auf Seiten des Linksetzers nicht der Fall, da dieser nur auf die bereitgehaltenen Inhalte verweist.

Etwas anderes mag sich nur für Inline Links ergeben, da eine Vergleichbarkeit der Sachverhalte vorliegt und man noch eher von bereitgehaltenen Inhalten bzw. einer Verfügungsmacht ausgehen könnte. Streng genommen wird der Inhalt aber auch hier technisch nicht bereitgehalten.

(2) Senderecht

Auch das Senderecht[815] des § 20 UrhG ist nicht erfüllt, denn einerseits ist ein Zugriff auf die Inhalte jederzeit möglich und andererseits kann der Nutzer den Zeitpunkt, die Zusammensetzung und die Dauer ihrer Kommunikation individuell festlegen[816]. Anders als beim Fernsehen oder Rundfunk, bei dem der Zuschauer durch das Einschalten des Empfangsgerätes Werke passiv empfängt, bedarf es zum Empfangen von Werken aus dem WWW regelmäßig eines aktiven Abrufes durch den Nutzer[817].

---

genau betrachtet eine öffentliche Wiedergabe ebenfalls ablehnt, allerdings das Setzen von Hyperlinks als „neuartige Nutzungsform" den urheberrechtlichen Verwertungsformen zuordnet. Insofern unterscheidet sich hier das Verständnis des Begriffs von dem im Strafrecht.

[811] Vgl. hierzu auch *Heydn*, NJW 2004, 1361.

[812] BGH, NJW 2003, 3406, 3409.

[813] *Stadler*, JurPC, Web-Dok. 283/2003, Abs. 1, 15, online abzurufen unter http://www.jurpc.de/aufsatz/20030283.htm (Stand: Dezember 2003).

[814] Vgl. *Ott*, WRP 2004, 52, 56.

[815] Die Verwertungsmöglichkeit des Senderechts beinhaltet das Recht, urheberrechtlich geschützte Werke durch Funk oder Drahtfunk oder ähnliche technische Einrichtungen der Öffentlichkeit zugänglich zu machen und ist somit ein Recht auf unkörperliche Verwertung von Werken. Es umfasst technische Verfahren, bei denen Texte, Bilder und Töne in „funkbare" Impulse umgewandelt, von einer Sendestelle zu beliebig vielen Empfangsstellen übertragen und dort wieder in ihren Ursprungszustand zurückverwandelt werden (*Schwarz*, GRUR 1996, 836, 837; *Hoeren*, CR 1996, 517, 518).

[816] Vgl. *Schack*, Urheber- und Urhebervertragsrecht, Rn. 419; *Koch*, GRUR 1997, 417, 420.

[817] *Börsch*, Sind Hyperlinks rechtmäßig?, S. 143.

d. Beteiligung an einer Verwertunshandlung

Ändert man dagegen den Blickwinkel in Richtung Nutzer, der infolge des Links auf die Website des Dritten gelangt, so könnte durchaus eine Beihilfe, Anstiftung oder mittelbare Verursachung zu einer urheberrechtlich relevanten Verwertungshandlung seitens des Nutzers vorliegen[818]. Dies mag im ersten Moment überraschend erscheinen, da der durchschnittliche Internetnutzer sich in der Regel nicht über die Funktionsweise von Links, deren Unterscheidungen oder gar der Tatsache, dass er möglicherweise eine Urheberrechtsverletzung begeht, bewusst ist. Andererseits wird beispielsweise im Bereich der urheberrechtlichen Unterlassungsansprüche – im Gegensatz zu Schadensersatzansprüchen - keine Kenntnis der Urheberrechtsverletzung verlangt.

(1) Verwertungshandlung durch den Nutzer

Notwendig für eine mögliche Gehilfenhandlung ist, dass der Nutzer eine unzulässige Verwertungshandlung vornimmt. Auch im Hinblick auf eine Mitstörereigenschaft ist das Vorliegen einer Akzessorietät zugrunde zu legen und damit die Notwendigkeit einer unzulässigen Haupthandlung vorauszusetzen[819].

Auf Seiten des Nutzers könnten theoretisch ebenfalls eine Verbreitungshandlung, das Recht der öffentlichen Wiedergabe, das Bearbeitungsrecht sowie eine Vervielfältigungshandlung im Sinne von §§ 15 Nr.1, 16 UrhG in Betracht kommen, wobei die erstgenannten Verwertungsrechte aus den gleichen Gründen wie beim Linksetzer ausscheiden. Im Folgenden soll daher das Augenmerk darauf gelegt werden, ob der Nutzer in das Vervielfältigungsrecht des Urhebers eingreifen kann.

(a) Vervielfältigung des Nutzers

Zunächst müsste durch das Aktivieren des jeweiligen Links eine Vervielfältigungshandlung i.S.d. § 16 UrhG vorliegen. In diesem Zusammenhang kann man zwischen der Nutzung einer Datei online und dem Downloading differenzieren.

Eine Vervielfältigung liegt unzweifelhaft vor, wenn der User die betreffende Website auf einem Datenträger speichert[820]. Das sogenannte „Downloading" eines Werkes auf jedweden dauerhaften Datenträger stellt eine Vervielfältigung durch den Nutzer dar[821]. So dürfte ein Herunterladen einer Datei auf die eigene Festplatte des Computers zweifellos als Vervielfältigung zu betrachten sein[822].

---

[818] *Schack*, MMR 1998, 8, 13 will dagegen eine mittelbare Täterschaft annehmen, indem der Nutzer – wie beabsichtigt, den Link aktiviert. Zwar begehe der Nutzer in der Regel keine Urheberrechtsverletzung, weil seine private Vervielfältigung durch § 53 UrhG gedeckt sei, diese Privilegierung komme dem Linkenden als mittelbaren Täter indes nicht zu Gute.

[819] Vgl. *Wiebe*, in: Ernst/Vassilaki/Wiebe, hyperlinks, Rz. 46.

[820] *Dittrich*, JurPC, Web-Dok.72/2002 Abs. 1, 10, online abzurufen unter: http://jurpc.de/aufsatz/20020072.htm (Stand: April 2005).

[821] *Waldenberger*, ZUM 1997, 176, 179; *Schwarz*, GRUR 1996, 836, 840.

[822] Vgl. auch *Börsch*, Sind Hyperlinks rechtmäßig?, S130f., der die sogenannten Download Links näher untersucht, bei denen ein Link auf eine Seite mit einer Downloadmöglichkeit gegeben ist. Zwar existie-

Wenn der Nutzer ein Werk nur online nutzt, liegt hingegen eine nur kurzzeitige Speicherung vor. Das ist zum Beispiel der Fall, wenn er, was in der Praxis sicherlich häufiger vorkommt – lediglich die Seiten im Internet „durchblättert". Dann wird das Werk (bzw. Teile davon) nämlich „nur" im flüchtigen Arbeitsspeicher (RAM) des Computers des Nutzers gespeichert[823]. Darüber hinaus findet eine bedingt temporäre Kopie im Zwischenspeicher, dem Festplattencache oder dem Speicherchache statt. Die heute gängigen „Web-Browser" legen beim Abruf einer Web-Site auf der Festplatte des Computers des Nutzers einen Ordner (cache) an, in dem einmal geladene Websites gespeichert werden.

Nachdem die Frage nach der nur vorübergehenden Speicherung lange streitig war[824], hat der Gesetzgeber nunmehr durch die Änderungen des Urhebergesetzes in § 16 UrhG klargestellt, dass auch die nur vorübergehende Speicherung eine Vervielfältigung darstellt. Grundsätzlich werden daher von der Vervielfältigung nunmehr auch Zwischenspeicherungen in einem Arbeitsspeicher erfasst, die lediglich der Wiedergabe auf dem Bildschirm dienen.

Allerdings grenzt § 44 a UrhG n.F. diese weite Regelung etwas ein. Insofern soll den Erfordernissen in der Informationsgesellschaft Rechnung getragen werden, gewisse, genau bestimmte Vervielfältigungshandlungen, die technisch notwendig und begleitend sind, vom ausschließlichen Verfügungsrecht des Urhebers über die Vervielfältigung auszunehmen[825]. Nach § 44a UrhG werden *vorübergehende Vervielfältigungshandlungen, die flüchtig oder begleitend sind und einen integralen und wesentlichen Teil eines technischen Verfahrens darstellen und deren alleiniger Zweck es ist, eine*

---

ren keine HTML-Befehle, um Dateien im Internet beim Anklicken zum Downloaden anzubieten. Es existieren jedoch Dateitypen, die fast jeder WWW-Browser so interpretiert, dass er dem Nutzer anbietet, die Datei auf der Festplatte zu speichern, wie z.B. bei Dateien im ZIP-Format, EXE-Dateien oder auch Word und Excel Dateien. Verweist ein Link auf ein solche Datei, beginnt je nach Browsertyp und je nach der Konfiguration desselben mehr oder weniger direkt der Speichervorgang der Datei. *Börsch* will aber auch solche Links darunter fassen, die erst mal „nur" eine Anleitung zum Download beinhalten. Da in jedem Fall eine permanente Kopie erfolgt, findet auch eine Vervielfältigung durch den Nutzer statt.

[823] *Waldenberger*, ZUM 1997, 176, 179.

[824] Problematisch in diesem Zusammenhang war bislang, ob man auch die vorübergehende Speicherung – wie sie im RAM gegeben ist – noch als Vervielfältigung betrachten kann oder nicht. Für Computerprogramme bestimmte § 69 c Nr. 1 UrhG bereits vor Änderung des Urhebergesetzes, dass jedes (das dauerhafte als auch das vorübergehende) Laden, Anzeigen, Ablaufen, Übertragen oder Speichern des Programms der Zustimmung des Rechtsinhabers bedürfen. Eine solche Regelung fehlte für die herkömmlichen Werkgattungen. Einige verneinten daher bei nur kurzzeitigen Speicherungen eine Vervielfältigung, da es gerade eben an der Dauerhaftigkeit fehle (*Spindler*, ZUM 1996, 533, 543 m.w.Nachw.). Die wohl h.M. (*Maaßen*, ZUM 1992, 338, 344; *Bortloff*, ZUM 1993, 476, 481; *Plaß*, WRP 2000, 599, 602; *Koch*, NJW-CoR 1997, 298, 299; *ders.*, GRUR 1997, 417, 423; OLG Köln, CR 2001, 708, 710; *Völker/Lühriq*, K&R 2000, 20, 25) ging dagegen davon aus, dass auch eine kurzfristige Speicherung eine Vervielfältigung sei, jedenfalls dann, wenn sie das Werk den menschlichen Sinnen wiederholt oder mittelbar wahrnehmbar machen kann (*Maaßen*, ZUM 1992, 338, 344; *Koch*, GRUR 1997, 417, 423). Eine weitere Ansicht versucht diesen Konflikt einer Lösung zuzuführen, indem sie von einer „Lizenz zum Blättern" ausgeht (*Waldenberger*, ZUM 1997, 176, 179; *Wiebe*, in: Ernst/Wiebe/Vassilaki, hyperlinks, Rz. 45 m.w.Nachw.).

[825] BT-Drucks. 15/38, S. 18

Übertragung in einem Netz zwischen Dritten durch einen Vermittler oder eine rechtmäßige Nutzung eines Werkes oder sonstigen Schutzgegenstands zu ermöglichen, als zulässig erachtet. Darüber hinaus dürfen sie *keine eigenständige wirtschaftliche* Bedeutung haben. Ob bei der bloß flüchtigen Vervielfältigung im Arbeitsspeicher allerdings alle aufgezählten Voraussetzungen kumulativ erfüllt sind, ist fraglich. Aus den Erwägungsgründen der Richtlinie wird zwar deutlich, dass von Art. 5 Handlungen erfasst werden sollen, die das Caching ermöglichen[826]. Ob aber auch temporäre Speicherungen im RAM davon erfasst sind, ist nicht klar, da die erforderlichen Voraussetzungen nicht immer erfüllt sein dürften[827]. Eine flüchtige Vervielfältigung fiele nur dann unter die Ausnahmevorschrift, wenn sie mit dem alleinigen Zweck einer rechtmäßigen Nutzung ohne eigenständige wirtschaftliche Bedeutung erstellt worden wäre[828]. Hier muss im jeweiligen Einzelfall darauf abgestellt werden, welche Art einer Vervielfältigungshandlung vorliegt, wobei in den meisten Fällen eine wirtschaftlichen Bedeutung ausgeschlossen werden kann und somit das bloße Browsen dem § 44 a UrhG unterstellt sein dürfte[829].

(b) Schranke des § 53 UrhG

Dem Nutzer, der eine urheberrechtlich geschützte Seite vervielfältigt, könnte zudem die Schranke des § 53 UrhG zu Gute kommen. Danach sind Vervielfältigungen durch eine private Person zum privaten Gebrauch grundsätzlich zulässig. Eine Änderung hat sich durch das neue Urhebergesetz dadurch ergeben, als nunmehr eine Einschränkung dahingehend erfolgt, dass zur Vervielfältigung keine offensichtlich rechtswidrig hergestellte Vorlage verwendet werden darf[830].

Erfolgt das Aufrufen einzelner Seiten im Internet zum privaten Gebrauch, dann sind die Vervielfältigungen durch den Nutzer gemäß § 53 Abs. 1 S. 1 UrhG ohne Zustimmung zulässig. Als privater Gebrauch im Sinne dieser Norm kann nicht nur das Browsen im privaten Bereich, sondern auch das Abspeichern einer Webseite oder das Kopieren von Fotos und Filmelementen aus dem Netz angesehen werden, sofern die betreffenden Kopien für die eigene Familie oder zur sonstigen privaten Nutzung bestimmt sind und nicht in der Öffentlichkeit herumgereicht oder in eine private

---

[826] Erwägungsgrund 33, Richtlinie 2001/29/EG, Abl. L 167 vom 22.6.2001, S. 13.
[827] Vgl. hierzu *Börsch,* Sind Hyperlinks rechtmäßig?, S. 93.
[828] *Wiebe*, in: Ernst/Vassilaki/Wiebe, hyperlinks, Rz. 45.
[829] So auch *Volkmann*, GRUR 2005, 200, 203; *Stadler*, JurPC Web-Dok. 283/2003, Abs. 1, 10, online abzurufen unter http://www.jurpc.de/aufsatz/20030283.htm (Stand: April 2005).
[830] Damit hat sich der alte Streit erledigt, ob § 53 UrhG auch dann einschlägig ist, wenn es sich um eine unrechtmäßige Kopiervorlage handelt (dagegen *Weinknecht,* Rechtslage bei MP3-Daten, online abzurufen unter www.weinknecht.de/mp3.htm (Stand: April 2005)). Vor Einführung des neuen Urhebergesetzes ging die h.M. davon aus, dass es auf die Rechtmäßigkeit der Vorlage nicht ankäme. Das Nichteingreifen des § 53 UrhG würde den Nutzer übermäßig belasten. Denn eine mögliche Prüfungspflicht daraufhin, ob die Vorlage rechtmäßig ist oder nicht, könnte dieser gar nicht erfüllen, da es keine verlässlichen Schutzsysteme gibt, anhand derer man Raubkopien als solche identifizieren kann (So auch *Kreutzer*, GRUR 2001, 193, 200).

Homepage integriert werden sollen[831]; wobei zu beachten ist, dass keine Online-Zugriffsmöglichkeit eröffnet werden darf, da dadurch weitere Vervielfältigungen zur Information Dritter ermöglicht würden[832]. Insofern dürfte das Browsen grundsätzlich als zulässig erachtet werden.

Jedoch hat auch § 53 UrhG seine Grenzen. Nach § 53 Abs. 5 UrhG findet § 53 Abs. 1 UrhG auf Datenbankwerke, deren Elemente einzeln mit Hilfe elektronischer Mittel zugänglich sind, keine Anwendung; das betrifft das Vervielfältigen eines Datenbankwerks oder selbständig schutzfähiger Teile[833]. Auch Computerprogramme werden von § 53 UrhG nicht erfasst. Für diese und Datenbankwerke kommen die Schranken der §§ 55 a und 69 d UrhG in Betracht. Zwar sind bei Computerprogrammen und Datenbanken „Erlaubnisse" für den privaten Gebrauch nicht festgelegt. Jedoch wird beispielsweise in §§ 69d Abs. 1 UrhG bestimmt, dass der berechtigte Nutzer des Programms Vervielfältigungen und Bearbeitungen vornehmen darf, wenn sie für eine bestimmungsgemäße Nutzung der Datenbank notwendig sind. Außerdem darf der rechtmäßige Nutzer eines Computerprogramms nach § 69 d Abs. 2 und 3 UrhG eine Sicherungskopie erstellen und die Funktionsfähigkeit des Programms testen. Auch für Datenbanken i.S.d. §§ 87 a ff UrhG, deren Elemente einzeln mit Hilfe elektronischer Mittel zugänglich sind, findet eine Zulässigkeit zum privaten Gebrauch nicht statt, § 87 c Abs. 1 Nr. 1 UrhG. Damit hängt die Reichweite der Ausnahmevorschrift über die private Vervielfältigung beim Internet-Surfen wesentlich davon ab, in welchem Umfang Websites als Datenbankwerke i.S.v. § 4 Abs. 2 UrhG oder Datenbanken i.S.v. § 87 a UrhG angesehen werden können[834].

(2) Beteiligung des Linksetzers

Wie sich gezeigt hat, kann eine Vervielfältigungshandlung seitens des Nutzers vorliegen. Zu dieser Verwertungshandlung könnte der Linksetzer bei Vorliegen von Vorsatz Anstiftung oder Beihilfe leisten. Für eine Gehilfenhandlung bedarf es allerdings eines vorsätzlichen, schuldhaften Handelns, welches im Einzelfall festgestellt werden muss.

Manchen geht diese Ansicht zu weit und steht zudem im Widerspruch zu den Wertungen aus §§ 5 TDG/MDStV[835]. Insbesondere komme es dadurch zu untragbaren Ergebnissen, wenn dann auch der Verleger eines Buches als Anstifter oder Gehilfe zur Urheberrechtsverletzung durch Kopien betrachtet werden müsste[836]. Zudem erscheine es realitätsfern, dem Linksetzer ein solches Nutzerverhalten subjektiv zuzu-

---

[831] *Zscherpe*, MMR 1998, 404, 409.
[832] Vgl. allgemein BGH, NJW 1997, 1363, 1365f.
[833] Vgl. *Loewenheim*, in: Schricker, UrhG, § 53, Rn. 51.
[834] *Dieselhorst*, CR 2001, 706, 707.
[835] *Dittrich*, JurPC, Web-Dok.72/2002 Abs. 1, 10, online abzurufen unter: http://jurpc.de/aufsatz/20020072.htm (Stand: April 2005), der allerdings eine Ausnahme für die Fälle vornehmen will, in denen der Linksetzer ausdrücklich zur Vornahme dieser Handlungen auffordert oder sie zumindest anpreist; *Bohme-Neßler*, Cyberlaw, S. 254.
[836] *Boehme-Neßler*, Cyberlaw, S. 254.

rechnen. Denn sofern nicht schon aus einem entsprechenden Vermerk des Linksetzers auf seiner Website hervorgehe, dass er die von ihm gesetzten Hyperlinks als rein unverbindliche Hinweise verstanden haben möchte, wird dieser regelmäßig nicht damit rechnen müssen, dass es zu nicht gerechtfertigten Urheberrechtsverletzungen durch den Nutzer kommt. Lediglich in den Fällen könne man von einer Anstiftung oder Beihilfe ausgehen, in denen der Linksetzende den Nutzer ausdrücklich zur Vornahme derartiger Handlungen auffordert oder zumindest deren Möglichkeit anpreist[837]. Dem ist insofern zuzustimmen, als der Linksetzer nicht regelmäßig mit einer unzulässigen Vervielfältigungshandlung durch den Nutzer rechnen muss. Denn in den meisten Fällen dürfte doch die Schranke des § 53 UrhG oder zumindest eine konkludente Einwilligung des Seiteninhabers vorliegen. Insofern reguliert sich die Inanspruchnahme bereits über die Frage des Vorsatzes.

(3) Mitstörereigenschaft

Greifbarer erscheint es, den Linksetzer als (Mit-)störer[838] bzw. mittelbaren Täter in Anspruch zu nehmen[839], was den Vorteil hat, dass der Linksetzer nicht schuldhaft handeln muss. Durch das Setzen des Links wird eine adäquate Ursache für den Eingriff in das Urheberrecht gesetzt[840]. Durch die Adressenvorgabe erleichtert der Linksetzer nicht nur den Zugang zur urheberrechtsgeschützten Website, sondern ruft unter Umständen bei dem Nutzer sogar einen entsprechenden Entschluss zum Abruf dieser hervor. Die höhere Frequentierung der fremden Website ist dem Linksetzer zurechenbar, da diese von seinem Tatentschluss mitumfasst ist, er zumindest damit rechnen musste[841]. Wie bereits oben[842] gesehen, haftet derjenige als Störer, der in irgendeiner Weise willentlich und adäquat kausal zu einer Urheberrechtsverletzung beigetragen hat, sofern die rechtliche Möglichkeit zur Verhinderung der Handlung des Dritten besteht und ihm eine Prüfung zumutbar war. Der Linksetzer leistet einen adäquat kausalen Tatbeitrag zur Vervielfältigungshandlung, da der Nutzer das geschützte Werk nicht zu diesem Zeitpunkt und auf diese konkrete Art und Weise aufgerufen und damit vervielfältigt hätte. Im Gegensatz zu der oben diskutierten Fallgruppe wird hier also nicht an den Verbreitungseffekt angeknüpft, sondern an die Tatsache, dass der Linksetzer die Vervielfältigung des Nutzers veranlasst.

Anders entschied der BGH – zumindest für Suchdienste - in seiner „*Paperboy-Entscheidung*", in der er bereits einen Störungszustand verneinte.

---

[837] *Dittrich*, JurPC Web-Dok. 72/2002, Abs. 1, 10, online abzurufen unter: http://jurpc.de/ausatz /20020072.htm (Stand: April 2005).
[838] *Bechtold*, ZUM 1997, 427, 433; *Wiebe*, in: Ernst/Vassilaki/Wiebe, hyperlinks, Rz. 41.
[839] Vgl. *Schack*, MMR 2001, 9, 13; *Börsch*, Sind Hyperlinks rechtmäßig?, S. 109f.
[840] *Völker/Lühig*, K&R 2000, 20, 25, wobei sie sogar so weit gehen, dass es keinen Unterschied mache, ob es bereits zu einer Vervielfältigung gekommen ist oder lediglich die Möglichkeit besteht, da im letzteren Fall zumindest die Erstbegehungsgefahr zu bejahen ist.
[841] *Plaß*, WRP 2000, 599, 602.
[842] Siehe oben 3. Teil D I).

Hintergrund des vom BGH entschiedenen Rechtsstreits war ein Sachverhalt des Nachrichtensuchdienstes *Paperboy*, der eine Sammlung von frei im Internet verfügbaren Zeitungsartikeln durch den vorgenannten Pressespiegel-Dienst unterhielt. Dieser recherchierte auf Wunsch täglich oder auf individuelle Anfrage der Internetnutzer nach entsprechenden Zeitungsartikeln, die zuvor von verschiedenen Verlagen und anderen Online-Diensten zum freien Abruf in das Internet eingestellt worden waren. Dem Nutzer dieses Teledienstes lieferte Paperboy – insoweit durchaus vergleichbar mit Suchmaschinen – eine Ergebnisliste, auf der diejenigen Artikel mit entsprechenden Deep Links angegeben waren, die den vom Nutzer eingegebenen Suchkriterien entsprachen.

Der BGH hat in dem für die Beurteilung von Deep Links als richtungweisend zu bezeichnenden Urteil entschieden, dass durch das Setzen von Hyperlinks zu einer Datei auf einer fremden Webseite mit einem urheberrechtlich geschützten Werk grundsätzlich nicht in das Vervielfältigungsrecht an diesem Werk eingegriffen werde. Ein Berechtigter, der ein urheberrechtlich geschütztes Werk ohne technische Schutzmaßnahmen im Internet öffentlich zugänglich mache, ermöglicht nach Ansicht des Gerichts vielmehr dadurch bereits selbst die Nutzungen, die ein Abrufender vornehmen könne.

Durch das Setzen des Links werde daher kein urheberrechtlicher Störungszustand geschaffen, wenn das Werk bereits durch den Berechtigten selbst ohne jegliche Schutzmaßnahmen ins Netz gestellt wurde.

Die Möglichkeit des Abrufs und der Nutzung des Werks sei durch den Berechtigten selbst geschaffen worden und jeder beliebige Nutzer sei deshalb in der Lage, das Werk auch ohne Verwendung des Hyperlinks aufzurufen. Die Gefahr rechtswidriger Nutzungen eines vom Berechtigten selbst im Internet öffentlich bereitgehaltenen Werkes wird durch Hyperlinks Dritter nicht qualitativ verändert, sondern nur insofern erhöht, als dadurch einer größeren Zahl von Nutzern der Zugang zum Werk eröffnet wird[843]. Den Link treffe in dieser Situation lediglich die Funktion einer technischen Erleichterung für den Abruf der ohnehin zugänglichen Datei und ersetze letztlich lediglich die vorzunehmende Eingabe der URL in das Adressfeld. Daher fehle es an einer juristisch relevanten Störung[844].

Die Ansicht des BGH erstaunt, weil die Bejahung der urheberrechtlichen Störerhaftung zunächst nur voraussetzt, dass der Störer verschuldensunabhängig in irgendeiner Weise adäquat-kausal zur Rechtsverletzung beiträgt[845]. Aus der Feststellung des

[843] BGH, NJW 3406, 3408f.; BGH, JurPC Web.-Dok. 274/2003, Abs. 1, 37, online abzurufen unter http://www.jurpc.de/rechtspr/20030274.htm (Stand: April 2005).
[844] Vgl. die Ausführungen von *Stadler* zu dem BGH Urteil in: JurPC, Web-Dok. 283/2003, 1, 8, online abzurufen unter http://www.jurpc.de/aufsatz/20030283.htm (Stand: April 2005); zustimmend auch *Nolte*, CR 2003, 924, 925.
[845] Vgl. *Neubauer*, TKMR, 2003, 444 m.w.Nachw; so auch *Ott*, WRP 2004, 52, 55, der ebenfalls anmerkt, dass es dem BGH nicht gelingt zu begründen, warum der Linkprovider für diese Vervielfältigung nicht als Störer haften soll.

Gerichts, dass der Zugang zum Werk durch den Link tatsächlich einer größeren Nutzerzahl eröffnet wird, ergibt sich bereits, dass der Link bezüglich dieser zusätzlichen Nutzergruppe eine nicht hinwegzudenkende Bedingung ist, selbst wenn es zutrifft, dass ein Nutzer auch ohne den Link theoretisch auf die jeweilige Seite zugreifen könnte. Eine grundsätzliche Störerhaftung kann daher – zumindest in den Fällen, in denen eine urheberrechtswidrige Handlung des Nutzers vorliegt - nicht mit dem Argument des BGH, es liege schon kein adäquat-kausal zurechenbarer Störungszusammenhang vor, verneint werden. Eine adäquat-kausale Störereigenschaft ist insofern zu bejahen[846].

Das Setzen von Hyperlinks führt vielmehr zu einer adäquat-kausalen Gefahrerhöhung, die entgegen der vom BGH geäußerten Ansicht auch dem Hyperlinkenden zuzurechnen ist, denn die Gefahr rechtswidriger Nutzung wird bei der Verwendung von Deep Links nicht nur quantitativ, sondern auch qualitativ erheblich gesteigert.

Statt die Kausalität in Frage zu stellen, wäre die eigentlich für die urheberrechtliche Zulässigkeit von Deep Links zu stellende Frage vielmehr gewesen, ob eine möglicherweise vom jeweiligen Urheber erteilte Einwilligung vorliegt und eine solche auch dann Bestand hat und somit auch zu Gunsten des Linksetzers wirkt, wenn die Webseite unter Nutzung eines – in diesem Fall - Suchdienstes mittels Deep Links aufgerufen wird[847].

(4) Einwilligung

In den Fällen, in denen weder § 44a noch 53 UrhG greifen[848], kann eine Urheberrechtmäßigkeit durch eine Einwilligung[849] des Rechteinhabers sowohl bereits gegenüber dem Nutzer aber auch gegenüber dem Linksetzer gegeben sein. Dies wird vor allem in den Fällen relevant, in denen der Aufruf der fremden Seite zu gewerblichen Zwecken erfolgt oder im Zusammenhang mit Datenbankwerken Kopien im Cache entstehen. Auf den ersten Blick erscheint es nur konsequent, dass derjenige, der Seiten ins Netz stellt auch möchte, dass diese betrachtet werden und insofern auch in eine Vervielfältigung einwilligt.

Eine ausdrückliche Einwilligung des Seiteninhabers zum „Betrachten" seiner Seite dürfte nur selten vorliegen. Maßgeblich ist daher, ob eine konkludente Zustimmung des Betroffenen gegeben ist.

---

[846] So auch *Neubauer,* TKMR 2003, 438, 444; *ders.*, K&R 2004, 482, 483; ähnlich auch *Spindler,* JZ 2004, 146, 151. Auch *Wimmers/Baars,* JR 2004, 284, 288, erkennen, dass das Adäquanzmerkmal bei Suchdiensten kein taugliches Differenzierungskriterium ist.

[847] Ähnlich auch *Ott*, WRP, 2004, 52, 55. *Spindler,* JZ, 2004, 146, 151, ist dagegen der Meinung, dass das „Hilfskonstrukt" eines konkludent erteilten Einverständnisses aufgegeben werden sollte.

[848] Beispielsweise wenn Nutzer entgegen § 53 UrhG allzu häufig kopieren oder den Inhalt mit dem Vorsatz speichern, den Inhalt ihrerseits zu veröffentlichen – vgl. *Volkmann*, GRUR 2005, 200, 203.

[849] Im Gegensatz dazu vertritt *Wiebe,* in: Ernst/Vassilaki/Wiebe, hyperlinks, Rz. 48 die Ansicht, dass durch Auslegung herausgefunden werden muss, um was für eine Rechteinräumung es geht. Nach ihm handelt es sich eben nicht um eine Einwilligung, sondern um eine Nutzungsrechtseinräumung an den „Endnutzer" zum Betrachten der Seite.

Für den Fall eines normalen **Surface Links** kann davon ausgegangen werden, dass sich der Werkinhaber mit der Vervielfältigung stillschweigend einverstanden erklärt[850]. Er willigt von Anfang an in eine Verlinkung auf seine Seite ein. Schließlich hat der Betroffene diese freiwillig ins Netz gestellt und dadurch auch den Grundstein[851] für solche Vernetzungen gelegt. Es liegt gerade in seinem Interesse, möglichst viele Nutzer auf diese Seite zu bekommen, da sich dadurch der Wert der Seite steigert. Er nimmt es somit in Kauf, dass seine Homepage betrachtet wird und dass Vervielfältigungen im Arbeitsspeicher erstellt werden[852]. Da die Vervielfältigungen im Cache zumeist automatisch vom Browser mit erstellt werden, sind auch diese von der Einwilligung erfasst. Ohne die Annahme einer solchen konkludenten Einwilligung hätte das Einstellen eines Inhalts in das Netz für den Anbieter überhaupt keinen Sinn, weil sich kein Nutzer diesen Inhalt anzeigen lassen dürfte[853]. Etwas anderes kann sich nur dann ergeben, wenn die jeweilige Seite durch Selektionsmaßnahmen wie beispielsweise Passwörter nicht für jedermann zugänglich ist oder ein Zustimmungsvorbehalt angebracht wurde. Dann wird ein entgegenstehender Wille deutlich.

Auf den ersten Blick gestaltet sich die Lage bei **Deep Links** anders. Im Falle der Deep Links können dem fremden Anbieter, wenn auf seiner Homepage Werbebanner platziert sind, dadurch Werbeeinnahmen für die einzelnen Hits entgehen, weil der Nutzer nicht – wie eigentlich geplant – durch seinen Web-Auftritt geführt wird[854]. Insofern könnte man daran zweifeln, ob der Seiteninhaber mit einer derartigen Verlinkung einverstanden ist. Allerdings darf die Form der Deep Links auch nicht überbewertet werden. Wie oben dargestellt, muss der jeweilige Seiteninhaber auch mit solchen Verweisungen rechnen. Wenn er aber dennoch – ohne weitere Hindernisse oder Versagungen des Direktzugriffs[855] – seine Seite ins Netz stellt, kann der durch-

---

[850] *Bechtold*, ZUM 1997, 427, 432; *Ernst*, NJW-CoR 1997, 224, 225; *Wild*, in Schricker, UrhG, § 97, Rn. 40b; *Völker/Lühig*, K&R 2000, 20, 26.

[851] *Völker/Lühig* K&R 2000, 20, 26.

[852] Vgl. LG Hamburg, CR 2000, 776, 777; *Freitag*, in: Kröger/Gimmy, Handbuch zum Internet-Recht, S. 370; *Völker/Lühig*, K&R 2000, 20, 26; *Schack*, MMR 2001, 9, 14; *Metzger*, CR 2000, 778, 779; *Börsch*, Sind Hyperlinks rechtmäßig?, S. 103 m.w.Nachw.

[853] *Worm*, Die Verletzung von Urheberrechten und gewerblichen Schutzrechten durch das Setzen von Hyperlinks, Inline-Frames und Meta-Tags, S. 51.

[854] *Schack*, MMR 2001, 9, 14; a. A. *Plaß* WRP 2000, 599, 600.

[855] In diesem Zusammenhang stellt sich die Frage, wie es überhaupt möglich ist, einen abweichenden Willen zu erklären oder ein Hindernis aufzustellen. Dieser Wunsch kann entstehen, wenn beispielsweise jemand verhindern will, dass seine Seite in Suchmaschinen auftaucht, weil er unerwünschte Emails befürchtet oder seine Seite in Zusammenhang mit kompromittierenden Seiten auftaucht. Hierzu stehen dem Seiteninhaber mehrere Möglichkeiten zur Verfügung: Zunächst kann ein verbaler Hinweis auf der Website angebracht werden. Dabei stellt sich allerdings das Problem, dass der Linksetzer diesen Hinweis lesen müsste, was für größere Linklisten oder automatisch generierte Suchmaschinen mit erheblichem Aufwand verbunden ist. Es besteht aber auch die Möglichkeit, einen maschinell lesbaren Hinweis anzufügen, in dem der Inhaber der Seite zu erkennen gibt, dass er eine Verlinkung nicht wünscht. Dies erfolgt durch sog. Meta Daten, in dem nicht am Bildschirm aufgezeigten Teil des HTML-Dokuments (*Kotthoff*, K&R 1999, 157ff.; *Koch*, NJW-CoR 1998, 45ff.). Der Content Provider kann einer Erfassung seiner Inhalte durch Suchmaschinen auch dadurch entgegenwirken, dass er eine besondere Datei mit dem Namen „ ROBOTS.TXT“ auf dem Webserver speichert. (wie alles andere *Pankoke*, von der Presse- zur Providerhaftung, S. 113 m.w.N) Problematisch ist jedoch, dass

schnittliche Linksetzer davon ausgehen, dass der Verlinkte mit dem Verweis einverstanden ist[856]. Im Endeffekt kann hier nichts anderes als bei Surface Links gelten, da der Ersteller auch hier die Seite ins Netz stellt, damit der jeweilige Nutzer diese betrachtet[857]. Zudem besteht bei den meisten Websites die Möglichkeit, von der verwiesenen Seite des Angebots auf die Homepage geführt zu werden. Letztlich hat der Seiteninhaber auch nicht zu befürchten, dass die Seite nicht als ihm zugehörig betrachtet wird, da ein vollständiger Wechsel auf seine Website inklusive Anzeige der neuen URL erfolgt.

Schon weitaus bedenklicher zeigt sich hingegen die Annahme eines stillschweigenden Einverständnisses für **Inline Links**[858]. Denn bei ihnen erscheinen Teile der Website des Dritten in einem Umfeld auf der Seite des Linksetzers, was zu Missverständnissen und Fehlvorstellungen des Nutzers führen kann. Das oben aufgeführte Argument versagt hier, denn kein Urheber möchte eine Weiterverbreitung, wenn der Zusammenhang zu seiner Website nicht mehr gesichert ist. Eine konkludente Zustimmung kann daher nicht angenommen werden[859].

Auch für die Verweistechnik mittels **Frames** kann eine konkludente Zustimmung nicht ohne weiteres bejaht werden. Bei den in diesem Zusammenhang häufig zitierten Urteilen des LG Hamburg[860] und des OLG Hamburg[861] sprachen sich die Gerichte gegen eine konkludente Zustimmung durch den Websiteinhaber aus. Dem Verhalten, dass der zugrunde liegende Inhalt auf der eigenen Website platziert und somit den Nutzern zur „freien Verfügung" gestellt wird, dürfe nicht die Bedeutung einer Zustimmung für das hier in Rede stehende Verhalten (Framing) der Antragsgegnerin beigemessen werden[862]. Die Einwilligung des Websiteinhabers bezieht sich nämlich im Regelfall nur auf solche Links, die zu einem vollständigen Wechsel der jeweiligen Seite führen. Das bloße Fehlen technischer Sperren könne nicht als Freigabe für jede beliebige Form der Drittnutzung angesehen werden.

Allerdings können die Urteile nur indizielle Wirkung haben, da es in dem zugrunde liegenden Fall – entgegen der Ansicht des Gerichtes – nicht um ein Framing im ursprünglichen Sinne, sondern um ein Pop-up Fenster ging[863]. Dennoch weisen Pop-

---

solche maschinell lesbaren Informationen von Suchmaschinen häufig nicht beachtet werden können oder wollen.

856 So Im Ergebnis auch *Plaß*, WRP 2000, 599, 603; *Sosnitza*, CR 2001, 693, 700; BGH, MMR 2003, 719ff.=JurPC, Web-Dok. 274/2003 – *„paperboy"*, online abzurufen unter http://www.jurpc.de /aufsatz/20030283.htm (Stand: April 2005) m.w. Nachw.

857 So auch *Wiebe*, in: Ernst/Vassilaki/Wiebe, hyperlinks, Rz. 53; *Nolte*, ZUM 2003, 540, 545.

858 *Völker/Lührig*, K&R 2000, 20, 26.

859 So auch *Börsch*, Sind Hyperlinks rechtmäßig?, S. 121 m.w.Nachw.

860 CR 2000, 776f.

861 MMR 2001, 533, 534.

862 OLG Hamburg, MMR 2001, 533, 534.

863 Pop-ups werden häufig für die Werbung benutzt und sind Fallgestaltungen, bei deren Betätigung das verlinkte Fremdinhalt dem Angebot des Linksetzers separat in einem eigenen Fenster – also nicht im Browserfenster und daher ohne Navigationzeile – vorgeschaltet wird (und der Inhalt eben nicht im Rahmen des Linksetzer angezeigt wird).

ups mit Frames die Gemeinsamkeit auf, dass die Adresszeile der Verweisseite nicht sichtbar ist. Das ist aber gerade der entscheidende Aspekt der Argumentation. Insofern muss auch für das echte Framing davon ausgegangen werden, dass derjenige, der Seiten in das Internet stellt, auch nur solange mit der Verbreitung seiner Seite einverstanden ist, solange man seine Herkunft erkennen kann. Dies wird in jedem Einzelfall zu überprüfen sein, dürfte aber in der Regel bei Frames zutreffen. So wäre der Fall denkbar, dass der Setzer des Frames den Nutzer ausdrücklich auf den Urheber der fremden Seite hinweist. In solchen Fällen erscheint es fraglich, die konkludente Einwilligung des Seiteninhabers zu versagen, da immerhin die Popularität seiner Seite gesteigert wird. Allein die Tatsache, dass die Seite möglicherweise verkleinert dargestellt wird, reicht für eine Versagung nicht aus.

Für die Fälle der **Download Links**, bei denen die verwiesenen Dateien auf der Festplatte gespeichert werden, kann nicht ohne weiteres von einer konkludenten Einwilligung ausgegangen werden. Denn in diesen Fällen möchte der Urheber auch nur dann einen Download, wenn er selbst davon profitiert, der Nutzer also seine Seite betrachtet und nicht, wenn der Link direkt auf den Download verweist[864]. Allerdings dürften dieses Fälle zumeist bereits über § 53 UrhG gegenüber dem Nutzer zulässig sein.

Gänzlich ausscheiden dürfte eine Einwilligung für **rechtswidrig im Netz angebotene Werke**, d.h. solche Werke, die von einem Content- oder Host-Provider ohne Einwilligung des betreffenden Verwertungs- oder Nutzungsrechteinhaber im Internet abgerufen werden können[865]. Insofern betrifft diese Fallkonstellation allerdings die bereits im 3. Teil der Arbeit besprochenen Fälle.

IV. Zwischenergebnis

Wie sich zeigt, dürfte eine Inanspruchnahme des Linksetzers wegen eines Urheberrechtsverstoßes eher selten in Betracht kommen. Dem BGH ist also zugute zu halten, dass ihm im Ergebnis zuzustimmen ist. Die vorgenannten Ausführungen haben deutlich gemacht, dass eine Mitstörereigenschaft in den meisten Fällen mangels rechtswidriger Handlung des Nutzers ausscheiden dürfte oder zumindest - wie in dem vom BGH entschiedenen Fall der Deep Links - eine Einwilligung anzunehmen ist. Lediglich in den Fällen, in denen die Frametechnik oder Inline Links verwendet werden, eine Einwilligung mangels eigener Urheberschaft durch den Seiteninhaber nicht möglich ist oder gar ein Zustimmungsvorbehalt vorliegt, ist eine erhöhte Gefahrentendenz begründet, die sich aber auch durch die Art der Verweistechnik erklären lässt und somit eine Störerhaftung begründen kann. Im Falle von normalen Surface

---

[864] *Börsch*, Sind Hyperlinks rechtmäßig?, S.132.

[865] *Volkmann*, GRUR 2005, 200, 204, wobei es in diesen Fällen nicht auf eine Verletzung des Linksetzers ankommen dürfte, da bereits der Linksetzer durch die erleichterte Zugriffsmöglichkeit die Störereigenschaft begründet.

und Deep Links dürfte hingegen in den meisten Fällen eine Mitstörerhaftung für Urheberrechtsverletzungen ausscheiden.

B. Wettbewerbsrecht

Neben urheberrechtlichen Ansprüchen können wettbewerbsrechtliche Unterlassungs-, Beseitigungs- und Schadenersatzansprüche nach dem UWG in Betracht kommen. Das Wettbewerbsrecht ist grundsätzlich nicht neben dem Urheberrecht ausgeschlossen, es werden jedoch besondere – außerhalb des Sonderrechtsschutzes des Urhebergesetzes liegende – Umstände verlangt, damit eine unlautere wettbewerbsrechtliche Handlung begründet werden kann[866]. Das Wettbewerbsrecht kommt daher als ergänzender wettbewerbsrechtlicher Leistungsschutz erst dann in Betracht, wenn die Inhalte nicht dem Sonderschutz unterfallen, insbesondere Urheber- oder verwandte Schutzrechte nicht verletzt worden sind[867]. Soweit allerdings die Sondervorschriften keinen Schutz gewähren, weil sie die betroffene geistige Leistung nicht für schutzwürdig halten oder die streitgegenständliche Benutzungshandlung für zulässig erklären, kommt grundsätzlich auch kein Schutz über die Vorschriften des UWG in Betracht. Dies ist beispielsweise dann der Fall, wenn entweder kein Schutzrecht für den verlinkten Inhalt besteht oder keine Verletzungshandlung vorliegt.
Das Wettbewerbsrecht wurde dabei bis zum Inkrafttreten der UWG-Novelle[868] am 08.07.2004 insbesondere durch die Generalklauseln der §§ 1, 3 UWG a.F. und die dazu von Literatur und Rechtsprechung entwickelten Fallgruppen konkretisiert[869]. Wegen der von der UWG-Novelle praktizierten Übernahme einer Vielzahl der zu §§ 1, 3 UWG a.F. entwickelten Fallgruppen[870] werden sich aber durch die UWG-Reform bei der grundsätzlichen wettbewerbsrechtlichen Beurteilung von Links keine grundlegenden Änderungen ergeben[871]. Dies gilt im Wesentlichen auch für den wettbewerbsrechtlichen Kennzeichenschutz und das Verhältnis zwischen Marken- und Wettbewerbsrecht[872].

Aus diesem Grund und mangels aktueller gerichtlicher Entscheidungen zu den neuen Fallbeispielen der §§ 4, 5 Abs. 2, 7 Abs. 2 UWG sowie den übrigen Regelungen des novellierten UWG, wird vorliegend im Wesentlichen auf die zu §§ 1, 3 UWG a.F.

---

[866] BGHZ, 134, 250, 267; 140, 183, 189; *Heker*, ZUM 1995, 97, 101.
[867] Vgl. *Plaß*, WRP 2000, 599, 600.
[868] Gesetz gegen den unlauteren Wettbewerb v. 03.07.2004, BGBl. I, S. 1414 ff.; zum Referentenentwurf v. 23.01.2003 (abgedruckt in GRUR 2003, 298 ff.) sowie zum Regierungsentwurf (BR-Drucks. 301/03 v. 09.05.2003) vgl. insbesondere *Sosnitza*, GRUR 2003, 739ff. Siehe zur UWG-Reform auf EU-Ebene auch *Köhler/Lettl*, WRP 2003, 1019ff.
[869] Vgl. zur Kasuistik der „großen Generalklausel" des § 1 UWG a.F. beispielsweise *Micklitz/Keßler*, WRP 2003, 919, 928.
[870] Nicht alle (Unter-) Fallgruppen des § 1 UWG a.F. wurden allerdings übernommen (so etwa das übertriebene Anlocken), vgl. hierzu etwa *Henning-Bodewig*, GRUR 2004, 713, 715; *Harte/Henning/Keller*, UWG, Einl. A Rn. 18ff.
[871] Eine ähnliche Mutmaßung stellt auch *Joppich*, CR 2003, 504, 509, zumindest für manuell gesetzte Hyperlinks an.
[872] Ebenso *Ingerl*, WRP 2004, 809, 815.

ergangene Rechtsprechung und die einschlägige Literatur eingegangen und lediglich auf deutliche Abweichungen zur alten Rechtslage hingewiesen.

I. Rechtsnormen des UWG und ihre Anwendbarkeit auf Hyperlinks

Der in der alten Fassung des UWG verwendete Begriff des „Handelns im geschäftlichen Verkehr zu Zwecken des Wettbewerbs" wurde in § 2 Abs. 1 Nr. 1 UWG durch das Merkmal der „Wettbewerbshandlung" abgelöst. Nach der dortigen Legaldefinition ist eine Wettbewerbshandlung *jede Handlung einer Person mit dem Ziel, zugunsten des eigenen oder eines fremden Unternehmens den Absatz oder den Bezug von Waren oder die Erbringung oder den Bezug von Dienstleistungen, einschließlich unbeweglicher Sachen, Rechte und Verpflichtungen zu fördern.*

Damit muss also weiterhin für eine Anwendbarkeit des UWG die beanstandete Handlung zu Zwecken des Wettbewerbs erfolgt sein, auch wenn für die isolierte Betrachtung einer Wettbewerbshandlung nach § 2 Abs. 1 Nr. 1 UWG nicht mehr Voraussetzung ist, dass das Handeln geeignet und von dem Zweck getragen sein muss, den Wettbewerb zum Nachteil eines anderen Unternehmens zu fördern[873].

Bei einer objektiv wettbewerbsgeeigneten Handlung spricht auch nach der UWG-Novelle weiterhin nach allgemeiner Lebenserfahrung regelmäßig eine tatsächliche Vermutung für die Annahme, dass auch in subjektiver Hinsicht die Voraussetzungen für eine Wettbewerbshandlung erfüllt sind[874].

Vor der UWG-Novelle waren die maßgeblichen Normen im Bereich des Wettbewerbsrechts die §§ 1, 2 und 3 UWG. Nach dem alten UWG konnte jemand auf Unterlassung und Schadenersatz in Anspruch genommen werden, wenn er gemäß § 1 UWG a.F. im geschäftlichen Verkehr zu Zwecken des Wettbewerbs Handlungen vornimmt, die gegen die guten Sitten verstoßen. Gemäß §§ 8, 9 UWG kann nunmehr derjenige auf Unterlassung und Schadensersatz in Anspruch genommen werden, der § 3 UWG zuwiderhandelt. Danach sind unlautere Wettbewerbshandlungen, die geeignet sind, den Wettbewerb zum Nachteil der Mitbewerber, der Verbraucher oder der sonstigen Marktteilnehmer nicht nur unerheblich[875] zu beeinträchtigen, unzulässig.

Maßgeblich in diesem Zusammenhang ist auch die Definition des Mitbewerbers, die sich in § 2 Nr. 3 UWG befindet. Dabei wird kein Bezug genommen auf die in § 2 Abs. 1 Nr. 1 aufgeführte und vorstehend erörterte Wettbewerbshandlung, sondern es erfolgt eine neue Definition. Die Eigenschaft des Mitbewerbers hat nicht nur jeder Un-

---

[873] So auch *Köhler*, NJW 2004, 2121, 2122; *Harte/Henning/Keller*, UWG, Einl. A Rn. 22.

[874] So auch *Harte/Henning/Keller*, UWG, § 2 Rn. 41; *Engels*, AfP 2004, 316, 318.

[875] Vgl. zur Einführung einer ausdrücklichen Erheblichkeitsschwelle in das UWG (sog. Bagatellklausel) auch *Harte/Henning/Schünemann*, UWG, § 3 Rn. 230 ff.; *Lettl*, GRUR 2004, 449, 450; *Schünemann*, WRP 2004, 925, 927; *Sack*, WRP 2004, 1307, 1311. Diese Einschränkung war partiell bereits im UWG a.F. enthalten und soll nur die Verfolgung von Bagatellfällen ausschließen, ebenso *Köhler*, NJW 2004, 2121, 2122.

ternehmer, der mit einem oder mehreren Unternehmern als Anbieter oder Nachfrager von Waren oder Dienstleistungen in Wettbewerb steht, sondern im Laufe der Beratungen zu dem Gesetz ist die Definition ergänzt worden. „Mitbewerber" ist nur, wer „in einem konkreten Wettbewerbsverhältnis steht". Nur abstrakt betroffene Mitbewerber fallen nicht unter diesen Begriff[876].

1. Sittenwidrige Behinderung gemäß § 4 Nr. 10 UWG

In Betracht kommt zunächst die Fallgruppe der sittenwidrigen Behinderung eines Konkurrenten. Vor Einführung des Beispieltatbestandes im neuen UWG wurden von der Rechtsprechung und Literatur die Fallgruppen der Absatz- und Werbebehinderung entwickelt.

Sicherlich war dabei nicht jede Behinderung als wettbewerbswidrig zu betrachten. Vielmehr war es gerade ein Ausdruck des funktionierenden Wettbewerbs, dass man versucht, die Mitbewerber durch Qualität und Preis der eigenen Leistung zu übertreffen. Eine wettbewerbswidrige Behinderung lag erst dann vor, wenn noch besondere Umstände hinzutreten, was im Einzelnen durch eine Interessenabwägung festzustellen ist. Typische Formen des unlauteren Behinderungswettbewerbs sind beispielsweise Maßnahmen, die von vornherein keine Mittel des Wettbewerbs sein können, weil sie nicht das eigene Unternehmen fördern, sondern allein darauf zielen, den Mitbewerber daran zu hindern, seine Leistung zum Vergleich zu stellen[877].

Dies ist beispielsweise bei der (Unter)Fallgruppe der „Werbebehinderung" gegeben[878]. Im Hinblick auf die normalen Surface Links dürfte eine solche hingegen ausscheiden, da in diesen Fällen nämlich auf die Homepage verwiesen wird, auf der sich die jeweilige Werbung befindet. Andenken könnte man eine solche Konstellation aber bei Deep Links.

a. Werbebehinderung durch Deep Links

Eine Werbebehinderung durch Deep Links liegt auf den ersten Blick nahe, weil sie unter Umgehung der Homepage der Verweisseite unmittelbar auf eine dahinter liegende Seite zugreifen. Der Internetnutzer wird so an den Informationen der Homepage vorbeigeschleust und müsste erst eigenständig die Seiten zurückklicken, um auf die Eingangsseite zu gelangen. Das Problem in diesem Zusammenhang ist, dass Websites häufig durch Schaltung von Werbung finanziert werden, wobei die Werbewirksamkeit einer Seite oft an der Anzahl der Personen gemessen wird, die eine Seite aufrufen (sog. Hits)[879]. Zum Teil wird daher eine sittenwidrige Behinderung mit der

---

[876] BT-Drucks. 15/1487 S. 40.
[877] *Baumbach/Hefermehl*, UWG, § 4, Rn. 10.15
[878] *Baumbach/Hefermehl*, UWG, § 4 Rn. 10.71.
[879] *Moritz/Hermann,* in: Moritz/Dreier, Rechts-Handbuch E-Commerce, Kap. D, Rn. 470. Ähnliches gilt für sogenannte Bannerwerbung, welche grundsätzlich angeklickt werden muss, um auf die darunter liegende Seite zu gelangen und bei der die Anzahl der jeweiligen Klicks entscheidend ist.

Argumentation angenommen, dass die Interessen der Betreiber, die ihr Angebot durch die Schaltung von Werbung finanzieren, unzumutbar beeinträchtigt werden[880], da der „Zähler" umgangen und damit der Nachweis der Werbewirksamkeit der eigenen Seite behindert wird[881]. Das OLG Celle[882] nahm – wenn auch nur nebenbei und nicht abschließend – Stellung zu der Problematik von Werbebehinderung bei Deep Links. Es entschied dahingehend, dass in diesen Fällen die Werbung nicht mehr ungehindert zur Geltung gebracht werden könne und der Anbieter dadurch Werbeeinnahmen verliere. Gerade die Abfragehäufigkeit einer Seite sei für Werbekunden ein entscheidendes Kriterium[883].

Auch das LG Köln[884], das zwar die Deep Links eher unter dem Aspekt des Urheberrechts betrachtete, ging in seinen Entscheidungsgründen auf die Problematik der Werbebehinderung ein[885]. Dort wurde es als unerheblich angesehen, dass der User durch den Wechsel der URL merkt, dass es sich um ein anderes Angebot handelte, da dennoch das Geschäftskonzept der Klägerin durch die Deep Links der Beklagten unterlaufen werde. Wenn der Nutzer, statt über die Homepage der Verfügungsklägerin vorzugehen, direkt auf die von dieser bereitgestellten Stellenangebote Zugriff nimmt, werde er an der Homepage der Verfügungsklägerin und den darauf befindlichen Werbebanner vorbeigelenkt, so dass diese nur noch eine geringere Zahl von Adressaten erreichen und damit an Wert verlieren[886].

Dem muss entgegengetreten werden. Die bloße Beeinträchtigung der Werbung des Dritten stellt noch keine Behinderung im Sinne § 4 Nr. 10 UWG dar[887]. Jedem bleibt es offen, seine Werbung auch auf die untergeordneten Webseiten zu verlagern. Eine

---

880 *Wiebe,* CR 1999, 524, 525, LG Köln, JurPC Web-Dok 138/2001 -*„stepstone"*.

881 *Moritz/Hermann,* in: Moritz/Dreier, Rechts-Handbuch E-Commerce, Kap. D, Rn. 470.

882 CR 1999, 523f. In dem zugrunde liegenden Fall erstellten beide Parteien Websites für Kunden und boten ihnen dafür Speicherplatz an, sie waren also Wettbewerber. Die Klägerin hatte auf einer tieferen Seite verschiedene Links auf die von ihr für andere Unternehmen erstellte Websites. Der Beklagte leitete nunmehr die Nutzer unmittelbar auf die Homepages dritter Unternehmen, unter denen sich auch Kunden der Klägerin befanden. Hierbei waren die Links zu den Angebotsseiten unter Umgehung der Homepage der Klägerin gesetzt. Der Linksetzer verschaffte sich hiermit einen Wettbewerbsvorsprung vor dem betreffenden Konkurrenten.

883 OLG Celle, CR 1999, 523, 524 – kritisch hierzu Anmerkung *Wiebe,* CR 1999, 524f.; *Moritz/Hermann,* in: Moritz/Dreier, Rechts-Handbuch E-Commerce, Kap. D, Rn. 472, welche allerdings das Urteil im Hinblick auf eine unlautere Leistungsübernahme in Frage stellen.

884 LG Köln, JurPC Web-Dok. 138/2001, online abzurufen unter http://www.jurpc.de/Rechtspr/20010138.htm (Stand: April 2005).

885 Dem Rechtsstreit lag folgender Sachverhalt zugrunde: Beide Parteien betrieben einen elektronischen Stellenmarkt, wobei die Homepage und die erste dahinter liegende Webpage der Klägerin mit Werbebannern versehen waren. Die Stellenanzeigen lagen jedoch erst auf mehreren nachgelagerten Ebenen. Bei dem Stellenmarkt der beklagten Partei war entscheidend, dass die angebotenen Arbeitsplätze nicht alle von ihr selbst angeschafft waren, sondern zum Teil aus den Stellenangeboten anderer, u.a. auch derer der Klägerin, bestanden. Bei Anklicken des Stelleninserats gelangte der Nutzer unter Umgehung der Homepage nur zu der konkreten Seite der Klägerin.

886 LG Köln, JurPC Web-Dok. 138/2001, online abzurufen unter http://www.jurpc.de/Rechtspr/20010138.htm (Stand: April 2005).

887 So auch *Plaß,* WRP 2000, 599, 607; *Joppich,* CR 2003, 504, 509, die allerdings eine Einschränkung für die Fälle des Framings macht.

darüber hinaus gehende Beeinträchtigung der Werbeeinnahmen hat hinter dem Interesse der User, das Internet unter voller Ausnutzung seiner technischen Möglichkeiten zu nutzen, zurückzutreten[888]. Wie bereits in der Diskussion um die Frage einer Urheberrechtsverletzung angeführt wurde, gilt auch hier, dass die Form des Deep Links für eine effiziente Nutzung des WWW unentbehrlich ist. Der Nutzer müsste bei einem bloßen Verweis auf die Homepage der relevanten Information wieder aufs Neue eine Suche durch das Angebot des Verlinkten starten. Dies würde den freien Informationsfluss – wie er dem Internet immanent ist – empfindlich stören[889].

b. Paperboyentscheidung

In diesem Zusammenhang lässt sich wieder der oben angeführte Fall des Internetsuchdienstes Paperboy anführen. Bereits das OLG Köln[890] und im Anschluss auch der BGH[891] lehnten einen Unterlassungsanspruch aus § 1 UWG a.F. ab. Nach einer Abwägung der gegenüberstehenden Interessen des Nutzers und der Klägerin kam das OLG zu dem Ergebnis, dass das Setzen eines Deep Links nicht unlauter sei. Die direkte Verbindung zu der verlinkten Seite liege ja gerade im Interesse des Nutzers, der durch die Eingabe des Suchwortes gerade gezeigt habe, dass er sich nur für diesen Beitrag interessiere. Ebenso erweise sich dieses Verfahren für ihn auch als kostengünstiger, sofern die Nutzung nicht pauschal, sondern zeitabhängig abgerechnet werde. Dagegen trete der Nachteil, der bei der Klägerin hauptsächlich im Verlust der Werbeeinnahmen liegt, zurück. Insbesondere bestehe für diese auch die Möglichkeit, ihre Werbeeinnahmen durch eine Verlagerung der Werbeeinblendungen schwerpunktmäßig auf die Webseiten, die die einzelnen Beiträge enthalten, abzumildern.

Der BGH bestätigte dieses Urteil. Die Verwendung von Deep Links sei nicht rechtswidrig. Der Suchdienst biete der Allgemeinheit einen erheblichen Zusatznutzen, indem er eine Vielzahl von Informationsquellen erschließe. Auch wenn der Klägerin durch die Umgehung der Startseite Einnahmen für die Werbung auf dieser entgingen, könne sie nicht verlangen, dass der umständliche Weg über die Startseiten gegangen werde und die Möglichkeiten der Hyperlinktechnik ungenutzt blieben. Ein Berechtigter, der die Vorteile des WWW, die gerade auch auf der Hyperlinktechnik beruhen, für seine Angebote in Anspruch nimmt, kann es deshalb nicht als unlautere Behinderung beanstanden, wenn andere die Hyperlinktechnik zur Erschließung seines eigenen Webangebots für die Öffentlichkeit nutzen. Wettbewerbsrechtlich sei

---

[888] LG Berlin, online abzurufen unter http://www.jurpc.de/rechtspr/20010185.htm (Stand: April 2005). Insbesondere für Suchmaschinen urteilte das LG Berlin, dass die Verwendung von „Deep Links" durch Suchmaschinen im Internet grundsätzlich eine „normale" Auswertung von Datenbanken darstelle. Dadurch, dass der Anbieter seine Informationen uneingeschränkt – also auch für Suchmaschinen – zugänglich macht, erklärt er konkludent, keine Vorbehalte gegen diese Art des Datenzugriffs zu haben.

[889] LG Berlin, online abzurufen unter http://www.jurpc.de/rechtspr/20010185.htm (Stand: April 2005).

[890] MMR 2001, 387, 390 – *Paperboy*.

[891] MMR 2003, 719, 721=JurPC, Web-Dok. 274/2003, online abzurufen unter http://www.jurpc.de /rechtspr/20030274.htm (Stand: April 2005).

diese Tätigkeit zumindest dann hinzunehmen, wenn diese lediglich den Abruf von Berechtigten öffentlich zugänglich gemachten Informationsangeboten ohne Umgehung technischer Schutzmaßnahmen für Nutzer erleichtern[892].

Diesem Urteil kommt also nicht nur aus urheberrechtlicher, sondern auch aus wettbewerbsrechtlicher Sicht für Deep Links eine erhebliche Bedeutung zu, da es die Interessen des Nutzers bzw. der Allgemeinheit an dem Bestehen von Deep Links eindeutig über die der betroffenen Verweisseiteninhaber stellt[893]. Entscheidender Vorteil der Internettechnologie besteht gerade darin, über Suchmaschinen (und die darin enthaltenen Deep Links) bestimmte Informationen auch unterschiedlicher Anbieter in kürzester Zeit auffinden und erreichen zu können[894]. Der BGH weist darauf hin, dass ohne Suchdienste und deren Einsatz von Deep-Links eine sinnvolle Nutzung der unübersehbaren Informationsfülle im Internet praktisch ausgeschlossen sei.

Letztendlich besteht mittlerweile sogar die Möglichkeit für den Betreiber der verlinkten Seite, sich vor unerwünschten Deep Links derart zu schützen, dass er mittels technischer Zugangssperren den Zugriff auf seine einzelnen Seiten verhindert[895]. Eine Werbebehinderung durch Deep Links ist daher zum jetzigen Zeitpunkt zu verneinen. Allerdings darf dem Urteil keine wettbewerbsrechtliche Allgemeingültigkeit entnommen werden. Den Entscheidungsgründen lässt sich nicht entnehmen, dass über den entschiedenen Sachverhalt hinaus generell Ansprüche aus UWG gegen Links ausgeschlossen sein sollen, sondern es ist bei der wettbewerbsrechtlichen Beurteilung immer auf die Umstände des konkreten Einzelfalls abzustellen[896].

2. Ausbeutung/Übernahme fremder Leistung

Eine Wettbewerbsverletzung könnte darüber hinaus darin zu sehen sein, dass eine fremde Leistung durch einen Wettbewerber unmittelbar übernommen und ausgebeutet wird[897]. Unlauter (bzw. nach dem Sprachgebrauch des UWG a.F. „sittenwidrig"[898]) kann es in besonderen Ausnahmefällen sein, sich das mit erheblichem Aufwand und Kosten entstandene Arbeitsergebnis eines anderen unter Ersparung eigener Kosten anzueignen, um den Konkurrenten um die Früchte seiner Arbeit zu bringen. Eine Unlauterkeit wegen sittenwidriger Leistungsübernahme ist zumindest grundsätzlich auch nach Novellierung des UWG denkbar und könnte vom Beispiel des § 4 Nr. 9 UWG umfasst sein.

---

[892] BGH, NJW 2003, 3406, 3410; BGH, JurPC, Web-Dok. 274/2003, Abs. 1, 54, online abzurufen unter http://www.jurpc.de/rechtspr/20030274.htm (Stand: April 2005).
[893] Bestätigend auch *Ernst*, ZUM 2003, 860, 861, der allerdings eine Ausnahme für Frames vorbehalten will.
[894] *Nolte*, CR 2003, 924, 926.
[895] Vgl. *Sosnitza*, CR 2001, 693, 702f.
[896] *Hoeren*, GRUR 2004, 1, 3.
[897] Siehe hierzu auch *Claus*, Hyperlinks, S. 266ff.
[898] Vgl. zu dem terminologischen Wechsel dieser Zentralbegriffe bspw. *Schünemann*, WRP 2004, 925ff.

Die bloße Leistungsübernahme an sich kann noch nicht die Wettbewerbswidrigkeit begründen. Vielmehr müssen gerade auch nach der UWG-Novelle wegen des Grundsatzes der Nachahmungsfreiheit und dem Vorliegen ergänzenden wettbewerblichen Leistungsschutzes noch besonders anstößige Unlauterkeitsmomente hinzutreten, welche die Übernahme der fremden Leistung als wettbewerbswidrig erscheinen lassen[899].

In diesem Zusammenhang kann erneut der Fall des OLG Celle[900] angeführt werden. Das Gericht urteilte, dass die Aufnahme von Homepages, die von der Klägerin akquiriert und unter deren Domain präsentiert wurden, in ein eigenes Verzeichnis, unter dem Gesichtspunkt der unmittelbaren Leistungsübernahme unlauter sei. Der Beklagte macht sich das Arbeitsergebnis der Klägerin zu Nutze, um unter Ersparnis eigener Kosten und Aufwendungen die Leistungen der Klägerin auf den Markt zu bringen[901]. Der Inhalt der Website der Klägerin wurde als schutzwürdiges Ergebnis eigener Leistung beurteilt, welches der Beklagte übernimmt, wenn er unter seiner Domain dem Internetbenutzer unterschiedslos eigene und fremde Homepages präsentiert[902]. Dem Nutzer werde suggeriert, dass der Beklagte aufgrund eigener Leistung in der Lage sei, dieses umfassende Angebot zu unterbreiten und dass er über die geschäftlichen Kontakte zu allen von ihm in seinem Informationsdienst aufgeführten Unternehmen verfüge[903].

Dagegen wird zum Teil eingewandt, dass bei Links schon begrifflich keine Übernahme fremder Leistungsergebnisse vorliege[904]. Durch den Link werde lediglich auf die von dem Fremdanbieter zur Verfügung gestellten Dateien verwiesen. Die Dateien selbst verbleiben aber auf dem jeweiligen Server des Betreibers[905]. Zwar wird technisch gesehen der fremde Inhalt nicht übernommen. Jedoch hat hier eine umfänglichere Betrachtung stattzufinden. Wählt der Linksetzer ein Angebot einer Website aus dem WWW aus, das sein eigenes Angebot attraktiver macht, kann er hierdurch sehr

---

[899] Vgl. hierzu etwa *Baumbach/Hefermehl/Köhler*, Wettbewerbsrecht, § 4 UWG Rn. 9.40; *Harte/Henning/Ahrens*, UWG, Einl. F Rn. 207; *Harte/Henning/Sambuc*, UWG, § 4 Rn. 4 ff.

[900] OLG Celle, CR 1999, 523f. .

[901] OLG Celle, CR 1999, 523.

[902] A. A. *Wiebe*, CR 1999, 524f., der die wettbewerbliche Problematik eher über den Aspekt der Werbebehinderung sucht. Er bezweifelt in dem zugrunde liegenden Fall, dass die durch die Akquisition erlangte Attraktivität ein Arbeitsergebnis ist. Ergebnis dieser Tätigkeit sei vielmehr die Präsentation von Homepages unter ihrer Domain im Rahmen eines Webhostingvertrags sowie der Präsentation der Kunden als eigene. Die hauptsächliche Dienstleistung der Parteien liege im Angebot von Webdesign und Webhosting Leistungen. *Wiebe* wirft die Frage auf, welches Arbeitsergebnis überhaupt übernommen worden ist. Die Akquisitionstätigkeit betraf vor allem die Gewinnung von Kunden für Webhosting. Die Einstellung der Kunden in ein Link-Verzeichnis selbst verursache keinen nennenswerten Aufwand mehr.

[903] OLG Celle, CR 1999, 523f.

[904] *Dittrich*, JurPC Web.-Dok 72/2002, Abs. 1, 24, online abzurufen unter: http://jurpc.de/aufsatz/20020072.htm (Stand: April 2005).

[905] Wobei auch er dann noch eine Leistungsausbeutung annimmt, wenn zusätzlich eine Herkunftstäuschung vorliegt und der Linksetzer so seine Stellung stärkt ohne eine eigene Leistung zu erbringen. Diesbezüglich verweist er auf die Ausführungen der Irreführung, so dass eine Leistungsausbeutung ausscheiden muss, wenn augenfällig ist, dass es sich um fremde Angebote handelt.

wohl ein fremdes Arbeitsergebnis übernehmen und sich dadurch Aufwendungen ersparen. Dass die Dateien auf dem fremden Server verbleiben, kann dabei keinen Unterschied machen, da es zum Einen für den Nutzer keinen Unterschied macht und zum Anderen das Angebot des Linksetzers – unabhängig davon, wo sich die Datei befindet – vervollständigt.

Allerdings scheidet im Rahmen von normalen oder Deep Links eine Leistungsübernahme aus[906]. In diesen Fällen kann das fremde Angebot nur schlecht als eigenes ausgegeben werden, da in allen Fällen für den Nutzer ersichtlich ist, dass er sich auf einer anderen Seite befindet[907]. Wenn der Linksetzer sich aber nicht als Urheber der fremden Seiten ausgibt, fehlt es an den besonders zu missbilligenden Umständen. Er weist ja quasi auf den fremden Ersteller hin.

Eher kommt – soweit noch weitere besondere, die Unlauterkeit der Nachahmung begründende Umstände hinzutreten - eine Wettbewerbsverletzung in Form der Übernahme fremder Leistung für Frames oder Inline Links in Betracht[908]. Dadurch, dass der linkende Anbieter mittels seiner Einbindungsinstrumentarien einem fremden Inhalt sein Etikett in der Form seiner URL aufdrückt, eignet er sich das fremde Leistungsergebnis an und stellt es als eigene Leistung heraus[909]. Im Zweifel wird dieser Eingriff auch nicht durch eine Einwilligung gerechtfertigt sein. Kein Anbieter einer Website wird mit einer solchen Übernahme seiner Arbeitsergebnisse – ohne ausdrückliche Urhebernennung – einverstanden sein[910].

Ebenfalls im Rahmen der unmittelbaren Leistungsübernahme angesiedelt sind die Meteodata-Fälle, welche in Österreich für Aufmerksamkeit sorgten. Diesen Fällen lag folgender Sachverhalt zugrunde: Von verschiedenen Seiten im Internet wurden Links auf die Wetterkarte der Firma Meteodata gesetzt, wobei diese im Einzelnen unterschiedlich ausgestaltet waren. Hiergegen meinte die Firma Meteodata vorgehen zu müssen. Sie mahnte mehrere hundert Linksetzer ab und forderte sie auf, einen bestimmten Betrag für unerlaubte Nutzung von Leistungen an sie zu zahlen.

Zunächst erging eine einstweilige Verfügung des LG Steyr[911], welche dann auch von dem OLG Linz[912] bestätigt wurde. Im konkreten Fall hatte eine Baufirma Links mittels der Frametechnik auf die Wetterkarte der Firma Meteodata gesetzt. Das LG hat der beklagten Partei verboten, die Wetterkarten der neun Bundesländer Österreichs oder sonstige Wetterkarten, die auf den Websites der klagenden Partei dargestellt werden

---

906 *Baumbach/Hefermehl/Köhler*, UWG, § 4, Rn. 9.38.
907 So auch *Stadler*, Haftung für Informationen im Internet, Rn. 228.
908 *Stadler*, Haftung für Informationen im Internet, Rn. 231; *Wiebe*, in: Ernst/Vassilaki/Wiebe, hyperlinks, Rz. 98.
909 *Worm*, Die Verletzung von Urheberrechten und gewerblichen Schutzrechten durch das Setzen von Hyperlinks, Inline-Frames und Meta-Tags, S.114 m.w.Nachw.
910 *Plaß*, WRP 2000, 599, 606.
911 Vgl. *Schmidthäuser*, Entscheidungen, abzurufen unter http://www.i4j.at/entscheidungen/lg_st_58_02b.htm (Stand: April 2005).
912 Abzurufen unter http://www.i4j.at/link/link.htm (Stand: April 2005).

– ohne Zustimmung – im Rahmen ihres eigenen Auftrittes im WWW durch Verknüpfung mit einem Link zu verwenden, wenn damit nicht erkennbar sei, dass es sich um eine Verknüpfung in Form eines Links handele. Ein generelles Verbot des Linkens in Form des Framings auf die Wetterkarten von Meteodata wurde hingegen abgelehnt. Das LG Steyr sah in dem Verhalten des Beklagten eine sittenwidrige Übernahme einer fremden Leistung nach § 1 UWG a.F. Ein Nutzer könne – trotz bestehenden Hinweises auf die Urheberschaft von Meteodata – nicht erkennen, dass es sich um einen Link auf eine Website eines anderen handele. Aufgrund der Darstellung in einem Frame werde ihm das – auch nach Anklicken des Links – nicht sofort klar.

Mittlerweile wurde der Antrag auf einstweilige Verfügung vom OGH[913] abgewiesen. Eine Sittenwidrigkeit liege nicht vor, weil durch den Link nur ein vereinfachter Zugriff ermöglicht wird und darin keine Übernahme einer fremden Leistung zu sehen sei. Ebenfalls bestehe keine Herkunftstäuschung oder Rufausbeutung, da durch die konkrete Gestaltung verbunden mit dem Copyrightvermerk keine Verwechslungsgefahr gegeben sei. Die Tatsache, dass der Klägerin durch den Link möglicherweise Werbeeinnahmen entgingen, sei nur unbeabsichtigter Nebeneffekt, der für sich allein keine Wettbewerbswidrigkeit begründe. Mit dieser Entscheidung folgt auch die österreichische Rechtsprechung einer begrüßenswerten Tendenz, die sich bereits in der deutschen Paperboyentscheidung abzeichnete.

3. Ausbeutung fremden Rufs

Links können darüber hinaus gemäß § 3 UWG i.V.m. § 4 Nr. 9 UWG unlauter sein, wenn sie durch ihre Gestaltung den besonderen Ruf des Content Anbieters der verlinkten Webseite oder die Wertschätzung der Produkte in unlauterer Weise ausnutzen[914].

Bei der Fallgruppe der Ausbeutung fremden Rufs macht sich der Verletzer den guten Ruf eines Produkts für sein eigenes Erzeugnis zu Nutze. Eine Rufschädigung ist dann gegeben, wenn dabei der Ruf des fremden Produkts beeinträchtigt wird. Dies setzt denknotwendig eine Bekanntheit der Bezeichnung oder Leistung[915] sowie die Gefahr eines Imagetransfers voraus. Weiterhin müssen besondere Umstände hinzutreten – wie etwa das anstößige missbräuchliche Ausnutzen des fremden Rufs zur Förderung des eigenen Absatzes[916]. Bereits die Verlinkung auf eine andere Website vermag deren Ruf zu schädigen. Ob nunmehr ein gewisser Bekanntheitsgrad einer Marke erreicht und der erforderliche Imagetransfer erfolgt ist, bedarf einer Entscheidung im Einzelfall. Nahe liegend erscheint eine Rufausbeutung in den Fällen der „virtual malls"[917]. Hierunter versteht man Portale, auf denen viele verschiedene Unternehmen ihre Werbung bzw. Angebote schalten können. Setzt nun jemand auf eine

---

[913] Vgl. http://i4j.at/entscheidungen/ogh4_248_02b.htm (Stand: April 2005).
[914] Siehe diesbezüglich (zu UWG a.F.) auch *Sosnitza*, CR 2001, 693,704.
[915] Vgl. *Börsch*, Sind Hyperlinks rechtmäßig?, S. 195.
[916] BGHZ 126, 208, 212ff.; BGH, GRUR 1995, 57, 59 – *Nivea/Kondom*; BGH, NJW-RR 1996, 805, 806.
[917] Vgl. *Wiebe*, WRP 1999, 734, 737; *Hoeren*, WRP 1997, 993, 995.

solche Mall seinen Link und integriert dadurch die Angebote bekannter Unternehmen in sein Angebot, kann der Eindruck erweckt werden, dass der Linksetzer in Geschäftsbeziehungen zu dem Unternehmen steht, was wiederum eine Rufausbeutung darstellen kann[918].

4. Vergleichende Werbung nach § 6 UWG

Nach § 6 Abs 1 UWG wird vergleichende Werbung definiert als „*jede Werbung, die unmittelbar oder mittelbar einen Mitbewerber oder die von einem Mitbewerber angebotenen Waren oder Dienstleistungen erkennbar macht*". Vergleichende Werbung liegt beispielsweise vor, wenn der Werbetreibende auf die gewerblichen Leistungen oder persönlichen Verhältnisse eines bestimmten Mitbewerbers Bezug nimmt und dabei die Leistung des Konkurrenten herabsetzt, um den höheren Wert der eigenen Leistung darzutun[919]. Eine vergleichende Werbung kann im Rahmen des Linkrechts beispielsweise dann vorliegen, wenn gewerbliche Webseiten konkrete Produktinformationen mit werblichem Charakter enthalten und in einem Werbebanner des Mitbewerbers durch einen speziellen Link auf dieser Seite ein Produktvergleich erfolgt[920] oder wenn in einem Frame Produkte und Leistungen erscheinen, welche dem eigenen Angebot auf der Webpage gegenübergestellt werden[921]. Häufiger dagegen dürfte eine Mitstörerhaftung wegen vergleichender Werbung auf den Verweisseiten in Betracht kommen[922].

5. Trennungsgebot

Eher noch kommt ein Verstoß gegen das Trennungsgebot im Rahmen des Irreführungsverbots in Betracht. Irreführend sind Aussagen, die objektiv falsch sind oder zwar zutreffen, aber bei einer nicht unerheblichen Zahl der beteiligten Verkehrskreise eine falsche Vorstellung hervorrufen.

Vorliegend soll der Fall der versteckten redaktionellen Werbung bzw. des Trennungsgebotes näher untersucht werden. Mit Aufnahme von Regelbeispielen in § 4 UWG ist das bisher spezialgesetzlich und durch die Rechtsprechung über den Irreführungstatbestand des § 1 UWG a.F. erfasste Trennungsgebot jetzt im Regelbeispiel des § 4 Nr. 3 UWG normiert. Die Ausweitung des Trennungsgebots auf alle Formen von Werbung, unabhängig von dem hierzu verwendeten Medium, beendet auch die nach alter Rechtslage streitige Frage, ob das Trennungsgebot über den Bereich der Mediendienste hinaus auch auf andere Dienste anwendbar ist[923].

[918] Vgl. *Wiebe*, WRP 1999, 734, 737; *Hoeren*, WRP 1997, 993, 995.
[919] Vgl. *Börsch*, Sind Hyperlinks rechtmäßig?, S. 201; vgl. hierzu auch oben S.
[920] *Marwitz*, K&R 1998, 369, 371.
[921] *Moritz/Hermann*, in: Moritz/Dreier, Rechts-Handbuch E-Commerce, Kap. D, Rn. 481.
[922] Vgl. LG Frankfurt, CR 1999, 46ff.
[923] Vgl. *Hoeren*, MMR 2004, 643, 644.

Wann und wie eine Trennung von redaktionellem Teil und Werbung zu erfolgen hat, richtet sich nach dem konkreten Erscheinungsort und der Erscheinungsform der Werbung im Einzelfall[924]. Abgesehen vom Medium der Veröffentlichung, unterscheiden sich die Fallgestaltungen im Internet nicht grundlegend von denen im Offline-Bereich.

Allerdings werden im Online-Bereich – neben der wie in anderen Presserzeugnissen erfolgenden Einbindung von Werbung in redaktionelle Beiträge - durch die technischen Möglichkeiten, insbesondere durch den Einsatz von Links, Frames oder so genannter Bannerwerbung neue Möglichkeiten für die Verknüpfung zu Informationsangeboten geschaffen.

Bei Online-Medien besteht durch die Erfindung der Werbebanner, die eine Sonderform der Linktechnik darstellen, grundsätzlich eine klare Trennung zwischen Redaktion und Werbung. Der Nutzer ist mit der Praxis der Werbebanner vertraut und weiß, dass er mit dem Anklicken des Werbebanners die Webseite des Werbenden aufruft. Daher verstößt der Hyperlink nicht gegen das Trennungsgebot. Etwas anderes mag gelten, wenn das im Banner gewählte Schlagwort weitergehende fachliche Informationen zum Beitrag suggeriert, beim Aufruf der verlinkten Website auf dieser jedoch rein werbende Aussagen erfolgen[925].
Befindet sich aber im redaktionellen Text des Online-Mediums ein Hinweis auf ein Unternehmen, welcher mit einem Hyperlink versehen ist, dann ist fraglich, ob das Trennungsgebot noch eingehalten ist. Dies könnte man insofern verneinen, als der Hyperlink selbst für eine sachgerechte Information des Lesers nicht erforderlich ist[926]. Hiergegen wird eingewandt, dass zu differenzieren sei, wie das Online-Medium den Link präsentiert. Wenn der Link und das Internet-Angebot des Unternehmens mit den Inhalten des redaktionellen Berichtes in keinem Zusammenhang stehen, könnten bei dem Hyperlink werbliche Interessen im Vordergrund sein. Besteht dagegen ein enger Zusammenhang zwischen dem redaktionellen Beitrag und der Webseite des Unternehmens, dann seien auch Hyperlinks als Zitate erlaubt[927].

Ebenso kann ein Verstoß gegen das Trennungsverbot durch die Art der Website[928] oder die Darstellung der Werbebotschaften/Links beispielsweise mithilfe von Inline Links[929] oder Frames vorliegen[930]. Denn, wenn geframte Werbung auf einer redaktionell abgefassten Webpage erscheint, wird der redaktionelle mit dem werblichen Teil

---

[924] *Börsch*, Sind Hyperlinks rechtmäßig?, S. 208.
[925] So *Hoeren*, MMR 2004, 643, 646.
[926] Vgl. hierzu *Hoeren*, Rechtsfragen im Internet, S. 231, Skriptum abrufbar unter http://www.uni-muenster.de/Jura.itm/hoeren/material/Skript/skript.pdf. (Stand: April 2005).
[927] *Marwitz*, K&R 1998, 369, 371.
[928] *Börsch*, Sind Hyperlinks rechtmäßig?, S. 208, der bei Online-Publikationen, hinter denen eine Printmagazin steht, eine deutlichere Trennung der Werbung vom übrigen Inhalt fordert. Diesen Websites werde ein gesteigertes Vertrauen in die journalistische Unabhängigkeit und Neutralität entgegen gebracht.
[929] Vgl. hierzu *Hoeren*, MMR 2004, 643, 645.
[930] *Moritz/Hermann*, in: Moritz/Dreier, Rechts-Handbuch E-Commerce, Kap. D, Rn. 481.

für den Nutzer vermischt. Anders liegt die Situation nur, wenn der Nutzer auf der Webpage keinesfalls unabhängige Informationen erwarten kann. Im Einzelfall wird das Layout der Seite, auf der sich der werbende Link befindet, genauestens zu untersuchen sein, um festzustellen, wie und an welcher Stelle der jeweilige Hyperlink in den redaktionellen Teil eingegliedert ist.

6. Irreführung der Verbraucher über geschäftliche Verhältnisse

Darüber hinaus könnte für Links eine Wettbewerbswidrigkeit darin gesehen werden, dass falsche Vorstellungen über geschäftliche Verhältnisse geweckt werden und damit den Irreführungstatbestand des § 5 Abs. 2 Nr. 3 UWG (§ 3 UWG a.F.) ausgelöst würde[931]. Bei der Prüfung, ob eine Angabe über geschäftliche Verhältnisse geeignet ist, den Verkehr irrezuführen, kommt es nicht auf den objektiven Wortsinn und nicht darauf an, wie der Werbende selbst seine Aussage über die Ware oder gewerbliche Leistung verstanden haben will. Entscheidend ist die Auffassung der Verkehrskreise, an die sich die Werbung richtet[932].

Häufig wurde noch zum alten UWG in Bezug auf Hyperlinks für einen wettbewerbsrechtlichen Unterlassungsanspruch § 3 UWG a.F. angeführt, da es durch die Verlinkung der fremden Webseiten zu einer Irreführung über die geschäftlichen Verhältnisse kommen kann. Insbesondere deshalb, weil der Nutzer den Eindruck erlangt, dass die verlinkten Seiten gerade nicht von einem Dritten, sondern von dem Linksetzer selbst erstellt wurden.

Irreführend sind Angaben, wenn die Gefahr besteht, dass sie von einer nicht unerheblichen Zahl der angesprochenen Verkehrskreise falsch verstanden werden. Dies ist nicht nur dann der Fall, wenn die Angaben objektiv falsch sind, sondern auch, wenn sie objektiv richtig sind, aber die Gefahr besteht, dass sie falsch verstanden werden[933]. Wann eine „nicht unerhebliche Zahl der angesprochenen Verkehrskreise“ vorliegt, wird zwischen BGH und EuGH nicht einheitlich behandelt und ist letztlich Frage des Einzelfalls. Der EuGH bewertet die Irreführung nach dem Leitbild des mündigen, kritischen und zur Information bereiten Verbrauchers[934]. Aber auch der BGH, der lange Zeit von einem „flüchtigen Verbraucher“ ausging und ein falsches Verständnis von 10-15 % der angesprochenen Verkehrskreise ausreichen ließ, fängt langsam an, sich der Meinung des EuGH anzunähern, indem er einen situationsbedingt differenzierten Aufmerksamkeitsgrad zugrunde legt[935]. In einem Fall, in dem es um den keineswegs unsensiblen Bereich der Werbung für Kapitalanlagen ging, hat der BGH beispielsweise zum Ausdruck gebracht, dass es für das Eingreifen des Irreführungsverbots nicht genüge, wenn die beanstandete Werbung nur geeignet wäre,

---

[931] So etwa *Ernst/Vassilaki/Wiebe*, hyperlinks, Rn. 105.
[932] *Baumbach/Hefermehl/Bornkamm*, UWG, § 5, Rn. 2.65.
[933] Vgl. BGHZ 13, 244, 253; *Baumbach/Hefermehl/Bornkamm*, UWG, § 5 Rn. 2.67.
[934] Vgl. EuGH, WRP, 1991, 562, 563 – *Pall-Dahlhausen*; EuGH, WRP 1995, 677, 678 – *Mars*.
[935] BGH, NJW 2000, 517, 520 – *Orient-Teppichmuster* ; BGH, NJW 2001, 3193, 3195 – *Anwalts- und Steuerkanzlei*.

15 bis 20 % aller angesprochenen Anlageinteressen irrezuführen[936]. Man wird daher im Regelfall als Ausgangspunkt eine Quote von einem Viertel bis einem Drittel zugrunde legen können[937].

Der nunmehr explizit eingeführte Begriff der Werbung ist als jede Äußerung bei der Ausübung eines Handels, Gewerbes, Handwerks oder freien Berufs mit dem Ziel, den Absatz von Waren oder die Erbringung von Dienstleistungen, einschließlich unbeweglicher Sachen, Recht und Verpflichtungen zu fördern, zu verstehen. Der Begriff der Werbung setzt somit voraus, dass die fragliche Äußerung im Zusammenhang mit einer unternehmerischen Tätigkeit gefallen ist[938].

Im Hinblick auf Hyperlinks wird vertreten, dass dem Nutzer zwar klar sei, dass die durch den Link aufgerufene Seite von einem anderen Anbieter stamme; dem durchschnittlichen User, der mit dem Aufruf einer Website den Zweck der Informationsbeschaffung verfolgt, seien die näheren Umstände der Urheberschaft der Websites im Allgemeinen gleichgültig, so dass er auch gar nicht erst irregeführt werden kann[939]. Zwar ist gegen diese Ansicht vom Grundsatz her nichts einzuwenden, jedoch ist ihr in ihrer Pauschalisierung nicht zuzustimmen. Vielmehr gilt es – wie so häufig im Linkrecht –, nach der jeweiligen Art und Weise des Links zu differenzieren[940].

a. Surface Links

Für den verständigen Verbraucher ist im Rahmen einfacher Verlinkungen erkennbar, dass es sich um fremde Inhalte handelt. Insbesondere weil sich mit Anklicken des Links auch die Adresszeile des jeweiligen Browserfensters ändert und die neue URL des verlinkten Anbieters erscheint. Der durchschnittliche Verbraucher wird den bloßen Verweischarakter der Verlinkung erkennen und damit nicht direkt auf geschäftliche Beziehungen mit dem Seiteninhaber der Verweisseite schließen[941]. Dies bestätigte auch das OLG Jena[942], indem es urteilte, dass allein durch das schlichte Bereithalten von Links keine geschäftliche Verbindung suggeriert werde.

b. Deep Links

Wie oben gesehen können Deep Links (nach einigen Ansichten) sowohl aus Sicht der Fallgruppe der sittenwidrigen Behinderung oder der unmittelbaren Leistungsübernahme relevant werden. Dass darüber hinaus bei Deep Links auch eine Irreführ-

---

[936] BGH, GRUR 2004, 162, 163.
[937] *Baumbach/Hefermehl/Bornkamm*, § 5, Rn. 2.104.
[938] *Baumbach/Hefermehl/Bornkamm*, § 5, Rn. 2.11.
[939] *Plaß*, WRP 2000, 599, 607; *Wiebe*, WRP 1999, 734, 738; ähnlich auch OLG Düsseldorf, CR 200, 184, 186.
[940] So auch *Dittrich*, JurPC 2002, Web-Dok. 72/2002, Abs. 1, 23, online abzurufen unter: http://jurpc.de/aufsatz/20020072.htm (Stand: April 2005).
[941] *Wiebe*, WRP 1999, 734, 737.
[942] CR 2003, 520f.=JurPC Web-Dok. 207/2003, Abs. 1ff. abzurufen unter http://www.jurpc.de/rechtspr/20030207.htm (Stand: April 2005); a.A. LG noch LG Erfurt, JurPC Web-Dok. 92/2003 abzurufen unter: http://www.jurpc.de/rechtspr/20030092.htm (Stand: April 2005).

rung vorliegt, erscheint eher unwahrscheinlich[943]. Unabhängig davon, dass bei der Verwendung von Deep Links schon keine Angabe über geschäftliche Verhältnisse gemäß § 5 Abs. 2 UWG vorliegen dürfte, ist die Lage nicht anders als bei den Surface Links, wo dem Nutzer grundsätzlich bewusst wird, dass er auf eine andere Seite wechselt.

c. Frames/Inline Links

Bei der Verwendung von sogenannten Frames erfolgt – wie eingangs dargestellt – die Einbindung der fremden Dokumente dergestalt, dass die Ausgangsseite des Linksetzers nicht verlassen werden muss, sondern vielmehr die neuen Inhalte in einem extra Rahmen geöffnet werden können, sich die URL mithin auch nicht ändert. Ist nunmehr aus der Darstellung des neuen Frames nicht erkennbar, wer der Ersteller dieses Inhaltes ist, muss der Nutzer annehmen, dass dieser Inhalt von dem Linksetzer selbst stammt. Dem verständigen Verbraucher kann nicht unterstellt werden, dass er realisiert, dass die in dem Fenster geöffnete Seite einem anderen Anbieter zugeordnet werden muss.

Erst recht muss dies für Inline Links gelten, denn dort werden die fremden Dateien ja dergestalt in die Seite des „Linksetzers" eingebaut, dass gar kein Dazutun seitens des Nutzers mehr notwendig ist. Wenn das Verständnis des Nutzers fehlt, dass eine fremde Datei vorliegen könnte, dann kann durchaus eine sittenwidrige Irreführung im Sinne von § 3 UWG vorliegen[944]. Denn wenn sich dem Nutzer die Seite so wie sie ist bereits als fertig offeriert, wie sollte er überhaupt auf den Gedanken kommen, dass diese nicht komplett von derselben Person erstellt wurde oder beide Personen eben eng in geschäftlichem Kontakt stehen.

II. Zwischenergebnis

Wie die Untersuchung gezeigt hat, führen in den meisten Fällen normale Hyperlinks weder zu Urheberrechts- noch zu Wettbewerbsverletzungen. Erst durch die Verwendung von Frames oder Inline Links kann es zu Unstimmigkeiten kommen. Sei es, weil keine konkludente Einwilligung des Berechtigten anzunehmen ist oder weil in diesen Fällen eine Irreführung des Nutzers vorliegt. Es verwundert nicht, dass gerade diese beiden Linkarten immer wieder zu Problemen führen. Dies liegt schlicht und einfach darin begründet, dass bei ihnen der Wechsel zu einer anderen Seite nicht deutlich wird und insofern bei dem Nutzer ein falsches Vorstellungsbild erweckt werden kann. Letztlich bleibt auch hier nur – wie so häufig – der Verweis auf den Einzelfall, in dem eine genaue Untersuchung anhand der konkreten Merkmale einer Seite stattzufinden hat. Denn trotz der Versagung wettbewerbsrechtlichen Schutzes lässt sich bei genauerer Betrachtung der Argumente der jüngsten BGH Entscheidungen

---

[943] Vgl. auch BGH, JurPC, Web-Dok. 274/2003, Abs. 1, 53, online abzurufen unter http://www.jurpc.de/rechtspr/20030274.htm (Stand: April 2005).

[944] So auch *Moritz/Hermann*, in Moritz/Dreier, Rechts-Handbuch E-Commerce, Kap. D Rn, 472.

entnehmen, dass der Setzung von Hyperlinks in wettbewerbsrechtlicher Hinsicht kein Unbedenklichkeitsschein ausgestellt werden soll[945].

6. Teil: Die Haftung des Suchmaschinenbetreibers

A. Begriffsbestimmung

Wegen der Vielzahl der Seiten im WWW und der damit verbundenen Informationsfülle, ist es für den Nutzer schwierig, sich in dem Dschungel des Internets zurechtzufinden. Hier setzt die Notwendigkeit von Suchdiensten ein, die dem Nutzer helfen, die gesuchten Informationen möglichst schnell aufzufinden. Unter dem Begriff der „Suchdienste" wird eine Reihe von Diensten zusammengefasst, denen gemeinsam ist, dass sie das Auffinden von Informationen im Internet erleichtern, im Einzelnen allerdings auf unterschiedlichen technischen Systemen basieren. Unterscheiden muss man zwischen Suchmaschinen im engeren Sinne, Meta-Suchmaschinen, Katalogen und Verzeichnissen. Dabei stellen letztere keine echten Suchmaschinen dar. Durch redaktionell gepflegte Internet-Verzeichnisse, wie z.B. Yahoo![946] oder Web.de[947] lässt sich nicht annähernd das Spektrum erreichen, das klassische Suchmaschinen durch ihre Datenbanken für die Öffentlichkeit erschließen[948]. Bei ihnen handelt es sich lediglich um große Linksammlungen, die redaktionell gepflegt werden[949]. Da ihnen eine gezielte Auswahl der Inhalte zugrunde liegt, sind sie rechtlich ähnlich zu betrachten wie diejenigen Anbieter, die einen Hyperlink in ihre Seite setzen.

Aber auch die Funktionsweise der klassischen Suchmaschinen variiert von Fall zu Fall. Daher würde es den Rahmen dieser Arbeit sprengen, sie in jeder Spielart darzustellen. Im Folgenden soll daher nur kurz ein Einblick in die Funktionsweise des Suchverlaufs einer klassischen Suchmaschine (Suchmaschine im engeren Sinne) gegeben werden[950]. Beispiele für solche typischen Suchmaschinen sind Google[951] oder Fireball[952]

Um den jeweiligen Suchvorgang zu starten, muss der Nutzer zunächst ein bestimmtes oder mehrere verknüpfte Suchbegriffe in die Suchmaschine eingeben. Nach Eingabe und Betätigung der Suchfunktion wird ihm eine Auflistung von Links (in der Regel Deep Links) angezeigt, die jeweils auf eine Verweisseite zu dem in Frage stehenden Thema führen. Ergänzend findet man zumeist eine kurze Beschreibung der

---

[945] *Hoeren*, GRUR 2004, 1, 2.
[946] Abzurufen unter http://www.yahoo.de (Stand: April 2005).
[947] Abzurufen unter http://www.web.de (Stand: April 2005).
[948] *Rössel*, CR 2003, 349, 349.
[949] *Koch*, K&R 2002, 120, 121.
[950] Vgl. hierzu auch *Eichler/Helmers/Schneider*, K&R 1997, 23, 24 als Supplement zu der Zeitschrift BB 1997; ausführlich zur Technik der Suchmaschinen auch demnächst *Rath*, Das Recht der Internet-Suchmaschinen, S. 55ff.
[951] Abzurufen unter http://www.google.de (Stand: April 2005).
[952] Abzurufen unter http://www.fireball.de (Stand: April 2005).

Seite, die aus den Meta-Informationen der Zielseite entnommen wurde, welche sich im nichtsichtbaren Teil des Quelltextes befinden[953]. Die Auswahl der jeweiligen Links findet hinter den Kulissen statt. Sie erfolgt, wie beschrieben, automatisch durch eine spezielle Suchsoftware, sog. Robots, Crawler oder Spider, welche das WWW auf passende Links untersuchen. Die gefundenen Seiten werden dann inhaltlich erfasst und an die Indizierungssoftware weitergegeben, die die Daten strukturiert und in die Datenbank der Suchmaschine aufnimmt[954]. Maßgeblich zur Funktionsfähigkeit der jeweiligen Suchsoftware tragen sogenannte Meta-Tags[955] bei. Hierunter versteht man die einleitenden Kommentarzeilen der HTML-Codierung einer Homepage[956], die für den Nutzer zwar nicht sichtbar sind, jedoch im jeweiligen Code einer Webseite gespeichert werden. Wird ein bestimmter Begriff angefragt, sucht die Maschine durch ihre Suchsoftware in den Websites der Anbieter nach den passenden Begriffen, insbesondere in den für den Leser unsichtbaren Meta-Tags und nimmt diese in die Linkliste auf[957]. Darüber hinaus werden die Informationen auch in der Datenbank abgelegt[958]. Bei einer späteren Anfrage in der Suchmaschine wird dann zumeist nur noch in der Datenbank selbst gesucht. Der Nutzer einer Suchmaschine sucht damit nur in diesem Datenbestand des Suchmaschinenbetreibers und keineswegs in Echtzeit im World Wide Web; da dies zu lange dauern würde[959]. Um ein möglichst aktuelles Ergebnis zu gewährleisten, sind die jeweiligen Elemente der Suchsoftware ständig damit beschäftigt, das Netz auf neue Seiten zu scannen, um diese dann in der eigenen Datenbank abzulegen.

Innerhalb der Gruppe der Suchmaschinen gibt es solche, die in ihrer Auswahl auf bestimmte Themengebiete spezialisiert sind. Der Betreiber nimmt entweder eine Vorauswahl der Seiten vor oder stellt über eine Analyse der gefundenen Dokumente sicher, dass nur bestimmte Seiten in die Datenbank gelangen[960]. Anders wiederum arbeiten Meta-Suchmaschinen wie beispielsweise MetaGer[961] oder MetaCrawler[962]. Sie zeichnen sich dadurch aus, dass sie über keinen eigenen Datenbestand verfügen, sondern an sie gestellte Anfragen an eine große Zahl von Suchmaschinen weiterleiten und deren Ergebnisse dann aufbereiten[963].

---

[953] *Stadler,* Haftung für Informationen im Internet, Rn. 233.
[954] *Stadler,* Haftung für Informationen im Internet, Rn. 233 mit weiteren Nachweisen.
[955] Zu Meta-Tags und deren rechtlicher Beurteilung vgl. auch *Kotthoff,* K&R 1999, 157 f; *Moritz/Hermann,* in: Moritz/Dreier, Rechtshandbuch zum E-CommerceR, Kap. D, Rn. 482ff.
[956] *Hoeren,* MMR 1999, 649, 649.
[957] Vgl. auch *Kochinke/Tröndle,* CR 1999, 190, 192.
[958] Vgl. *Koch,* K&R 2002, 120, 120.
[959] *Heydn,* NJW 2004, 1361, 1362.
[960] *Koch,* K&R 2002, 120, 121.
[961] Abzurufen unter http://www.metager.de (Stand: April 2005).
[962] Abzurufen unter http://www.metacrawler.com (Stand: April 2005).
[963] *Koch,* K&R 2002, 120, 121.

B. Einordnung von Suchmaschinen im Rahmen des TDG/MDStV

Im Hinblick auf die Einordnung in das System des § 5 Abs. 1-3 TDG/MDStV a.F. wurden ähnliche Ansichten vertreten wie für die klassischen Links. Dies lag unter anderem daran, dass – wie oben beschrieben – das Ergebnis solcher Suchvorgänge eine Liste von Links umfasst. So wurden Suchmaschinen von den einen[964] unter § 5 Abs. 2 TDG/MDStV a.F., von den anderen[965] unter § 5 Abs. 3 TDG/MDStV a.F. gefasst. Auszunehmen von dem Gleichlauf zu herkömmlichen Links war allerdings die Einordnung unter Absatz 1. Diesbezüglich gab es keine Ansicht, die Suchmaschinenverweise als eigene Inhalte einordnete. Dies erscheint auch nur konsequent, da bei Suchmaschinen, die für jedermann offensichtlich eine Auswahl an Treffern zusammenstellen, nie von „zu Eigen gemachten" Inhalten auszugehen sein dürfte.

Im Gegensatz zu der für Hyperlinks vertretenen Einordnung zwischen § 5 Abs. 1, 2 TDG/MDStV a.F., sprach im Falle von Suchmaschinen durchaus vieles dafür, diese unter Abs. 3 zu fassen. Hier versagte das Argument der inhaltlichen Komponente, welches der Hyperlinksetzer besitzt. Bei Suchmaschinen werden die Links automatisch, mittels einer speziellen Software, erzeugt, so dass es in den Fällen der klassischen Suchmaschine gerechtfertigt erschien, die Haftungsprivilegierung des § 5 Abs. 3 TDG/MDStV a.F. anzuwenden[966].

Folgerichtig müsste man nach der Gesetzesänderung nunmehr auch § 9 Abs. 1 TDG/ 7 MDStV n. F. anwenden. Zwar werden auch Suchmaschinen explizit weder von der Richtlinie noch vom TDG/MDStV erfasst, sondern vielmehr in die Evaluierungsvorschrift des Art. 21 Abs. 2 ECRL mitaufgenommen. Da die Richtlinie jedoch von einer Vollharmonisierung Abstand genommen hat, stünde dies einer Anwendung auf Suchmaschinen nicht entgegen. In Österreich wurden Suchmaschinen – ähnlich wie Hyperlinks – ausdrücklich in § 14 ECG geregelt. Dort ist normiert, „*dass ein Diensteanbieter, der Nutzern eine Suchmaschine oder andere elektronische Hilfsmittel zur Suche nach fremden Informationen bereitstellt, für die abgefragten Informationen nicht verantwortlich ist, sofern er (1) die Übermittlung der abgefragten Informationen nicht veranlasst, (2) den Empfänger der abgefragten Informationen nicht auswählt und (3) die abgefragten Informationen weder auswählt noch verändert*".

---

[964] Vgl. *Klein/Leistner*, CR 2001, 196, 196; *v. Lackum*, MMR 1999, 697, 700 m. w. Nachweisen, der eine Einordnung unter Abs. 3 deshalb ausschloss, da sich durch den Einsatz von Spidern keine andere Bewertung ergeben könne. Auch diese arbeiten nur aufgrund einer durch die Suchmaschinenbetreiber vorgenommene Programmierung. Aufgrund der Möglichkeit zur Einflussnahme auf die gelinkten Inhalte stehe die Tätigkeit von Suchmaschinen einer TK-Dienstleistung nicht gleich. Aufgrund der technisch leicht möglichen Löschung und Sperrung einzelner Daten beherrschen die Suchmaschinenbetreiber die verwiesenen Daten, und lassen sich insofern unter Abs. 2 einordnen.

[965] *Koch*, CR 1997, 193, 199; *Bleisteiner*, Rechtliche Verantwortung im Internet, S. 173; *Freytag*, in: Moritz/Deier, Rechts-Handbuch E-Commerce, Kap. D, Rn. 132.

[966] So auch *Wiebe*, in: Ernst/Vassilaki/Wiebe, hyperlinks, Rz. 79; *Freytag*, in: Moritz/Dreier, Rechts-Handbuch zum E-Commerce, Kap. D, Rn. 132.

Da eine solche Regelung in Deutschland nicht existiert, muss erneut geprüft werden, ob im Gegensatz zu Hyperlinks für Suchmaschinen eine Vereinbarkeit mit dem geltenden Recht möglich ist. Hier könnte deshalb etwas anderes gelten, weil ihre automatische Funktionsweise der dem TDG/MDStV innewohnenden technischen Komponente näher liegt als die inhaltlich geprägten Hyperlinks. Im Gegensatz zum bewussten Setzen eines Hyperlinks tritt die menschlich gesteuerte Auswahl von Verweisungen in den Hintergrund und wird durch ein automatisiertes Verfahren ersetzt[967].

Auf den ersten Blick übermitteln Suchmaschinen die vom Nutzer eingegebenen Informationen in einem Kommunikationsnetz[968]. Genauer betrachtet fehlt es aber auch hier an der rein technischen Übermittlung im Sinne einer Durchleitung[969]. Denn der Nutzer muss die ausgeworfenen Links erst anklicken, um zu den gewünschten Informationen zu gelangen. Etwas anderes könnte dann gelten, wenn dem Nutzer neben der URL auch Teile der Website angezeigt werden[970]. Letztlich muss eine Anwendung der Norm aber mit ihrem Sinn und Zweck, reine Access Provider zu privilegieren, versagt werden. Die diesen Dienstleistern innewohnende Neutralität zu den Inhalten sowie die wegen des kurzen Speicherzeitraums unmögliche Kontrolle lässt sich nicht auf Suchmaschinen übertragen[971].

Auch eine Anwendung von § 11 TDG/9 MDStV scheidet für Suchmaschinen aus[972]. Diese speichern zwar die Webseiten für ihre Zwecke, aber eben nicht im Auftrag des Nutzers. Mit dem Wortsinn der Norm kann von dem Begriff des Nutzers i.S.d. § 11 TDG/9 MDStV zwar auch der „Nutzer" der Suchmaschine erfasst werden, in dessen Auftrag die Speicherung erfolgt sein müsste[973]. Eine derart qualifizierte Beziehung zwischen dem Suchmaschinenbetreiber und dem Inhalteanbieter, die über

---

967 *Sieber*, Verantwortlichkeit im Internet, Rn. 332f.

968 Dafür *Koch*, K&R 2002, 120, 123; nach dem auch die Negativabgrenzungen des § 9 Abs. 1 S. 2 Nr. 2, 3 TDG/ 7 MDStV nicht greifen, die Inhalte also nicht ausgewählt oder die Übermittlung veranlasst worden sein. Bei Suchmaschinen handelt es sich um WWW-Angebote, die das http zur Übertragung nutzen. Die Datenübertragung auf Grund dieses Protokolls vollzieht sich derart, dass zunächst ein Programm des Nutzers an den fremden Server einen Request sendet, auf den dieser dann mit Daten (dem Suchergebnis) antwortet. Da die Übermittlung somit immer vom User ausgeht, wird diese – wie beim klassischen Hyperlink – nicht von der Suchmaschine „veranlasst". Auch wählt der Betreiber – zumindest bei den klassischen Suchmaschinen – die Adressaten nicht aus oder verändert gar die Informationen im Sinne von § 9 Abs. 1 Nr. 3 TDG. Aufgrund der vollautomatischen Arbeitsweise der Suchmaschinen wird eben keine individuelle Auswahl getroffen. Vom Wortlaut der Norm ausgehend könnte für Suchmaschinen eine Anwendung mit § 9 TDG vereinbar sein. Schlussendlich wird aber auch von ihm eine Anwendung von § 9 TDG anhand einer teleologischen Reduktion verneint.

969 Vgl. auch *Stadler*, Haftung für Informationen im Internet, Rn. 239.

970 *Wiebe*, in: Ernst/Vassilaki/Wiebe, hyperlinks, Rz. 139.

971 Vgl. dann auch *Koch*, K&R 2002, 120, 125; ebenfalls eine Anwendbarkeit von 9 TDG verneinend *Hoeren*, Rechtsfragen im Internet, S. 371, Skriptum abrufbar unter: http://www.uni-muenster.de/Jura.itm/hoeren/material/Skript/skript.pdf (Stand: April 2005), der allerdings eine analoge Anwendung von 10 TDG für denkbar hält.

972 Vgl. *Koch*, K&R 2002, 120, 123, *Spindler*, NJW 2002, 921, 924.

973 Bereits die Überschrift „Hosting" in der E-Commerce-Richtlinie deute an, dass „Nutzer" derjenige ist, in dessen Auftrag die Speicherung erfolgt

den technischen Vorgang des Indizierens hinausgeht, besteht allerdings nicht[974]. Der Suchmaschinenbetreiber hält die Inhalte aus eigener Initiative vor, um dem Nutzer später ein Informationsangebot zu bieten[975]. Da somit auch für Suchmaschinen eine Anwendung des TDG ausscheidet, kommen die allgemeinen Haftungsregeln zur Geltung[976].

C. Allgemeine Haftung des Suchmaschinenbetreibers

Wenn die in der Suchmaschine ausgeworfenen Links auf rechtswidrige Verweisseiten führen, stellt sich die Frage der Haftung aufs Neue. Dabei ist ähnlich wie bei Hyperlinks zwischen einer aktiven Linksetzung und der unterlassenen Prüfung des Suchmaschinenbetreibers sowie der verschuldensabhängigen und verschuldensunabhängigen Haftung zu unterscheiden.

I. Verschuldensabhängige Inanspruchnahme

1. Bereitstellen der Suchmaschine als Anknüpfungspunkt für verantwortliches Handeln

Für Verzeichnisse, die manuell erstellt werden, gelten die Grundsätze zur Problematik der Hyperlinks, so dass auf die vorherigen Ausführungen verwiesen werden kann.

Schwieriger gestaltet sich hingegen die Lage bei klassischen Suchmaschinen. Ob auch für diese eine aktive Verantwortlichkeit angenommen werden kann, lässt sich nicht ohne weiteres beantworten. Zum Teil wird eingewandt, dass eine Verschuldenshaftung bzw. Strafbarkeit des Betreibers von Suchmaschinen bereits daran scheitert, dass eine willentliche Handlung des Suchmaschinenbetreibers nicht vorliegt[977]. Dies mag im ersten Moment logisch erscheinen, da der Suchmaschinenbetreiber eben nicht durch Einstellen der Links handelt, sondern „nur" einen Automatismus zur Verfügung stellt. Die einzelnen Verweisseiten werden erst durch die sog. Robots, Crawler oder Spider ausgewählt. Diese Sichtweise kann jedoch im Ergebnis nicht richtig sein. Sonst besäßen die Betreiber automatischer generierer Mechanismen einen Freibrief, auf rechtswidrige Inhalte zu verweisen. Um dennoch eine Verantwortlichkeit zu begründen, muss daher eine Vorverlagerung der willentlich gesteuerten Handlung erfolgen. Die kausale Mitwirkungshandlung des Suchmaschinenbetreibers ist bereits in der willentlichen Bereitstellung der technisch-organisatorischen Grundlagen eines Suchmechanismus zu sehen.

Ähnlich wie bei Hyperlinks, wo für den strafrechtlichen Täterbegriff zwischen den Verbreitungs-, den Äußerungs- und den übrigen Delikten differenziert wurde, muss dies auch für den Suchmaschinenbetreiber gelten. Dadurch, dass Suchmaschinen

---

[974] *Koch*, K&R 2002, 120, 123.
[975] Vgl. auch *Wiebe*, in: Ernst/Vassilaki/Wiebe, hyperlinks, Rz. 141.
[976] Demnächst in *Rath*, Das Recht der Internet-Suchmaschinen, S. 245ff.
[977] So *Stadler*, Haftung von Informationen im Internet, Rn. 245.

Links erzeugen, durch deren Anklicken die Nutzer Kenntnis von Seiten mit unzulässigen Inhalten erlangen, macht der Suchmaschinenbetreiber die strafbaren Inhalte anderen Personen zugänglich, so dass der Tatbestand der Verbreitungsdelikte erfüllt ist[978]. Diesen Geschehensablauf hat der Suchmaschinenbetreiber auch im Sinne der strafrechtlichen Tatherrschaftslehre in der Hand, denn, wenn er bestimmte Dokumente nicht in seine Datenbank aufnimmt, wäre der Tatbestand des Verbreitens bzw. Zugänglichmachens nicht mehr möglich[979].

Bei allen anderen Deliktarten ist zunächst an eine Gehilfenhandlung anzuknüpfen. Eine Hilfeleistung lässt sich ohne weiteres herleiten. Nicht nur, dass dem Nutzer im konkreten Fall eine Hilfe bei der Suche gewährt wird; der einzige Zweck der Suchmaschine besteht darin, dem Nutzer den Weg zu weisen und für ihn interessante Seiten aufzufinden.

Die aus dem Linkrecht bekannten Anknüpfungen an ein „zu Eigen machen" werden für Suchmaschinen nicht relevant, da eine solche Konstellation in diesen Fällen üblicherweise nicht vorliegt. Durch den automatischen Mechanismus des Suchvorgangs und das Auswerfen einer Vielzahl von Links, sind die das „zu Eigen machen" kennzeichnenden Merkmale nicht einschlägig.

Allerdings dürfte eine Inanspruchnahme des Suchmaschinenbetreibers als Gehilfe zumeist am Vorsatzelement scheitern[980]. In den Fällen automatisch agierender Suchmaschinen ist die Wahrscheinlichkeit gering, dass der Suchmaschinenbetreiber den Inhalt der konkreten Seite kennt. Wie eingangs beschrieben, wird das Internet ständig von sogenannten „Spidern" durchsucht, die dann die entsprechenden Seiten in ihre Datenbank aufnehmen. Von diesen Inhalten hat der Betreiber der Suchmaschine im Einzelfall keine Kenntnis, so dass ihm auch kein Vorsatz unterstellt werden kann. Das Wissen um die bloße Möglichkeit unzulässiger Seiten reicht für die Annahme eines vorsätzlichen Verbreitungsdeliktes nicht aus[981]. Die Anknüpfung an ein fahrlässiges Verhalten des Suchmaschinenbetreibers scheidet darüber hinaus aus, weil für den Suchmaschinenbetreiber als Gehilfen nur vorsätzliches Verhalten relevant wird[982]. Im Ergebnis dürfte daher eine Inanspruchnahme des Suchmaschinenbetreibers als Gehilfe eher zu versagen sein.

Etwas anderes ergibt sich lediglich bei Verzeichnissen, denn dort wird der jeweilige Inhalt gezielt ausgesucht. Im Zweifel stellt auch die bei sogenannten Suchkatalogen bestehende, manuell erstellte Kurzzusammenfassung oder die Zuordnung eines Inhalts, die ja anhand einer Bewertung stattzufinden hat, ein Indiz für die Kenntnis des

---

[978] Vgl. *v. Lackum*, MMR 1999, 697, 702.
[979] Vgl. *v. Lackum*, MMR 1999, 697, 702.
[980] So auch *Ernst*, NJW-CoR 1997, 224, 228.
[981] A.A. *v. Lackum*, MMR 1999, 697, 702.
[982] In den Fällen, in denen ausnahmsweise eine Täterschaft in Betracht kommt, handelt es sich um strafrechtliche Verbreitungsdelikte, die ebenfalls nur vorsätzlich begangen werden können.

jeweiligen Bearbeiters dar. Diese Kenntnis wird dann – zumindest im Zivilrecht – dem jeweiligen Suchmaschinenbetreiber zugerechnet[983].

2. Inanspruchnahme bei nachträglicher Änderung der Verweisseite

Bei nachträglicher Änderung der Verweisseite liegt der Schwerpunkt des vorwerfbaren Verhaltens auf einem Unterlassen. Dabei kann man bei Suchmaschinen nur dann von einer nachträglichen Veränderung sprechen, wenn die Verweisseite bereits in dem eigenen Datenfundus vorgehalten wird und sich dann ändert. Denn in allen anderen Fällen kann es denknotwendig nicht zu einer nachträglichen Änderung kommen, da die jeweiligen Seiten erst durch Eingabe des Nutzers ausgesucht und eben nicht wie bei Links vorgehalten werden.

Will man dennoch in einigen Fällen an eine Verantwortlichkeit wegen unterlassener Prüfung und Kontrolle anknüpfen, muss eine Zurechnung über die Verkehrs- bzw. Garantenpflichten erfolgen. Wie bei dem Linksetzer, scheidet eine Zurechnung über die Figur der Ingerenz auch für den Suchmaschinenbetreiber mangels pflichtwidrigem Vorverhalten aus. Die ausgeworfene Auflistung erfolgt automatisch und kann per se nicht als pflichtwidrig eingestuft werden. Sie stellt vielmehr ein wünschenswertes, der Allgemeinheit dienendes Verhalten dar.

Hingegen lässt sich eine Verkehrs-/Garantenpflicht aus der Beherrschung über eine Gefahrenquelle herleiten. Grundsätzlich stellen Suchmaschinen eine Gefahrenquelle dar. Durch sie können rechtswidrige Verweisseiten an eine Vielzahl von Nutzern weitergetragen werden. Die Gefahr spiegelt sich dabei gerade in der gesteigerten Verbreitung der Inhalte wieder. Viele Seiten werden erst durch die Hilfe von Suchmaschinen aufgefunden. Denn derjenige, der sich einer Suchmaschine bedient, kennt üblicherweise nicht die URL der jeweiligen Seiten. Als gefährlich erweist sich dabei vor allem der Automatismus einer solchen Einrichtung. Durch das automatische Auffinden und Einstellen der fremden Seiten hat der Suchmaschinenbetreiber keine Kenntnis, was im Rahmen des jeweiligen Suchvorgangs vor sich geht. Dieser, einerseits sicherlich die Verkehrspflichten beschränkende Aspekt, birgt auf der anderen Seite auch eine erhöhte Gefahr in sich. Zwar spricht der hohe soziale Nutzen der Einrichtung gegen eine unrechtmäßige Erweiterung des sozial adäquat zustehenden Verhaltenspielraums. Jedoch kann dies auch auf der Ebene der Ausgestaltung der Verkehrs-/Garantenpflichten berücksichtigt werden. Trotz des erheblichen Nutzens von Suchmaschinen besteht daher im Hinblick auf das Weiterverbreiten rechtswidrigen Materials eine von dem Suchmaschinenbetreiber beherrschte Gefahr.

Lässt sich somit eine Verkehrs-/Garantenpflicht bejahen, besteht folgerichtig auch eine Pflicht zur Prüfung und Kontrolle der jeweiligen Verweisinhalte. Wie diese Pflichten auszugestalten sind, muss im Einzelfall geprüft werden. Da aber bereits bei manuell gesetzten Hyperlinks eine Prüfungspflicht auf evidente Rechtsverstöße be-

[983] Vgl. *v. Lackum*, MMR 1999, 697, 701.

schränkt ist, muss diese Vorgabe erst recht bei Suchmaschinen gelten. Bei der Fülle der verwiesenen Seiten, die durch eine Suchmaschine offeriert werden, würde es jegliche Zumutbarkeitsgrenze sprengen, eine genaue Überprüfung jeder Verweisseite vorzunehmen. Die Möglichkeit einer automatischen Überprüfung der jeweils ausgeworfenen Seiten dürfte zum jetzigen Zeitpunkt technisch nur schwer erreichbar sein. Insbesondere scheidet eine Ausfilterung bestimmter Schlüsselbegriffe in diesem Zusammenhang aus, da es nur selten Schlüsselbegriffe gibt, welche ausschließlich auf rechtswidrige Inhalte verweisen. So können beispielsweise die Begrifflichkeiten „sex" oder „abuse" sicherlich auf rechtswidrige Inhalte aber auch auf ein Diskussionsforum von missbrauchten Frauen verweisen[984].

Die Gerichte[985] beschäftigten sich im Rahmen der Mitstörerhaftung mit der Frage der Prüfungspflichten der Suchmaschinenbetreiber, welche dort als einschränkendes Kriterium für die sonst ausufernde Inanspruchnahme der Mitstörer herangezogen werden. Zwar ist der Ansatzpunkt ein anderer, die Wertungen lassen sich aber durchaus auf die Verkehrs-/Garantenpflichten übertragen. Das LG Frankfurt[986] lehnte beispielsweise eine Prüfungspflicht wegen Unzumutbarkeit ab. Ausschlaggebend hierfür war vor allem das große Allgemeininteresse an der Leistungsfähigkeit einer solchen Sucheinrichtung. Die Leistung, die Suchmaschinen erbringen, liege im Sinne jedes Nutzers, der ein erhebliches Interesse daran haben dürfte, dass die Funktionalität des Suchvorgangs nicht durch erhöhte Prüfungspflichten beeinträchtigt wird. Die Zahl der Internet-Domains „explodiere". Bei diesen Rahmenbedingungen komme den Suchmaschinen als Navigationshilfen eine Schlüsselfunktion für das Funktionieren des Internets zu. Es bestehe deshalb ein Allgemeininteresse daran, die Leistungsfähigkeit dieser „de facto" netznotwendigen Einrichtung zu erhalten. Bei Annahme einer umfänglichen Prüfungspflicht wäre die Funktion dieser Einrichtung jedoch wesentlich beeinträchtigt und die Datenverarbeitung würde stark verlangsamt[987]. Allerdings wird umgekehrt nicht ausgeschlossen, dass es durchaus auch andere Fälle geben kann, in denen das Allgemeininteresse an der Leistungsfähigkeit von Einrichtungen wie Suchmaschinen zurückzutreten hat und auch der Suchmaschinenbetreiber zur Verhinderung und Beseitigung von Missständen aufgerufen ist[988]. Ob vor diesem Hintergrund eine Prüfungspflicht des Suchmaschinenbetreibers tatsächlich ganz ausgeschlossen oder auf grobe Gesetzesverstöße beschränkt sein soll, wird daher im Einzelfall zu beurteilen sein.

Letzteres nahm beispielsweise das LG München in seiner Entscheidung an und ging davon aus, dass eine Prüfungspflicht für Suchmaschinen bei offenkundigen kennzei-

---

[984] Vgl. *Sieber*, JZ 1996, 429, 432.
[985] LG Frankfurt a.M., NJW–RR 2002, 545, 546; LG München I, CR 2001, 46, 47.
[986] Vgl. LG Frankfurt a.M., NJW-RR 2002, 545, 546. Das Gericht verneinte in diesem Fall eine Mitstörereigenschaft des Suchmaschinenbetreibers mangels Zumutbarkeit einer Prüfungspflicht
[987] Offen lässt dagegen das Gericht eine Prüfungspflicht für sehr krasse Fälle, wenn das Allgemeininteresse an der Leistungsfähigkeit von Suchmaschinen zurückzutreten hat. Dies sei zum Beispiel bei Kinderpornografie und/oder erkennbarer Fälle organisierter Computerkriminalität der Fall.
[988] LG Frankfurt a.M., NJW-RR 2002, 545, 546.

chenrechtlichen Verletzungshandlungen, die sich jedermann ohne genauere Kenntnisse des Markenrechts aufdrängen, anzunehmen sei[989]. Diese Auffassung erscheint interessengerecht, da man dem Suchmaschinenbetreiber – trotz der großen Bedeutung, die Suchmaschinen zukommt – eine Überprüfung der Verweisseiten auf evidente Rechtsverstöße abverlangen kann. Ein gänzlicher Haftungsausschluss, wie er durch das österreichische Recht geregelt wurde, erscheint zwar wünschenswert, lässt sich aber allein mit den allgemeinen Haftungsregeln nicht herleiten. Ein solcher könnte lediglich durch eine gesetzliche Regelung getroffen werden.

Anders stellt sich hingegen die Frage nach der Kenntnis der Inhalte, also der Kontrollpflicht. Denn gerade für Suchmaschinenbetreiber ist es – bei der Vielzahl der Verweisungen – trotz der auch hier theoretisch bestehenden technischen Möglichkeiten[990] in keinem Fall zumutbar, mehr als eine Kontrolle bei Anhaltspunkten zu verlangen. Diese Überlegungen erscheinen auch im Hinblick auf den allgemein hinter einer Haftungsprivilegierung der Provider stehenden Grund – der Unmöglichkeit einer intensiven Kontrolle und Beherrschbarkeit – nahe zu liegen. Wegen der besonderen Bedeutung, die Suchmaschinen zukommt, erscheint es vielmehr sogar gerechtfertigt, eine aktive Kontrollpflicht im Hinblick auf die Verantwortlichkeit grundsätzlich abzulehnen und eine Verantwortlichkeit auf die positive Kenntnis zu beschränken[991]. Eine Aufbürdung von aktiven Kontrollen würde das System der Suchmaschinen lahm legen und somit eine der wichtigsten Verbindungsglieder im Netz zweckentfremden[992]. Zwar dürfte die positive Kenntnis des Suchmaschinenbetreibers in der Praxis schwierig nachzuweisen sein, da der Betreiber einer automatisch agierenden Suchmaschine nicht zwangsläufig mit den Inhalten in Berührung kommt. Davon können jedoch die jeweiligen Verantwortlichkeitsanforderungen nicht abhängig gemacht werden. Die technischen Gegebenheiten (im Gegensatz zu einer manuell erstellten Linksammlung) machen deutlich, dass eine Verantwortlichkeit auf die positive Kenntnis beschränkt werden muss, wobei unter Kenntnis nicht auf die Registrierung der Information durch den Diensteanbieter, sondern auf die menschliche Kenntnis abzustellen ist[993].

---

[989] LG München I, CR 2001, 46, 47.
[990] *V. Lackum,* MMR, 1999, 697, 701.
[991] Vgl. auch *Köster/Jürgens*, MMR 2002, 420, 424, die eine Nachforschungspflicht des Suchmaschinenbetreibers ablehnen.
[992] Von den Gerichten wurde eine Prüfungspflicht im Hinblick auf die Störerhaftung verneint. Dort wurde eine solche, als Voraussetzung der wettbewerbrechtlichen Mitstörerhaftung, wegen Unzumutbarkeit abgelehnt (vgl. LG Frankfurt a.M, NJW-RR 2002, 545, 546). Das Gericht wies vor allem auf das große Allgemeininteresse an der Leistungsfähigkeit dieser „de facto" netznotwendigen Einrichtungen. Andererseits schließt das LG Frankfurt nicht aus, dass es andere Fälle geben kann, in denen das Allgemeininteresse an der Leistungsfähigkeit von Einrichtungen wie Suchmaschinen zurückzutreten hat und auch der Suchmaschinenbetreiber zur Verhinderung und Beseitigung von Missständen aufgerufen ist (LG Frankfurt a.M., NJW-RR 2002, 545, 546). Ebenso geht das LG München davon aus, dass eine Prüfungspflicht für Suchmaschinen nur bei offenkundigen kennzeichenrechtlichen Verletzungshandlungen, die sich jedermann ohne genauere Kenntnisse des Markenrechts aufdrängen, anzunehmen sei (LG München I, CR 2001, 46, 47).
[993] So für die Kontrollpflichten von Internetauktionshäusern *Meyer*, NJW 2004, 3151, 3152.

Im Ergebnis bedeutet dies, dass der Suchmaschinenbetreiber keine aktiven Kontrollen durchführen muss. Auf diese Art und Weise wird ein Ausgleich zwischen der zwar nach wie vor gefährlichen Verbreitungswirkung und dem vorhandenen Automatismus gefunden[994]. Bei Kenntnis der Inhalte wird dann allerdings eine Prüfungspflicht auf offensichtliche Rechtsverstöße verlangt werden können. Wenn also ein ausführlicher und hinreichend konkreter Hinweis auf eine rechtswidrige Seite erfolgt, hat eine Prüfung der Rechtswidrigkeit der Inhalte stattzufinden und im Zweifelsfall eine Entfernung aus dem eigenen Index zu folgen.

Letztlich wird eine Inanspruchnahme aber auch hier an der subjektiven Seite des Tatbestandes scheitern. Vermögen die Verkehrs-/Garantenpflicht noch die Zurechnung eines Unterlassens zu begründen, so fordert die Inanspruchnahme des Suchmaschinenbetreibers auch noch die Erfüllung des übrigen Tatbestandes. Insofern kann auf die obigen Ausführungen verwiesen werden, da auch hier ein vorsätzliches Verhalten des Suchmaschinenbetreibers eher selten nachzuweisen sein wird[995].

II. Verschuldensunabhängige Störerhaftung

Dürfte die verschuldensabhängige Haftung zumeist am Erfordernis eines Verschuldens ausscheiden, kommt die Inanspruchnahme im Rahmen der Störerhaftung eher in Betracht. Wie gesehen, haftet als (Mit-)störer grundsätzlich und unabhängig von Art und Umfang seines eigenen Tatbeitrages jeder, der in irgendeiner Weise willentlich und adäquat kausal an der Herbeiführung der rechtswidrigen Beeinträchtigung mitgewirkt hat, wobei als Mitwirkung auch die Unterstützung oder Ausnutzung der Handlung eines eigenverantwortlich handelnden Dritten ausreicht, sofern der in Anspruch Genommene die rechtliche Möglichkeit zur Verhinderung dieser Handlung hatte[996]. Da es ausreichend ist, wenn die Mitwirkung in der Veranlassung, Förderung oder Ausnutzung des handelnden Dritten liegt, lassen sich die Suchmaschinenbetreiber als Störer bzw. Mitstörer qualifizieren. Durch die Aufstellung der Links wird dem Nutzer der Weg zu der rechtswidrigen Seite geebnet und diese dadurch stark verbreitet.

Allerdings muss auch hier das einschränkende Merkmal der Prüfungspflicht als Korrektiv Beachtung finden. Im Rahmen der Verkehrs-/Garantenpflichten wurde bereits klargestellt, dass wegen der erheblichen Effektivitätseinbusse, die Suchmaschinen

---

[994] Vgl. auch *v. Lackum,* MMR 1999, 697, 701.

[995] Der Vorwurf der Fahrlässigkeit kommt für den Suchmaschinenbetreiber nicht in Betracht, da dieser primär als Gehilfe – und damit nur vorsätzlich – in Anspruch genommen werden kann.

[996] Ständige Rechtsprechung: BGH, GRUR 1955, 97, 99 f. – *Constanze II*; BGH, GRUR 57, 352, 353 – *Pertussin II*; BGH, GRUR 1976, 257, 258 – *Rechenscheibe*; BGH, GRUR 1988, 829, 830 – *Verkaufsfahrten II*; BGH, GRUR 1990, 373, 374 – *Schönheits-Chirurgie*; BGH, GRUR 1990, 463, 464 – *Firmenrufnummern*; BGH, GRUR 1991, 540ff. – *Gebührenausschreibung*; BGH, GRUR 1991, 769, 770 – *Honoraranfrage*; BGH, GRUR 1994, 441, 443 – *Kosmetikstudio*; BGH, GRUR 1995, 62, 64 – *Betonerhaltung*; BGH, GRUR 1995, 167, 168 – *Kosten bei unbegründeter Abmahnung*; BGH, GRUR 1997, 313, 315 – *Architektenwettbewerb* – m. w. Nachw.; BGH, GRUR 1997, 909, 911 – *Branchenbuch-Nomenklatur*; BGH, WRP 1999, 1045, 1048; BGH, WRP 2000, 506, 509.

erleiden würden, keine hohen Anforderungen an die Prüfungspflicht verlangt werden können[997]. Die Frage konzentriert sich somit darauf, ob die Prüfung auf grobe Rechtsverstöße beschränkt oder sogar gänzlich heruntergeschraubt werden soll[998]. Wurde eine Prüfungspflicht vom LG Frankfurt wegen Unzumutbarkeit gänzlich abgelehnt[999]; ging das LG München davon aus, dass eine Prüfungspflicht für Suchmaschinen nur bei offenkundigen kennzeichenrechtlichen Verletzungshandlungen, die sich jedermann ohne genauere Kenntnisse des Markenrechts aufdrängen, anzunehmen sei[1000].

Geprägt sind die Urteile von dem Grundgedanken, dass Suchmaschinen wegen ihres hohen Nutzens für die Allgemeinheit keine unzumutbaren Prüfungspflichten abverlangt werden können. Ähnlich liegt die vom BGH[1001] getroffene Wertung in der ambiente-Entscheidung, bei der es um die Prüfungspflichten der DENIC[1002] ging. Dort wurde aufgrund der wesentlichen Funktion der DENIC und der Art und Weise ihrer Aufgabenerfüllung eine Unzumutbarkeit einer genauen Prüfungspflicht angenommen[1003]. Eine Verantwortlichkeit sei lediglich dann gegeben, wenn die Rechtsverletzung ohne weitere Nachforschungen und Prüfungen offenkundig sei. Auf Suchmaschinen übertragen, kann auch hier eine Prüfungspflicht nur bei Offenkundigkeit der Rechtswidrigkeit als zumutbar erachtet werden. Daran sind sehr hohe Anforderungen zu stellen[1004]. Beispielsweise sei für die DENIC eine Rechtsverletzung erst dann unschwer zu erkennen, wenn der Vergabestelle ein rechtskräftiger gerichtlicher Titel bzw. eine unzweifelhaft wirksame Unterwerfungserklärung des Domain-Inhabers vorliegt oder wenn die Rechtsverletzung derart eindeutig ist, dass sie sich aufdrängen muss.

Auch im Zusammenhang mit Suchmaschinen kann die bereits im Rahmen der Störerhaftung von Links erwähnte „Schöner Wetten"-Entscheidung des BGH[1005] herangezogen werden. Wie schon gezeigt, hat sich auch der BGH mit dem Bestehen von Prüfungspflichten beim manuellen Setzen von Hyperlinks auseinandergesetzt. In der vorgenannten Entscheidung hat er hierzu ausgeführt, dass sich der Umfang von Prüfungspflichten des Hyperlinksetzenden insbesondere nach dem Zweck der Verlinkung und dem Umfang der Kenntnis richte.

---

[997] So auch *Spindler/Volkmann*, WRP 2003, 1, 14.
[998] Noch weiter geht *Wiebe*, in: Ernst/Vassilaki/Wiebe, hyperlinks, Rz. 149, der eine Störerhaftung grundsätzlich ausscheiden lässt.
[999] Vgl. LG Frankfurt a.M., NJW-RR 2002, 545, 546.
[1000] LG München I, CR 2001, 46, 47.
[1001] MMR 2001, 671, 673.
[1002] Die Domain Verwaltungs- und Betriebsgesellschaft. Bei ihr handelt es sich u.a. um die Zentrale für Registrierung von Domains unterhalb der Top Level.
[1003] BGH, MMR 2001, 671, 673.
[1004] Vgl. OLG Frankfurt, CR 2003, 607ff. – *viagratip.de*.
[1005] CR 2004, 613ff.

Abzustellen sei hierbei auf den Gesamtzusammenhang[1006], in dem der Hyperlink verwendet werde, den Zweck des Hyperlinks sowie darauf, welche Kenntnis der den Hyperlink Setzende von den Umständen habe, die dafür sprechen, dass die Webseite oder der Internetauftritt, auf die der Hyperlink verweist, rechtswidrigem Handeln dienen, und schließlich welche Möglichkeiten er habe, die Rechtswidrigkeit dieses Handelns in zumutbarer Weise zu erkennen[1007]. Auch wenn beim manuellen Setzen des Hyperlinks keine Prüfungspflicht verletzt werde, könne daher eine Störerhaftung begründet sein, wenn ein Hyperlink aufrechterhalten bleibe, obwohl eine nunmehr zumutbare Prüfung, insbesondere nach einer Abmahnung oder Klageerhebung, ergeben hätte, dass mit dem Hyperlink ein rechtswidriges Verhalten unterstützt wird[1008].

Diese vom BGH herangezogenen Wertungen müssen vom Grundsatz auch für einen Suchmaschinen-Anbieter gelten. Die herausragende Bedeutung, die Suchmaschinen für das Funktionieren des WWW zukommt sowie die sicherlich auch hier zu statuierende Sozialadäquanz, die impliziert, dass die betreffende Tätigkeit allgemein trotz ihrer Gefährlichkeit gebilligt wird, führt zu einer Einschränkung der Prüfungspflichten. Insbesondere kann den Suchmaschinenbetreibern wegen des von ihnen betriebenen automatisierten Massengeschäftes nicht zugemutet werden, eine gründliche Überprüfung der von ihnen erfassten Webangebote vorzunehmen[1009].

Erst wenn der betreffende Verstoß ohne weitere Nachforschungen zweifelsfrei und unschwer zu erkennen ist, ist dem Suchmaschinenbetreiber wegen der von ihm verwalteten Datenmassen eine tiefergehende Prüfungspflicht zuzumuten. Ob für Suchmaschinen – ähnlich wie für Links - eine Abmahnung oder die Klageeinreichung für die Kenntniserlangung ausreichend ist, erscheint angesichts der teilweise komplizierten Rechtslage zweifelhaft. Eine Abmahnung oder Klageerhebung dürfte daher bei Suchdiensten ebenso wie bei Internet-Auktionshäusern[1010] grundsätzlich ebenso wenig wie die bloße Vorlage einer eidesstattlichen Versicherung potenzieller Verletzter ausreichen, um die erforderliche Erkennbarkeit zu begründen.

Dies gilt insbesondere, weil die von einer Suchmaschine verwalteten Datenmassen im Gegensatz zu manuellen Links eine sofortige und umfassende Prüfung erheblich erschweren. Zudem muss bei einer solchen Prüfung nicht nur eine Abwägung im Hinblick auf die Interessen des Linksetzenden erfolgen, sondern auch die Interessen der referenzierten Content Anbieter beachtet werden. Richtigerweise muss daher zur Begründung einer qualifizierten Kenntnis von Suchmaschinen ein rechtskräftiger Titel

---

[1006] *Spindler,* GRUR 2004, 724, 728, ist der Ansicht, dass das vom BGH aufgestellte Merkmal des Gesamtzusammenhangs als Hinweis auf die Rechtsprechung zum Kriterium des „Sich-zu-Eigen-Machens" interpretiert werden kann.

[1007] So BGH, NJW 2004, 2158, 2160.

[1008] BGH, NJW 2004, 2158, 2160.

[1009] Vgl. hierzu demnächst ausführlich *Rath,* Das Recht der Internet-Suchmaschinen, S. 364ff., der darüberhinaus zwischen der Ersterfassung der Daten und deren Verwaltung unterscheidet.

[1010] Siehe hierzu insbesondere *Hoeren,* MMR 2004, 668, 673.

vorliegen oder die Rechtsverletzung so eindeutig sein, dass sie sich ohne jede weitere Prüfung aufdrängt. Eine über die Prüfungspflicht hinausgehende Kontrollpflicht der Inhalte des Suchmaschinenbetreibers besteht nicht, da es im Rahmen der Störerhaftung auf eine Kenntnis der Inhalte nicht ankommt[1011].

D. Sonderprobleme

I. Markenrecht – Keyword-Advertising

Erwähnenswert in diesem Zusammenhang, wenn auch nicht die Haftung für fremde Seiten, sondern nur die Rechtswidrigkeit eines anderen betreffend, sind die Fälle des Keyword-Advertising. Diese Vorgehensweise wird im Zusammenhang mit Suchmaschinen relevant und beinhaltet die Vermarktung von Begriffen durch einen Suchmaschinenbetreiber dergestalt, dass er bestimmte Schlüsselwörter (keywords) an den Werbekunden verkauft[1012]. Wenn dann ein Nutzer dieses Wort in die Suchmaske eingibt, erscheint zusätzlich zu den Suchergebnissen, sogar meist noch vor deren Erscheinen, ein Werbebanner des Käufers zu diesem Thema.

Grundsätzlich ist diese Art der Werbung auf Trefferlisten als unproblematisch aufzufassen, sofern in ausreichender Weise auf den Werbecharakter hingewiesen wird und die Kennzeichenrechte Dritter beachtet werden[1013]. Problematisch wird die Werbung aber, wenn der Werbende Schlüsselworte des Konkurrenten kauft und sein Banner bei Eingabe des Suchwortes des Konkurrenzproduktes (sogar noch vor dem Erscheinen des eigentlichen Suchergebnisses) erscheint. In der Schaltung von Keywords kann eine gezielte und somit gemäß § 4 Nr. 10 UWG wettbewerbswidrige Behinderung eines Konkurrenten liegen, wenn Marken, Geschäftsbezeichnungen oder Namensbestandteile des Konkurrenten verwendet werden. Markenrechtlich kann zudem eine unzulässige markenmäßige Benutzung gegeben sein[1014].

Dem Landgericht Hamburg[1015] lag ein solcher Fall zur Entscheidung vor, in dem die Marke eines Mitbewerbers im oben geschilderten Sinne als „keyword" verwendet wurde. Das Gericht hat in der Kombination von Suchanfrage und Verwendung des in Frage stehenden Zeichens auf den Werbeeinblendungen eine markenmäßige Benutzung gesehen. Allerdings ließ es im Hinblick auf den weiteren Klageantrag, bei dem es darum ging, ob eine Markenverletzung auch darin liegt, dass der Werbebanner ohne Einblendung der fremden Marke erscheint, die Frage, ob eine markenrechtliche Benutzung seitens des Keywortkäufers vorlag, offen, nahm aber einen Verstoß gegen § 1 UWG a.F. unter dem Aspekt der Rufausbeutung an[1016]. Denn der Wer-

---

[1011] Ebenfalls das Merkmal der Kenntnis prüfend LG Mannheim, MMR 1998, 217, 218.
[1012] Vgl. hierzu *Thiele*, RdW 2001, 454, 454; *Moritz/Hermann*, in: Moritz/Dreier, Rechts-Handbuch zum E-Commerce, Kap. D, Rn. 496.
[1013] *Rössel*, CR 2003, 349, 353.
[1014] Vgl. hierzu auch *Härting/Schirmbacher*, ITRB 2005, 16, 18.
[1015] CR 2000, 392ff.
[1016] LG Hamburg, CR 2000, 392, 394; zustimmend *Wiebe*, in: Ernst/Vassilaki/Wiebe, hyperlinks, Rz. 101; *Thiele*, RdW 2001, 454, 454; a.A. *Schmidt-Bogatzky*, GRUR 2000, 959, 960.

bende wecke bewusst die Aufmerksamkeit der an dem Produkt interessierten Nutzer für die in seiner „virtuellen“ Parfümerie angebotenen Waren zum Nachteil der Wettbewerber, indem er die Waren aus der Masse der übrigen hervorhebt.

Interessant bei dieser Fallkonstellation war vor allem, dass das Gericht neben dem Werbenden auch den Suchmaschinenbetreiber als Verletzer angesehen hat[1017]. Erstmalig hat in Deutschland ein Gericht auch dem Betreiber einer Internet-Suchmaschine untersagt, nutzeranfrageabhängige Werbeeinblendungen, sogenannte „keyword buys“, an Werbetreibende zu veräußern, sofern die Verwendung dieser keywords einen Eingriff in Kennzeichenrechte Dritter darstellt. Durch sein Verhalten nimmt der Suchmaschinenbetreiber mittelbar an der Verletzung des Dritten teil. Das Gericht ging in seiner Entscheidung folgerichtig von einer Förderung einer wettbewerblichen Handlung aus[1018], wohingegen andere eher eine markenrechtliche Verletzung zugrunde legen[1019].

In jedem Fall wirkt der Suchmaschinenbetreiber an der Verletzung des Werbenden unmittelbar mit, indem er durch den Verkauf der „keywords“ die Möglichkeit eines solchen Verhaltens eröffnet[1020]. Mit dem Verkauf von bestimmten „keywords“ bzw. von Verknüpfungen zwischen den Suchbegriffen und Werbeinschaltungen maßt sich der Suchmaschinenbetreiber widerrechtlich das Nutzungsrecht an fremden Marken und Firmen an, um hieraus sowohl unmittelbar für sich selbst als auch mittelbar für Dritte einen wirtschaftlichen Vorteil gegenüber Wettbewerbern abzuleiten[1021].

Entscheidend für die Frage einer Marken- oder Wettbewerbsverletzung kommt es darauf an, ob die geschützten Begriffe in der Bannerwerbung dargestellt werden oder nicht. Markenrechtsverletzungen dürften bei fehlender Anzeige der Marke mangels markenmäßiger Benutzung wohl eher zu verneinen sein. Insofern bleibt jedoch abzuwarten, ob eine Rechtsfortbildung notwendig wird, um so derartige Fälle dem MarkenG zu unterstellen.

Sofern aus den Umständen der Bannerwerbung erkennbar ist, dass eine Werbeschaltung erfolgt, dürfte nicht mehr von einer Wettbewerbswidrigkeit des Keyword Advertisement ausgegangen werden. Wenn allerdings keine derartige Kennzeichnung der kontextsensitiv geschalteten Werbung erfolgt, ist eine Wettbewerbswidrig-

---

[1017] Zustimmend auch *Stadler*, Haftung für Informationen im Internet, Rn. 246f., der für den Fall, dass eine Kennzeichenrechtsverletzung nicht gegeben ist, jedenfalls einen ergänzenden wettbewerbsrechtlichen Leistungsschutz eingreifen lassen will.

[1018] LG Hamburg, CR 2000, 392, 397 – darüber hinaus hat das Gericht den Suchmaschinenbetreiber wegen seines eigenen unlauteren Verhaltens verurteilt, da sich die Suchmaschine an den für sie fremden Ruf der Marke anlehne und diesen wettbewerbswidrig ausbeute, indem sie mit den Marken identische Suchbegriffe für gezielte Werbung verfügbar mache.

[1019] *Schmidt-Bogatzky*, GRUR 2000, 959, 964, der allerdings bereits für den Keywordkäufer eine Markenrechtsverletzung annimmt.

[1020] *Stadler*, Haftung für Informationen im Internet, Rn. 248.

[1021] LG Hamburg, CR 2000, 392, 397.

keit wegen Verstoßes gegen § 3 i.V.m. § 4 Nr. 3 und Nr. 11 UWG hingegen zu bejahen[1022].

II. Urheberrecht

1. Primärsuchmaschinen

a. Suchvorgang per se

Für normale Suchmaschinen ergibt sich nichts anderes als bei Hyperlinks. Denn soweit bei ihnen nicht fremde Webseiten oder selbständig urheberrechtlich geschützte Teile abgespeichert werden, gilt nichts anderes als schon oben ausgeführt: Durch den Abruf einer bestimmten Seite wird eine Vervielfältigung derselben durch den Nutzer vorgenommen, die – wenn sie nicht durch § 44a, § 53 UrhG oder eine konkludente Einwilligung gedeckt ist – nicht zulässig ist.

Diese Verwertungshandlung wird durch den Suchmaschinenbetreiber willentlich adäquat kausal gefördert, indem er durch seine Aufstellung von Links den Nutzer zu dieser Vervielfältigung anregt. Allerdings dürfte in den meisten Fällen eine konkludente Einwilligung des Werkinhabers für das Abrufen der jeweiligen Seiten vorliegen[1023], da es sich bei Suchmaschinen um allgemein, aber insbesondere auch dem einzelnen Seiteninhaber nützende Verweise handelt. Auch die oben aufgezeigte *Paperboy-Entscheidung*[1024], bestätigt, dass an den normalen Suchvorgang einer Suchmaschine keine haftungsrechtlichen Ansprüche geknüpft werden sollten, wobei der BGH bereits den Störungstatbestand ausgeschlossen hat. Ein Berechtigter, der ein urheberrechtlich geschütztes Werk ohne technische Schutzmaßnahmen im Internet öffentlich zugänglich macht, ermögliche dadurch bereits selbst die Nutzungen, die ein Abrufender vornehmen kann. Es sei seine Entscheidung, ob er das Werk trotz der Möglichkeit, dass nach Abruf auch rechtswidrige Nutzungen vorgenommen werden, weiter zum Abruf bereithalte[1025].

Entgegen der Ansicht des BGH, die somit bereits die Störereigenschaft ablehnt, führt das Setzen von Hyperlinks jedenfalls zu einer adäquat-kausalen Gefahrerhöhung, die entgegen der vom BGH geäußerten Ansicht auch dem Hyperlinkenden zuzurechnen ist, denn die Gefahr rechtswidriger Nutzung wird bei Verwendung einer Suchmaschine nicht nur quantitativ, sondern auch qualitativ erheblich gesteigert. Dies gilt insbesondere, weil Nachrichten-Suchdienste und auch Suchmaschinen im hier untersuchten Sinne eine Auswertung der aufgefundenen Presseartikel bzw. Webseiten nach Schlag- oder Stichworten ermöglichen. Auf diese Weise machen sie oftmals überhaupt erst die urheberrechtlich geschützten Artikel auffindbar und setzen

---

[1022] Demnächst in *Rath*, Das Recht der Internet-Suchmaschinen, S. 233.
[1023] So auch *Wiebe*, in: Ernst/Vassilaki/Wiebe, hyperlinks, Rz. 83.
[1024] Vgl. auch BGH, MMR 2003, 719, 724=JurPC, Web-Dok. 2742003 – *Paperboy*, dazu oben 5. Teil A) III) 2) f) 4.
[1025] BGH, JurPC, Web-Dok. 274/2003, Abs. 1, 37, online abzurufen unter http://www.jurpc.de/rechtspr/20030274.htm (Stand: April 2005).

sie zudem zum Teil in einen anderen Kontext[1026]. Statt die Kausalität in Frage zu stellen, wäre die eigentlich für die urheberrechtliche Zulässigkeit von Deep Links zu stellende Frage vielmehr gewesen, ob die vom jeweiligen Urheber erteilte Einwilligung auch dann Bestand hat und somit auch zu Gunsten des Betreibers der Suchmaschine wirkt, wenn die Webseite unter Nutzung eines Suchdienstes via Deep Link aufgerufen wird[1027].

Wie bereits im Rahmen der Links dargestellt, dürfte eine Inanspruchnahme in den meisten Fällen über eine Einwilligung des Seiteninhabers ausscheiden.

Handelt es sich bei der Suchmaschine hingegen um eine solche, bei der die jeweiligen Seiten bzw. schützenswerte Elemente gespeichert werden, liegt bereits durch den Betreiber einer solchen Suchmaschine selbst eine Vervielfältigung im Sinne von § 16 UrhG vor. Aber auch hier muss von einer konkludenten Einwilligung durch den Seitenbetreiber ausgegangen werden. Da Suchmaschinen ein wichtiges Hilfsmittel für den Nutzer und das gesamte Internet darstellen, indem sie eine wesentliche Zugangsmöglichkeit für das Auffinden des jeweiligen Angebots bieten, dürften die Vorgehensweisen dieser Institution im Interesse jedes Seitenbetreibers liegen. Soweit daher kein entgegenstehender Wille ersichtlich ist, kann auch hier von einer konkludenten Einwilligung in die Speicherung beim Suchmaschinenbetreiber ausgegangen werden.

b. Kurzbeschreibung der Verweisungen/Auflistung einzelner Fragmente

Häufig werden im Rahmen der Ergebnisliste, die auf Anfrage des Nutzers ausgeworfen wird, Kurzbeschreibungen zu den jeweiligen Verweisseiten gegeben. Dabei wird auf Fragmente der jeweiligen Seite zurückgegriffen, welche eins zu eins aus dem anderen Dokument übernommen werden. Hier kommen neben Überschriften, einzelne Schlagwörter oder Auszüge aus Sätzen in Betracht. Eine Vervielfältigung durch den Linksetzer direkt scheidet zumeist deshalb aus, weil die einzelnen Satzteile selbst keinen Werkcharakter aufweisen[1028]. Diese kurzen, oft lediglich beschreibenden Aussagen werden selten eine individuelle Gestaltung erkennen lassen[1029]. Hingegen kann eine Vervielfältigung unwesentlicher Teile einer Datenbank nach § 87 b UrhG in Betracht kommen. Der wesentliche Teil der Artikel wird nicht mit angezeigt.

Voraussetzung hierfür ist immer, dass eine Datenbank i.S.v. § 87 a UrhG vorliegt. Dies ist beispielsweise bei Online-Versionen von Tageszeitungen und vergleichbaren Publikationen der Fall[1030]. Die einzelnen Satzteile stellen auch unproblematisch un-

[1026] vgl. demnächst in *Rath,* Das Recht der Internet-Suchmaschinen, S. 125 m.w.Nachw.
[1027] Ähnlich auch *Ott*, WRP 2004, 52, 55; *Spindler,* JZ 2004, 146, 151, ist dagegen der Meinung, dass das „Hilfskonstrukt" eines konkludent erteilten Einverständnisses aufgegeben werden sollte.
[1028] So auch *Heydn*, NJW 2004, 1361, 3162; *Nolte*, ZUM 2003, 540, 542.
[1029] *Ott*, WRP 2004, 52, 54.
[1030] OLG Köln, ZUM 2001, 414; LG München I, K&R 2002, 261; LG München I, K&R 2002, 258.

wesentliche Teile dieser Datenbank dar, welche durch die Suchmaschine wiederholt und systematisch vervielfältigt werden[1031].

Knackpunkt dieser Konstellationen ist vielmehr die Frage, ob die Übernahme der Fragmente in die eigene Liste einer normalen Auswertung einer Datenbank zuwider läuft bzw. berechtigte Interessen der jeweiligen Verlage unzumutbar beeinträchtigt werden. Dies dürfte mit dem hohen Nutzen von Suchmaschinen sowie dem Argument, dass durch die Wiedergabe einzelner Sätze dem Inhaber der Verweisseite kein Schaden zugefügt wird, sondern vielmehr der Nutzer dazu angeregt wird, auf den Volltext zuzugreifen, zu verneinen sein[1032]. Der Zugang zu Internetwebseiten über Suchmaschinen, die Deep Links direkt zu der gesuchten Seite zur Verfügung stellen, entspricht gerade der normalen Nutzung des Internets. Würden Suchmaschinen nur Links auf Homepages enthalten, müsste der Internetnutzer in der aufgefundenen Website nochmals nach der gewünschten Information suchen. Zudem kann der Betreiber einer Datenbank im Internet die normale Auswertung selbst bestimmen und er ist in den meisten Fällen auch in der Lage, eine von ihm nicht gewünschte Nutzung mit technischen Mitteln zu unterbinden. Daher muss im Internet der Grundsatz gelten, dass die „normale Nutzung" die technisch mögliche Nutzung ist, sofern nicht vorhandene Schutzmechanismen gezielt umgangen werden[1033].

2. Meta-Suchmaschinen

Eher noch als bei Primärsuchmaschinen, können sich bei den sogenannten Meta-Suchmaschinen die letztgenannten urheberrechtlichen Probleme ergeben, die daraus resultieren, dass der Betreiber einer Meta-Suchmaschine unmittelbar auf die Datenbanken der Einzelsuchmaschinen zugreift, um deren jeweilige Suchergebnisse dem Nutzer gebündelt zu präsentieren. Denn viel häufiger als die meisten Webseiten, erfüllen die Primärsuchmaschinen selbst die Voraussetzungen des § 87 a UrhG. Wie oben gesehen muss es sich dazu um eine Sammlung von Werken, Daten oder anderen unabhängigen Elementen handeln, die systematisch oder methodisch angeordnet und einzeln mit Hilfe elektronischer Mittel oder auf andere Weise zugänglich sind. Es werden keine urheberrechtlichen Anforderungen an den Inhalt gestellt, ausreichend ist die Unabhängigkeit der einzelnen Elemente, wenn sie einzeln zugänglich sind[1034]. Primärsuchmaschinen unterhalten eine Datenbank, in der die Einzelinformationen der jeweiligen Seiten gespeichert werden. Wenn der Nutzer das entsprechende Stichwort eingibt, wird die dazu gespeicherte Information zusammen mit der URL durch einen Hyperlink angezeigt. Durch diese Vorgehensweise lassen sich die Suchmaschinen als Sammlung im Sinne des § 87 a UrhG qualifizieren.

[1031] So auch BGH, NJW 2003, 3406, 3410.
[1032] BGH, MMR 2003, 719, 723; NJW, 2003, 3406, 3408f.; JurPC, Web-Dok. 2742003, Abs. 1, 49 – *Paperboy*, online abzurufen unter http://www.jurpc.de/rechtspr/20030274.htm (Stand: April 2005); LG München, I K&R 2002, 258, 260f; kritisch hierzu *Wiebe*, MMR 2003, 724, 725.
[1033] *Heydn*, NJW 2004, 1361, 1362.
[1034] *Hoeren*, MMR Beilage 8/2001, S. 2 m.w.Nachw.

Darüber hinaus dürfte auch in den meisten Fällen das Merkmal der wesentlichen Investition erfüllt sein. Zwar ist bislang dieser Begriff noch nicht einheitlich konkretisiert worden, jedoch kann eine Investition in der Bereitstellung von finanziellen Mitteln aber auch im Einsatz von Zeit, Arbeit und Energie, sowie einer eingehenden Überprüfung des Inhalts einer Datenbank liegen[1035]. Suchmaschinen durchforsten das Internet ständig nach neuen Inhalten, die sie dann in ihre Datenbank einordnen, pflegen und überprüfen müssen. Eine wesentliche Investition dürfte daher in den meisten Fällen bereits – unabhängig von den hohen Unterhaltungskosten – allein schon durch den zeitlichen Aufwand, der zur Aufrechterhaltung dieses Mechanismus notwendig ist, gegeben sein.

Ob letztlich auch eine Vervielfältigung angenommen werden kann ist fraglich[1036]. Neben der oben aufgezeigten fragmentweisen Wiedergabe einzelner Sätze könnte eine Vervielfältigung wie bei den Hyperlinks in der Speicherung der Inhalte durch den Nutzer im Sinne von § 87 b Abs. 1 S. 2 UrhG zu sehen sein[1037]. Zum Teil wird angedacht, dass auch § 87 b Abs. 1 S. 1 UrhG angewandt werden könnte, da ja bereits das Durchsuchen einer Datenbank anhand einzelner Suchbegriffe durch die Metasuchmaschinen auch als extrem kurze Festlegung unter den Begriff der „Vervielfältigung" fällt, da insoweit nicht nur unwesentliche, sondern auch wesentliche Teile in den Arbeitspeicher des Computers des Benutzers geladen werden[1038]. In den Fällen des § 87 b Abs. 1 S. 2 UrhG muss dabei über die Vervielfältigung unwesentlicher Teile hinaus auch noch ein berechtigtes Interesse des Datenbankbetreibers geprüft werden, welches häufig fraglich sein dürfte, letztlich aber im Hinblick auf jede Datenbank einzeln geprüft werden muss[1039]. Letztlich besteht auch nicht die Möglichkeit, sich auf die Schrankenvorschrift des § 87c UrhG zu berufen. Ein privater Gebrauch im Sinne von § 87 c Abs. 1 S. 1 UrhG scheidet bereits deshalb aus, da Metasuchmaschinen kommerziell tätig werden. Darüber hinaus ist ein privater Gebrauch von Datenbanken, deren Elemente einzeln mit Hilfe elektronischer Mittel zugänglich sind, ausgeschlossen.

Im Ergebnis wird man aber eine Zustimmung durch den Primärsuchmaschinenbetreiber annehmen können. Denn wer sich mit einem eigenen Werbeauftritt oder sogar mit einer Datenbank i.S. v. § 87a UrhG in die unendlichen Weiten des Webs vorwagt, muss sich darüber im Klaren sein, dass eine Auswertung seines Angebots durch andere Suchmaschinen und Meta-Suchmaschinen erfolgen wird. Insoweit besteht ein breiter Konsens zwischen den Nutzern und Anbietern des WWW[1040].

[1035] *Vogel*, in Schricker, UrhG, § 87a, Rn. 19; LG Köln, CR 2000, 400 f.
[1036] Vgl. hierzu *Hoeren*, MMR Beilage 8/2001, S. 2, 4.
[1037] Dafür LG Berlin, CR 1999, 388, 389, welches ein solches in der mangelnden Kenntnisnahme der Werbung erblickt.
[1038] Vgl. *Hoeren*, MMR Beilage 8/2001, S. 2, 4.
[1039] Vgl. LG Berlin, CR 1999, 388, 389.
[1040] *Stadler*, Haftung für Informationen im Internet, Rn. 254.

III. Wettbewerbsrecht

Bei Suchmaschinen kommt aus wettbewerbsrechtlicher Sicht vor allem die Fallgruppe der sittenwidrigen Behinderung eines Konkurrenten in Form der Werbebehinderung in Betracht, die nach Einführung des neuen UWG in dem Beispielstatbestand des § 4 Nr.10 verankert ist. Eine wettbewerbsrechtliche Anknüpfung aus der Verbindung des Anbieters einer Suchmaschine mit den Anbietern sämtlicher verlinkter Webseiten wird man wohl eher ablehnen müssen[1041].

Wie im Rahmen der Hyperlinks gesehen, lässt sich eine solche für die Linkform der Deep Links, welche Hauptbestandteil von Suchmaschinen sind, anprüfen. Durch die Verweisung auf eine tieferliegende Seite wird der Nutzer an den Informationen der Homepage vorbeigeschleust und müsste erst eigenständig die Seiten zurückklicken, um auf deren Eingangsseite zu gelangen. Zum Teil wird daher eine sittenwidrige Behinderung dadurch angenommen, dass die Interessen der Betreiber, die ihr Angebot durch die Schaltung von Werbung finanzieren, unzumutbar beeinträchtigt werden[1042]. Wie aber auch schon für Hyperlinks klargestellt wurde, geht die Beeinträchtigung nicht so weit, als dass von einer Werbebehinderung ausgegangen werden kann. Zwar werden Websites häufig durch Schaltung von Werbung finanziert, welche durch den Deep Link umgangen wird, jedoch stellt dies nichts anderes als eine „normale" Auswertung von Datenbanken dar. Dadurch, dass der Anbieter seine Informationen uneingeschränkt – also auch für Suchmaschinen – zugänglich macht, erklärt er konkludent, keine Vorbehalte gegen diese Art des Datenzugriffs zu haben[1043]. Dies wurde auch vom OLG Köln[1044] angenommen. Die direkte Verbindung zu der verlinkten Seite liege ja gerade im Interesse des Nutzers, der durch die Eingabe des Suchwortes gezeigt habe, dass er sich nur für diesen Beitrag interessiert. Dieses Verfahren erweise sich für ihn als kostengünstiger, sofern die Nutzung nicht pauschal, sondern zeitabhängig abgerechnet wird. Dagegen trete der Nachteil, der bei der Klägerin hauptsächlich im Verlust der Werbeeinnahmen liegt, zurück.

Dieses Urteil wurde vom BGH[1045] in der *„Paperboy-Entscheidung"* bestätigt. Die Verwendung von Deep Links sei nicht rechtswidrig. Der Suchdienst biete der Allgemeinheit einen erheblichen Zusatznutzen, indem er eine Vielzahl von Informationsquellen erschließe. Auch wenn der Klägerin durch die Umgehung der Startseite Einnahmen für die Werbung auf dieser entgingen, könne sie nicht verlangen, dass nur der umständliche Weg über die Startseiten gegangen werde und die Möglichkeiten

---

1041 *Ott*, WRP 2004, 52, 57.

1042 *Wiebe*, CR 1999, 524, 525, LG Köln, JurPC Web-Dok 138/2001 -*„stepstone"*.

1043 Vgl. LG Berlin, online abzurufen unter http://www.jurpc.de/rechtspr/20010185.htm (Stand: April 2005).

1044 MMR 2001, 387, 390 – *„paperboy"*. Nachdem das OLG Köln Urheberrechtsverletzungen verneinte und somit grundsätzlich den Weg zu wettbewerblichen Ansprüchen eröffnete, hat es dann aber ebenfalls einen Unterlassungsanspruch aus § 1 UWG a.F. abgelehnt.

1045 MMR 2003, 719, 723, 724=JurPC Web.-Dok. 274/2003, Abs. 1-57, online abzurufen unter http://www.jurpc.de/rechtspr/20030274.htm (Stand: April 2005); vgl. auch oben 5. Teil A) III) 2) f) 4.

der Hyperlinktechnik ungenutzt blieben. Eine Werbebehinderung durch den Suchmaschinenbetreiber liegt demnach nicht vor[1046]. Da es möglich ist, Deep Links mit technischen Mitteln zu verhindern, und die Werbeeinblendungen auch auf „tiefer" liegende Webseiten verlagert werden können, besteht kein Bedürfnis, Deep Links mit Hilfe des Wettbewerbsrechts zu verbieten[1047]. Der BGH stellt insofern fest, dass die Tätigkeit von Suchdiensten und deren Einsatz von Hyperlinks wettbewerbsrechtlich zumindest dann grundsätzlich hinzunehmen seien, wenn diese lediglich den Abruf öffentlich zugänglicher Informationsangebote ohne Umgehung technischer Schutzmaßnahmen erleichtern[1048].

Die geschlussfolgerte fehlende Wettbewerbswidrigkeit lässt sich sicherlich nicht dahingehend verallgemeinern, dass nunmehr aller Arten von Suchmaschinen wettbewerbsrechtlich unbedenklich sind. Nicht alle Suchmaschinen sind für das Funktionieren des WWW erforderlich oder ermöglichen gerade den Zugriff auf Presseinformationen[1049]. Insofern gilt es in jedem Einzelfall zu untersuchen, ob die soziale Nützlichkeit gegenüber den Belangen des Einzelnen überwiegt.

[1046] Kritisch hierzu *Wiebe*, MMR 2003, 724, 725, der anmerkt, dass die Argumentation mit Allgemeininteressen im Wettbewerbsrecht misstrauisch beurteilt werden sollte.
[1047] BGH, NJW 2003, 3406, 3410.
[1048] BGH, NJW 2003, 3406, 3410.
[1049] So auch *Neubauer*, TKMR 2003, 444, 447.

7. Teil: Schlussbetrachtung und Zusammenfassung der Ergebnisse

Der technische Fortschritt trägt dazu bei, dass das Medium Internet immer häufiger genutzt wird. Damit einher gehen jedoch auch immer mehr Rechtsverletzungen, welche u.a. in der Weiterverbreitung gefährlicher Inhalte durch Links verankert sind. Dies wird sich sicherlich nie gänzlich vermeiden lassen. Das gewünschte Resultat im Linkrecht geht vielmehr dahin, diese Rechtsverletzungen in den Griff zu bekommen, insbesondere eine Inanspruchnahme durch ein einheitliches juristisches Regelungswerk, sei es gesetzlich fixiert oder durch Richterrecht anerkannt, zu sichern. Dies wäre nicht nur für den Rechtsverfolgenden, sondern auch für den Linksetzer selbst erstrebenswert. Existieren Leitlinien, wann und wie das Linking erlaubt ist, kann der Linksetzer in den ihm vorgegebenen Grenzen agieren. Weder das neue TDG noch der MDStV vermögen zum jetzigen Zeitpunkt diesem Wunsch zu entsprechen.

Wie die Ausführungen der vorliegenden Abhandlung gezeigt haben, enthalten weder das TDG noch der MDStV n.F. explizite Regelungen für Hyperlinks oder Suchmaschinen. Auch lassen sie keine Einordnung unter den Wortlaut der Norm zu. Ihre Anwendbarkeit gestaltet sich vielmehr nach den allgemeinen Regeln. Die vorliegende Abhandlung hat sich zur Aufgabe gemacht, der Vielzahl der unterschiedlichen Links entsprechende Leitlinien aufzustellen, um so eine im Ansatz einheitliche Regelung festzulegen. Dabei teilt die Arbeit die allgemeinen Haftungsregeln in drei große Blöcke ein:

Zum Einen die verschuldensabhängige Haftung wegen einer rechtswidrigen Verweisseite, zum Anderen die Störerhaftung in Bezug auf eine rechtswidrige Verweisseite und drittens die Inanspruchnahme wegen der Verlinkung als solcher.

Beginnend mit dem ersten „Block" lässt sich sowohl eine Täterschaft als auch eine Beihilfe des Linksetzers ausmachen. Maßgeblich kommt es für die Einordnung in die eine oder andere Kategorie darauf an, welches Delikt gegeben ist. So lassen sich im Strafrecht Verbreitungs-, Äußerungs- und sonstige Delikte unterscheiden. Bedingt durch die Struktur der jeweiligen Deliktart gelangt diese Arbeit zu dem Ergebnis, dass in den Fällen der Verbreitungsdelikte aber auch bei „zu Eigen gemachten" Äußerungsdelikten an eine Täterschaft angeknüpft werden kann.

Auch im Zivilrecht erlangen die Kommunikationsdelikte eine exponierte Stellung. Macht sich der Linksetzer eine Äußerung zu Eigen, so haftet er als Täter, da er den erforderlichen Tatbestand eigenhändig erfüllt. In allen anderen Fällen liegt es nahe, an eine Hilfeleistung anzuknüpfen und den Linksetzer über die Regeln der Beihilfe zu belangen. Diese Unterscheidung wird allerdings primär im Strafrecht relevant, da im Zivilrecht § 830 Abs. 2 BGB die Anstifter und Gehilfen dem Täter gleichstellt.

Wesentliche Voraussetzung für eine Inanspruchnahme ist jedoch immer, dass der Linksetzer vorsätzlich oder in einigen Fällen auch fahrlässig handelt. Lässt sich die Frage nach dem Anknüpfungspunkt der Inanspruchnahme (Täterschaft oder Beihilfe) noch abstrakt bejahen, so wird sich in der Praxis alles darum drehen, ob sich der Linksetzer seines Fehlverhaltens bewusst war oder nicht. Denn er muss u.a. wissen, dass auf der Verweisseite rechtswidrige Inhalte existieren. Die aus der Verweisungstechnik folgende Schwierigkeit der Kenntnis der rechtswidrigen Inhalte hat daher für den Linksetzer haftungsrechtliche Bedeutung. Allerdings reicht der bedingte Vorsatz aus, wonach entscheidend ist, dass der Handelnde die Verletzung des geschützten Rechtsgutes für möglich hält und billigend in Kauf nimmt. Ein solcher dürfte beispielsweise bei Verweisseiten, die in einem strafrechtlich nahen Umfeld angesiedelt sind, indiziert sein. Auch wenn dem Linksetzer der bedingte Vorsatz noch eher nachzuweisen ist, wird es immer auf die Umstände des Einzelfalls ankommen, wobei die Beweislast zunächst beim Nutzer liegen dürfte.

Im Rahmen der zivilrechtlichen Äußerungsdelikte kommt darüber hinaus auch eine fahrlässige Inanspruchnahme in Betracht. Der im Rahmen der Fahrlässigkeit angesiedelte Sorgfaltsmaßstab im Linkrecht ist dabei aus dem Presserecht abzuleiten. Dieser beinhaltet u.a. den Aspekt, dass es auf das Umfeld der jeweiligen Verweisseite ankommt, so dass es bei delinquenznahen Delikten gründlicherer Prüfungen bedarf als bei solchen, die in einem seriösen Umfeld angesiedelt sind.

Der zentrale Punkt der Arbeit wird dann im Folgenden bearbeitet und dreht sich um die Frage, inwieweit dem Linksetzer Prüfungs- und Kontrollpflichten bei nachträglicher Änderung der Verweisseite auferlegt werden können, oder ob die Haftung hier eingeschränkt werden muss. Maßgebliche Bedeutung kam dabei der Frage um die Verkehrs-/Garantenpflichten zu, da nur bei Vorliegen derselben von einer Handlungspflicht ausgegangen werden kann. Nach den hierzu getätigten Überlegungen, lässt sich eine solche Verkehrs- oder Garantenpflicht größtenteils aus der Gefahrbeherrschung herleiten. Der Link selbst stellt eine Gefahrenquelle dar, die in der Weiterverbreitung gefährlicher bzw. rechtswidriger Seiten begründet ist. Denn durch die Verlinkung wird die Rechtsverletzung einem größeren Nutzerkreis zugänglich gemacht und damit vertieft oder zumindest aufrechterhalten.

Ausführlich musste auch das „Wie" dieser Pflichten diskutiert werden, wobei zwischen Prüfungs- und Kontrollpflichten zu differenzieren war. Erstere, die sich mit der Frage der Rechtswidrigkeit beschäftigen, lassen sich mit presserechtlichen Grundsätzen vergleichen und sind daher für den Linksetzer auf grobe Rechtsverletzungen beschränkt. Nur, wenn der Rechtsverstoß auf der jeweiligen Verweisseite wirklich offensichtlich ist, kann dem Linksetzer im Einzelnen ein persönlicher Vorwurf gemacht werden. Selbst im Falle zu Eigen gemachter Inhalte kommt es primär auf offensichtliche Rechtsverstöße an, wobei bei solchen Verweisseiten, die in ein Umfeld eingebettet sind, bei dem Rechtsverletzungen eher zu erwarten sind, eine genauere Prüfung erfolgen sollte.

Darüber hinaus galt es die Kontrollpflichten auszuformulieren, bei denen es um die Kenntnis der jeweiligen Inhalte geht. Hierfür waren Aspekte wie beispielsweise der

Rang der Rechtsgüter, der Grad der Gefährlichkeit, ein möglicher Selbstschutz des Dritten selbst, der Einfluss von Art. 5 GG und die Zumutbarkeit einer Kontrolle in ein Gleichgewicht zu bringen. Nach einer ausführlichen Auseinandersetzung mit den einzelnen Punkten gelangt die Arbeit zu dem Ergebnis, dass für fremde Inhalte eine Kontrolle nur bei Anhaltspunkten stattzufinden hat. Dies bedeutet im Einzelnen, dass dem Linksetzer grundsätzlich keine aktive Nachforschungspflicht aufgebürdet wird; jedoch wenn Anhaltspunkte für eine Rechtsverletzung auf der Verweisseite sprechen, ihm die Pflicht obliegt, die jeweilige Seite einer Kontrolle zu unterziehen. Im Falle zu Eigen gemachter Inhalte werden strengere Kontrollen gefordert, die sich anhand der konkreten Situation des Verweises gestalten.

Verletzt der Linksetzer vorsätzlich oder fahrlässig die Überprüfung der Verweisseite, begründet dies seine haftungsrechtliche Verantwortlichkeit, sofern diese kausal zu einer Rechtsverletzung führt. Die vorliegenden Ausführungen machen deutlich, dass eine Inanspruchnahme nur selten in Betracht kommen dürfte, da in den meisten Fällen Vorsatz vorausgesetzt wird, welcher für den durchschnittlichen Linksetzer meist nicht gegeben sein dürfte. Fahrlässigkeit wird hingegen nur im Rahmen des Äußerungsrechtes relevant, wenn es sich um zu Eigen gemachte Inhalte handelt.

Auch im Bereich der Störerhaftung kommt eine Inanspruchnahme des Linksetzers in Betracht, da diese nicht nur auf den unmittelbar Handelnden beschränkt ist, sondern vielmehr auch auf den Mitstörer (oder auch mittelbaren Störer) ausgedehnt werden kann. Der Linksetzer wird – bedingt durch die Technik der Verweisung – mittelbar tätig. Die eigentliche Verletzungshandlung besteht darin, dass der Inhaber der Verweisseite seine Inhalte zum Abruf bereit hält. Um die weite Mitstörerhaftung einzuschränken, stellt die Rechsprechung das einschränkende Erfordernis der Prüfungspflichten auf, nach dem die Rechtswidrigkeit der Störung entfällt, wenn den Mitstörer keine Prüfungspflicht hinsichtlich des Rechtsverstoßes trifft. Eine Inanspruchnahme entfällt also dann, wenn dem Mitstörer die jeweilige Prüfungspflicht nicht zuzumuten ist. Ein Vergleich mit der presserechtlichen Prüfungspflicht zeigt auch hier, dass aufgrund der Menge der Verweise, der Bedeutung der Links und der Vielzahl der Internetseiten keine vollständige Prüfung erfolgen muss. Wie im Presserecht ist die Prüfung daher auf offensichtliche Rechtsverletzungen beschränkt. Wesentlicher Unterschied der Störerhaftung zu der verschuldensabhängigen Haftung ist vor allem, dass eine Inanspruchnahme auch ohne Verschulden und Kenntnis der Inhalte erfolgen kann. Insofern stellt sie sich damit als die praxisrelevantere Form dar.

Im fünften Teil der Bearbeitung wird dann festgestellt, dass es Verletzungen gibt, die durch den Link selber – unabhängig von einer rechtswidrigen Verweisseite – entstehen können. Hier stellt sich vor allem die Frage, ob der Linksetzer durch die Verweisung eine Urheberrechts- oder Wettbewerbsverletzung begehen kann.

Die Ausführungen zeigen, dass dem Linksetzer in den Fällen von normalen Surface oder sogar Deep Links keine Rechtsverletzungen angelastet werden können. Erst durch die Verwendung von Frames oder Inline Links kann es zu Problemen kommen. Sei es, weil keine konkludente Einwilligung des Berechtigten anzunehmen ist oder weil in diesen Fällen eine Irreführung des Nutzers vorliegt. Es verwundert nicht, dass gerade diese beiden Linkarten häufig zu Unzulässigkeiten führen, da bei ihnen der Wechsel zu einer anderen Seite nicht deutlich wird und insofern bei dem Nutzer ein falsches Vorstellungsbild erweckt wird. Im Urheberrecht lässt sich hierbei an eine Beihilfe oder mittelbare Störerschaft zu einer unzulässigen Vervielfältigungshandlung des Nutzers anknüpfen, wobei eine solche das Nichtvorliegen der §§ 44a, 53 UrhG oder einer Einwilligung voraussetzt.

Im Rahmen des Wettbewerbsrechts kann sowohl eine unmittelbare Leistungsübernahme, eine unzulässige vergleichende Werbung, eine Irreführung über geschäftliche Verhältnisse oder versteckte redaktionelle Werbung vorliegen. Wichtige Feststellung für das Wettbewerbsrecht war aber vor allem, dass für Deep Links kein Fall der sittenwidrigen Behinderung gegeben ist. Die Interessen des Inhabers der Verweisseite haben aufgrund der immensen Bedeutung der Links für das WWW zurückzutreten. Letztlich bleibt auch hier nur – wie so häufig – der Verweis auf den Einzelfall.

Maßgebliche Bedeutung kommt in diesem Zusammenhang dem jüngst ergangenen Paperboy-Urteil des BGH[1050] zu, bei dem ein Internetsuchdienst mittels Deep Links auf Zeitungsartikel anderer Webseiten verwiesen hatte. Sowohl eine urheber- als auch wettbewerbsrechtliche Inanspruchnahme wurde in dem konkreten Fall verneint. Insofern kommt diesem Urteil eine erhebliche Bedeutung zu, da es die Interessen des Nutzers bzw. der Allgemeinheit an dem Bestehen von Deep Links eindeutig über die der betroffenen Verweisseiteninhaber stellt. Ob darüber hinaus auch ein genereller, zumindest indizieller Charakter für die anderen Rechtsgebiete und Linkkonstellationen hergeleitet werden kann, bleibt abzuwarten. Dies erscheint jedoch insofern fragwürdig, als der Grundgedanke der Entscheidung zwar einerseits sicherlich auf dem hohen Nutzen von Suchmaschinen und Hyperlinks beruht, umgekehrt aber auch immer die Tatsache in den Vordergrund gestellt wird, dass der „berechtigte“ Inhaber der verlinkten Seite, seine Seite freiwillig ins Netz gestellt habe und schließlich von einer Verlinkung profitiere. Vor diesem Hintergrund kann aber eine Übertragung auf die Fälle der bereits rechtswidrigen Verweisseite nicht ohne weiteres angenommen werden. Denn beispielsweise im Äußerungsrecht hat der „Geschädigte“ die Seite schließlich nicht ins Netz gestellt. Für ihn ist auch durch die Weiterverbreitung mittels Link ein größerer Schaden zu verzeichnen. Eine Argumentation mit dem großen Nutzen der Verweisungen dürfte hier demnach nicht allzu schwer ins Gewicht fallen.

Im letzten Kapitel der Arbeit wurde die Funktionsweise von Suchmaschinen näher unter die Lupe genommen. Wie sich aus den vorherigen Kapiteln ergeben hat, kommt auch hier eine verschuldensabhängige oder verschuldensunabhängige Inanspruchnahme seitens des Suchmaschinenbetreibers in Betracht. Im Gegensatz zu

---

[1050] MMR 2003, 719ff.=JurPC Web-Dok. 274/2003, online abzurufen unter http://www.jurpc.de/rechtspr/20030274.htm (Stand: April 2005); vgl. hierzu auch unten Fn. 1044.

dem durchschnittlichen Linksetzer muss seine Veranwortlichkeit – vor allem wegen der automatischen Funktionsweise – restriktiver behandelt werden. Mit dem Anstieg der ausgeworfenen Verweise schwinden die realen Möglichkeiten einer Prüfung der Verweisseite bzw. wird eine solche unzumutbar. Zum Einen dürfte es im Rahmen einer verschuldensabhängigen Haftung stets an einem Verschulden fehlen, da der Suchmaschinenbetreiber keine Kenntnis von den jeweiligen Seiten hat. Zum Anderen müssen im Rahmen der Störerhaftung, die grundsätzlich von ihren Voraussetzungen erfüllt sein dürfte, die Prüfungspflichten auf ein Minimum herabgesetzt werden. Will man nicht soweit gehen, diese vollends auszuschließen, so muss eine solche auch hier zumindest auf offensichtliche Rechtsverletzungen beschränkt bleiben. Etwas anderes ergibt sich nur für manuell erstellte Linksammlungen, bei denen eine ähnliche rechtliche Betrachtung wie bei Hyperlinks zu erfolgen hat.

Wie sich zeigt, kann die Frage der Verletzung von Rechten durch die Anbringung von Links oder Suchmaschinen nur durch ein sehr komplexes und den zahlreichen Formen der Hyperlinks und Suchmaschinen letztlich nur im Einzelfall gerecht werdendes Ergebnis einer Lösung zugeführt werden. Somit gelangt diese Arbeit zwar zu einem im Einzelfall vernünftigen – aber auch sehr differenzierenden – Ergebnis. Es wird aber auch deutlich, wozu die gesetzgeberische Abstinenz geführt hat. So sehr man über mangelnde Anreize für Provider und auch Anbieter zur Entwicklung von Kontrollmöglichkeiten lamentieren mag[1051], ist es doch fraglich, ob ein bewegliches System von Kriterien, das Einzelfallgerechtigkeit gewährleistet, aber ebenso Rechtsunsicherheit erzeugt, wirklich geeignet ist, das Internet als Kommunikationsmedium voranzutreiben. Es bleibt zu hoffen, dass der EU-Richtliniengeber ein Einsehen haben wird und Suchmaschinen sowie Hyperlinks einer einheitlichen Regelung in naher Zukunft zuführt[1052].

Bis dahin empfiehlt sich für den Linksetzer, Linkvereinbarungen zu treffen. Dies funktioniert natürlich nur für die Fälle, in denen es um eine Verletzung durch den Link selbst geht, da auch nur hier die Rechte des Verweisseiteninhabers betroffen sind. Im Bereich von Marketingmaßnahmen wird eine Vereinbarung schon regelmäßig aufgrund einer angestrebten Vergütung getroffen. Anders liegen die Verträge, bei denen sich der Linkende das Recht zur Verweisung auf die Seite einräumen lässt. In diesen Vereinbarungen sollte beispielsweise geregelt werden, wie das Format des Links auszusehen hat, ob auch eine Rückverlinkung vorgesehen ist, wer die Links programmiert und auswählt, ob Logos, Marken von Produkten und/oder des Betrei-

---

[1051] S. etwa *Lehmann*, CR 1998, 232.

[1052] So auch *Koch*. CR 2004, 213, 214. In seinem ersten Bericht über die Anwendung der Richtlinie sieht die Kommision zwar noch keine Notwendigkeit, Hyperlinks und Suchmaschinen zu regeln, jedoch behält sie sich vor, zu prüfen, ob zusätzliche Beschränkungen der Verantwortlichkeit notwendig werden. Auch hat sie gegen die gesetzlich getroffenen Regelungen in einigen Ländern nichts einzuwenden. Insbesondere bestehe nicht die Gefahr einer Fragmentierung des Binnenmarktes. Vgl. ersten Bericht über die Anwendung der Richtlinie 2000/31/EG, online abzurufen unter: http://www.eu-kommission.de/html/dokumentation/doku_00.asp#21.

bers der linkenden Seite aufgenommen werden sollen, ob Urheberrechtsvermerke gesetzt werden sollen, wer die Haftung für Ausfälle der jeweiligen Website trägt oder ob Statistiken der jeweiligen Links generierten Page-Views/Click-through-Raten übermittelt werden sollen[1053].

In den Fällen, in denen es um die Rechtswidrigkeit auf einer Verweisseite geht, kann dem Linksetzer nur geraten werden, in gewissen Zeitabständen oder zumindest bei Anhaltspunkten und Hinweisen, die Inhalte der verwiesenen Seiten auf offensichtliche Rechtsverstöße zu kontrollieren und den Link im Falle einer Verletzung zu entfernen.

[1053] Vgl. zu Linkvereinbarungen: *Jessen/Müller*, in Moritz/Dreier, Rechtshandbuch zum E-Commerce, Kap. B, Rn. 423; *Ernst*, in: Ernst/Vassilaki/Wiebe, hyperlinks, Rz. 150ff.

Literaturverzeichnis

Ahrens, Claus: Napster, Gnutella, FreeNet & Co – die immaterialgüterrechtliche Beurteilung von Internet-Musiktauschbörsen, ZUM 2000, 1029 ff.

Altenhain, Karsten: Die gebilligte Verbreitung missbilligter Inhalte – Auslegung und Kritik des § 5 TDG, AfP 1998, 457 ff.

Arndt, Hans-Wolfgang; Köhler, Markus: Recht des Internets, 4. Auflage, Heidelberg 2003

Arzt, Gunther: Zur Garantenstellung beim unechten Unterlassungsdelikt (2. Teil/ 2. Hälfte), JA 1980, 712 ff.

Bamberger, Heinz Georg; Roth, Herbert: Kommentar zum Bürgerlichen Gesetzbuch Band 2 (§§ 611-1296), München 2003, (zit.: Bearbeiter, in: Bamberger/Roth, BGB)

Bar, Christian von: Verkehrspflichten: richterliche Gefahrsteuerungsgebote im deutschen Deliktsrecht, Köln u.a. 1980

Bar, Christian von: Produktverantwortung und Risikoakzeptanz, München 1998

Bar, Christian von: Anmerkung zum Urteil des BGH vom 18.10.1988 – 6 ZR 94/88, JZ 1989, 251 f.

Bar, Christian von: Entwicklung und rechtsstaatliche Bedeutung der Verkehrs-(sicherungs)pflichten, JZ 1979, 332 ff.

Bär: Wolfgang: Anmerkung zum Beschluss des BayObIG vom 27.6.2000 - 5 St RR 122/2000, MMR 2000, 760 f.

Barton, Dirk-M.: Multimedia-Strafrecht – Ein Handbuch für die Praxis, Neuwied u.a. 1999

Barton, Dirk-M.: Anmerkung zum Urteil des LG München I vom 17.11.1999 - 20 Ns 465 Js 173, 153/95, K&R 2000, 195 f.

Baumbach, Adolf; Hefermehl, Wolfgang; Köhler, Helmut; Bornkamm, Joachim: Wettbewerbsrecht; 23. Auflage, München 2004 (zitiert: Baumbach/Hefermehl /Bearbeiter, UWG)

Bechtold, Stefan: Der Schutz des Anbieters von Informationen – Urheberrecht und gewerblicher Rechtsschutz im Internet, ZUM 1997, 427 ff.
Bechtold, Stefan: Website von Stefan Bechtold, u.a. mit der Link Controversy Page, online abzurufen unter: http://www.jura.uni-tuebingen.de/bechtold/lcp.html (Stand: Dezember 2003)

Bechtold, Stefan: Multimedia und Urheberrecht – einige grundsätzliche Anmerkungen, GRUR 1998, 18 ff.

Bettinger, Torsten; Freytag, Stefan: Privatrechtliche Verantwortlichkeit für Links – zugleich Anmerkung zum Urteil des LG Hamburg vom 12.5.1998, CR 1998, 545 ff.

Berger, Arndt; Janal, Ruth: Suchet und Ihr werdet finden? Eine Untersuchung zur Störerhaftung von Online-Auktionshäusern, CR 2004, 917 ff.

Blei, Hermann: Strafrecht, Allgemeiner Teil, 12. Auflage, München 1996

Bleisteiner, Stephan: Rechtliche Verantwortlichkeit im Internet - unter besonderer Berücksichtigung des Teledienstegesetzes und des Mediendienste-Staatsvertrags, Köln u.a. 1999

Blume, Matthias, Hammerl, Alexandra: Kommentar zum E-Commerce-Gesetz ECG, Wien 2002

Boehme-Neßler, Volker: Cyberlaw, München 2001

Börsch, Boris: Sind Hyperlinks rechtmäßig? Das Setzen von Hyperlinks aus urheber- und wettbewerbsrechtlicher Sicht, Münster, u.a. 2003

Boese, Oliver: Strafrechtliche Verantwortlichkeit für Verweisungen durch Links im Internet, Frankfurt a.M. u.a. 2000

Bonin, Andreas von; Köster, Oliver: Internet im Lichte neuer Gesetze, ZUM 1997, 821 ff.

Bortloff, Nils: Tonträgersampling als Vervielfältigung, ZUM 1993, 476 ff.

Brunner, Michael: Die Zulässigkeit von Hyperlinks nach schweizerischem Recht, Bern 2001

Cichon, Caroline: Musikpiraterie im Internet, K&R 1999, 547 ff.

Cichon, Caroline: Urheberrechte an Webseiten, ZUM 1998, 897 ff.

Claus, Christoph: Hyperlinks und die Nutzung und Verwertung von geschützten Inhalten im Internet, Berlin 2004

Conradi, Ulrich; Schlömer, Uwe: Die Strafbarkeit der Internet Provider, NStZ 1996, 472 ff. (2. Teil)

Damm, Renate; Rehbock, Klaus: Widerruf, Unterlassung und Schadenersatz in Presse und Rundfunk, 2. Auflage, München 2001

Decker, Ute: Haftung für Urheberrechtsverletzungen im Internet, MMR 1999, 7 ff.

Deckert, Martina: Die Verkehrspflichten, Jura 1996, 348 ff.

Dencker, Friedrich: Kausalität und Gesamttat, Berlin 1996

Derksen, Roland: Strafrechtliche Verantwortlichkeit für in internationalen Computernetzen verbreitete Daten mit strafbaren Inhalten, NJW 1997, 1878 ff.

Deutsch, Erwin: Allgemeines Haftungsrecht, 2. Auflage, Köln u.a. 1996

Deutsch, Erwin: Das Verhältnis von Mittäterschaft und Alternativtäterschaft im Zivilrecht, JZ 1972, 105 ff.

Deutsch, Erwin: Anmerkung zum Urteil des BGH vom 7.7.1970 - VI ZR 223/68, JZ 1971, 65 f.

Dieselhorst, Jochen: Anmerkung zum Urteil des OLG Hamburg vom 22.2.2001 – 3 U 247/00, CR 2001, 706 f.

Dietlein, Johannes: Anmerkung zum BGH Urteil vom 1.4.2004 – I ZR 317/01, CR 2004, 616 ff.

Dippelhofer, Mischa, Verkehrssicherungspflicht für Hyperlinks, Anmerkung zum Urteil des OLG München vom 15. März 2002 – 21 U 1914/02, JurPC Web-Dok. 304/2002, Abs. 1-22, online abzurufen unter: http://www.jurpc.de/aufsatz/20020304.htm (Stand: April 2005)

Dittrich, Jörg: Zur Frage der urheber- und wettbewerbsrechtlichen Zulässigkeit von Hyperlinks, JurPC Web-Dok. 72/2002, Abs. 1-28, online abzurufen unter: http://www.jurpc.de/aufsatz/2002002.htm (Stand: April 2005)

Dreier, Horst: Grundgesetz, Kommentar (Band 1), Tübingen 1996, (zit.: Bearbeiter, in: Dreier, GG)

Dreier, Thomas: Urheberrecht auf dem Weg zur Informationsgesellschaft – Anpassung des Urheberrechts an die Bedürfnisse der Informationsgesellschaft -, GRUR 1997, 859 ff.

Eck, Stefan; Ruess, Peter: Haftungsprivilegierung der Provider nach der E-Commerce-Richtlinie – Umsetzungsprobleme dargestellt am Beispiel der Kenntnis nach § 11 Satz 1 Ziff. 1 TDG, MMR 2003, 363 ff.

Eichler, Alexander; Helmers, Sabine; Schneider, Torsten: Link(s) – Recht(s) – Technische Grundlagen und Haftungsfragen bei Hyperlinks, Supplement K&R zu BB 48/97 Beilage, S. 23 ff.

Engel, Christoph: Kabelfernsehen, Baden Baden 1996

Engel-Flechsig, Stefan; Maennel, Frithjof A.; Tettenborn, Alexander: Beck´scher IuKDG-Kommentar, München 2001, (zit.: Bearbeiter, in: Beck´scher IuKDG-Kommentar)

Engel-Flechsig, Stefan; Maennel, Frithjof A.; Tettenborn, Alexander: Das neue Informations- und Kommunikationsdienstegesetz, NJW 1997, 2981 ff.

Engel-Flechsig, Stefan; Maennel, Frithjof A.; Tettenborn, Alexander: Neue gesetzliche Rahmenbedingungen für Multimedia: Die Regelung des IuKDG und des MDStV, Heidelberg 1998

Engels, Stefan: Zivilrechtliche Haftung für Inhalte im World Wide Web, AfP 2000, 524 ff.

Engels, Stefan: Haftung für Anzeigen in Online Angeboten, K&R 2001, 338 ff.

Engels, Stefan: Die Auswirkungen der UWG-Reform auf Medien und Kommunikation, AfP 2004, 316 ff.

Engels, Stefan; Köster, Oliver: Haftung für „werbende Links" in Online-Angeboten, MMR 1999, 522 ff.

Engisch, Karl: Die Kausalität als Merkmal der strafrechtlichen Tatbestände, Tübingen 1931

Erman, Walter: Handkommentar zum Bürgerlichen Gesetzbuch, hrsg. v. Harm Peter Westermann, Band 1, 2, 10. Auflage, Münster/Köln 2000, (zit.: Bearbeiter, in: Erman, BGB)

Ernst, Stefan: Rechtliche Fragen bei der Verwendung von Hyperlinks im Internet, NJW-CoR 1997, 224 ff.

Ernst, Stefan: Anmerkung zum Urteil des LG München I vom 16.11.2000 – 7 O 5570/00, MMR 2001, 181 f.

Ernst, Stefan: Anmerkung zum Urteil des BGH vom 17.07.2003 – I ZR 259/00, ZUM 2003, 860ff.

Ernst, Stefan: Wirtschaftsrecht im Internet, BB 1997, 1057 ff.

Ernst, Stefan; Wiebe, Andreas: Immaterialgüterrechtliche Haftung für Links und vertragliche Gestaltungsmöglichkeiten, MMR Beilage 8/2001, S. 20 ff.

Ernst, Stefan; Vassilaki, Irini; Wiebe, Andreas: hyperlinks, Rechtsschutz, Haftung, Gestaltung, Köln 2002 (zit.: Bearbeiter, in: Ernst/Vassilaki/Wiebe, hyperlinks)

Esser, Josef; Weyers, Hans-Leo: Schuldrecht (Band 2/Teilband 2), 8. Auflage, 2000

Fezer, Karl-Heinz: Markenrecht, Kommentar zum Markengesetz, zur Pariser Verbandsübereinkunft und zum Madrider Markenabkommen, 3. Auflage, München 2001

Fiedler, Christoph: Meinungsfreiheit in einer vernetzten Welt: staatliche Inhaltskontrolle, gesetzliche Providerhaftung und die Inhaltsneutralität des Internet, Baden-Baden 2002

Fincke, Martin: Der Täter neben dem Täter, GA 75, 161 ff.

Finke, Thorsten: Die strafrechtliche Verantwortung von Internet-Providern, Tübingen 1998

Flechsig, Norbert P.; Gabel, Detlev: Strafrechtliche Verantwortlichkeit im Netz durch Einrichten und Vorhalten von Hyperlinks, CR 1998, 351 ff.

Freund, Georg: Erfolgsdelikt und Unterlassen, Köln u.a. 1992

Freytag, Stefan: Haftung im Netz, München 1999

Freytag, Stefan: Providerhaftung im Binnenmarkt – Verantwortlichkeit für rechtswidrige Inhalte nach der E-Commerce-Richtlinie, CR 2000, 600 ff.

Freytag, Stefan: Digital Millennium Copyright Act und europäisches Urheberrecht für die Informationsgesellschaft, MMR 1999, 207 ff.

Freytag, Stefan: Urheberrechtliche Haftung im Netz, ZUM 1999, 185 ff.

Gabel, Detlev: Kommentar zum Urteil des LG Hamburg vom 12.5.1998 – 312 O 85/98, K&R 1998, 367 f.

Gabel, Detlev: Kommentar zum Urteil des LG Düsseldorf vom 29.4.1998 – 12 O 347/97, K&R 1998, 555 f.

Gallas, Wilhelm: Strafbares Unterlassen im Fall einer Selbsttötung, JZ 1960, 681 ff.

Geilen, Gerd: Zur Mitverantwortlichkeit des Gastwirtes bei Trunkenheit am Steuer – zugleich ein Beitrag zur Lehre vom vorangegangen Tun, JZ 1965, 469 ff.

Generalbundesanwalt: Haftung eines Access Providers für rechtswidrige Inhalte, Einstellungsverfügung vom 26.11.1997 - 2 BJs 104/96-4, MMR 1998, 93 f.

Gercke, Marco: „Virtuelles" Bereithalten i.S.d. § 5 TDG – Die straf- und zivilrechtliche Verantwortlichkeit bei der Einrichtung von Hyperlinks, ZUM 2001, 34 ff.

Gercke, Marco: Anmerkung zum Urteil des BGH vom 27.6.2001 – 1 StR 66/01, MMR 2001, 678 f.

Germann, Michael: Gefahrenabwehr und Strafverfolgung im Internet, Berlin 2000

Gersdorf, Hubertus: Der verfassungsrechtliche Rundfunkbegriff im Lichte der Digitalisierung der Telekommunikation: ein Rechtsgutachten im Auftrag der Hamburgischen Anstalt für Neue Medien, Berlin 1995

Gierke von, Cornelie: Grenzen der wettbewerbsrechtlichen Störerhaftung, WRP 1997, 892 ff.

Gloy, Wolfgang: Kurzkommentar zu BGH, Urt. v. 1.4.2004 – I ZR 317/01 EwiR, 2004, 939 f.

Gounalakis, Georgios: Rechtshandbuch Electronic Business, München 2003 (zit.: Bearbeiter, in: Gounalakis, Rechtshandbuch Electronic Business)

Gounalakis, Georgios; Rhode Lars: Persönlichkeitsschutz im Internet, Grundlagen und Online-Spezifika, München 2002

Großkommentar, UWG, hrsg. von Jacobs, Rainer; Lindacher, Walter F.; Teplitzky, Otto, Berlin 1991 (zit.: Bearbeiter, in: Jacobs/Lindacher/Teplitzky, UWG)

Grünwald, Anette: Zivilrechtlich begründete Garantenpflichten im Strafrecht, Berlin 2001

Günther, Hans Ludwig: Wer war der Täter?, JuS 1988, 386 ff.

Härting, Niko: Internetrecht, Köln 1999

Härting, Niko; *Schirmbacher, Martin*: Internetwerbung und Wettbewerbsrecht, ITRB 2005, 16 ff.

Harte-Bavendamm, Henning; Henning-Bodewig, Frauke: UWG – Gesetz gegen den unlauteren Wettbewerb, Kommentar München 2004 (zitiert: Harte/Henning/ Bearbeiter)

Heghmanns: Anmerkung zum Urteil des LG München I vom 17.11.99 – 20 NS 465 Js 1731 58/95 – Compuserve, ZUM 2000, 464 ff.

Heker, Harald G.: Spannungsfeld von Urheberrecht und Wettbewerbsrecht, ZUM 1995, 97 ff.

Henning-Bodewig, Frauke: Das neue Gesetz gegen den unlauteren Wettbewerb, GRUR 2004, 713 ff.

Heydn, Truiken J.: Deep Link: Feuerprobe bestanden – Das Aus für den Schutz von Web Content oder die Rettung des World Wide Web?, NJW 2004, 1361 ff.
Herzberg, Rolf, Dietrich: Die Unterlassung im Strafrecht und das Garantenprinzip, Berlin 1972

Herzberg, Rolf, Dietrich: Täterschaft und Teilnahme, eine systematische Darstellung anhand von Grundfällen, München 1972

Herzberg, Rolf, Dietrich: Anstiftung und Beihilfe als Straftatbestände, GA 71, 1 ff.

Hilty, Reto M.: Information Highway, München 1996 (Bearbeiter, in: Hilty, Information Highway)

Höckelmann, Eckhard: Die Produkthaftung für Verlagserzeugnisse, Baden-Baden 1994

Hoeren, Thomas: Kommentar zum Urteil des OLG Köln vom 2.11.2001 - 6 U 12/01, MMR 2002, 110 f.

Hoeren, Thomas: Anmerkung zum Urteil des BGH vom 11. 03.2004 – I ZR 304/01, MMR 2004, 672 f.

Hoeren, Thomas: Keine wettbewerbsrechtlichen Bedenken mehr gegen Hyperlinks? Anmerkung zum BGH-Urteil „Paperboy", GRUR 2004, 1 ff.

Hoeren, Thomas: Werbung im WWW – aus der Sicht des neuen UWG, MMR 2004, 643 ff.

Hoeren, Thomas: Rechtsfragen im Internet, Skriptum online abzurufen unter http://www.uni-muenster.de/Jura.itm/hoeren/material/Skript/skript.pdf. (Stand: April 2005)

Hoeren, Thomas: Suchmaschinen, Navigationssysteme und das Wettbewerbsrecht, MMR 1999, 649 ff.

Hoeren, Thomas: Vorschlag für eine EU-Richtlinie über E-Commerce – eine erste kritische Analyse, MMR 1999, 192 ff.

Hoeren, Thomas: Cybermanners und Wettbewerbsrecht – einige Überlegungen zum Lauterkeitsrecht im Internet, WRP 1997, 993 ff.

Hoeren, Thomas: Überlegungen zur urheberrechtlichen Qualifizierung des elektronischen Abrufs, CR 1996, 517 ff.

Hoeren, Thomas: Rechtliche Zulässigkeit von Meta-Suchmaschinen, urheber- und wettbewerbsrechtliche Vorgaben, MMR Beilage 8/2001, S. 2

Hoeren, Thomas; Sieber, Ulrich: Handbuch Multimedia-Recht, Stand: Dezember 2003, München 2001 (zit.: Bearbeiter, in: Hoeren/Sieber, Handbuch Multimedia-Recht)

Hörnle, Tatjana: Pornographische Schriften im Internet: Die Verbotsnormen im deutschen Strafrecht und ihre Reichweite, NJW 2002, 1008 ff.

Hoffmann, Helmut: Zivilrechtliche Haftung im Internet, MMR 2002, 284 ff.

Hoffmann, Helmut: Anmerkung zum Urteil des BGH vom 1.4.2004 – I ZR 317/01, MMR 2004, 532 f.

Hoffmann-Riem, Wolfgang: Kommunikationsfreiheiten: Kommentierung zu Art. 5 Abs. 1 und 2 sowie Art. 8 GG, Baden-Baden 2002

Hohl, Michael; Leible, Stefan; Sosnitza, Olaf: Domains, Frames und Links: technische Gestaltungsmöglichkeiten zwischen Wildwuchs und Reglementierung Stuttgart u.a. 2002 (zit.: Bearbeiter, in: Hohl/Leible/Sosnitza, Domains, Frames und Links)

Holznagel, Bernd; Holznagel, Ina: Zukunft der Haftungsregeln für Internet-Provider, zugleich: Eine Kritik des Electronic Commerce-Richtlinienentwurfs vom 18.11.1998, K&R 1999, 103 ff.

Hubmann, Heinrich: Persönlichkeitsrecht, Köln 1967

Hütig, Stefan: Anmerkung zum Urteil des AG Berlin-Tiergarten vom 30.6.1997 – 260 Ds 857/96, MMR 1998, 50 ff.

Ingerl, Reinhard; Rohnke, Christian: Markengesetz, Gesetz über den Schutz von Marken und sonstigen Kennzeichen, 2. Auflage, München 2003

Ingerl, Reinhard: Der wettbewerbsrechtliche Kennzeichenschutz und sein Verhältnis zum MarkenG in der neueren Rechtsprechung des BGH und in der UWG-Reform, WRP 2004, 809 ff.

Jäger, Ulrike; Collardin, Marcus: Die Inhaltsverantwortlichkeit von Inhaltsanbietern, CR 1996, 236 ff.

Jakobs, Günther: Strafrecht Allgemeiner Teil: Die Grundlagen und die Zurechnungslehre, 2. Auflage, Berlin u.a.1993

Jarass, Hans D.: Online-Dienste und Funktionsbereich des zweiten Deutschen Fernsehens, Mainz 1997

Jarass, Hans D.: Rundfunkbegriffe im Zeitalter des Internets, AfP 1998, 133 ff.

Jarass, Hans D.; Pieroth, Bodo: Grundgesetz für die Bundesrepublik Deutschland, 6. Auflage, München 2002, (zit.: Bearbeiter, in: Jarass/Pieroth, GG)

Jescheck, Hans-Heinrich; Weigend, Thomas: Lehrbuch des Strafrechts, Allgemeiner Teil, 5. Auflage, Berlin 1996

Joppich, Brigitte: Das Internet als Informationsnetz? Zur urheber- und wettbewerbsrechtlichen Zulässigkeit von Deep Links, CR 2003, 504 ff.

Kamm, Simone: Die fahrlässige Mittäterschaft, Berlin 1999

Katzenberger, Paul: Elektronische Printmedien und Urheberrecht: urheberrechtliche und urhebervertragliche Fragen der elektronischen Nutzung von Zeitungen und Zeitschriften, Stuttgart 1996

Kaufmann, Armin: Die Dogmatik der Unterlassungsdelikte, 2. Auflage, Göttingen 1988

Kiethe, Kurt: Werbung im Internet, WRP 2000, 616 ff.

Kindler, Peter: Leistungsschutz für Datenbanken ohne Werkcharakter – eine Zwischenbilanz, K&R 2000, 265 ff.

Klein, Michele; *Leistner, Matthias*: Anmerkung zum Urteil des LG München I vom 20.9.2000 – 7 HK O 12081/00, „FTP-Explorer", CR 2001, 196 f.

Kloos, Bernhard: Anmerkung zum Urteil des LG Frankfurt/M. vom 27.05.1998 - 3/12 O 173/97, CR 1999, 46 f.

Koch, Alexander: Strafrechtliche Verantwortlichkeit beim Setzen von Hyperlinks auf missbilligte Inhalte, MMR 1999, 704 ff.

Koch, Alexander: Zur Einordnung von Internet-Suchmaschinen nach dem EGG, K&R 2002, 120 ff.

Koch, Frank A.: Perspektiven für die Link- und Suchmaschinen-Haftung – Kommissionsbericht zur Umsetzung der E-Commerce-Richtlinie und seine Konsequenzen für das TDG, CR 2004, 213 ff.

Koch, Frank A.: Internet-Recht, München 1998

Koch, Frank A.: Neue Rechtsprobleme der Internet-Nutzung, NJW-CoR 1998, 45 ff.

Koch, Frank A.: Zivilrechtliche Anbieterhaftung für Inhalte in Kommunikationsnetzen, CR 1997, 193 ff.

Koch, Frank A.: Grundlagen des Urheberrechtsschutz im Internet und in Online-Diensten, GRUR 1997, 417 ff.

Koch, Frank A.: Rechte an Webseiten – Hinweise zu Urhebervermerken, Schutzfähigkeit, Links und Haftung für die Praxis, NJW-CoR 1997, 298 ff.

Koch, Frank A.: Software–Urheberrechtsschutz für multimediale Anwendungen, GRUR 1995, 459 ff.
Kochinke, Clemens; Tröndle, Rüdiger: Links, Frames und Meta-Tags – urheber- und markenrechtliche Implikationen im Internet, CR 1999, 190 ff.

Köhler, Helmut: Die Beteiligung an fremden Wettbewerbsverstößen, WRP 1997, 897 ff.

Köhler, Helmut: Das neue UWG, NJW 2004, 2121 ff.

Köhler, Markus: Der Schutz von Websites gemäß § 87a ff. UrhG, ZUM 1999, 548 ff.

Köster, Oliver; Jürgens, Uwe: Haftung professioneller Informationsvermittler im Internet – eine Bestandsaufnahme nach der Novellierung der Haftungsregelungen, MMR 2002, 420 ff.

Kötz, Hein, Wagner, Gerhard: Deliktsrecht, 9. Auflage, Neuwied u.a. 2001

Kotthoff, Jost: Fremde Kennzeichen in Metatags: Marken- und Wettbewerbsrecht, K&R 1999, 157 ff.

Kreutzer, Till: Napster, Gnutella & Co – Rechtsfragen zu Filesharing-Netzen aus der Sicht des deutschen Urheberrechts de lege lata und de lege ferenda – Teil 1, GRUR 2001, 193 ff.

Kreutziger, Stefan: Die Haftung von Mittätern, Anstiftern und Gehilfen im Zivilrecht – zugleich ein Beitrag zur deliktischen Haftung von Teilnehmern an unfriedlichen Demonstrationen, Frankfurt/M. u.a. 1985

Kröger, Detlev; Gimmy, Marc André: Handbuch zum Internet-Recht, 2. Auflage, Berlin 2002 (zit.: Bearbeiter, in: Kröger/Gimmy, Handbuch zum Internet-Recht)

Köhler, Helmut; Lettl, Tobias: Das geltende europäische Lauterkeitsrecht, der Vorschlag für eine EG-Richtlinie über unlautere Geschäftspraktiken und die UWG-Reform, WRP 2003, 1019 ff.

Küpper, Georg: Anspruch und wirkliche Bedeutung des Theorienstreits über die Abgrenzung von Täterschaft und Teilnahme, GA 86, 437 ff.

Kühl, Kristian: Kommentar, 24. Auflage, München 2001, (zit.: Bearbeiter, in: Lackner/Kühl, StGB)

Lackum, Jens von: Verantwortlichkeit der Betreiber von Suchmaschinen, MMR 1999, 697 ff.

Lampe, Ernst-Joachim: Systemunrecht und Unrechtssysteme, ZStW 106, 683 ff.

Larenz, Karl; Canaris, Claus Wilhelm: Lehrbuch des Schuldrechts, Band 2, Besonderer Teil, Halbband 2, 13. Auflage, München 1994

Lehmann, Michael: Unvereinbarkeit des § 5 Teledienstegesetz mit Völkerrecht und Europarecht, CR 1998, 232 ff.

Lehmann, Michael: Die IT-relevante Umsetzung der Richtlinie Urheberrecht in der Informationsgesellschaft, CR 2003, 553 ff.

Lehmann, Michael; Tucher, Tobias von: Urheberrechtlicher Schutz von multimedialen Webseiten, CR 1999, 700 ff.

Leipziger Kommentar Großkommentar zum StGB, hrsg. von Jähnke, Burkhardt/ Laufhütte, Heinrich Wilhelm/ Odersky, Walter, 11. Auflage, Berlin 1992 ff. (zit.: Bearbeiter, in: Leipziger Kommentar)

Leistner, Matthias: Anmerkung zum Urteil des OLG Düsseldorf vom 29.6.1999 – 20 U 85/98 - „baumarkt", CR 2000, 187 f.

Leistner, Matthias; Bettinger, Torsten: Creating Cyberspace, immaterialgüterrechtlicher und wettbewerbsrechtlicher Schutz des Webdesigners, CR Beilage 12/1999, 1 ff.

Lesch, Heiko: Gemeinsamer Tatentschluss als Voraussetzung der Mittäterschaft, JA 2000, 73ff.

Leupold, Andreas; Deumisch, Dominik: Bereithalten von Musikwerken zum Abruf in digitalen Netzen, ZUM 2000, 379 ff.

Lettl, Tobias: Der Schutz der Verbraucher nach der UWG-Reform, GRUR 2004, 449 ff.

Löffler, Martin; Wenzel, Karl-Egbert; Sedelmeier, Klaus: Presserecht – Kommentar zu den Landespressegesetzen der Bundesrepublik Deutschland, 4. Auflage, München 1997 (zit.: Bearbeiter in: Löffler/Wenzel/Sedelmeier, Presserecht)

Löffler, Martin; Ricker, Reinhart: Handbuch des Presserechts, 4. Auflage, München 2000

Loewenheim, Ulrich: Urheberrechtliche Probleme bei Multimediaanwendungen, GRUR 1996, 830 ff.

Maaßen, Wolfgang: Urheberrechtliche Probleme der elektronischen Bildverarbeitung, ZUM 1992, 338 ff.

Mangold, Hermann von; Klein, Friedrich; Starck, Christian: Das Bonner Grundgesetz, Kommentar, Band 1, 4. Auflage, München 1999 (zit.: Bearbeiter, in: v.Mangold/Klein/Starck, GG)

Mann, Roger: Zur äußerungsrechtlichen Verantwortlichkeit für Hyperlinks in Online-Angeboten, AfP 1998, 129 ff.

Marwitz, Petra: Haftung für Hyperlinks, K&R 1998, 369 ff.

Maunz, Theodor; Dürig, Günter; Herzog, Roman: Grundgesetz, München, Stand: Dezember 2003 (zit.: Bearbeiter, in; Maunz/Dürig/Herzog, GG)

Meier, Bernd-Dieter: Verbraucherschutz durch Strafrecht? Überlegung zur strafrechtlichen Produkthaftung nach der Lederspray-Entscheidung des BGH, NJW 1992, 3193 ff.

Mertens, Hans Joachim: Verkehrspflichten und Deliktsrecht – Gedanken zur Dogmatik der Verkehrspflichtverletzung, VersR 1980, 397 ff.

Metzger, Axel: Anmerkung zum Urteil des LG Hamburg vom 12.7.2000 – 312 O 606/00, „framing", CR 2000, 778 ff.

Meyer, Olaf: Haftung der Internet-Auktionshäuser für Bewertungsportale, NJW 2004, 3151 ff.

Micklitz, Hans-W.; Keßler, Jürgen: Funktionswandel des UWG, WRP 2003, 919 ff.

Mönkemöller, Lutz: Moderne Freiberufler unter uns? – Internet MP3 und CD-R als GAU für die Musikbranche, GRUR 2000, 663 ff.

Moritz, Hans-Werner; Dreier, Thomas: Rechts-Handbuch zum E-Commerce, Köln 2002 (zit.: Bearbeiter, in: Moritz/Dreier, Rechtshandbuch zum E-Commerce)

Münch, Ingo von; Kunig, Philipp: Grundgesetz-Kommentar, Band 1, 5. Auflage, München 2003

Münchener Kommentar Bürgerliches Gesetzbuch, Schuldrecht, Allgemeiner Teil, Band 2, §§ 241-432, 4. Auflage, München 2003 (zit.: Bearbeiter, in MünchKommBGB)

Münchener Kommentar Bürgerliches Gesetzbuch, Schuldrecht, Besonderer Teil III, Band 5, §§ 705-853, 4. Auflage, München 2004 (zit.: Bearbeiter, in: MünchKommBGB)

Münchener Kommentar Bürgerliches Gesetzbuch, Sachenrecht, Band 6, §§ 854-1296, 4. Auflage, München 2004, (Bearbeiter, in: MünchKommBGB)

Neubauer, Mathias: Anmerkung zum Urteil des BGH vom 17.07.2003, TKMR 2003, 444 f.

Nolte, Georg: Paperboy oder die Kunst den Informationsfluss zu regulieren, ZUM 2003, 540 ff.

Nolte, Georg: Anmerkung zum Urteil des BGH vom 17.07.2003, CR 2003, 924 f.

Ott, Stephan: To link or not to link - This was (or still is?) the question – Anmerkung zum Urteil des BGH vom 17.7.2003 – IZR 259/00 (Paperboy), WRP 2004, 52 ff.

Otto, Harro: Grundkurs Strafrecht, Allgemeiner Teil, 6. Auflage, Berlin 2002

Otto, Harro: Täterschaft, Mittäterschaft, mittelbare Täterschaft, Jura 1987, 246 ff.

Otto, Harro; Brammsen, Joerg: Die Grundlagen der strafrechtlichen Haftung des Garanten wegen Unterlassen, Jura 1985, 646 ff.

Palandt, Otto: Bürgerliches Gesetzbuch, 64. neubearbeitete Auflage, München 2005 (zit.: Bearbeiter, in: Palandt)

Pankoke, Stefan: Von der Presse- zur Providerhaftung, eine rechtspolitische und rechtsvergleichende Untersuchung zur Inhaltsverantwortlichkeit im Netz, München 2000

Pelz, Christian: Die strafrechtliche Verantwortlichkeit von Internet Providern, ZUM 1998, 530 ff.

Petersen, Jens: Medienrecht, München 2003

Pichler, Rufus: Haftung des Host Providers für Persönlichkeitsverletzungen vor und nach dem TDG, MMR 1998, 79 ff.

Pieper, Karin; Wiechmann, Peter: Der Rundfunkbegriff – Änderung durch Einführung des interaktiven Fernsehens, ZUM 1995, 82 ff.

Pieroth, Bodo; Schlink, Bernhard: Staatsrecht II, Grundrechte,19. Auflage, Heidelberg 2003

Plaß, Gunda: Hyperlinks im Spannungsfeld von Urheber-, Wettbewerbs- und Haftungsrecht, WRP 2000, 599 ff.

Rath, Michael: Das Recht der Internet-Suchmaschinen, Stuttgart u.a. 2005

Ranft, Otfried: Rechtsprechungsbericht zu den Unterlassungsdelikten, JZ 1987, 859 ff.

Renzikowski, Joachim: Restriktiver Täterbegriff und fahrlässige Beteiligung, Tübingen 1997

Rikus, Jens; Schlink, Bernhard; Zagouras, Georgios: Transnationale zivil-, straf- und verfassungsrechtliche Problemlagen im Internet, AfP 1999, 473 ff.

Römer, Nicole: Verbreitungs- und Äußerungsdelikte im Internet: eine Untersuchung zur strafrechtlichen Bewältigung von Normanwendungs- und Normauslegungs- problemen eines neuen Kriminalitätsfeldes, Frankfurt a.M. 2000

Rössel, Markus: Der Wettlauf um Suchmaschinen, wettbewerbswidrige Einflussnahme auf Trefferlisten, CR 2003, 349 ff.

Rogat, Stefan: Die Zurechnung der Beihilfe, Frankfurt a.M u.a. 1997

Roßnagel, Alexander: Recht der Multimedia-Dienste, Kommentar zum IuKDG und zum MDStV, München, Stand: April 2005 (zit.: Bearbeiter in Rossnagel, Recht der Multimedia-Dienste)

Roxin, Claus: Täterschaft und Tatherrschaft, 5. Auflage, Berlin u.a. 1994

Roxin, Claus: Strafrecht, Allgemeiner Teil, Bd.2, München 2003

Rudolphi, Hans-Joachim: Die Gleichstellungsproblematik der unechten Unter- lassungsdelikte und der Gedanke der Ingerenz, Göttingen 1966

Rütter, Peter: Inhaltskontrollen und Inhaltsverantwortlichkeit bei Telekommunikationsdiensten aus Sicht der Dt. Bundespost Telekom, JurPC 1992, 1812 ff.

Sack, Rolf: Gesetzwidrige Wettbewerbshandlungen nach der UWG-Novelle, WRP 2004, 1307 ff.

Säcker, Christopher: Die Haftung von Diensteanbietern nach dem Entwurf des EGG, MMR Beilage 9/2001, 2 ff.

Satzger, Helmut: Strafrechtliche Verantwortlichkeit von Zugangsvermittlern, eine Untersuchung der Verantwortlichkeit für rechtswidrige Inhalte im Internet vor dem Hintergrund der neuen E-Commerce-Richtlinie der EG, CR 2001, 109 ff.

Schack, Haimo: Urheberrechtliche Gestaltung von Webseiten unter Einsatz von Links und Frames, MMR 2001, 9 ff.

Schack, Haimo: Neue Techniken und geistiges Eigentum, JZ 1998, 753 ff.

Schack, Haimo: Urheber- und Urhebervertragsrecht, Tübingen 1997

Schanda, Reinhard: Anmerkung zum Beschluss des ÖOGH, vom 19.12.2000 - 4 Ob 274/00y, MMR 2001, 518 f.

Schardt, Andreas: Multimedia – Fakten und Rechtsfragen, GRUR 1996, 827 ff.

Schmidt-Bogatzky, Florian: Zeichenrechtliche Fragen im Internet, GRUR 2000, 959 ff.

Schmidthäuser, Franz: Internet4jurists, online abzurufen unter http://www.i4j.at (Stand: April 2005)

Schmoll, Anderea: Die deliktische Haftung der Internet-Service-Provider, Frank*furt a.M. u.a. 2001*

Schönke, Adolf; Schröder, Horst: Strafgesetzbuch, Kommentar, 26. Auflage, München 2001 (zit.: Bearbeiter, in: Schönke/Schröder, StGB)

Schreibauer, Marcus: Das Pornographieverbot des § 184 StGB, Grundlagen – Tatbestandsprobleme – Reformvorschläge, Regensburg 1999

Schricker: Urheberrecht, Kommentar, 2. Auflage, München 1999 (Bearbeiter, in Schricker, UrhG)

Schricker: Der Urheberrechtsschutz von Werbeschöpfungen, Werbeideen, Werbekonzeptionen und Werbekampagnen, GRUR 1996, 815 ff.

Schünemann, Bernd: Grund und Grenzen der unechten Unterlassungsdelikte, Göttingen 1971

Schünemann, Wolfgang B.: Die wettbewerbsrechtliche „Störer"-Haftung, WRP 1998, 120 ff.

Schünemann, Wolfgang B.: „Unlauterkeit" in den Generalklauseln und Interessenabwägung nach neuem UWG, WRP 2004, 925 ff.

Schütz, Raimund; Attendorn, Thorsten: Anmerkung zum Urteil des LG Frankenthal vom 28.11.2000 – 6 O 293/00, „Pfälzer Links", MMR 2001, 401 ff.

Schwarz, Matthias: Recht im Internet – der Rechtsberater für Online-Anbieter und Nutzer, Stadtbergen, Stand: Dezember 2003 (zit.: Bearbeiter, in: Schwarz, Recht im Internet)

Schwarz, Matthias: Urheberrecht und unkörperliche Verbreitung multimedialer Werke, GRUR 1996, 836 ff.

Sieber, Ulrich: Verantwortlichkeit im Internet – technische Kontrollmöglichkeiten und multimediarechtliche Regelungen München 1999

Sieber, Ulrich: Strafrechtliche Verantwortlichkeit für den Datenverkehr in internationalen Datennetzen, JZ 1996, 429 ff. (Teil 1) und 494 ff. (Teil 2)

Sieber, Ulrich: Die rechtliche Verantwortlichkeit im Internet, Grundlagen, Ziele und Auslegung von § 5 TDG und § 5 MDStV, MMR-Beilage 2/1999 S. 1 ff.

Sieber, Ulrich: Kontrollmöglichkeiten zur Verhinderung rechtswidriger Inhalte in Computernetzen – zur Umsetzung von § 5 TDG am Beispiel der Newsgroups des Internets, CR 1997, 581 ff. (Teil 1)

Sieber, Ulrich: Informationsrecht und Recht der Informationstechnik. Die Konstruierung eines Rechtsgebietes in Gegenstand und Grundfragen und Zielen, NJW 1989, 2569 ff.

Soergel: Kommentar zum Bürgerlichen Gesetzbuch, hrsg. von Wolfgang Siebert, Band 2, Schuldrecht I (§§ 241-432), 12. Auflage, Stand: Juli 1990, Stuttgart
Soergel: Kommentar zum Bürgerlichen Gesetzbuch, Band 5.2, Schuldrecht 4.2 (§§ 823 – 853), 12. Auflage, Stuttgart 1999

Sosnitza, Olaf: Das Internet im Gravitationsfeld des Rechts: zur rechtlichen Beurteilung sogenannter Deep-Links, CR 2001, 693 ff.

Sosnitza, Olaf: Das Koordinatensystem des Rechts des unlauteren Wettbewerbs im Spannungsfeld zwischen Europa und Deutschland. Zum Regierungsentwurf zur Reform des UWG vom 09.05.2003, GRUR 2003, 739 ff.

Spindler, Gerald: Anmerkung zum Urteil des BGH vom 17.07.2003 - I ZR 259/00 JZ 2004, 150 ff.

Spindler, Gerald: Die Verantworltichkeit der Provider für „Sich-zu-Eigengemachte“ Inhalte und für beaufsichtigte Nutzer, MMR, 2004, 440 ff.

Spindler, Gerald: Hyperlinks und ausländische Glücksspiele – Karlsruhe locuta causa finita?, GRUR 2004, 724 ff.

Spindler, Gerald: Verantwortlichkeit und Haftung für Hyperlinks im neuen Recht, MMR 2002, 495 ff.

Spindler, Gerald: Das Herkunftslandprinzip im neuen Teledienstegesetz, RIW 2002, 183 ff.

Spindler, Gerald: Das Gesetz zum elektronischen Geschäftsverkehr – Verantwortlichkeit der Diensteanbieter und Herkunftslandprinzip, NJW 2002, 921 ff.

Spindler, Gerald: Unternehmensorganisationspflichten: zivilrechtliche und öffentlichrechtliche Regelungskonzepte, Köln 2001

Spindler, Gerald: E-Commerce in Europa – die E-Commerce-Richtlinie in ihrer endgültigen Fassung, MMR Beilage 7/2000, S. 4 ff.

Spindler, Gerald: Verantwortlichkeit von Diensteanbietern nach dem Vorschlag einer E-Commerce-Richtlinie, MMR 1999, 199 ff.

Spindler, Gerald: Haftungsrechtliche Grundprobleme der neuen Medien, NJW 1997, 3193 ff.

Spindler, Gerald: Deliktsrechtliche Haftung im Internet – nationale und internationale Rechtsprobleme, ZUM 1996, 533 ff.

Spindler, Gerald; Volkmann Christian: Die zivilrechtliche Störerhaftung der Internet-Provider, WRP 2003, 1 ff.

Stadler, Thomas: Haftung für Informationen im Internet, Berlin 2002

Stadler, Thomas: Die Zulässigkeit sog. Deep-Links – Eine Anmerkung zur Paperboy Entscheidung des BGH, JurPC vom 17.7.2003 - I ZR 259/00, Web-Dok. 283/2003 Abs. 1-30, online abzurufen unter http://www.jurpc.de/aufsatz/20030283.htm (Stand: April 2005).

Staudinger, Julius von, Kommentar zum Bürgerlichen Gesetzbuch mit Einführung und Nebengesetzen, 12. Auflage oder 13. Bearbeitung, Berlin 1999 ff.
(zit.: Bearbeiter, in: Staudinger, [Datum])

Strömer, Tobias H.: Onlinerecht – Rechtsfragen im Internet und in Mailboxen, 2. Auflage, Heidelberg 1999

Taschner, Hans Claudius; Frietsch, Edwin: Produkthaftungsgesetz und EG-Produkthaftungsrichtlinie: Kommentar, 2. Auflage, München 1990 (zit.: Bearbeiter, in: Taschner/Frietsch)

Tenckoff, Jörg: Garantenstellung des Wohnungsinhabers bei Angriffen auf einen Gast, BGHSt 27, 10, JuS 1978, 308 ff.

Tettenborn, Alexander; Bender, Gunnar; Lübben, Wilmar; Karenfort, Jörg: Rechtsrahmen für den elektronischen Geschäftsverkehr, Kommentierung zur EG-Richtlinie über den elektronischen Geschäftsverkehr und zum elektronischen Geschäftsverkehrgesetz – EGG: Inhalt - Auswirkungen – Umsetzung in Deutschland, BB Beilage 10/2001, 1 ff.

Thiele, Clemens: Keyword-Advertising – lauterkeitsrechtliche Grenzen der Online-Werbung, RdW 2001, 454 ff.

Tröndle, Herbert; Fischer, Thomas: Strafgesetzbuch und Nebengesetze, Kommentar, 51. Auflage, München 2003

Uebbert, Paul: Die strafrechtliche Haftung des verantwortlichen Redakteurs bei der Veröffentlichung strafbarer Inhalte, insbesondere nach § 21 Abs. 2 Satz 1 Ziffer 1 LPG NW, Münster 1995

Ulmer, Eugen: Einspeicherung und Wiedergewinnung urheberechtlich geschützter Werke durch Computeranlagen, GRUR 1971, 297 ff.

Vassilaki, Irini: Das Prinzip Vertrauen für Informationsdienste – über die Entwicklung rechtlicher Rahmenbedingungen innerhalb der Informationsdienstebeziehungen, CR 2002, 742 ff.

Vassilaki, Irini: Strafrechtliche Verantwortlichkeit durch Einrichten und Aufrechterhalten von elektronischen Verweisen (Hyperlinks) – Anwendbarkeit der allgemeinen Strafrechtsdogmatik auf neue Verhaltensformen, CR 1999, 85 ff.

Vassilaki, Irini: Anmerkung zum Urteil des AG Berlin-Tiergarten vom 30.6.1997 – 260 DS 857/96, CR 1998, 111 ff.

Vassilaki, Irini: Strafrechtliche Verantwortlichkeit der Diensteanbieter nach dem TDG – eine Untersuchung unter besonderer Berücksichtigung der Einordnung des § 5 TDG im Strafrechtssystem, MMR 1998, 630 ff.

Völker, Stefan; Lührig, Nicolas: Abwehr unerwünschter Inline-Links, K&R 2000, 20 ff.

Volkmann, Christian: Der Störer im Internet, München 2005

Volkmann, Christian: Haftung für fremde Inhalte: Unterlassungs- und Beseitigungsansprüche gegen Hyperlinksetzer im Urheberrecht, GRUR 2005, 214 ff.

Waldenberger, Arthur: Teledienste, Mediendienste und die „Verantwortlichkeit" ihrer Anbieter, MMR 1998, 124 ff.

Waldenberger, Arthur: Zur zivilrechtlichen Verantwortlichkeit für Urheberrechtsverletzungen im Internet, ZUM 1997, 176 ff.

Waldenberger, Arthur: Der juristische Dauerbrenner: Haftung für Hyperlinks im Internet – ein Fall des LG Hamburg, AfP 1998, 373 ff.

Weckerle, Thomas: Die deliktische Verantwortlichkeit mehrerer, Karlsruhe 1974

Weinknecht, Jürgen: Rechtslage bei MP3-Daten, online abzurufen unter www.weinknecht.de/mp3.htm (Stand: April 2005)

Weißer, Bettina: Gibt es eine fahrlässige Mittäterschaft?, 1998, 230 ff.

Welzel: Das deutsche Strafrecht, eine systematische Darstellung, 11. Auflage, Berlin 1969

Wenzel, Karl Egbert; Burkhardt Emanuel H: Das Recht der Wort- und Bildberichterstattung: Handbuch des Äußerungsrechts, begr. v. Wenzel, Karl Egbert, fortg. von Burkhardt, Emanuel H./ Gamer, Waldemar/ Ritter von Strobl-Albeg, Joachim, 5. Auflage, Köln 2003 (zit.: Bearbeiter, in: Wenzel, Das Recht der Wort- und Bildberichterstattung)

Wenzel, Karl Egbert: Wahrheit und Wertung in der Pressekritik, AfP 1979, 276 ff.

Wessels, Johannes; Beulke, Werner: Strafrecht Allgemeiner Teil: Die Straftat und ihr Aufbau, 29. Auflage, Heidelberg 1999

Wiebe, Andreas: Anmerkung zum Urteil des BGH vom 17.7.2003 – I ZR 259/00, MMR 2003, 724 f.

Wiebe, Andreas: Anmerkung zum Urteil des OLG Köln vom 2.11.2001 – 6 U 12/01, CR 2002, 53 ff.

Wiebe, Andreas: „Deep Links" – neue Kommunikationsformein im Wettbewerb aus lauterkeitsrechtlicher Sicht, zugleich eine Besprechung der Entscheidung des OLG Celle vom 12.5.1999 - 13 U 38/99, WRP 1999, 734 f.

Wiebe, Andreas: Anmerkung zum Urteil des OLG Celle vom 12.5.1999 – 13 U 38/99, CR 1999, 524 f.

Wimmer, Norbert; Kleindamm, Roswitha; Zang, Peter: Die Verantwortlichkeit für die Verletzung von Urheberrechten im Internet, Anmerkung zu Urteil des OLG München vom 8.3.2001 – 29 U 3282/00, K&R 2001, 456 ff.

Wimmers, Jörg; Baars, Wiebke: Anmerkung zu Urteil des BGH vom 17.07.2003 – I ZR 259/00, JR 2004, 289 ff.

Worm, Ulrich: Die Verletzung von Urheberrechten und gewerblichen Schutzrechten durch das Setzen von Hyperlinks, Inline-Frames und Meta-Tags, Frankfurt am Main 2001

Wurster, Bettina: Persönlichkeitsverletzungen im Internet, JurPC Web-Dok. 249/2001, abzurufen unter: http://www.jurpc.de/aufsatz/20010249.htm (Stand: April 2005)

Zankl, Wolfgang: Kommentar zum E-Commerce Gesetz, Kommentar und Handbuch, Wien 2002

Zscherpe, Kerstin: Urheberrechtsschutz digitalisierter Werke im Internet, MMR 1998, 404 ff.

Schriften zum Wirtschafts- und Medienrecht, Steuerrecht und Zivilprozeßrecht

Herausgegeben von Jürgen Costede und Gerald Spindler

Band 1 Reiner Fu: Die stille Gesellschaft im internationalen Steuerrecht aus deutscher Sicht. 1997.

Band 2 Kirsten Forsblad: Restschuldbefreiung und Verbraucherinsolvenz im künftigen deutschen Insolvenzrecht. 1997.

Band 3 Vassilios Tountopoulos: Die Reichweite der registerrechtlichen Gründungsprüfung einer AG. Eine Untersuchung unter rechtsvergleichendem Aspekt. 1998.

Band 4 Franc Pfahl: Die Maßgeblichkeit der Handelsbilanz, ein dem Steuerbilanzrecht vorgegebenes Grundprinzip? Von der Notwendigkeit einer steuerrechtlichen Begründung der durch § 5 Abs. 1 EStG in das Steuerrecht übernommenen handelsrechtlichen Vorschriften der Gewinnermittlung. 1999.

Band 5 Michael Schröder: Die Wertpapierhandelsaufsicht nach dem Zweiten Finanzmarktförderungsgesetz. 1998.

Band 6 Daniela Hasche: Die Sachgründung der GmbH. 1999.

Band 7 Oliver Wendt: Die rechtliche Problematik von Strahlenschäden. Rechtliche und rechtstatsächliche Aspekte der Haftung für Strahlenschäden unter Einbeziehung der Vorfälle in der strahlentherapeutischen Abteilung des Universitäts-Krankenhauses Eppendorf. 2000.

Band 8 Susanne Matussek: Zum Werbungskostenbegriff im Einkommensteuerrecht. 2000.

Band 9 Klaas Ziervogel: Rufausbeutung im Rahmen vergleichender Werbung. Veränderungen im Zuge der gesetzlichen Regelung vergleichender Werbung. 2002.

Band 10 Sven Wortberg: Lösungsklauseln und Insolvenz. 2003.

Band 11 Eva Ullrich: Die Zurechnung von Buchgutschriften. Zufluß und Leistungsfähigkeit im Einkommensteuerrecht. 2004.

Band 12 Carmen Werner: Einkommensteuerrechtliche Zurechnungen bei mittelbaren Beteiligungen an Personengesellschaften. 2003.

Band 13 Ulf Andreas Nissen: Die Online-Videokonferenz im Zivilprozess. 2004.

Band 14 Oliver Wiegmann: Grund, Grenzen und Wirkungsweise des § 105 InsO. 2004.

Band 15 Holger Seidler: Eigene Aktien. Eine Analyse des Aktien-, Handelsbilanz- und Kapitalmarktrechts zur Ermittlung von Deregulierungspotential und Regulierungsbedarf. 2004.

Band 16 Stefan Eck: Providerhaftung von Konzernunternehmen. Rechtliche Zusammenschau von Konzernunternehmen bei der Verbreitung rechtsverletzender Informationen im Internet. 2004.

Band 17 Frauke Fasold: Die einkommensteuerliche Problematik der Buchwertfortführung. Übertragung stiller Reserven und Gewinnrealisierung im Einkommensteuerrecht. 2005.

Band 18 Thomas Linke: Selbstregulierte Streitlösung für deutsche Domains. 2005.

Band 19 Malte Abel: Pfändungsschutz nach § 851 ZPO. Speziell die Pfändung zweckgebundener Forderungen. 2005.

Band 20 Harriet Eidam: Typische Risiken des elektronischen Rechtsgeschäftsverkehrs. 2005.

Band 21 Katharina Schmitz: Haftung für Links. Zur Verantwortlichkeit des Hyperlinksetzers und Suchmaschinenbetreibers unter besonderer Berücksichtigung von Verkehrs- und Garantenpflichten. 2006.

www.peterlang.de

Druck:
CPI Druckdienstleistungen GmbH
im Auftrag der
Kolibri 360 GmbH
Ferdinand-Jühlke-Str. 7
99095 Erfurt

Kolibri 360 GmbH
Ferdinand-Jühlke-Straße 7
99095 Erfurt, Deutschland
produktsicherheit@kolibri360.de